COLLECTION
FOLIO ESSAIS

Sigmund Freud

La psychopathologie de la vie quotidienne

(Sur l'oubli, le lapsus, le geste manqué, la superstition et l'erreur)

Traduit de l'allemand
par Denis Messier
Préface de Laurence Kahn

Gallimard

Dans la même collection

Titre original :

ZUR PSYCHOPATHOLOGIE DES ALLTAGSLEBENS
(Über Vergessen, Versprechen, Vergreifen, Aberglaube und Irrtum)
Indice bibliographique : 1901 *b*

Préface

TRAHISONS

En 1901, lorsque Freud achève la rédaction de La psychopathologie de la vie quotidienne *et qu'il s'apprête à publier dans la* Monatsschrift für Psychiatrie und Neurologie, *en deux livraisons séparées d'un mois, les soixante pages qui correspondent au premier état du texte, il n'a pas de mots assez critiques pour qualifier ce travail. « Il est tout entier écrit dans un certain état de torpeur dont les traces ne pourront être dissimulées », écrit-il à Fliess le 2 février, et le 8 mai : « Il me déplaît formidablement et déplaira, je l'espère, encore bien plus aux autres. Le travail est complètement informe, et il y a dedans tout un tas de choses interdites. »*

Pourtant, revenant vingt-cinq ans plus tard sur la place qu'occupe cet écrit dans le développement interne de la psychanalyse, Freud l'élève à la plus haute dignité, celle d'avoir la même qualité que L'interprétation des rêves. *Une qualité qui ne tient pas au seul soutien que ces deux études apportent au travail analytique. Leur valeur dominante, écrit-il dans son « autoprésentation », réside en ce que l'une comme l'autre s'attaquent à des phénomènes normaux de la vie psychique. Parce que tous les hommes en bonne santé non seulement rêvent mais aussi bien commettent des oublis, des erreurs, des lapsus, des gestes intempestifs et incontrôlés, et parce que, pour expliquer ces actions banales, on doit faire appel aux mêmes hypothèses que pour comprendre la création d'un symptôme, la psychanalyse déborde les limites du champ pathologique. Subvertissant la frontière entre normalité et anormalité, elle devient ainsi un mode nouveau de connaissance de l'âme humaine. Et Freud de conclure : « On est autorisé à étendre ses présupposés et ses résultats à d'autres domaines de l'activité psychique et intellectuelle ; la route du lointain, de l'intérêt universel, lui est ouverte*[1]. »

Cette route, Freud la parcourra infatigablement, arpentant le territoire de l'anthropologie et de la mythologie, fouillant l'énigme du mot d'esprit, cherchant le secret de la création littéraire. Un chemin qui le conduira aux grandes interrogations sur la religion et son illusion, sur la culture et sa fonction.

Mais Freud nous le dit en 1925 : il s'est engagé sur cette voie lorsque, aussitôt après L'interprétation des rêves, *il s'est intéressé aux erreurs, aux maladresses anodines, à tous ces petits actes imprévus qui jalonnent notre vie en société — très différents en cela de ce produit si profondément asocial qu'est le rêve — et qui, forçant la porte à l'improviste, trahissent aux yeux de tous et de nous-mêmes ce que nous voulons dissimuler, transformer, ignorer.*

Premier pas infiniment modeste donc pour accéder à l'intérêt universel, puisqu'il semble n'emprunter que le chemin de l'ordinaire. Est-ce pour cette raison que le jugement émis en 1901 est si sévère ? À cette époque, Freud n'est pas d'humeur particulièrement morose, et il n'hésite pas à considérer que l'exposé de la cure de Dora, texte pour lequel il a momentanément abandonné la rédaction de La vie quoti-

1. *Sigmund Freud présenté par lui-même*, Paris, Gallimard, 1984, p. 78-79.

dienne[1], *est « le plus subtil de ce qu'[il] a écrit jusqu'à présent, et provoquera encore plus d'effroi que d'habitude*[2] *». Serait-ce que* La psychopathologie de la vie quotidienne *n'est pas suffisamment effrayante ? Ou bien au contraire, sous ses dehors d'anthologie, serait-ce qu'elle l'est trop ? Car cette collection — le mot revient sans cesse sous la plume de Freud dans la correspondance comme dans l'ouvrage, et la collecte se poursuit sans répit de 1901 à 1924, grossissant le texte, d'édition en édition, de toutes les contributions que les lecteurs, analystes ou non, ont communiquées —, cette collection, dès l'origine, rassemble « toutes sortes de* privata[3] *». Des choses privées qui sont à cette date constituées principalement par les expériences personnelles de Freud. Pour le reste, ce sont les patients, en petit nombre à l'époque, et quelques personnes au hasard des rencontres qui ont fourni le matériel. Est-ce cette intimité dévoilée qui provoque déplaisir et sensation de torpeur ? Pourtant, en la matière,* L'interprétation des rêves *était allée fort loin, Freud ayant mis au service de l'élucidation de la formation du rêve la substance même de son auto-analyse, le plus privé donc, ce qui jusqu'alors n'était réservé qu'à son unique public, Fliess. Leur correspondance, témoignant dès 1897 de l'intérêt grandissant de Freud pour l'oubli et les actes fortuits, montre d'ailleurs comment les premiers éléments de* La psychopathologie de la vie quotidienne *ont pris corps de la même manière dans l'auto-analyse. Doit-on cependant comprendre qu'un pas de plus est franchi avec ce travail ? Peu ou prou, la rédaction du livre des rêves obéissait à un souci de discrétion. Un souci qui a parfois amené Freud à interrompre l'analyse d'un rêve*

1. C'est ainsi que, dans la correspondance, Freud puis ses collaborateurs nomment le plus souvent *La psychopathologie de la vie quotidienne.*
2. Lettre à Fliess du 25 janvier 1901.
3. Lettre à Fliess du 1er janvier 1901.

avant qu'elle ne soit parachevée ou à « atténuer la rude précision d'un détail indiscret grâce à une légère déformation[1] *». Or ces omissions intentionnelles ont justement laissé des traces. Des erreurs stupéfiantes, qui ne peuvent être attribuées à l'ignorance et qui n'apparaissent à Freud qu'après la parution de* L'interprétation des rêves. *Elles ont résisté à la correction des épreuves et là, au grand jour, publiques et publiées, elles révèlent ce que l'auteur a voulu dissimuler. Hasdrubal à la place de Hamilcar, et c'est l'identification au héros sémite bravant la puissance de Rome, qui se trahit d'elle-même. Zeus à la place de Cronos, et c'est le trouble des générations dans sa fratrie et la position ambivalente de Freud à l'égard de son père qui pousse à la confusion mythologique.*

Un pas de plus, donc, dans l'application de la méthode analytique aux bien portants que nous sommes, puisque l'expérience de ces actes manqués nous apprend qu'il n'y a pas de refuge « contre le profond besoin qui pousse les hommes à dire la vérité[2] *», qu'il n'y a pas de territoire que l'on puisse tenir pour un abri sûr contre les influences perturbatrices de nos désirs et de nos pensées refoulés. L'effraction de ces actes imprévus révèle ce qu'il en est de nos bonnes intentions et, pour ce faire, emprunte la voie la plus courte, celle qu'offrent la complaisance des sons et de leurs homophonies, la disposition des lettres d'un texte, l'agencement d'un lieu lorsqu'il s'agit de casser un objet ou de se punir par une chute. Il en est de la vie quotidienne comme du corps d'un enfant : tout est propice à la liaison entre le souhait prohibé et sa réalisation, tout est apte à produire une connexion, un « pont », entre la surface bienséante de nos gestes et de nos discours et l'« expression discrète » de nos*

1. Cf. *infra*, p. 355.
2. Cf. *infra*, p. 359.

désirs inavouables. Dans La psychopathologie de la vie quotidienne, *la réalité du langage et de l'espace, des perceptions et des projets, devient comme un grand corps que nous allons investir, à notre manière, selon la disposition personnelle de nos « aiguillages » qui s'empareront de la disposition des aiguillages du monde. Au point que, parfois, nous croirons que le monde a ses intentions. Mais, le plus souvent, nous trouverons matière à nous rassurer, par exemple lorsque la connexion nous aura conduits simplement à une manifestation muette, proprement insignifiante : un oubli. Car l'oubli, en l'absence d'un substitut erroné, ne nous dit rien de la chose oubliée. En tout cas rien de cette magnifique « adresse du hasard » que décrit si patiemment* La psychopathologie de la vie quotidienne. *Ainsi effacera-t-on l'oubli et, avec lui, l'extrême habileté des choses et des mots à aviver en chacun de nous ce que nous souhaitons méconnaître.*

La psychopathologie de la vie quotidienne *est un texte tendu. Tendu entre le plus infime dans son intimité et le plus général dans sa portée. Du côté de l'infime, le particulier dans tous ses détails, les innombrables exemples, leur accumulation volontaire et précise, qui font de ce livre un grand assemblage de brefs romans, s'élargissant avec le temps, s'épaississant des strates de l'histoire : après le moment personnel de l'auto-analyse, les contributions des collaborateurs, Ferenczi, Jung, Jones, Sachs, bien d'autres encore ; puis la guerre et la cohorte des erreurs et des actes manqués que provoque la violence de l'époque ; et enfin l'après-guerre et sa désillusion. Et du côté du plus général, la tentative de franchir le pas qui du particulier mène à l'universel, en regroupant en unités larges ce qui semble si divers.*

Dans cette tension, prend forme ce que Didier Anzieu décrit comme « une allure nouvelle » de l'auto-analyse de Freud : « Maintenant, écrit-il, il en détient la maîtrise et lui demande de fournir à volonté les exemples dont ses ouvrages ont besoin. De là vient que La psychopathologie de la vie quotidienne *a un autre caractère que* Die Traumdeutung *: elle assure la transition entre les écrits du type confession et les publications plus impersonnelles*[1]*. » Mais dans cette tension s'affirme aussi une intention claire. En parlant des tracas dont souffrent les gens bien portants, en examinant ces choses connues de tout le monde, Freud craint d'être tombé « dans la pure et simple banalité ». Mais, ajoute-t-il, « je ne vois pas pourquoi la sagesse, qui est le précipité de l'expérience commune de la vie, ne devrait pas être admise parmi les acquis de la science. Ce n'est pas la nature différente des objets d'étude, mais la rigueur plus grande de la méthode utilisée lors de l'établissement des faits ainsi que l'ambition de trouver une cohérence étendue qui constituent le caractère essentiel du travail scientifique*[2] *».*

Le projet est explicite : il conclut l'alliance entre l'étude scientifique de la banalité et la défense de la scientificité de la psychanalyse, et la lutte est cette fois engagée. Un an auparavant, Freud a publié L'interprétation des rêves, *et la critique a dans l'ensemble répondu par le silence à ce que Freud considère comme une révolution dans la pensée. Les adversaires sont innombrables. Et comment ne le seraient-ils pas ? Apprendre qu'une force secrète nous dépouille tel un malfaiteur abrité par la nuit obscure, apprendre de plus que ce prédateur n'est autre que le réseau, la « constellation » des pensées, bonnes et mauvaises, qui en un flux constant relie chacune de nos personnes au monde, découvrir enfin que,*

1. D. Anzieu, *L'auto-analyse de Freud*, Paris, P.U.F., 1973, II, p. 664.
2. Cf. *infra*, p. 267.

sur la force et la disposition de cette constellation inconnue qui nous fait être, parfois malgré nous, ce que nous sommes, nous n'avons d'autre pouvoir que celui de transférer ses effets, de déplacer ses points d'application, de déguiser ses rejetons, voilà qui hérissera ceux qu'anime la certitude d'être maîtres dans leur demeure. Quant à ceux qui ont été élevés dans l'autorité et la rigueur de l'esprit scientifique, comment ne seraient-ils pas indignés par l'absence de toute preuve tangible, horrifiés par le pouvoir magique conféré aux mots dans une telle méthode d'élucidation ?

C'est à cette communauté, non seulement scientifique mais tout simplement humaine, que s'adresse La psychopathologie de la vie quotidienne, *cherchant à convaincre les détracteurs par la communauté même de ces symptômes. La place accordée aux actes manqués et aux actions symptomatiques dans le combat pour la reconnaissance de la psychanalyse et de son hypothèse princeps, l'existence de l'inconscient, ne variera pas. En 1916, lorsque Freud prononce les* Conférences d'introduction à la psychanalyse, *il place en tête l'étude des lapsus et des actes manqués. L'argument est le même : « Dans le travail scientifique, il est plus rationnel de s'attaquer à ce qu'on a devant soi, à des objets qui s'offrent d'eux-mêmes à l'investigation[1]. » Peu importe donc leur modestie : l'essentiel réside dans leur accès simple — ce que n'offre pas le rêve « dont les conditions d'examen sont défavorables[2] ». Un abord si aisé que ce matériel a quasiment valeur de preuve directe, alors que précisément toute la difficulté tient au fait que « la psychanalyse ne se prête pas à la démonstration ». Et, bien que les lapsus et les actes manqués ne soient en vérité que des effets, signalant seulement qu'une autre force est venue altérer le déroule-*

1. S. Freud, *Introduction à la psychanalyse*, Paris, P.B.P., 1965, p. 17.
2. *Ibid.*, p. 69.

ment des actes commandés par la conscience, ils se présentent comme un terrain d'observation pour ainsi dire immédiate. C'est que, dans ce cas, on dévoile plus aisément le caractère déterminé de la perturbation parce que le dégagement du sens s'effectue le plus souvent d'après les circonstances[1]. *Et Freud, en 1916, de renvoyer à la multiplicité des exemples collectés dans* La psychopathologie de la vie quotidienne.

Contre les détracteurs, contre les multiples « obus provenant du camp ennemi », il faut opposer des preuves. « Mais essayez donc de donner une preuve à quelqu'un qui n'en veut pas ! Il n'y a rien à faire avec la logique, on peut dire d'elle ce que Gottfried de Strasbourg, je crois, a irrespectueusement dit du jugement de Dieu : "Que le saint Christ est fait de vent comme une manche." Mais laissez s'écouler cinq à dix ans et l'analyse "aliquis" qui maintenant n'est pas acceptée comme une preuve sera devenue une preuve, sans que rien n'y soit changé. Rien ne sert ici que continuer et travailler, ne pas gaspiller trop d'énergie à des réfutations et laisser agir la fécondité de nos conceptions contre la stérilité de celles que nous combattons[2]. *» Ainsi Freud s'adressait-il à Jung le 26 mai 1907, réservant une fois encore à un exemple de* La vie quotidienne *le pouvoir de démontrer.*

La psychopathologie de la vie quotidienne *ne déplut pas formidablement à ses lecteurs. Ce fut un ouvrage très lu, qui, après sa parution sous forme de volume en 1904, ne connut pas moins de neuf rééditions, chacune augmentée, jusqu'en 1924. Chaque augmentation témoignait de la légitime revendication de la psychanalyse à être reconnue dans son intérêt universel. Et chaque ajout éloignait un peu plus Freud de ses démêlés avec « toutes ces choses interdites », tous ces « privata », et le rapprochait davantage du lointain.*

1. *Ibid.*, p. 44.
2. *Correspondance Freud-Jung*, Paris, Gallimard, 1975, I, p. 103-104.

Mais ces démêlés furent initialement vifs. Si vifs que la censure s'en mêla. La sienne, celle qui, certes, l'autorisa à reprendre en guise de premier chapitre l'article sur l'oubli du nom « Signorelli », précédemment publié en 1898 et dont on trouve la première trace dans les lettres à Fliess[1], *mais qui lui interdit de reprendre tel quel l'article sur les souvenirs-écrans*[2], *publié dans la même* Monatsschrift *l'année suivante. À ce texte, qui ne fut republié qu'en 1924 dans les* Gesammelte Schriften, *Freud substitua une autre version moins privée, composée d'exemples différents. Au souvenir de la prairie parsemée de fleurs jaunes et à la figuration déguisée de la rêverie amoureuse du jeune homme qu'il avait été, Freud préféra le souvenir du coffre devant lequel il hurlait, enfant, tandis que sa nourrice venait d'être « coffrée » et que sa mère s'était absentée. Ce souvenir-écran, Freud l'avait évoqué pour la première fois dans une lettre à Fliess en octobre 1897*[3]. *Mais du caractère sexuel de l'absence et du coffre, il ne communiqua l'analyse « complète » que vingt-sept ans plus tard, dans la dernière édition et en note.*

Quel est ce pas que La vie quotidienne *ne finit pas de franchir ? Entre le dévoilement de l'intime et la visée de l'universel, le livre paraît s'édifier sur une frontière par laquelle deux territoires antagonistes, ou deux postures rivales, entrent en contact et s'affrontent. Mais de quelle frontière peut-il s'agir, qui, tout à la fois, fonde la séparation et légitime la création d'un poste de passage ?*

1. S. Freud, « Le mécanisme psychique de la tendance à l'oubli », publié également dans la *Monatsschrift für Psychiatrie und Neurologie* (trad. fr. in *Résultats, idées, problèmes*, I, Paris, P.U.F., 1984, p. 99-107) ; voir les lettres à Fliess du 26 août et du 22 septembre 1898.

2. S. Freud, « Sur les souvenirs-écrans », *Névrose, psychose et perversion*, Paris, P.U.F., 1973, p. 113-132 ; cf. E. Jones, *La vie et l'œuvre de S. Freud*, Paris, P.U.F., 1970-1972, I, p. 26 et 35-36, et II, p. 355.

3. Lettre à Fliess du 15 octobre 1897.

Un mot revient avec insistance dans La psychopathologie de la vie quotidienne, *celui de trahison. Le lapsus, l'oubli, le geste raté nous dénoncent et révèlent la vérité. Cette vérité, certes, échappe à notre conscience immédiate, mais elle constitue bien un savoir, simplement ignoré de nous*[1]*. Faites d'idées involontaires et d'« images verbales "vagabondantes"*[2] *» qui œuvrent juste sous le seuil de la conscience, ces pensées, apparemment arbitraires et dépourvues d'intention, sont soumises aux déterminations d'une logique différente : une logique des contacts mutuels, de la ressemblance, de la condensation et du déplacement, une logique des transferts de contenu entés sur les affinités de forme, au service de représentations-but inconnues. Leurs modes de liaison, s'effectuant à notre insu, et la constellation qui en résulte, nommée « complexe », garantissent d'ailleurs la non-désagrégation psychique lorsque la conscience est en veilleuse*[3]*.*

Le point de départ de la découverte fut l'exercice associatif introduit par l'école de Wundt en psychologie, qui fit la preuve du caractère non fortuit de la relation entre un « mot-stimulus » proposé à une personne et le mot par lequel elle répondait en « réaction » immédiate. Les Zurichois, Bleuler et Jung, reprirent plus tard les expériences et aboutirent à la même conclusion qu'il y avait « une détermination de la réaction par le complexe présent chez la personne examinée ». Mais, écrit Freud dans « L'établissement des faits par voie diagnostique[4] *», la « préhistoire » de l'idée de*

1. « ein Wissen » : *G.W.*, XI, p. 100 ; voir S. Freud, *Introduction à la psychanalyse, op. cit.*, p. 88-95.
2. Cf. *infra*, p. 117.
3. S. Freud, *L'interprétation des rêves*, Paris, P.U.F., 1967, p. 449.
4. S. Freud, « L'établissement des faits par voie diagnostique et la psy-

Bleuler et Jung se trouve dans La psychopathologie de la vie quotidienne, *qui, grâce à l'usage de la méthode de l'association libre, « démasqua » les actes fortuits et apparemment dépourvus d'intention comme des actes symptomatiques, porteurs du sens caché correspondant à ce complexe.*

En vérité, la préhistoire de l'idée est aussi judiciaire. Gross, professeur de droit pénal à Prague, dans sa Kriminalpsychologie *datant de 1898, s'est le premier penché sur la valeur de révélation du lapsus en cas de faux témoignage. Puis ses élèves, Wertheimer et Klein, mirent au point une méthode d'investigation par association, à utiliser en cours d'instruction. Freud les cite à plusieurs reprises. Non seulement parce que ces recherches valident l'hypothèse d'un déterminisme « sans lacune » dans le domaine psychique*[1]*. Mais parce qu'elles répondent à une question qui est la sienne : à quoi tient cette franchise non intentionnelle, parfois désastreuse dans les rapports entre les hommes ? Qui est le bénéficiaire du lapsus ou de l'erreur qui peuvent pourtant coûter fort cher ?*

Certes, il peut arriver qu'un lapsus —, et, de même, un geste d'apparence insensée —, tel un mot d'esprit, déclenche le rire en société, y compris celui de son auteur. Il n'y a d'ailleurs qu'un pas de l'un à l'autre, si l'on considère que le détournement de l'attention, de sa vigilance et de l'inhibition qu'elle assure, permettent dans les deux cas aux procédures primaires de la pensée de s'emparer momentanément du territoire de la conscience et de réaliser ce que la censure interdit. Mais il arrive aussi que la complaisance de la réalité aboutisse à une mortelle adresse. Comment n'être pas sensible au crescendo du chapitre VIII *de* La psychopatho-

---

chanalyse », in *L'inquiétante étrangeté et autres essais*, Paris, Gallimard, 1985, p. 14-15.

1. Cf. *infra*, p. 405.

logie de la vie quotidienne *? Il débute par la description de ces bris bénins d'objets, manifestant notre désir de nous en débarrasser. Il se poursuit par l'analyse d'actes qui semblent avoir une valeur de sacrifice propitiatoire, une manière de fléchir le destin en somme, en se punissant soi-même un peu pour être moins puni par lui. Puis viennent les gestes manqués des médecins qui peuvent endommager leurs malades, tel Freud lui-même, instillant dans l'œil de sa très vieille patiente la morphine qu'il aurait dû lui injecter, et soudain pris d'un effroi disproportionné : c'est cet affect qui le met sur la voie du sens œdipien de son geste, révélé par la signification sexuelle de l'expression « faire violence à la vieille ». Et enfin le meurtre est là, une violente chute révélant le crime d'un avortement, un jeu entre père et fils délivrant soudain la vérité d'un vœu de mort.* Cui prodest[1] ? *À qui profite le crime ? Et comment en instruire le procès ?*

Suivant immédiatement la parution de L'interprétation des rêves, La psychopathologie de la vie quotidienne *est un grand livre sur l'association libre au service d'innombrables et brèves « enquêtes ». Mais c'est aussi un livre saisi dans la désagrégation d'un lien, et il s'écrit sur le fond d'une trahison ou, plutôt, d'une autotrahison. La désunion qui affecte la relation de Freud et de Fliess au cours de ces deux années se manifeste certes par la raréfaction progressive de la correspondance, la moindre intimité des lettres et, surtout, l'étrange entrelacement des déclarations de guerre et d'amour faites par Freud. Mais de la séparation qui semble se réaliser inéluctablement, Freud voit la trace principale dans un acte manqué qu'il commit et dans le malentendu que celui-ci provoqua entre les deux amis. « À qui profitait le crime » le jour où Freud, au cours d'une de ses rencontres scientifiques avec Fliess, « oublia » que l'hypothèse d'une*

1. Cf. *infra*, p. 246.

bisexualité originelle de l'être humain était l'invention de son grand ami ?

Le 2 février 1901, dans la lettre même où il annonce à Fliess la fin toute proche de la rédaction de La psychopathologie de la vie quotidienne, *Freud dit adieu à la « promesse faite en des temps meilleurs » qu'ils puissent un jour se rencontrer à Rome. Ces « congrès », ajoute-t-il, « sont devenus des survivances ; je ne fais moi-même rien de nouveau et je suis devenu, comme tu l'écris, complètement étranger à ce que tu fais ». Et le 7 août, alors que la publication est imminente : « Il est impossible de nous dissimuler que nous avons tous deux largement divergé. Je remarque la distance à diverses choses. Et aussi au jugement sur Breuer. Je ne le dédaigne plus depuis longtemps, j'ai senti sa puissance. S'il est mort chez vous, alors il agit encore de manière posthume. Ta femme fait-elle autre chose que d'aller jusqu'au bout de l'instigation que Breuer lui a glissée dans l'âme, lorsqu'il lui souhaita bonne chance pour que je ne vive pas à Berlin et ne puisse déranger votre couple ? Et aussi, tu es parvenu à la limite de ta perspicacité, tu prends parti contre moi et tu me dis quelque chose qui retire toute valeur à mes efforts : "Celui qui lit la pensée d'autrui n'y trouve que ses propres pensées." Si je suis ainsi, alors jette à la corbeille sans la lire ma* Vie quotidienne. *Elle est pleine des relations avec toi, celles manifestes, relatives au matériel que tu m'as livré, et celles cachées, par lesquelles le motif renvoie à toi. L'épigraphe aussi m'a été offerte par toi. Abstraction faite du caractère durable du contenu, elle fournit le témoignage du rôle que tu as joué jusqu'à présent auprès de moi. Après une pareille déclaration, il m'est sans doute permis de t'envoyer ce travail sans un mot, lorsqu'il sera parvenu entre mes mains*[1]*... »*

1. S. Freud, *Briefe an W. Fliess*, éd. J.M. Masson, Francfort, Fischer Verlag, 1986, lettre 270, p. 490-493 (seule, une partie de cette lettre est

Mais la lettre ne s'achève pas là. Elle revient sur Breuer, décrit le petit paradis de Thumsee où Freud passe alors ses vacances avec sa famille, et enfin : « La chose essentielle ! Pour autant que je puisse en juger, mon prochain travail s'appellera "La bisexualité humaine", prendra le problème à la racine et dira jusqu'au dernier mot qu'il devrait m'être permis de dire. Le dernier et le plus profond. Provisoirement je n'en ai qu'un, la connaissance principale qui s'est construite depuis très longtemps sur l'idée que le refoulement, mon problème nucléaire, n'est possible que par la réaction entre deux courants sexuels. J'aurai besoin d'environ six mois pour réunir le matériel et j'espère découvrir que ce travail est déjà réalisable. Mais ensuite je dois avoir avec toi une conversation longue et sérieuse. L'idée elle-même est de toi. Tu te souviens, je t'ai dit il y a des années, quand tu étais encore oto-rhino-laryngologiste et chirurgien : la solution réside dans la sexualité ; et des années plus tard, tu as corrigé : dans la bisexualité ; et je vois que tu as raison. Peut-être faut-il que je t'emprunte encore bien plus, peut-être mon sentiment d'honnêteté me contraint-il à te prier de signer ce travail avec moi, grâce à quoi la partie anatomo-biologique, maigre chez moi, gagnerait en extension. Je prendrais pour objectif l'aspect psychique de la bisexualité et l'explication de la névrose. Voilà donc le prochain projet d'avenir qui, espérons-le, nous unira à nouveau, vraiment pour de bon, aussi pour les choses scientifiques. »

Mais Freud partit seul pour Rome. Et Fliess répondit par une simple carte. Que contenait-elle, qui déclencha le véhément plaidoyer de Freud ? « Je n'ai pas compris ta réponse sur le thème de la bisexualité, écrit-il le 19 septembre. Il est évident qu'il nous est très difficile de nous comprendre.

---

traduite dans l'édition française *La naissance de la psychanalyse*, Paris, P.U.F., 1969, lettre 145, p. 296-297).

Assurément, je ne voulais rien d'autre qu'élaborer ma contribution à la théorie de la bisexualité et développer la proposition que le refoulement et les névroses, c'est-à-dire l'autonomie de l'inconscient, a pour présupposé la bisexualité. Que je n'aie pas pensé à grossir ma part dans cette connaissance, le passage dans La vie quotidienne *au sujet de la priorité te l'aura montré. » Et Freud de proposer encore un partage des tâches, et d'envisager qu'ils puissent en parler.*

Mais Freud et Fliess n'en parleront jamais. Remarquons seulement ceci : dans le passage de La psychopathologie de la vie quotidienne *auquel se réfère Freud, la conversation au cours de laquelle il aurait « oublié » que Fliess était le premier inventeur de la bisexualité est datée de l'été 1901. Erreur, nouvel oubli, acte manqué sur acte manqué ? Car l'été 1901 est le moment de l'échange violent de ces lettres, et l'auto-analyse de l'oubli est déjà effectuée et rédigée. Dans* In eigener Sache[1]*, Fliess, quant à lui, date de l'été 1900 la conversation au cours de laquelle Freud se tint pour l'auteur de ce concept. À cette date, les deux hommes se rencontrèrent pour leur dernier « congrès » à Achensee. C'est là que Freud aurait été « invité à abandonner sa prétention à l'originalité », Fliess lui rappelant une conversation bien plus ancienne. Et c'est là que, « appliquant le principe de la question* cui prodest ? »*, Freud aurait admis qu'il était l'auteur d'un oubli qui lui profitait, se remémorant enfin la conversation précédente sur la bisexualité.*

Qui est le propriétaire et qui le malfaiteur ? Une chose est sûre : même « démasqué », même contraint aux aveux publics dans une auto-analyse publiée, le « traître » a réussi son coup. Avec l'oubli, il a exprimé ce qu'il désirait, quoi qu'il lui en coûte par ailleurs. De sorte que Fliess, criant au vol, n'est pas si éloigné de la vérité. Il fait simplement

1. *Ibid.*, p. 513, note 4 (voir également *La naissance de la psychanalyse*, *op. cit.*, p. 288, note 1).

erreur quant à son point d'application en omettant que le « prédateur » est le complexe, et que l'homme trahit sa propre division[1]*. Il méconnaît ainsi le fait que Freud est tout à la fois le voleur et la victime.*

L'affaire de la bisexualité se compliqua. Parce que Freud, achevant son analyse, dénouait le lien transférentiel qui le retenait à Fliess en s'appropriant le fruit du travail. Et parce que Fliess n'était pas analyste et portait plainte au sujet d'une perte qu'il ne s'expliquait pas. Ainsi accuse-t-il, en 1904, Weininger, auteur de Sexe et caractère, *d'avoir volé l'idée de la bisexualité, connaissance qu'il aurait obtenue de Freud grâce à la complicité de Swoboda, son élève*[2]*. Freud répond. Fliess insiste. Et le 27 juillet 1904, Freud se décide à écrire ce qui sera l'ultime lettre. Il revient sur l'enchaînement des actions et des reproches, sur le caractère général de cette découverte, sur le fait que lui-même, depuis 1901, considère Fliess comme l'auteur de l'idée de bisexualité, et sur le livre de Weininger. Mais il précise : « Je ne crois pourtant pas que j'aurais dû alors crier : Arrêtez le voleur ! Tout d'abord, parce que cela n'aurait servi à rien, car le voleur peut tout aussi bien soutenir que c'est sa propre idée ; et aussi parce que les idées ne se laissent pas breveter. On peut les garder pour soi — et on fait bien de le faire quand on donne de la valeur à sa priorité. Mais si on les laisse aller, alors elles vont leur propre chemin... » Et il ajoute : « Que cet incident, à propos duquel tu me fais des reproches, ait réveillé une correspondance depuis longtemps*

1. Sur la métaphore du malfaiteur nous dépouillant dans l'obscurité et la force « prédatrice » du complexe, voir *infra*, p. 65-67.

2. Cf. le télégramme adressé par Fliess à Freud le 20 juillet 1904, *Briefe an W. Fliess, op. cit.*, p. 508, ainsi que sa dernière lettre datée du 26 juillet. Le texte des sept lettres échangées durant le deuxième trimestre de l'année 1904, dont trois écrites par Fliess, ne figure pas dans l'édition française de *La naissance de la psychanalyse*.

endormie, tu n'es pas le seul à le déplorer, moi aussi. Mais ce n'est pas de ma faute si tu trouves à nouveau le temps et l'envie d'un échange épistolaire avec moi seulement à propos d'un sujet aussi mesquin. En fait, dans les dernières années — c'est La vie quotidienne *qui est la frontière —, tu n'as plus montré d'intérêt ni pour moi, ni pour les miens ou pour mes travaux. J'en ai aujourd'hui fait mon deuil, n'en éprouve plus le moindre besoin, ne te fais aucun reproche et te prie également de ne pas répondre sur ce point. »*

La frontière privée de La vie quotidienne *fut recouverte par la sédimentation collective des contributions. La traîtrise de l'acte manqué s'avéra être la méthode discrète pour franchir plus d'une limite. Reste le dévoilement de tous ces « privata », et la vive résistance, mêlant torpeur et déplaisir, que provoqua la publication initiale de ces « choses interdites ».*

La traduction aujourd'hui proposée, simple et forte, remarquable de précision et toujours soucieuse de trouver les équivalents français de ces jeux de langue que sont les lapsus, a aussi le mérite de dater les ajouts successifs. Non que ceux-ci aient à proprement parler une valeur pour notre enquête de lecteur. La psychopathologie de la vie quotidienne *est un livre homogène par son thème. Mais ils témoignent d'une sorte d'obstination de la part de Freud à maintenir la forme parcellaire de la collection, à l'accentuer même, faisant de l'ensemble un grand puzzle dont l'organisation théorique se modifie peu au fil des ans tandis que se multiplient les pièces à conviction. Comme si ce que la théorie décrit de cette logique par ressemblances, parallèles, contacts, contaminations à l'œuvre dans les actes manqués, se réalisait dans la formation même du livre, construit par contacts, ressemblances et parallèles.*

Ce parti pris par Freud n'est certainement pas fortuit. Ilse Gruber-Simitis, dans le chapitre de son livre Zurück zu Freuds Texten[1], *consacré aux notes manuscrites, montre comment Freud travaillait par notices. De petites fiches ou bien des cahiers de notes, qu'il défaisait parfois pour conserver certains feuillets avec la mention éventuelle de la provenance antérieure, témoignent d'une méthode où la « collection » fait plus qu'être le temps du « rassemblement du matériel ». Ce temps, Freud le mentionne fréquemment dans sa correspondance, pour tous les textes et particulièrement pour* La psychopathologie de la vie quotidienne *ou* Le mot d'esprit et sa relation à l'inconscient *qui ont conservé la marque de cette méthode. Mais on découvre qu'il pouvait y avoir un vrai projet théorique dans l'assomption d'une telle forme lorsque l'on se penche sur la publication en 1913 dans l'*Internationale Zeitschrift für ärztliche Psychoanalyse *d'un assemblage assez similaire. « Expériences et exemples de la pratique analytique » est constitué par le rassemblement de vingt-deux très brèves notices, toutes de Freud[2]. L'année suivante, il publie de la même manière « Darstellung der "grossen Leistung" im Traum », qui fut par la suite inséré dans le chapitre* VI *de* L'interprétation des rêves. *En 1915, la* Zeitschrift *fit paraître des notices écrites par d'autres analystes. En introduction, Freud note ceci : « Les nombreux et beaux exemples*

1. I. Gruber-Simitis, *Zurück zu Freuds Texten*, Francfort, Fischer Verlag, 1993, p. 125-171.

2. S. Freud, « Expériences et exemples », in *Résultats, idées, problèmes*, I, *op. cit.*, p. 223-226. L'envoi de cette « collection » à Ferenczi était accompagné d'une carte datée du 6 janvier 1913 : « Sous le titre "recueil" [*Sammlung*], je vous enverrai désormais plus souvent de telles observations provenant de ma pratique et pouvant être isolées. Je vous prie de les classer, c'est-à-dire de les réunir à l'occasion avec du matériel semblable. Faites-en autant et, si l'exemple agit sur d'autres, nous réaliserons avec le temps un joli livre d'images ψα. Cordialement, votre Freud. »

qui, dans le travail quotidien, confirment à l'analyste ce qu'il connaît, se perdent pour la plupart, étant donné que leur insertion dans un contexte doit souvent être différée pour longtemps. Il est donc d'un intérêt certain d'indiquer une forme sous laquelle ces expériences et exemples peuvent être publiés et portés à la connaissance générale, sans attendre qu'ils soient traités selon des points de vue supérieurs. » Une documentation de l'instant en quelque sorte, qui tire sa valeur de la brièveté de la présentation et de l'absence de contrainte dans son arrangement.

Une telle forme, obtenue par collection, a valeur de déclaration. Elle affirme la tension entre liaison et déliaison. Elle confesse la discordance, dans notre quête même de la concordance. Elle expose l'étrange assemblage de chacune de nos vies quotidiennes. On voit alors comment la forme stratifiée de La psychopathologie de la vie quotidienne, *où parfois les ajouts s'agglomèrent par simple numérotation, fait bien plus qu'obéir à une stratégie de confirmation. Elle prend le parti d'un trouble, celui qui affecte notre regard quand nous rebroussons le chemin de la théorie et trébuchons sur l'agrégat insolite des expériences, et elle le manifeste.*

Laurence Kahn

Note liminaire

Éditions allemandes :

1901 *Monatsschrift für Psychiatrie und Neurologie, 10*, (1) juillet, p. 1-32 et (2) août, p. 95-143.
1904 Berlin, Karger, 92 pages.
1907 2e édition, augmentée, même éditeur, 132 pages.
1910 3e édition, augmentée, même éditeur, 149 pages.
1912 4e édition, augmentée, même éditeur, 198 pages.
1917 5e édition, augmentée, même éditeur, 232 pages.
1919 6e édition, augmentée, Leipzig et Vienne, Internationaler Psychoanalytischer Verlag, 312 pages.
1920 7e édition, augmentée, Leipzig, Vienne et Zurich, même éditeur, 334 pages.
1922 8e édition, même éditeur.
1923 9e édition, même éditeur.
1924 10e édition, augmentée, même éditeur, 310 pages.
1924 *Gesammelte Schriften*, tome IV, p. 1-310, Leipzig, Vienne et Zurich, Internationaler Psychoanalytischer Verlag.
1929 11e édition, même éditeur.
1941 *Gesammelte Werke*, tome IV, p. IV-322, Londres, Imago Publishing Co.

Éditions françaises :

1922 *Psychopathologie de la vie quotidienne*, traduit de l'allemand par Samuel Jankélévitch, Paris, Payot.
1988 Même traduction, revue, in Petite Bibliothèque Payot.

Il est arrivé à Freud de procéder, au cours des éditions successives de ses ouvrages, à des adjonctions, parfois très importantes. C'est le cas, entre autres, pour *L'interprétation des rêves* ou pour les *Trois essais sur la théorie sexuelle*. Il s'agit alors pour lui, le plus souvent, de faire état d'idées ou d'observations nouvelles venant compléter, affiner, voire rectifier les conceptions originellement exposées.

Les choses se présentent différemment avec ce livre-ci qui, à l'occasion de ses multiples rééditions, fit l'objet de très nombreux ajouts, que ne manque pas de signaler notre édition. Ces ajouts ne concernent pas la thèse énoncée. Ils visent à accroître la collecte des exemples illustrant la thèse en question, à savoir que des phénomènes marginaux de notre vie quotidienne tels que l'oubli de mots et de noms, les lapsus de parole, de lecture et d'écriture, etc., sont, tout comme le symptôme, autant de « ratés » témoignant d'un compromis entre l'intention consciente et le désir refoulé. On a plus d'une fois souligné que les termes allemands avec leur même préfixe *ver* marquaient l'étroite parenté entre ces phénomènes de « méprise » : *das Vergessen, das Versprechen, das Verlesen, das Verschreiben, das Vergreifen, das Verlieren.*

Freud prend un vif plaisir, manifeste chez tout collectionneur, à enrichir sa collection, année après année, comme s'il voulait rendre par là sa thèse plus probante et cherchait surtout à entraîner davantage la conviction du lecteur appelé à apporter, à son tour, sa petite contribution personnelle à cette psychopathologie commune.

Zur Psychopathologie des Alltagslebens a été un des tout premiers ouvrages de Freud à être traduit en français, dès 1922, précédé seulement par les *Cinq leçons* et l'*Introduction à la psychanalyse* (1921). Il a été aussi longtemps le plus traduit dans différentes langues.

Les numéros en marge sont ceux des pages des *Gesammelte Werke* (en abrégé *G.W.*), tome IV.

Les notes appelées par des chiffres sont de Freud, celles appelées par des lettres sont des notes de traduction.

Le lecteur trouvera en fin de volume une notice terminologique motivant un certain nombre de choix opérés par le traducteur, Denis Messier.

J.-B. P.

LA PSYCHOPATHOLOGIE DE LA VIE QUOTIDIENNE

(SUR L'OUBLI, LE LAPSUS, LE GESTE MANQUÉ, LA SUPERSTITION ET L'ERREUR)

De tels fantômes l'air est maintenant si chargé
Que personne ne sait comment les éviter.

Faust, 2e partie, acte V.

I

Oubli de noms propres[a] 5

En 1898, j'ai publié dans la *Monatsschrift für Psychiatrie und Neurologie*, sous le titre « *Zum psychischen Mechanismus der Vergesslichkeit* » [« À propos du mécanisme psychique de la propension à l'oubli »], un petit article dont je vais répéter ici le contenu tout en le prenant comme point de départ de nouvelles discussions. J'y ai soumis à l'analyse psychologique le cas fréquent de l'oubli temporaire de noms propres grâce à un exemple significatif tiré de mon auto-observation et je suis parvenu à la conclusion que ce cas particulier de défaillance d'une fonction psychique — la remémoration —, cas courant et sans grande importance pratique, admet une explication qui permet d'aller bien au-delà de l'exploitation usuelle du phénomène.

Je ne me trompe guère en disant que, si l'on exigeait d'un psychologue qu'il explique comment il se fait que si souvent un nom ne nous vient pas à l'esprit, alors qu'on croit pourtant le connaître, il se contenterait de répondre que les noms propres s'oublient plus facilement que des contenus mnésiques d'une autre espèce. Il mentionnerait

a. À l'exception de modifications vraiment très peu nombreuses, signalées plus bas, tout ce chapitre remonte à 1901.

les raisons, plausibles, d'une telle préférence accordée aux noms propres, mais ne supposerait pas que le processus ait une autre détermination.

En ce qui me concerne, l'occasion de m'occuper en profondeur du phénomène de l'oubli temporaire de nom
6 m'a été fournie par l'observation de certains détails qu'on discerne avec suffisamment de netteté, non pas certes dans tous les cas, mais dans certains en particulier. Dans de tels cas, en effet, il y a non seulement *oubli*, mais aussi *remémoration fautive*. À celui qui s'efforce de se rappeler le nom qui lui a échappé, d'autres noms — des *noms de substitution* — viennent à la conscience, dont l'inexactitude est certes aussitôt reconnue, mais qui ne cessent pourtant pas de s'imposer avec une grande obstination. Le processus qui est censé conduire à la reproduction du nom qu'on cherche s'est en quelque sorte *déplacé* et a conduit ainsi à un substitut inexact. L'hypothèse que je fais est que ce déplacement n'est pas l'effet d'un arbitraire psychique, mais qu'il s'en tient à des voies soumises à des lois et prévisibles[a]. En d'autres termes, je suppose qu'il existe, entre le ou les noms de substitution et celui qu'on cherche, une corrélation susceptible d'être dépistée, et j'espère que, si je réussis à démontrer que cette corrélation existe, je pourrai alors aussi donner des lumières sur le processus de l'oubli de nom.

Dans l'exemple que j'ai choisi en 1898 pour l'analyser, le nom que je m'efforçais en vain de me remémorer était celui du maître qui a créé, dans la cathédrale d'Orvieto, les grandioses fresques représentant les « fins dernières[b] ». Au lieu du nom que je cherchais — *Signo-*

a. *berechenbar* : « qui peut être prévu grâce à des calculs ».

b. Les quatre « fins dernières » sont la mort, le Jugement dernier, l'Enfer et le Paradis. Cette anecdote est mentionnée pour la première fois dans une lettre à Fliess datée du 22 septembre 1898.

relli —, deux autres noms de peintres s'imposèrent à moi — *Botticelli* et *Boltraffio* —, que mon jugement écarta aussitôt et résolument comme inexacts. Lorsque le nom exact me fut communiqué par quelqu'un d'extérieur, je le reconnus tout de suite et sans hésiter. L'investigation visant à déterminer sous l'effet de quelles influences et selon quelles voies associatives la reproduction s'était déplacée d'une telle façon — de *Signorelli* à *Botticelli* et *Boltraffio* — conduisit aux résultats suivants :

a) La raison pour laquelle le nom *Signorelli* m'avait échappé ne doit être cherchée ni dans une particularité de ce nom lui-même, ni dans un caractère psychologique du contexte dans lequel il était inséré. Le nom oublié 7
m'était tout aussi familier que l'un des noms de substitution — Botticelli — et incomparablement plus familier que l'autre — Boltraffio —, sur le porteur duquel je ne saurais rien indiquer d'autre que son appartenance à l'école milanaise. Quant au contexte dans lequel l'oubli de nom s'était produit, il m'apparaît innocent et ne conduit à aucun autre éclaircissement : je faisais une excursion en voiture avec un étranger, de Raguse en Dalmatie à une station d'Herzégovine ; nous en vînmes à parler des voyages en Italie, et je demandai à mon compagnon de voyage s'il avait déjà été à Orvieto et s'il y était allé voir les célèbres fresques de ***.

b) L'oubli de nom ne s'explique qu'à partir du moment où je me souviens du thème immédiatement précédent dans cette conversation et il se révèle être une *perturbation du nouveau thème en train d'émerger par le précédent.* Peu de temps avant que je demande à mon compagnon de voyage s'il avait déjà été à Orvieto, nous nous étions entretenus des mœurs des Turcs vivant en *Bosnie* et en *Herzégovine.* J'avais raconté ce que j'avais entendu dire par un confrère qui exerce parmi ces gens, à savoir qu'ils ont l'habitude de se montrer pleins de confiance envers le médecin et pleins de soumission envers le destin. Quand il faut leur annoncer qu'on ne peut plus rien pour le malade, alors ils répondent : « *Herr*, que dire à cela ? Je sais que s'il pouvait être sauvé, tu l'aurais sauvé ! » — C'est seulement dans ces phrases qu'apparaissent les mots et noms : *Bosnie*, *Herzégovine*, *Herr*, qu'il est possible d'intercaler dans une série associative entre *Signorelli* et *Botticelli* — *Boltraffio*[a].

c) Mon hypothèse est que, si la série de pensées sur les mœurs des Turcs en Bosnie, etc., a reçu capacité de perturber une pensée venant après, c'est parce que je lui avais retiré mon attention avant même qu'elle ait été
8 menée à son terme. Je me souviens en effet que je voulais raconter une seconde anecdote qui se trouvait, dans ma mémoire, tout à côté de la première. Les Turcs mettent la jouissance sexuelle au-dessus de tout, et lorsqu'ils sont atteints de troubles sexuels, ils sont pris d'un désespoir qui tranche étrangement sur leur résignation en cas de danger de mort. L'un des patients de mon confrère lui avait dit un jour : « Tu le sais bien, *Herr*, quand *ça* ne marche plus, alors la vie ne vaut plus rien. » Je m'abstins de communiquer ce trait caractéristique parce que je ne voulais pas aborder ce thème[b] dans une conversation avec un étranger. Mais je fis bien plus encore ; je détournai aussi mon attention de la suite des pensées qui, en moi, auraient pu se rattacher au thème « mort et sexualité ». J'étais alors sous le coup d'une nouvelle que j'avais reçue à peine quelques semaines auparavant durant un bref séjour à *Trafoï*. Un patient pour lequel je m'étais

a. Notons que les deux significations du mot *Herr* (« Monsieur » et « Seigneur ») sont aussi celles du mot italien *Signore*.

b. Dans toutes les éditions antérieures à celle de 1924 : « ce sujet délicat ».

donné beaucoup de peine venait de mettre fin à ses jours à cause d'un trouble sexuel incurable. Je sais avec certitude que, pendant ce voyage en Herzégovine, ce triste événement et tout ce qui s'y rapportait ne me vint pas à la mémoire consciente[a]. Mais la concordance *Trafoï — Boltraffio* m'oblige à admettre comme hypothèse qu'alors, en dépit du détournement intentionnel de mon attention, cette réminiscence fut rendue efficiente en moi[b].

d) Je ne peux plus concevoir l'oubli du nom Signorelli comme un événement fortuit. Il me faut reconnaître l'influence d'un *mobile* lors de ce processus. Ce furent des mobiles qui m'amenèrent à m'interrompre dans la communication de mes pensées (sur les mœurs des Turcs, etc.) et qui eurent en outre comme influence d'exclure, en moi, du devenir-conscient[c] les pensées qui s'y rattachaient et qui auraient conduit jusqu'à la nouvelle reçue à Trafoï. Je voulais donc oublier quelque chose, j'avais *refoulé* quelque chose. Je voulais, en vérité, oublier autre chose que le nom du maître d'Orvieto ; mais cette autre chose parvint à établir une liaison associative[d] avec le nom de celui-ci, de sorte que mon acte de 9
volonté manqua le but et que j'oubliai *la première chose contre ma volonté*, alors que je voulais oublier *intentionnellement la seconde.* La répugnance à me remémorer était dirigée contre l'un des contenus ; c'est sur un autre que l'incapacité de remémorer ressortit. Le cas serait manifestement plus simple si répugnance à remémorer et incapacité de remémorer concernaient le même contenu.

a. *nicht zur bewussten Erinnerung kam.*

b. *zur Wirksamkeit gebracht* : « porté à efficience ».

c. *vom Bewusstwerden ausschliessen.*

d. *assoziative Verbindung.* Le terme *Verbindung* sera traduit par liaison, sauf dans le mot composé *Namenverbindung* (« combinaison de noms »).

— Les noms de substitution ne m'apparaissent d'ailleurs plus aussi totalement injustifiés qu'avant que j'aie donné l'explication ; ils me font penser (à la façon d'un compromis) autant à ce que je voulais oublier qu'à ce que je voulais me remémorer, et ils me montrent que mon intention d'oublier quelque chose n'a ni tout à fait réussi, ni tout à fait échoué[a].

e) Très frappant est le type de connexion qui s'est établi entre le nom recherché et le thème refoulé (celui de la mort et de la sexualité, etc., dans lequel se trouvent les noms Bosnie, Herzégovine, Trafoï). Le schéma intercalé ici, que je reprends de l'essai de 1898, tente de figurer concrètement cette connexion.

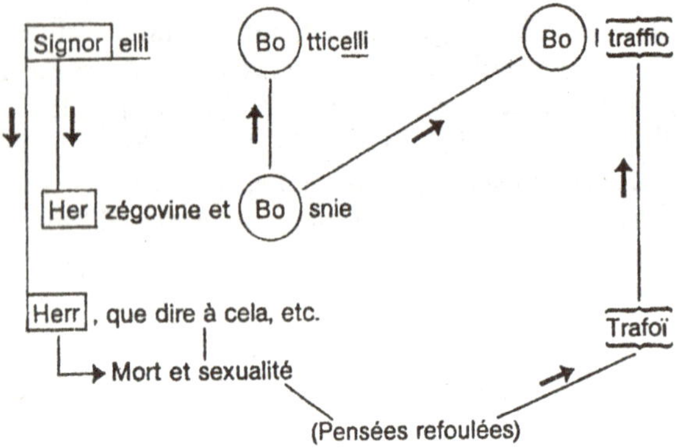

10 À cette occasion, le nom Signorelli a été décomposé en deux morceaux. L'une des paires de syllabes a fait retour, sans être modifiée, dans l'un des noms de substitution (*elli*), l'autre a gagné, grâce à la traduction de

a. Dans l'édition de 1901, la fin de la phrase était : « mon intention d'oublier quelque chose n'a pas tout à fait réussi ».

Signor par *Herr*, des relations multiples et diverses aux noms contenus dans le sujet de conversation refoulé, mais, par là, elle s'est trouvée perdue pour la reproduction. Son remplacement a eu lieu comme si un déplacement avait été entrepris le long de la combinaison de noms « Herzégovine et Bosnie[a] », sans que soient pris en considération le sens et la délimitation acoustique des syllabes. Les noms ont donc subi, lors de ce processus, un traitement similaire à celui que connaissent les caractères typographiques d'une phrase destinée à être transformée en une énigme en images (rébus). De tout ce processus qui, au lieu du nom Signorelli, a créé par de telles voies les noms de substitution, la conscience n'a nullement eu connaissance. Existe-t-il, entre le sujet de conversation dans lequel figuraient le nom Signorelli et celui, refoulé, qui le précédait dans le temps, une relation qui aille au-delà de ce retour des mêmes syllabes (ou plutôt des mêmes suites de lettres) ? Voilà qui semble *de prime abord* ne pouvoir être découvert.

Il n'est peut-être pas superflu de remarquer que les conditions de la reproduction et de l'oubli admises par les psychologues, que ceux-ci cherchent dans certaines relations et dispositions, ne se trouvent pas contredites par les explications qui précèdent. Nous n'avons fait qu'ajouter encore un *mobile*, valable pour certains cas, à tous les facteurs reconnus depuis longtemps comme pouvant opérer l'oubli d'un nom et nous avons, en outre, clarifié le mécanisme de la remémoration manquée. Ces dispositions sont indispensables dans notre cas aussi, lorsqu'il s'agit de créer la possibilité pour l'élément refoulé de s'emparer par voie associative du nom qu'on

a. Ces deux parties de l'Empire austro-hongrois étaient habituellement rassemblées en un seul mot (« Bosnie-Herzégovine »).

cherche et de l'emmener avec soi vers le refoulement. Peut-être qu'avec un autre nom, offrant des conditions de reproduction plus favorables, ce fait ne se serait pas
11 produit. Aussi bien est-il probable qu'un élément refoulé s'efforce à chaque fois de se faire valoir en n'importe quel autre endroit, mais qu'il n'atteint ce résultat que là où des conditions appropriées se portent à sa rencontre. D'autres fois, la répression réussit sans qu'il y ait trouble de la fonction, ou, comme nous pouvons le dire à bon droit, sans *symptômes*.

Si l'on résume les conditions de l'oubli d'un nom accompagné d'une remémoration manquée, on obtient donc : 1) une certaine disposition à l'oubli de celui-ci ; 2) un processus de répression qui s'est déroulé peu de temps auparavant ; 3) la possibilité d'établir une association *extérieure* entre le nom en question et l'élément précédemment réprimé. Il n'y a probablement pas lieu de situer très haut l'importance de cette dernière condition, car, étant donné les exigences minimes posées à l'association, une telle condition devrait pouvoir être remplie dans la très grande majorité des cas. C'est une autre question, et plus profonde, que celle de savoir si une telle association extérieure peut effectivement être la condition suffisante pour que l'élément refoulé perturbe la reproduction du nom qu'on cherche, celle de savoir s'il n'est tout de même pas indispensable qu'il existe une corrélation plus intime entre les deux thèmes. Si l'on considérait les choses superficiellement, on aimerait écarter cette dernière exigence et on tiendrait pour suffisante la contiguïté temporelle de deux éléments au contenu totalement disparate. Mais si l'on procède à une investigation approfondie, on découvre de plus en plus fréquemment que les deux éléments connectés par une association extérieure (l'élément refoulé et le nouveau) possèdent en outre une corrélation de contenu, et l'exemple « Signorelli » permet lui aussi de faire apparaître une telle corrélation[a].

La valeur des lumières que nous avons acquises lors de notre analyse de l'exemple « Signorelli » dépend, bien entendu, de la question de savoir si nous voulons présenter ce cas comme un événement typique ou comme un événement isolé. Je crois devoir affirmer que l'oubli de nom accompagné d'une remémoration manquée se produit extrêmement souvent de la façon dont nous l'avons résolu dans le cas de Signorelli. D'ailleurs, presque toutes les fois que j'ai pu observer ce phénomène sur moi-
même, j'ai été là aussi en mesure de me l'expliquer, de la 12
façon mentionnée précédemment, comme étant motivé par le refoulement. Il me faut encore faire valoir un autre point de vue plaidant en faveur de la nature typique de notre analyse. Je crois qu'on n'a pas le droit de séparer par principe les cas d'oubli de nom accompagné de remémoration manquée de ceux où des noms de substitution inexacts ne sont pas apparus[b]. Dans un certain nombre de cas, ces noms de substitution surviennent spontanément ; dans d'autres cas, là où ils n'ont pas émergé spontanément, on peut, par un effort de l'attention, les contraindre à émerger, et ils révèlent alors les mêmes relations à l'élément refoulé et au nom recherché que s'ils étaient survenus spontanément. En ce qui concerne le devenir-conscient[c] du nom de substitution, deux facteurs semblent être déterminants, premièrement un effort d'attention, deuxièmement une condition interne inhérente au matériel psychique. Je pourrais

a. Voir p. 53, n. 1.
b. Freud reviendra sur cette question au chapitre suivant (p. 51).
c. *das Bewusstwerden.*

chercher cette dernière dans la facilité plus ou moins grande avec laquelle s'établit la nécessaire association extérieure entre les deux éléments. Une bonne part des cas d'oubli de nom *sans* remémoration manquée s'ajoute ainsi au cas de ceux où il y a formation de nom de substitution, cas pour lesquels le mécanisme de l'exemple « Signorelli » est valable. Mais je n'aurai assurément pas l'audace d'affirmer que tous les cas d'oubli de nom doivent être rangés dans le même groupe. Il existe sans nul doute des cas d'oubli de nom qui se produisent de façon bien plus simple. Nous aurons certainement présenté les choses avec suffisamment de prudence[a] lorsque nous aurons dit : *À côté de l'oubli simple de nom propre se produit aussi un oubli qui est motivé par le refoulement.*

a. Dans l'édition de 1901 : « avec justesse ».

II

Oubli de mots en langue étrangère[a] 13

Le vocabulaire usuel de notre propre langue, lorsqu'il est utilisé dans les limites d'une fonction normale, semble être protégé contre l'oubli[b]. Il en va autrement, c'est chose connue, des mots appartenant à une langue étrangère. La disposition à l'oubli de ceux-ci existe pour toutes les parties du discours, et un premier degré de trouble fonctionnel se manifeste dans l'inégale maîtrise que nous avons du vocabulaire étranger selon notre état général et notre degré de fatigue. Dans une série de cas, cet oubli se déroule selon le même mécanisme que celui que l'exemple « Signorelli » nous a dévoilé.

a. Mis à part la modification signalée à la note *b* et un bref ajout à la note de la p. 52, tout le texte de ce chapitre remonte à 1901.

b. Dans les éditions de 1901 et de 1904 figurait la longue note suivante : « Je doute que la fréquence d'utilisation soit seule à pouvoir expliquer ce mécanisme de protection. J'ai au moins fait cette observation que les prénoms, qui, aussi bien, n'ont pas en commun avec les noms propres d'appartenir à un nombre limité de gens, sont tout aussi facilement victimes de l'oubli que ces derniers. Une pensée réprimée concernant sa propre personne ou sa propre famille devient fréquemment le mobile de l'oubli d'un nom, comme si l'on établissait constamment des comparaisons entre soi-même et les autres. L'exemple le plus singulier de cette sorte m'a été relaté par un certain M. Lederer, qui me l'a présenté comme une expérience qu'il a vécue personnellement. » Cet exemple est cité au chap. III.

Pour en apporter la preuve, je vais communiquer une analyse unique, mais qui se distingue des autres par des particularités de grande valeur ; le cas qu'elle concerne est celui de l'oubli d'un mot non substantif provenant d'une citation latine. Qu'il me soit permis d'exposer amplement et concrètement le petit événement en question.

L'été dernier — c'était, une fois encore, à l'occasion d'un voyage que je faisais pendant mes vacances —, je fis à nouveau connaissance avec un jeune homme de formation universitaire à qui, comme je m'en rendis bientôt compte, quelques-unes de mes publications dans le domaine de la psychologie étaient familières. Nous en étions venus à parler — je ne sais plus comment — de la situation sociale du peuple[a] auquel nous appartenons tous deux, et lui, l'ambitieux, se répandit
14 en regrets quant au fait que sa génération était, selon ses termes, destinée à dépérir, ne pouvant ni développer ses talents ni satisfaire ses besoins. Il conclut son discours animé et passionné par le célèbre vers de Virgile dans lequel l'infortunée Didon confie à la postérité le soin de la venger d'Énée : *Exoriare...*, ou plutôt il voulait le conclure ainsi, car il ne parvint pas à faire la citation et chercha à dissimuler une évidente lacune de mémoire en modifiant l'ordre des mots : *Exoriar(e) ex nostris ossibus ultor !* Enfin, il dit avec irritation : « Je vous en prie, ne faites pas ce visage si moqueur, comme si vous vous délectiez de mon embarras, et aidez-moi plutôt. Dans ce vers, il manque quelque chose. Dites-moi donc la citation complète.

a. *Volksstamm.*

— Volontiers, répondis-je et je citai le texte exact : *Exoriar(e)* aliquis *nostris ex ossibus ultor*[a] *!*

— C'est trop bête, d'oublier un tel mot. D'ailleurs, on dit que, selon vous, on n'oublie rien sans raison. Je serais quand même fort curieux d'apprendre comment j'ai pu oublier ce pronom indéfini, *aliquis.* »

J'acceptai le défi avec beaucoup d'empressement, car j'espérais avoir ainsi une pièce de plus à ma collection. Je déclarai donc : « Nous pouvons le savoir tout de suite. Je vous demanderai seulement de me communiquer *sincèrement* et *sans recourir à votre esprit critique* tout ce qui vous vient à l'esprit quand vous dirigez votre attention sur le mot oublié sans avoir d'intention déterminée[1].

— Fort bien. Voilà que me vient l'idée ridicule de décomposer le mot de la façon suivante : *a* et *liquis.*

— Qu'est-ce que ça veut dire ? — Je ne sais pas. — Qu'est-ce qui vous vient d'autre à l'esprit à ce propos ? — Voilà comment cela continue : *Reliquien* [reliques] — *Liquidation* [liquidation] — *Flüssigkeit* [liquide] — *Fluid* [fluide]. Cela vous dit-il déjà quelque chose ?

— Non, encore rien du tout. Mais poursuivez.

— Je pense, poursuivit-il avec un rire sarcastique, à 15
Simon de *Trente,* dont j'ai vu les reliques il y a deux ans dans une église de Trente. Je pense à l'accusation de meurtres sanglants[b] qui, en ce moment précisément

1. C'est là le moyen général d'amener à la conscience des éléments de représentation qui se cachent. Cf. mon *Interprétation des rêves,* p. 94 *sqq.*

a. « Puisses-tu, qui que tu sois, naître de mes cendres, ô mon vengeur ! » (*Énéide,* IV, 625).

b. *Blutbeschuldigung.* Si nous n'avons pas repris la traduction classique (« meurtre rituel »), c'est pour maintenir aussi présent qu'en allemand un élément — le sang — qui joue un rôle dans la chaîne associative analysée par Freud. Signalons, par ailleurs, qu'en 1475, les Juifs de Trente furent expulsés de la ville, suite à une accusation d'infanticide rituel perpétré sur

recommence à être portée contre les Juifs, et à l'ouvrage de *Kleinpaul*[a], qui voit dans toutes ces prétendues victimes de sacrifices des incarnations, et pour ainsi dire de nouvelles éditions, du Rédempteur.

— Cette idée qui vous est venue n'est pas totalement sans rapport avec le sujet de conversation dont nous nous entretenions avant que le mot latin ne vous échappe.

— Exact. Je pense ensuite à un article paru dans un journal italien que j'ai lu il y a peu. Je crois qu'il avait comme titre : "Ce que *saint Augustin* dit des femmes". Qu'est-ce que vous en tirez ?

— J'attends.

— Bien, voici maintenant quelque chose qui n'a, à coup sûr, aucun rapport avec notre sujet.

— Abstenez-vous, si vous voulez bien, de toute remarque critique et...

— Je sais, je sais. Je me souviens d'un superbe vieux monsieur que j'ai rencontré la semaine passée pendant mon voyage. Un véritable *original*. Il a l'air d'un grand oiseau de proie. Il s'appelle, si vous voulez le savoir, *Benedikt* [*Benoît*].

— Voilà au moins toute une série de saints et de Pères de l'Église : saint *Simon*, saint *Augustin*, saint *Benoît*. Il y a, je crois, un Père de l'Église qui s'appelait *Origines* [*Origène*]. Trois de ces noms sont d'ailleurs aussi des prénoms comme *Paul* dans le nom *Kleinpaul*.

— Il me vient maintenant à l'esprit *saint Janvier* [*Januarius*] et le miracle de son sang... Je trouve que tout cela continue de façon mécanique.

---

un enfant de deux ans (Simon) et qu'une chapelle fut consacrée à ce dernier dans l'église Saint-Pierre.

a. R. Kleinpaul, *Menschenopfer und Ritualmorde*, Leipzig, 1892.

— Laissez cela ; saint *Janvier* et saint *Augustin* ont tous deux quelque chose à voir avec le calendrier[a]. Ne voudriez-vous pas me rappeler ce qu'est le miracle du sang ?

— Mais enfin, vous la connaissez, cette histoire ! Dans une église de Naples, on conserve dans une fiole le sang de saint Janvier, sang qui, par un miracle se produi- 16
sant lors d'une certaine fête du calendrier, redevient *liquide* [*flüssig*]. Le peuple est très attaché à ce miracle et il s'échauffe beaucoup quand celui-ci se fait attendre, comme ce fut une fois le cas à l'époque d'une des occupations françaises. Le général commandant la place — ou bien fais-je erreur ? était-ce Garibaldi ? — prit alors à part le curé et lui signifia d'un geste très éloquent en direction des soldats postés dehors qu'il *espérait* que le miracle allait s'accomplir très bientôt. Et celui-ci s'accomplit effectivement...

— Eh bien, et ensuite ? Pourquoi achoppez-vous ?

— À vrai dire, il vient de me venir quelque chose à l'esprit... mais c'est trop intime pour être communiqué... Je ne vois d'ailleurs pas de rapport avec le reste, ni la nécessité de le raconter.

— Pour le rapport, laissez-moi m'en occuper. Vous savez, je ne peux vous contraindre à raconter ce qui vous est désagréable ; mais alors n'exigez pas non plus de moi que je sache de quelle façon vous avez oublié ce mot, *aliquis*.

— Réellement ? Vous croyez ? Eh bien, j'ai pensé tout à coup à une dame dont je pourrais facilement recevoir une nouvelle qui nous serait fort désagréable à tous deux.

a. *Januar* désigne le mois de janvier, *August* le mois d'août.

— À savoir qu'elle n'a pas eu ses règles ?

— Comment avez-vous pu deviner ?

— Ce n'est plus très difficile. Vous m'y avez suffisamment préparé. Pensez aux *saints du calendrier*, à *la liquéfaction du sang advenant un jour déterminé*, à *l'émoi qui naît quand l'événement n'a pas lieu*, à *la menace précise selon laquelle il faut que le miracle se produise, sinon*... Car l'élaboration que vous avez fait subir au miracle de saint Janvier a fait de lui une superbe allusion aux règles de la femme.

— Je l'ai fait sans le savoir. Et vous êtes réellement d'avis que c'est à cause de cette attente angoissée que j'ai été incapable de reproduire le petit mot *aliquis* ?

17 — Cela me semble hors de doute. Rappelez-vous donc la décomposition du mot en *a* et *liquis* que vous avez faite ainsi que les associations : *Reliquien, Liquidation, Flüssigkeit.* Dois-je encore insérer dans cet ensemble saint Simon, qui fut *sacrifié* alors qu'il était *enfant* et auquel vous avez pensé par association à partir des reliques ?

— Ne le faites pas, je préfère. J'espère que, même si j'ai effectivement eu ces pensées, vous ne les prenez pas au sérieux. En échange, je vous avouerai que la dame en question est une Italienne et que j'ai d'ailleurs visité Naples en sa compagnie. Mais ne se peut-il pas que tout cela soit pur hasard ?

— Je vous laisse le soin d'apprécier vous-même si vous pouvez vous expliquer tous ces réseaux de relations en émettant comme hypothèse qu'il s'agit d'un hasard. Mais je peux vous dire que, chaque fois que vous voudrez analyser un cas similaire, vous serez conduit à des “hasards” tout aussi curieux[1]. »

1. Cette petite analyse a beaucoup retenu l'attention dans la littérature

J'ai plus d'une raison d'attacher du prix à cette petite analyse dont je suis redevable à mon compagnon de voyage d'alors de me l'avoir laissée. En premier lieu, parce qu'il m'a été permis, dans ce cas, de puiser à une source qui m'est habituellement refusée. Je suis obligé, la plupart du temps, d'emprunter à l'auto-observation les exemples de troubles fonctionnels d'ordre psychique survenant dans la vie quotidienne que je rassemble dans le présent ouvrage. En ce qui concerne le matériel bien plus riche que me livrent mes patients névrosés, j'essaie de l'éviter, parce que je redoute qu'on m'objecte que les phénomènes en question sont, précisément, des résultats et des manifestations de la névrose[a]. C'est donc un cas possédant une particulière valeur pour les fins que je me propose que celui où une personne étrangère saine sur le plan nerveux s'offre pour être l'objet d'une telle investigation. Cette analyse 18
est également importante pour moi d'un autre point de vue, en ceci qu'elle éclaire un cas d'oubli de mot *non accompagné* de remémoration substitutive et qu'elle confirme la thèse que j'avais établie précédemment, à savoir que l'émergence ou la non-apparition de souvenirs de substitution inexacts ne peuvent fournir le

---

spécialisée et elle a suscité de vives discussions. C'est en s'appuyant sur elle, précisément, qu'E. Bleuler a tenté d'appréhender avec des moyens mathématiques le problème de la crédibilité des interprétations psychanalytiques et il est parvenu à la conclusion qu'elle possède un degré de probabilité supérieur à celui de milliers d'« acquis » incontestés de la médecine et que sa place à part est seulement due au fait que l'on n'est pas encore habitué à tenir compte, dans le domaine scientifique, des probabilités psychologiques. (*Das autistisch-undisziplinierte Denken in der Medizin und seine Ueberwindung*, Berlin, 1919.)

a. Cf. les remarques similaires que fait Freud quant au choix des rêves destinés à être analysés dans sa préface à la 1re édition de son *Interprétation des rêves.*

fondement d'une distinction essentielle entre plusieurs catégories de cas[1].

1. Une observation plus fine permet de réduire quelque peu l'opposition qui existe entre l'analyse de « Signorelli » et celle de « *aliquis* » sur la question des souvenirs de substitution. Ici aussi, en effet, l'oubli semble être accompagné de la formation d'un substitut. Lorsque j'ai demandé après coup à mon interlocuteur si, lors des efforts qu'il avait faits pour se remémorer le mot manquant, quelque chose ne lui était pas venu à l'esprit en remplacement, il m'a informé qu'il avait tout d'abord éprouvé la tentation d'introduire un *ab* dans le vers : *nostris ab ossibus* (peut-être était-ce la partie de *a-liquis* non rattachée au reste du mot) et ensuite que le mot *exoriare* s'était imposé à lui d'une façon particulièrement nette et obstinée. Sceptique, il ajouta : « C'est manifestement parce que c'était le premier mot du vers. » Lorsque je lui demandai de prêter quand même attention aux associations ayant comme point de départ *exoriare*, il m'indiqua le mot « exorcisme ». Aussi puis-je très bien imaginer que le renforcement dont *exoriare* avait fait l'objet lors de la reproduction de la citation avait, à vrai dire, la valeur d'une telle formation de substitut. Celle-ci s'était produite, semble-t-il, à partir du nom des *saints* en passant par l'association avec l'*exorcisme*. Mais ce sont là des subtilités auxquelles il n'est point besoin d'attacher de valeur. ([Ajouté en 1924] P. Wilson, « *The Imperceptible Obvious* », *Revista de Psiquiatria*, Lima, janvier 1922, souligne au contraire qu'il faut attribuer au renforcement d'*exoriare* une grande valeur explicative, puisque l'exorcisme constitue, selon lui, le meilleur substitut symbolique d'une certaine pensée refoulée, celle de l'élimination par avortement de l'enfant redouté. Devant cette rectification qui ne nuit pas à la validité de cette analyse, je voudrais exprimer mon accord et ma gratitude.) — Cela étant, il semble fort possible que l'apparition de toute espèce de souvenir de substitution soit le signe constant, ou peut-être seulement caractéristique et délateur [*verräterisch* = traître], de l'oubli tendancieux, c-à-d. motivé par l'inconscient. Ainsi, même là où l'émergence de noms de substitution inexacts ne se produit pas, cette formation de substitut consisterait dans le renforcement d'un élément voisin de celui qui a été oublié. Dans le cas de « Signorelli », par ex., tant que le nom du peintre m'est resté inaccessible, le souvenir visuel du cycle de fresques et de l'autoportrait du peintre figurant dans le coin d'un des tableaux était *d'une extrême netteté*, ou du moins considérablement plus intense que ne le sont habituellement chez moi les traces mnésiques visuelles. Dans un autre cas, qui est également rapporté dans l'article de 1898, j'avais oublié, à mon grand désespoir, le nom de la rue où demeurait, dans une ville inconnue de moi, une personne à qui je devais faire une visite qui m'était désagréable ; le numéro de la maison, par contre, je l'avais, comme par dérision, retenu *avec une extrême netteté*, alors que c'est habituellement la remémoration de nombres qui présente pour moi le plus de difficulté. [Cf., plus bas, p. 94 et p. 424.]

Cela dit, la principale valeur de l'exemple *aliquis* réside dans une autre des différences qui le séparent du cas de « Signorelli ». Dans ce dernier exemple, la reproduction du nom se trouve perturbée par l'effet après-coup d'une démarche de pensée qui a commencé et a été interrompue peu de temps auparavant, mais dont le contenu ne présentait pas de rapport net avec le nouveau 19
thème, thème dans lequel figurait le nom Signorelli. Entre le thème refoulé et celui du nom oublié n'existait qu'une relation, celle de la contiguïté dans le temps ; celle-ci a suffi pour que les deux thèmes puissent entrer en liaison grâce à une association extérieure[1]. Dans l'exemple *aliquis* en revanche, on ne remarque rien d'un tel thème indépendant refoulé qui, ayant occupé la pensée consciente immédiatement avant, subsisterait après-coup comme élément perturbateur. La perturbation de la reproduction se produit ici à partir de l'intérieur du thème abordé, en ceci qu'inconsciemment une contradiction s'élève à l'encontre de l'idée-désir[a] figurée dans la citation. Il faut se construire[b] le processus de la façon suivante : celui qui parle a regretté que la génération présente de son peuple voie ses droits rognés ; une génération nouvelle, prédit-il comme Didon, se chargera de venger les opprimés. Il a donc émis le désir d'avoir une descendance. À ce moment s'interpose en lui une pensée qui contredit la première. « Désires-tu vraiment aussi vivement avoir une descendance à toi ? Ce n'est pas vrai.

1. En ce qui concerne l'absence, dans le cas de « Signorelli », d'un lien interne entre les deux sphères de pensées, je ne tiens pas à lui offrir la garantie de ma totale conviction. En effet, si l'on suit avec soin les pensées refoulées ayant pour thème la mort et la sexualité, on finit quand même par tomber sur une idée qui touche de près le thème des fresques d'Orvieto.

a. *Wunschidee.* Il s'agit d'une idée qui exprime aussi un désir.

b. *sich konstruieren.*

Dans quel embarras serais-tu mis si tu recevais maintenant de quelqu'un que tu connais une nouvelle t'annonçant qu'il faut t'attendre à avoir un descendant ? Non, pas de descendance,... même si nous en avons besoin pour accomplir la vengeance. » Cette contradiction, donc, se manifeste en établissant, exactement comme dans l'exemple « Signorelli », une association extérieure entre un de ses éléments de représentation et un des éléments du désir incriminé, et, cette fois, d'une façon extrêmement violente, par un biais associatif qui apparaît artificiel. Une seconde concordance essentielle avec l'exemple « Signorelli » existe, qui résulte du fait que la contradiction provient de sources refoulées et qu'elle a son point de départ dans des pensées qui provoqueraient un détournement de l'attention. — Restons-en là quant aux différences et aux parentés intérieures existant entre les deux paradigmes de l'oubli de nom. Nous avons fait connaissance avec un deuxième mécanisme d'oubli, la perturbation d'une pensée par une contradiction interne venue de l'inconscient. Ce processus, qui nous semble être plus facile à comprendre que l'autre, nous le rencontrerons encore, de façon répétée, au cours de ces analyses.

III

Oubli de noms et de suites de mots[a] 21

Des expériences qui, comme celle qui vient d'être évoquée, portent sur le processus de l'oubli d'un des éléments d'une suite de mots en langue étrangère peuvent exciter l'appétit de savoir s'il faut donner de l'oubli de suites de mots dans sa langue maternelle une explication essentiellement différente. Certes, on ne s'étonne habituellement pas lorsqu'on ne peut reproduire, au bout d'un certain temps, une formule apprise par cœur ou un poème que de façon infidèle, avec des modifications et des lacunes. Mais comme cet oubli ne touche pas dans une égale mesure les choses apprises dans un même contexte, mais qu'il semble une fois de plus détacher par bribes certains de ses éléments, cela vaudrait peut-être la peine de soumettre à l'investigation analytique certains exemples particuliers d'une telle reproduction devenue fautive.

Un de mes jeunes confrères qui, au cours d'une conversation avec moi, venait d'émettre comme supposition que l'oubli de poèmes écrits dans sa langue maternelle pourrait bien avoir une motivation similaire à celle de l'oubli de tel ou tel élément dans une suite de mots

a. Chapitre ajouté en 1907 et développé par la suite.

en langue étrangère s'offrit en même temps comme objet d'investigation. Je lui demandai sur quel poème il voulait en faire l'épreuve, et il choisit « La fiancée de Corinthe[a] », poème, disait-il, qu'il aimait beaucoup et croyait connaître par cœur, au moins par strophes entières. Au début de la reproduction, il fut saisi par une incertitude proprement frappante : « Est-ce : "Allant *de*
22 Corinthe *à* Athènes", demanda-t-il, ou bien "*d'*Athènes *à* Corinthe" ? » Moi-même j'hésitai un moment avant de faire observer en riant qu'assurément le titre du poème ne laissait aucun doute quant à la route suivie par le jeune homme. La reproduction de la première strophe se déroula alors sans accroc ou au moins sans altération[b] frappante. Après le premier vers de la deuxième strophe, mon confrère parut chercher un instant ; il poursuivit bientôt et se mit donc à réciter :

Aber wird er auch willkommen scheinen,
Jetzt, wo jeder Tag was Neues bringt ?
Denn er ist noch Heide mit den Seinen
Und sie sind Christen und — getauft.

[Mais, hôte bienvenu, le sera-t-il toujours
Maintenant que chaque jour apporte du nouveau ?
Il est resté païen, et les siens à l'entour,
Mais eux sont des chrétiens, ils sont des... baptisés.]

Auparavant déjà, j'avais dressé l'oreille, comme frappé d'étrangeté[c] ; après qu'il eut terminé le dernier vers, nous fûmes tous deux d'accord pour dire qu'ici le texte avait

a. Longue ballade composée par Goethe en 1797.
b. *Verfälschung* : « falsification ».
c. *befremdet*. Cf. la notice terminologique.

été défiguré. Mais comme nous ne réussîmes pas à faire la correction, nous nous hâtâmes d'aller à la bibliothèque pour y consulter les poèmes de Goethe et nous eûmes la surprise de découvrir que le deuxième vers de cette strophe avait un énoncé complètement différent, qui avait été en quelque sorte jeté hors de la mémoire de mon confrère et auquel avait été substitué quelque chose d'apparemment étranger. Le texte exact était :

Aber wird er auch willkommen scheinen,
Wenn er teuer nicht die Gunst erkauft.

[Mais, hôte bienvenu, le sera-t-il toujours
Si, pour cette faveur, il ne veut cher payer ?]

Erkauft [« payer »] était le mot avec lequel rimait *getauft* [« baptisés »], et il me parut singulier que la constellation : « païen », « chrétiens » et « baptisés » l'eût si peu secondé dans sa reconstitution du texte.

« Pouvez-vous vous expliquer, demandai-je à mon confrère, que, dans un poème qui vous est soi-disant si familier, vous ayez ainsi complètement rayé ce vers de votre mémoire et avez-vous une idée du contexte où vous avez été prendre le substitut ? »

Il fut à même de donner l'explication, encore qu'il était évident qu'il ne le faisait pas très volontiers : « Le vers "*Jetzt, wo jeder Tag was Neues bringt*" ["Maintenant que chaque jour apporte du nouveau"], j'ai l'impression que je le connais : j'ai probablement employé ces termes il y a peu de temps en faisant référence à ma clientèle, 23
dont l'essor, comme vous savez, est pour moi en ce moment une source de grande satisfaction. Quant à savoir comment cette phrase s'intègre à l'ensemble ? J'ai idée d'un lien possible. Il est évident que le vers "*Wenn*

er teuer nicht die Gunst erkauft" ["Si, pour cette faveur, il ne veut cher payer"] ne m'était pas agréable. Le contexte auquel il est lié est celui d'une demande en mariage qui a été repoussée une première fois et que, voyant que ma situation matérielle s'est beaucoup améliorée, je songe maintenant à répéter. Je ne puis vous en dire davantage, mais ça ne peut assurément pas me faire plaisir, à présent qu'on m'a accepté, de me souvenir que c'est une sorte de calcul qui, à cette époque comme maintenant, a fait pencher la balance. »

Cela m'apparut lumineux, sans même d'ailleurs que j'aie besoin de connaître les circonstances plus précises. Toutefois, je poursuivis mes questions : « Comment en êtes-vous venu, en tout état de cause, à vous glisser, vous et vos affaires privées, dans le texte de "La fiancée de Corinthe" ? Y aurait-il, dans votre cas, des différences de religion ressemblant à celles qui jouent un rôle dans le poème ? »

(Keimt ein Glaube neu,
wird oft Lieb' und Treu
wie ein böses Unkraut ausgerauft[a]*.)*

[(Quand une foi nouvelle voit le jour,
La fidélité ainsi que l'amour
Telle la mauvaise herbe sont souvent arrachés.)]

Je n'avais pas deviné juste, mais ce fut une curieuse expérience que celle d'apprendre comment l'une des questions, bien ajustée, rendit l'homme brusquement clairvoyant, de sorte qu'il put m'apporter comme

a. Ces vers figurent chez Goethe, sans parenthèses, à la fin de la strophe en question.

réponse quelque chose qu'à coup sûr, il ignorait lui-même jusque-là. Il me regarda d'un air torturé, mais aussi agacé, marmonna comme pour lui-même un passage ultérieur du poème[1] :

Sieh sie an genau !	[Vois-la, regarde-la !
Morgen ist sie grau.	Demain, grise elle sera.]

et ajouta brièvement : « Elle est un peu plus âgée que 24
moi. » Pour ne pas ajouter encore à sa gêne, j'interrompis la demande de renseignements. Ces explications me parurent suffire. Mais il était assurément surprenant que l'effort fait pour remonter à la cause d'un innocent acte manqué de la mémoire dût obligatoirement toucher à des affaires de la personne soumise à l'investigation si éloignées, si intimes et si investies d'un affect causant de la gêne.

Voici un autre exemple d'oubli d'une suite de mots figurant dans un poème célèbre, que je vais citer d'après C.G. Jung[2] en reprenant les termes utilisés par l'auteur.

1. Mon confrère a d'ailleurs quelque peu modifié ce beau passage du poème, aussi bien en ce qui concerne le texte de celui-ci que l'usage qu'il en a fait. La jeune fille-fantôme dit à son fiancé :

Meine Kette hab' ich dir gegeben ;
Deine Locke nehm' ich mit mir fort.
Sieh sie an genau !
Morgen bist du grau,
Und nur braun erscheinst du wieder dort.

[Ma chaîne, [mon collier], je t'en ai fait don,
Ta boucle de cheveux, je la prends avec moi.
Vois-la, regarde-la !
Demain, gris tu seras,
Et tu ne seras brun, à nouveau, que là-bas.]

2. C.G. Jung, *Ueber die Psychologie der Dementia praecox*, 1907, p. 64.

« Un monsieur veut réciter le célèbre poème : "*Ein Fichtenbaum steht einsam usw.*[a]" ["Un pin se dresse, solitaire, etc."]. Au moment de dire le vers qui commence par : "*Ihn schläfert*" ["Il a sommeil"], il achoppe désespérément, il a totalement oublié "*mit weisser Decke*" ["d'une couverture blanche"]. Cet oubli qui se produisait dans un vers si célèbre me sembla frappant, aussi lui fis-je reproduire ce qui lui venait à l'esprit à propos de "*mit weisser Decke*". Le résultat fut la série suivante : "En entendant *mit weisser Decke*, on pense à un linceul... à une toile dont on recouvre un mort... (pause)... maintenant il me vient à l'esprit un ami cher... son frère est mort il y a peu de temps de façon tout à fait subite... on dit qu'il est mort d'une crise cardiaque... c'est que *lui aussi* était très corpulent... mon ami est *lui aussi* corpulent et j'ai déjà pensé qu'une telle chose pourrait lui arriver à *lui aussi*... il se donne probablement trop peu de mouvement... lorsque j'ai appris le décès, j'ai été subitement pris d'angoisse, pensant qu'une telle chose pourrait m'arriver à *moi aussi*, puisque, dans notre famille, nous avons de toute façon tendance à l'embonpoint, et mon grand-père est *lui aussi* mort d'une crise cardiaque ; je

a. Ce poème de H. Heine figure dans la section du *Livre des chants* [*Buch der Lieder*] intitulée « *Lyrisches Intermezzo* » (1822-1823) (n° 33) et se compose de deux strophes de quatre vers chacune. Voici la première :

Ein Fichtenbaum steht einsam
Im Norden auf kahler Höh.
Ihn schläfert ; mit weisser Decke
Umhüllen ihn Eis und Schnee.

[Un pin se dresse, solitaire,
Dans le Nord, sur une hauteur chauve.
Il a sommeil ; d'une couverture blanche
Glace et neige l'enveloppent.]

me trouve *moi aussi* trop corpulent et c'est pourquoi j'ai commencé ces jours derniers à faire une cure d'amaigrissement." Ce monsieur, remarque Jung, s'est donc, inconsciemment, aussitôt identifié au pin, lequel est enveloppé dans le linceul blanc. »

L'exemple suivant d'oubli d'une suite de mots, dont je 25
suis redevable à mon ami S. Ferenczi, de Budapest[a], se rapporte à des paroles dues au sujet lui-même, et non pas, comme les précédents, à une phrase reprise d'un poète. En outre, c'est une illustration possible d'un de ces cas, pas très courants, où le lapsus se met au service de notre circonspection lorsqu'elle est menacée par un danger, celui de céder au désir d'un instant. L'acte manqué en vient ainsi à remplir une fonction utile. Une fois dégrisés, nous donnons alors raison à ce courant intérieur qui n'avait pu s'exprimer précédemment que par une défaillance — un oubli, une impuissance psychique.

« Dans une réunion, quelqu'un prononce le mot : "*Tout comprendre, c'est tout pardonner*[b]." Je fais alors remarquer que la première partie de la phrase est suffisante, le fait d'accorder son pardon étant un acte de présomption dont il faut laisser le soin à Dieu et aux religieux. L'un des assistants trouve cette remarque très juste ; cela me remplit d'audace et — probablement pour offrir une garantie à la bonne opinion que ce critique bien disposé a de moi — je dis que quelque chose de meilleur m'est venu à l'esprit il y a peu. Mais au moment où je m'apprête à raconter... ça ne me vient pas

a. Ce paragraphe et les quatre suivants furent ajoutés en 1910. Dans l'édition de 1910, le terme utilisé à propos de Ferenczi est celui de « confrère ».

b. En français dans le texte. Cette phrase attribuée à Mme de Staël est également citée dans *Le mot d'esprit et sa relation à l'inconscient*, Gallimard, p. 198.

à l'esprit. — Je me retire aussitôt dans une autre pièce et je note les idées-écrans qui me viennent[a]. D'abord me vient le nom de l'ami et de la rue de Budapest qui ont été les témoins de la naissance de cette idée qui m'est venue (et que je cherche) ; puis le nom d'un autre ami, *Max*, que nous avons l'habitude d'appeler *Maxi*. Cela me conduit au mot *maxime* et à un souvenir, à savoir qu'alors (comme dans le cas mentionné au début) il s'agissait de la modification d'une maxime célèbre. Bizarrement, l'idée qui me vient à ce propos est, non pas une maxime, mais la phrase suivante : *Dieu a créé l'homme à son image*, puis la version modifiée de celle-ci : *L'homme a créé Dieu à son image à lui*. À la suite de quoi émerge aussitôt le souvenir de ce que je cherche : mon ami m'avait dit alors, dans la Andrássystrasse : *Rien d'humain ne m'est étranger*, sur quoi je lui avais dit — faisant allu-
26 sion aux expériences que l'on a en psychanalyse : *Tu devrais aller plus loin et avouer que rien d'animal ne t'est étranger*.

Mais après que j'eus enfin le souvenir de ce que je cherchais, je fus dans l'impossibilité, étant donné la société dans laquelle je me trouvais, de le raconter. Parmi les personnes présentes, il y avait aussi la jeune épouse de l'ami auquel j'avais rappelé la nature animale de l'inconscient, et je ne pouvais ignorer qu'elle n'était nullement préparée à faire connaissance avec des choses aussi peu réjouissantes. Grâce à l'oubli m'ont été épargnées toute une série de questions désagréables de sa part ainsi qu'une discussion n'ayant pas la moindre chance d'aboutir, et il est très probable que ce fut là, précisément, le mobile de cette "amnésie temporaire".

Il est intéressant de remarquer que l'idée-écran qui

a. *Deckeinfälle*. Cf. la notice terminologique.

m'est venue a été une phrase où la Divinité se trouvait dégradée au rang d'invention humaine, alors que dans la phrase que je cherchais il était fait allusion à ce qu'il y a d'animal dans l'être humain. Donc, l'élément commun est la *capitis diminutio*[a]. L'ensemble n'est, à l'évidence, que la continuation de la démarche de pensée sur "comprendre et pardonner" suscitée par la conversation.

Si, dans le cas présent, la phrase que je cherchais s'est présentée si rapidement, c'est peut-être aussi parce que, quittant la société où elle était censurée, je me suis aussitôt retiré dans une pièce où il n'y avait personne. »

J'ai, depuis[b], analysé de nombreux autres cas d'oubli ou de reproduction défectueuse d'une suite de mots et, devant les résultats concordants de ces investigations, j'ai été enclin à admettre que le mécanisme de l'oubli tel que les exemples « *aliquis* » et « La fiancée de Corinthe » l'ont prouvé a une validité presque universelle. Il n'est généralement guère commode de donner communication de pareilles analyses, car elles conduisent toujours, comme celles mentionnées précédemment, à des choses intimes et gênantes pour l'analysé ; aussi ne vais-je d'ailleurs pas
multiplier les exemples de cette sorte. Ce qui reste com- 27
mun à tous ces cas sans qu'intervienne de différence selon le matériel dont ils sont constitués, c'est le fait que l'élément oublié ou déformé se trouve mis en liaison[c], par une voie associative de telle ou telle sorte, avec un contenu de pensée inconscient d'où part l'effet qui se manifeste comme oubli.

Je vais maintenant me tourner à nouveau vers l'oubli

a. Cette expression latine a plusieurs acceptions qui, toutes, traduisent l'idée de la perte de statut.

b. Le passage qui va d'ici à la p. 71 date de 1907, à l'exception des deux autres passages figurant aux p. 71 et 74.

c. *in Verbindung gebracht.*

de nom, dont nous n'avons jusqu'ici considéré de façon exhaustive, ni l'ensemble des cas, ni les mobiles. Comme j'ai, précisément, amplement l'occasion d'observer de temps en temps sur moi-même cette sorte d'acte manqué, je ne suis pas embarrassé pour en trouver des exemples. Les légères migraines dont je continue de souffrir ont l'habitude de s'annoncer plusieurs heures auparavant par le moyen de l'oubli de nom, et, au plus fort de l'accès, alors même que mon état ne m'oblige pas à abandonner le travail, il est fréquent que tous les noms propres m'échappent. Maintenant, des cas tels que le mien pourraient, précisément, permettre d'élever une objection de principe contre nos efforts analytiques. Ne doit-on pas impérativement déduire de telles observations que la cause de la propension à l'oubli, et plus spécialement celle de l'oubli de nom, réside dans des troubles de la circulation et, d'une façon générale, dans des troubles fonctionnels du cerveau, et s'épargner pour cette raison les tentatives d'explication psychologique de ces phénomènes ? Je ne le pense nullement ; ce serait confondre le mécanisme, similaire dans tous les cas, d'un processus avec les facteurs, variables et non indispensables, qui favorisent ce dernier. Mais, au lieu de m'engager dans une discussion, je vais recourir à une comparaison pour réfuter l'objection[a].

Supposons qu'ayant poussé l'imprudence jusqu'à m'aventurer de nuit dans un quartier désert de la ville, je sois agressé et dépouillé de ma montre et de ma bourse. Me rendant alors au poste de police le plus proche, je fais une déclaration dans les termes suivants : « J'ai été dans telle rue, où la *solitude* et l'*obscurité* m'ont pris ma

a. Cette analogie sera reprise dans la troisième conférence de l'*Introduction à la psychanalyse.*

montre et ma bourse. » Bien que n'ayant rien dit, en
prononçant ces mots, qui ne fût exact, je courrais quand 28
même le risque, étant donné les termes de ma déclaration, qu'on me prenne pour un homme qui n'est pas tout à fait sain d'esprit. La seule chose qu'on puisse énoncer pour décrire les faits de façon pertinente, c'est que, *favorisés* par le caractère solitaire du lieu, et sous la *protection* de l'obscurité, des *malfaiteurs inconnus* m'ont dépouillé de mes objets précieux. Eh bien, il n'y a aucune raison pour que les choses soient différentes dans le cas de l'oubli de nom ; favorisée par mon état de fatigue, par des troubles de la circulation et par l'intoxication, une force psychique inconnue me dépouille de ma faculté de disposer des noms propres, lesquels sont du ressort de ma mémoire, cette force étant la même que celle qui, dans d'autres cas, est capable de produire la même défaillance de mémoire dans des conditions de pleine santé et de pleine efficience.

Lorsque j'analyse les cas d'oubli de nom que j'ai observés sur moi-même, je trouve presque régulièrement que le nom qui est victime de rétention possède une relation à un thème touchant de près ma personne et qu'il est capable de provoquer en moi des affects puissants et qui me causent souvent de la gêne. Reprenant l'exercice commode et recommandable pratiqué par l'École de Zurich (Bleuler, Jung, Riklin), je peux aussi exprimer la même chose sous la forme suivante : le nom qui se soustrait aurait effleuré en moi un « complexe personnel[a] ». La relation qu'a le nom à ma personne est une relation inattendue, généralement établie par l'intermédiaire

a. Un an avant la publication de ce chapitre, Freud a déjà fait grand usage de ce terme dans l'article intitulé « L'établissement des faits par voie diagnostique et la psychanalyse » (1906).

d'une association superficielle (caractère équivoque d'un mot, homophonie) ; on peut la caractériser, d'une façon générale, comme une relation latérale[a]. Quelques exemples simples seront le mieux à même d'en expliquer la nature :

1) Un de mes patients me demande de lui recommander une station thermale sur la Riviera. Je sais qu'il existe un tel endroit tout près de Gênes, je me souviens aussi du nom du confrère allemand qui y exerce, mais je suis incapable de mettre un nom sur l'endroit lui-même, que pourtant je crois si bien connaître. La seule chose qui me reste à faire, c'est de dire au patient d'attendre et d'aller rapidement demander aux femmes de ma famille.
29 « Comment donc s'appelle cet endroit près de Gênes où le Dr N. a sa petite clinique, dans laquelle Mme Untel a été si longtemps en traitement ? — Naturellement, il faut que ce soit toi qui aies oublié un nom comme ça. L'endroit s'appelle *Nervi*. » J'ai, il est vrai, suffisamment l'occasion de m'occuper de nerfs[b].

2) Un autre patient, me parlant d'un lieu de villégiature tout proche, affirme que là-bas, en plus des deux auberges célèbres, il s'en trouve une troisième à laquelle se rattache, pour lui, un certain souvenir ; il va, me déclare-t-il, m'en dire immédiatement le nom. Je conteste l'existence de cette troisième auberge et j'invoque le fait que j'ai habité dans la localité en question sept années de suite et que, donc, je la connais forcément mieux que lui. Mais, excité par la contradiction, il s'est déjà rendu maître du nom. L'auberge s'appelle : le *Hochwartner*. Je dois alors bien sûr céder, bien plus, je

a. *Seitenbeziehung*.

b. On sait que le substantif pluriel *nervi* signifie « les nerfs » en latin (ainsi qu'en italien).

dois avouer que j'ai habité pendant sept étés consécutifs dans le voisinage immédiat de cette auberge dont je niais l'existence. Pourquoi aurais-je oublié ici le nom et la chose ? À mon avis, parce que le nom en question a une consonance qui fait trop nettement penser à celle du nom d'un confrère viennois, touchant à nouveau en moi le complexe « professionnel ».

3) Une autre fois, à la gare de *Reichenhall*, alors que je suis sur le point de prendre un billet, un nom qui m'est habituellement très familier, celui de la grande gare la plus proche, par laquelle je suis déjà si souvent passé, refuse de me venir à l'esprit. Je suis obligé de le chercher le plus sérieusement du monde sur l'indicateur des chemins de fer. La gare s'appelle : *Rosenheim*. Mais ensuite, je sais aussitôt par l'intermédiaire de quelle association il m'a échappé. Une heure avant, j'avais rendu visite à ma sœur dans la maison qu'elle habite tout près de Reichenhall ; ma sœur s'appelle *Rosa*, ce qui produit là aussi un *Rosenheim*[a]. Ce nom, c'est le « complexe familial » qui me l'a volé.

4) L'action franchement prédatrice[b] du « complexe familial », je peux maintenant l'observer sur toute une série d'exemples.

Un jour vint à ma consultation un jeune homme qui était le frère cadet d'une de mes patientes[c], que j'avais
déjà vu un nombre incalculable de fois et que j'avais 30
l'habitude d'appeler par son prénom. Lorsque ensuite je

a. *Rosenheim* désigne, dans le premier cas, un nom de localité (comme, par ex., L'Haÿ-les-Roses), dans le second, un nom de propriété (« Villa Rosa »).

b. *räuberisch*. Cet adjectif, tout autant que le substantif *Raub* dont il est dérivé, exprime bien l'idée de violence et d'illégalité qui s'attache à l'acte de voler.

c. En 1901 et 1904, cet exemple figurait dans une note de la première phrase du chap. II. Cf. p. 55, n. *a*.

voulus parler de sa visite, j'avais oublié son prénom, qui, je le savais fort bien, n'était nullement inhabituel, et rien ne put m'aider à le rappeler à ma mémoire. Je sortis ensuite dans la rue pour y lire des enseignes de marques, et je reconnus le nom en question dès la première fois que mes yeux le rencontrèrent. L'analyse m'apporta un enseignement, à savoir qu'entre ce visiteur et mon propre frère j'avais établi un parallèle qui tendait à culminer dans la question suivante : « Mon frère se serait-il comporté, dans le même cas, de façon similaire ou bien plutôt opposée ? » La liaison extérieure entre les pensées concernant la famille de la personne étrangère et celles concernant la mienne propre avait été rendue possible par le fait, purement fortuit, que les deux mères portaient le même prénom, Amalia. Par la suite, je compris aussi après coup les noms de substitution, Daniel et Franz, qui s'étaient imposés à moi sans me fournir d'explication. Ce sont là, au même titre qu'Amalia, des noms tirés des *Brigands* de Schiller auxquels se rattache une plaisanterie du Promeneur viennois Daniel Spitzer[a].

5) Une autre fois, je suis incapable de trouver le nom d'un patient qui fait partie des gens que je connaissais dans ma jeunesse. L'analyse me fait passer par un long détour avant de me livrer le nom que je cherche. Le patient avait exprimé son angoisse de perdre la vue ; cela réveilla en moi le souvenir d'un jeune homme qu'un

a. Le journaliste Daniel Spitzer (1835-1893), dont les articles satiriques furent rassemblés dans un livre intitulé *Wiener Spaziergänge* [*Promenades viennoises*] (1873-1886), raconte notamment qu'un jour, il fit la connaissance d'une veuve très romantique qui pensait que Schiller avait pris aux membres de sa famille les prénoms qu'il voulait donner aux personnages de ses pièces. Signalons que Freud se réfère plusieurs fois à lui dans la section 3 du chap. II de son *Mot d'esprit*, p. 84 et p. 95-97.

coup de feu avait rendu aveugle ; ce souvenir, à son tour, évoqua une image qui s'y rattachait, celle d'un autre jeune homme, qui s'était légèrement blessé en utilisant une arme à feu ; ce dernier portait le même nom que le premier patient, sans pour autant lui être apparenté. Quant au nom, je ne l'ai trouvé qu'après avoir pris conscience du fait que j'avais transféré sur une personne de ma propre famille une attente angoissée concernant les deux jeunes gens dont je viens d'évoquer le cas.

C'est ainsi qu'un flux constant de « mise en relation avec ma propre personne[a] » traverse ma pensée, dont je n'ai habituellement pas connaissance, mais qui se révèle à moi par un tel oubli de nom. C'est comme si j'étais 31
obligé de comparer tout ce que j'entends dire sur des personnes étrangères avec ma propre personne, comme si mes complexes personnels se trouvaient activés[b] chaque fois que d'autres viennent à ma connaissance. Il est impossible que ce soit là une particularité individuelle de ma personne ; il faut, bien plutôt, y voir une indication sur la façon dont, d'une manière générale, nous comprenons « ce qui est autre ». J'ai des raisons de supposer que les choses se passent, chez d'autres individus, exactement de la même façon que chez moi.

Le plus bel exemple qu'on puisse en donner m'a été raconté par un certain M. *Lederer*, qui l'a présenté comme une expérience vécue personnellement[c]. Lors de son voyage de noces à Venise, il rencontra un jour un

a. *Eigenbeziehung.*

b. *rege wurden.* Signalons qu'à la base de l'adjectif *rege* il y a une racine *reg-* qui exprime le mouvement (d'un corps ou d'une âme) et qui constitue l'élément commun de mots à valeur conceptuelle dont les équivalents français sont malheureusement formés sur des racines différentes : *Regung* (motion) ; *Erregung* (excitation) ; *Anregung* (incitation).

c. Cf. p. 67, n. *c*.

monsieur qu'il connaissait de façon superficielle et qu'il fut obligé de présenter à sa jeune femme. Mais comme il avait oublié le nom de l'étranger, il se tira d'affaire la première fois en marmonnant quelque chose d'inintelligible. Lorsque ensuite il rencontra le monsieur une seconde fois, ce qui, à Venise, est inévitable, il le prit à part et le pria de le tirer d'embarras en lui disant son nom, qu'il avait malheureusement oublié. La réponse de l'étranger témoigna d'une éminente connaissance de l'âme humaine[a] : « Je n'ai aucune peine à croire que vous n'ayez pas retenu mon nom. Je m'appelle comme vous : *Lederer* ! » — On ne peut se défendre d'éprouver une sensation légèrement désagréable lorsqu'on retrouve son propre nom porté par un étranger. Je l'ai ressentie de façon très nette il n'y a pas longtemps, lorsque j'ai vu se présenter à ma consultation un monsieur *S. Freud*. (Du reste, je prends acte de la remarque de l'un de mes critiques, qui assure que, sur ce point, il a un comportement opposé au mien[b].)

6) L'efficacité que possède la mise en relation avec sa propre personne, on la discerne aussi dans l'exemple suivant, qui m'a été communiqué par Jung[1] :

« Un certain M. Y. tomba amoureux, mais sans être payé de retour, d'une certaine dame, laquelle épousa peu après un certain M. X. Or, en dépit du fait que M. Y. connaît M. X. depuis longtemps déjà et qu'il est même
32 en relations d'affaires avec lui, il oublie continuellement son nom, de sorte qu'il a dû plusieurs fois le demander à d'autres personnes lorsqu'il a voulu échanger des lettres avec M. X. »

1. *Dementia praecox*, p. 52.
a. *überlegene Menschenkenntnis*. Exemple également cité dans la troisième conférence de l'*Introduction à la psychanalyse*.
b. Commentaire ajouté en 1907.

Cependant, la motivation de l'oubli est, dans ce cas, plus transparente que dans les précédents, lesquels sont placés sous la constellation de la mise en relation avec sa propre personne. L'oubli semble être ici la conséquence directe de l'antipathie que M. Y. éprouve pour son rival plus heureux ; il ne veut pas entendre parler de lui ; « qu'il ne soit plus fait mention de lui[a] ».

7)[b] Le mobile qui pousse à oublier un nom peut aussi être plus subtil et consister en un ressentiment pour ainsi dire « sublimé » contre celui qui porte ce nom. C'est ainsi qu'une demoiselle I. v. K., de Budapest, écrit :

« Je me suis bâti une petite théorie. J'ai en effet constaté que les gens qui ont un talent de peintre n'ont aucun sens musical, et inversement. Il y a quelque temps, j'en ai parlé à quelqu'un en lui disant : "Jusqu'ici, mon observation s'est toujours avérée exacte, à l'exception d'un cas." Lorsque j'ai voulu me remémorer le nom de cette personne, je l'avais désespérément oublié, et ce, tout en sachant que celui qui le portait appartenait au cercle étroit de mes intimes. Lorsque, quelques jours après, j'entendis par hasard prononcer son nom, je sus naturellement aussitôt qu'il était question du démolisseur de ma théorie. Le ressentiment que je nourrissais inconsciemment contre lui s'était manifesté par l'oubli de son nom, lequel m'était d'habitude très familier. »

8)[c] C'est en empruntant une voie un peu différente

a. « *Nicht gedacht soll seiner werden.* » Cette phrase imprécatoire est à la fois le titre et le refrain d'un poème que Heine a écrit à la fin de sa vie, au milieu d'atroces souffrances, et qui figure dans le recueil intitulé *Lamentationen.* Elle a été directement inspirée par un passage de l'Ancien Testament (Jérémie 11, 19). Signalons, par ailleurs, que cet exemple figure aussi dans la deuxième conférence de l'*Introduction.*

b. Ajouté en 1920.

c. Ajouté en 1910.

que la mise en relation avec sa propre personne a conduit à l'oubli d'un nom dans le cas suivant, cas qui m'a été communiqué par Ferenczi et dont l'analyse se révèle instructive en raison, notamment, de l'explication qui est donnée des idées subites de substitution[a] (ce lien de substitution étant similaire à celui qui unit Botticelli-Boltraffio à Signorelli).

« Il s'agit d'une dame qui a un peu entendu parler de la psychanalyse, mais à laquelle le nom du psychiatre Jung refuse de venir à l'esprit.

33 À la place lui viennent les idées suivantes : *Kl.* (un nom) — *Wilde* — *Nietzsche* — *Hauptmann.*

Je ne lui dis pas le nom et l'engage à associer librement à partir de chacune des idées qui lui viennent.

À propos de *Kl.*, elle pense aussitôt à Mme *Kl.*, qui est selon elle une personne maniérée, affectée, mais qui ne paraît pas du tout son *âge.* "Elle ne fait *pas vieille.*" L'élément commun qui permet d'englober[b] Wilde et Nietzsche, c'est selon elle la "*maladie mentale*". Puis elle dit sur un ton moqueur : "Vous autres les *freudiens*, à force de chercher sans arrêt les causes des maladies mentales, vous allez vous-mêmes devenir des *malades mentaux.*" Puis : "Je ne peux pas supporter Wilde et Nietzsche. Je ne les comprends pas. Je me suis laissé dire qu'ils étaient tous deux homosexuels ; Wilde frayait avec des *jeunes* gens." (Bien que, dans cette phrase, elle ait prononcé le nom exact — en hongrois, il est vrai —[c], elle ne réussit toujours pas à se le remémorer.)

a. *Ersatzeinfälle.* Cf. la notice terminologique.

b. *gemeinsamer Oberbegriff.*

c. Rappelons que le nom propre Jung est issu d'un adjectif (*jung*) qui veut dire « jeune ». Signalons par la même occasion qu'à la différence du français, l'adjectif *alt* (« vieux ») transparaît dans le substantif *Alter* (« âge »), qui a été un des premiers mots utilisés par la dame en question.

À propos de Hauptmann, il lui vient à l'esprit *Halbe*[a], puis *Jugend* [*Jeunesse*], et alors seulement, une fois que j'ai attiré son attention sur le mot jeunesse, elle s'aperçoit que c'est le nom *Jung* qu'elle cherchait.

Il faut quand même dire que cette dame qui, ayant perdu son mari à trente-neuf ans, n'a pas la perspective de se remarier, a suffisamment de raisons d'éviter le souvenir de tout ce qui peut lui rappeler la *jeunesse* ou l'*âge*. On est frappé par une chose, à savoir que l'association qui se fait entre les idées-écrans qui viennent[b] à propos du nom recherché repose uniquement sur le contenu de celles-ci et qu'il n'y a pas d'associations fondées sur des assonances[c]. »

9)[d] Voici encore une autre motivation, qui est très subtile et qui concerne un exemple d'oubli de nom pour lequel l'intéressé lui-même a trouvé l'explication :

« Lors d'un examen de philosophie que je passais à titre d'épreuve complémentaire, l'examinateur m'interrogea sur la doctrine d'Épicure, puis il me demanda si je savais qui avait repris cette doctrine dans les siècles ultérieurs. Je répondis en donnant le nom de Pierre Gassendi, dont je venais précisément d'entendre dire, deux 34
jours auparavant, dans un café, que c'était un disciple d'Épicure. Lorsque l'examinateur étonné me demanda comment je pouvais le savoir, je répondis plein d'audace que cela faisait longtemps que je m'intéressais à Gassendi. Le résultat fut que j'obtins la mention *magna cum*

a. Comme Gerhart Hauptmann (1862-1946), Max Halbe (1865-1944) est un dramaturge allemand. Il fit jouer en 1893 un drame intitulé *Jugend*, qui constitua son premier et unique succès.

b. *Deckeinfälle*. Cf. la notice terminologique.

c. *Klangassoziationen*. Notons la parenté qui existe entre ce terme et le substantif *Klangwitz* (« mot d'esprit fondé sur une assonance, une homophonie »).

d. Exemple datant de 1907.

laude, mais malheureusement aussi pour la suite une tendance tenace à oublier le nom Gassendi. Je crois que, si maintenant, en dépit de tous mes efforts, je ne peux le garder en mémoire, c'est la faute de ma mauvaise conscience. D'ailleurs, je n'aurais pas non plus dû le savoir à l'époque. »

Si l'on veut apprécier à sa juste valeur l'intensité de l'aversion éprouvée par notre informateur pour le souvenir de cet épisode de son examen, il faut savoir à quel point il place haut son titre de docteur et pour combien d'autres choses celui-ci doit forcément fournir un substitut.

10)[a] Je vais ajouter ici un exemple d'oubli d'un nom de ville qui n'est peut-être pas aussi simple que ceux mentionnés précédemment, mais qui apparaîtra crédible et d'une grande valeur à toute personne un peu familière de telles investigations. Le nom en question, celui d'une ville italienne, se dérobe à la mémoire par suite de sa grande similitude phonique avec un prénom féminin auquel se rattachent nombre de souvenirs chargés d'affect, souvenirs dont il n'a probablement pas été possible de donner une présentation exhaustive. S. Ferenczi (Budapest), qui a observé ce cas d'oubli sur lui-même, l'a traité comme on analyse un rêve ou une idée névrotique, et ce, tout à fait à bon droit.

« J'étais aujourd'hui dans une famille amie ; on en vint à parler de villes d'Italie du Nord. Quelqu'un signale alors qu'on peut encore y discerner l'influence autrichienne. On cite le nom de quelques-unes de ces villes ; je veux moi aussi en nommer une, mais son nom ne me vient pas à l'esprit, bien que je sache que j'ai vécu là-bas deux jours très agréables, ce qui ne s'accorde pas

a. Ajouté en 1910.

bien avec la théorie de Freud sur l'oubli. — À la place du nom de ville que je cherche s'imposent à moi les idées suivantes : *Capua* [*Capoue*] — *Brescia* — *Le lion de Brescia.*

Ce “lion”, je le vois se dresser devant moi, comme si 35
c'était un objet concret, sous la forme d'une *statue de marbre*, mais je remarque aussitôt qu'il ressemble moins au lion du Monument de la Liberté qui se trouve à Brescia (dont je n'ai vu que la reproduction) qu'à cet autre lion de marbre que j'ai vu à *Lucerne* sur le *Monument funéraire des gardes suisses tombés aux Tuileries* et dont la reproduction *en miniature*[a] est posée sur ma bibliothèque. Puis le nom que je cherche finit quand même par me venir à l'esprit : c'est *Verona* [*Vérone*].

Je sais d'ailleurs aussitôt qui a été responsable de cette amnésie. Personne d'autre qu'une ancienne domestique de la famille, dont j'étais justement l'hôte. Elle s'appelait *Veronika*, en hongrois *Verona*, et, du fait de sa physionomie repoussante, mais également à cause de sa *voix éraillée, criarde* et de son intolérable familiarité (à laquelle elle se croyait autorisée par les longues années passées à notre service), elle m'était très antipathique. De même, la *façon tyrannique* dont, à l'époque, elle traitait les enfants de la maison m'était insupportable. Maintenant, je savais également ce que signifiaient les idées de substitution qui m'étaient venues.

À *Capua* j'associe aussitôt *caput mortuum.* Je comparais très souvent la tête de Veronika à une *tête de mort.* — Le mot hongrois *kapzsi* (cupide) a sûrement fourni, lui aussi, une détermination au déplacement. Bien sûr, je trouve aussi les voies associatives, beaucoup plus directes, qui relient entre elles *Capua* et *Verona* en tant qu'élé-

a. En français dans le texte.

ments géographiques et que mots italiens ayant le même rythme[a].

La même chose vaut pour *Brescia* ; mais, ici également, la connexion d'idées peut emprunter des voies latérales entrelacées.

Mon antipathie était, à l'époque, si violente que je trouvais Veronika littéralement répugnante et qu'à plusieurs reprises, je me suis étonné qu'elle puisse quand même avoir une vie amoureuse et être aimée ; "quand on l'embrasse, disais-je, la *nausée* doit vous faire une *brèche à l'estomac*[b]". Et pourtant il était, à coup sûr, depuis longtemps possible de la mettre en relation avec l'idée des gardes suisses *tombés* aux Tuileries.

36 Quand on cite *Brescia*, on le fait très souvent, du moins ici en Hongrie, en mentionnant avec elle, non pas le lion, mais une autre *bête sauvage*. Le nom le plus détesté dans ce pays, mais également en Italie du Nord, est celui du général *Haynau*, que, de façon très directe, on appelle l'*hyène de Brescia*[c]. Partant de Haynau, le tyran détesté, le premier fil de pensée conduit donc, en passant par Brescia, à la ville de Vérone ; quant au second, il conduit, en passant par l'idée de l'*animal fossoyeur à la voix rauque* (fil qui, parmi d'autres facteurs, détermine[d] l'émergence d'un *monument funéraire*), jusqu'à la tête de mort et au désagréable organe d'une Veronika si gravement insultée par mon inconscient et

a. Quand on les prononce « à la hongroise ».

b. Cette tournure inhabituelle vise à recréer, en français, la parenté phonique qui existe entre la première syllabe du nom italien *Brescia* et celle du nom allemand *Brechreiz* (nausée).

c. Signalons une autre parenté phonique — et orthographique —, celle de *Haynau* et *Hyäne*. Le général Julius von Haynau (1786-1853) réprima férocement la révolution italienne de Vérone en 1848, puis le soulèvement hongrois de 1849.

d. *mitbestimmt* : littéralement « codétermine ».

qui, à l'époque, sévissait dans cette maison d'une façon presque aussi tyrannique que le général autrichien après les luttes des Hongrois et des Italiens pour leur indépen dance.

À *Lucerne* se rattache la pensée de l'été que Veronika avait passé avec ses maîtres au bord du lac des Quatre-Cantons *à proximité de Lucerne* ; à la *Garde suisse* se rattache un souvenir déjà mentionné, à savoir qu'elle s'entendait à tyranniser non seulement les enfants, mais encore les membres adultes de la famille et qu'elle se complaisait dans le rôle de *garde* [= duègne].

Je tiens expressément à faire remarquer que mon antipathie pour V. fait partie — au niveau conscient — des choses que j'ai surmontées depuis longtemps. Entre-temps, elle a beaucoup changé à son avantage, aussi bien extérieurement que dans ses manières, et lorsque je la rencontre (ce dont, il est vrai, j'ai rarement l'occasion), je sais lui réserver un accueil sincèrement amical. Mon inconscient, comme d'habitude, s'obstine davantage à conserver les impressions, il est "de l'après-coup" et garde rancune[a].

Les *Tuileries* sont une allusion à une seconde personne, une dame française d'un certain âge qui, en de nombreuses occasions, a réellement *gardé* les femmes de la maison, et pour laquelle petits et grands éprouvaient du respect... mais également sans doute un peu de *crainte*. Je fus un temps son *élève*[b] en conversation française. À propos du mot *élève*[b], une chose me vient encore à l'esprit : lorsque je rendais visite au beau-frère de mon 37

a. *es ist « nachträglich » und nachtragend.* Cette expression double et allitérée fait apparaître de façon frappante la racine commune des deux mots, la partie essentielle de celle-ci étant constituée par la particule *nach-* (« après »).

b. En français dans le texte.

hôte d'aujourd'hui, en Bohême du Nord, ça me faisait beaucoup rire d'entendre les paysans de la région appeler les élèves de l'École forestière de l'endroit les "*Loewen*" ["lions"][a]. Il se peut que ce souvenir amusant ait également eu sa part dans le déplacement opéré de l'hyène au lion. »

11) L'exemple qui suit[1] permet, lui aussi, de montrer comment un complexe concernant la propre personne[b] et qui est présentement en train de dominer celle-ci peut provoquer un oubli de nom à un endroit très reculé :

« Deux hommes, dont l'un a un certain âge et l'autre est plutôt jeune et qui, six mois auparavant, ont voyagé ensemble en Sicile, échangent leurs souvenirs sur les belles et riches journées qu'ils ont passées là-bas. "Mais comment s'appelait donc l'endroit, demande le plus jeune, où nous avons passé la nuit avant de partir en excursion pour Selinonte ? C'est *Calatafimi*, n'est-ce pas ? — Certainement pas, répond le plus vieux, mais j'ai moi aussi oublié le nom, alors que je me souviens très bien de tous les détails de notre séjour là-bas. Il suffit que je m'aperçoive qu'un autre a oublié un nom ; et aussitôt, cela a comme effet de provoquer l'oubli chez moi aussi. Cherchons le nom, voulez-vous ? En ce qui me concerne, il ne me vient rien d'autre à l'esprit que *Caltanisetta*, et pourtant ce n'est certainement pas le bon. — Non, dit le plus jeune, le nom commence par un *w*, ou bien il y a un *w* dedans. — Mais le *w* n'existe pas en ita-

1. *Zentralblatt für Psychoanalyse*, I, 9, 1911. [Exemple ajouté en 1912. Il prit d'abord la forme d'un article intitulé « *Ein Beitrag zum Vergessen von Eigennamen* » (1911). L'anecdote est autobiographique (en automne 1910, Freud avait fait un voyage en Sicile avec Ferenczi).]

a. Dans la prononciation dialectale, la première syllabe (accentuée) de ce nom ressemble approximativement à la deuxième syllabe du mot « élèves », qui, en raison de l'e muet, porte elle aussi l'accent.

b. *Eigenkomplex*.

lien, rappelle le plus vieux. — Je sais, je voulais simplement dire *v*, et si j'ai dit *w*, c'est seulement par habitude, à cause de ma langue maternelle." Le plus vieux regimbe devant le *v*. Il dit : "Je crois que, d'une façon générale, il m'est très souvent arrivé d'oublier des noms siciliens ; le moment est peut-être venu de faire quelques tentatives. Comment s'appelle, par ex., l'endroit haut perché qui s'appelait *Enna* dans l'Antiquité ?... Ah oui : *Castrogio-*
vanni." L'instant d'après, le plus jeune a aussi retrouvé le 38
nom perdu. Il s'écrie : "*Castelvetrano*", tout content de pouvoir apporter la preuve de ce *v* dont il affirmait l'existence. Le plus vieux regrette, un instant durant, de ne pas éprouver une sensation de connu[a] ; mais après qu'il a accepté le nom, il lui faut donner des explications sur la raison pour laquelle celui-ci lui a échappé. Il déclare : "Manifestement parce que la seconde moitié du nom, *vetrano*, ressemble à *Veteran*[b]. Je sais très bien que je n'aime pas penser au *vieillissement* et que je réagis de façon singulière lorsque quelqu'un m'y fait souvenir. Ainsi, par exemple, voyant il y a peu de temps un ami que j'estime beaucoup habillé de la façon la plus curieuse, je lui ai reproché sa tenue, en lui disant que 'ses jeunes années étaient depuis longtemps derrière lui', parce qu'un jour, au beau milieu de déclarations extrêmement flatteuses à mon endroit, il avait également affirmé que 'je n'étais plus un jeune homme'[c]. Si, chez

a. *das Bekanntheitsgefühl*. Il s'agit du sentiment déclenché par le fait de « retrouver le connu » (*das Wiederfinden des Bekannten*), que Freud analyse dans *Le mot d'esprit et sa relation à l'inconscient*, p. 229-234.

b. La ressemblance avec le nom allemand se fonde sur la prononciation identique de la syllabe *-ran*. Elle serait moins nette avec l'équivalent français (« vétéran »).

c. L'ami en question était J.J. Putnam, et la remarque de Freud figure dans une note de la traduction qu'il avait faite d'un article de celui-ci (1911).

moi, la résistance s'est dirigée contre la seconde moitié du nom *Castelvetrano*, c'est aussi, bien entendu, parce que le son par lequel il commence avait fait retour dans le nom de substitution *Caltanisetta*. — Et le nom *Caltanisetta* lui-même ? demande le plus jeune. — Il m'est toujours apparu comme un petit nom affectueux qu'on donne à une jeune femme", avoue le plus âgé.

Quelques instants après, il ajoute : "Le nom donné pour Enna était bien sûr lui aussi un nom de substitution. Et maintenant je suis frappé d'une chose : *Castrogiovanni*, ce nom qui s'est imposé[a] avec l'aide d'une rationalisation, ressemble aussi exactement à *giovane* — jeune — que *Castelvetrano*, le nom perdu, à *Veteran* — vieux."

Le plus âgé croit avoir ainsi rendu compte de son oubli de nom. Quant au mobile pour lequel le plus jeune a connu le même phénomène de défection, il n'a pas été examiné. »

À côté des mobiles de l'oubli de nom, le mécanisme de celui-ci mérite lui aussi de susciter notre intérêt[b]. Dans quantité de cas, un nom se trouve oublié, non pas parce qu'il éveille lui-même de tels mobiles, mais parce qu'il se rapproche, par homophonie et assonance, d'un
39 autre nom contre lequel ces mobiles sont dirigés. On comprend qu'un tel assouplissement des conditions facilite de façon extraordinaire la survenue du phénomène. C'est le cas dans les exemples suivants :

12) Dr Ed. Hitschmann : « M. N. veut indiquer à quelqu'un le libraire-éditeur *Gilhofer & Ranschburg*. Mais il a beau réfléchir, seul lui vient à l'esprit le nom

a. *vordringend*.
b. Ce paragraphe fut ajouté en 1917, tout comme les exemples 12 à 17.

Ranschburg, alors que d'habitude il connaît très bien cette maison. Regagnant son logis légèrement contrarié, la chose a suffisamment d'importance pour lui pour qu'il demande à son frère, qui est apparemment déjà en train de dormir, de lui dire la première moitié du nom de la firme. Celui-ci le fait sans aucune difficulté. Aussitôt après, une idée vient à M. N. à propos de "Gilhofer" : le mot "Gallhof". Le "Gallhof" est le but d'une promenade qu'il avait faite quelques mois auparavant en compagnie d'une attrayante jeune fille et dont il gardait bien des souvenirs. La jeune fille lui avait offert un objet sur lequel était écrit : "En souvenir des belles heures passées au Gallhof [*Gallhofer* Stunden]." Peu de jours avant l'oubli de nom, N., par un hasard apparent, endommagea sérieusement cet objet en refermant vivement le tiroir, geste qu'en homme familiarisé avec le sens des actes symptomatiques, il ne constata pas sans éprouver un sentiment de culpabilité. Durant ces jours, il avait été d'une humeur quelque peu ambivalente envers cette dame que, certes, il aimait, mais dont le désir de mariage le faisait hésiter. » (*Internationale Zeitschrift für Psychoanalyse* I, 1913.)

12) Dr Hanns Sachs : « Au cours d'une conversation sur Gênes et ses environs immédiats, un jeune homme veut aussi mentionner *Pegli*, mais il ne réussit à se remémorer ce nom de lieu qu'avec peine et à la suite d'un gros effort de réflexion. En rentrant chez lui, il pense à cet événement qui lui a causé de la gêne — un nom qui lui est habituellement familier lui a échappé — et se trouve conduit, ce faisant, à un mot aux consonances tout à fait similaires, *Peli*[a]. Il sait que c'est le nom d'une île des mers du Sud dont les habitants ont gardé quel-

a. Rappelons en effet que, dans la syllabe *gli*, le *g* ne se prononce pas.

40 ques usages curieux. Peu de temps auparavant, il a lu des choses à ce sujet dans un ouvrage d'ethnologie et s'est alors proposé d'utiliser ces informations pour émettre sa propre hypothèse. Ensuite, il lui vient à l'esprit que Peli est aussi le théâtre d'un roman qu'il a lu avec intérêt et plaisir, à savoir *Van Zantens glücklichste Zeit* [*L'époque la plus heureuse de la vie de Van Zanten* (1908)] de Laurids Bruun. — Les pensées qui l'avaient occupé ce jour-là de façon presque ininterrompue se rattachaient à une lettre qu'il avait reçue le matin même d'une dame qui lui était très chère ; cette lettre lui faisait craindre de devoir renoncer à une rencontre dont tous deux étaient convenus. Après avoir été de très mauvaise humeur durant toute la journée, il était sorti le soir avec le projet de ne pas se tourmenter plus longtemps avec cette pensée contrariante et de jouir au contraire, aussi sereinement que possible, de la soirée qu'il avait en perspective et dont il appréciait au plus haut point le caractère convivial. Il est clair que le mot *Pegli* pouvait gravement compromettre son projet, puisqu'il existait entre lui et le mot *Peli* une si étroite corrélation sur le plan phonique ; or *Peli*, dans la mesure où il avait gagné, grâce à l'intérêt pour l'ethnologie, la relation au moi [a], incarnait non seulement "l'époque la plus heureuse" de Van Zanten, mais aussi la sienne propre et donc également les craintes et les soucis qu'il avait nourris durant la journée. Il est caractéristique que cette interprétation simple n'ait réussi qu'après l'arrivée d'une seconde lettre, qui transforma les doutes en une certitude joyeuse, celle de revoir bientôt la dame. »

Si l'on se souvient, en lisant un tel exemple, de celui, pour ainsi dire voisin, où il m'est impossible de me

a. *Ich-Beziehung.*

remémorer le nom de lieu Nervi (exemple 1, p. 66), on voit que le double sens d'un mot peut être remplacé par la similitude phonique de deux mots.

14) Lorsque la guerre avec l'Italie a éclaté en 1915, j'ai pu observer sur moi-même qu'une grande quantité de noms de localités italiennes s'était brusquement soustraite à ma mémoire, alors que d'ordinaire il m'était facile d'en disposer. Comme tant d'autres Allemands, j'avais pris l'habitude de passer une partie de mes vacances sur le sol italien, et je ne pouvais douter que cet oubli massif de noms fût l'expression d'une hostilité[a] concevable envers l'Italie, qui venait désormais prendre la place de la prédilection d'antan. Mais, à côté de cet oubli de noms dont la motivation était directe, un autre se manifesta également, dont la motivation était indirecte et qu'on pouvait faire découler de la même influence. En effet, j'étais aussi enclin à oublier des noms de lieux non italiens, et je découvris en examinant les faits qu'à cause d'une lointaine ressemblance phonétique, ils étaient, d'une façon ou d'une autre, en corrélation avec les noms ennemis réprouvés. C'est ainsi qu'un jour, je me suis torturé en essayant de me remémorer celui de la ville morave de *Bisenz*. Lorsqu'il me vint enfin à l'esprit, je sus aussitôt que cet oubli devait être mis sur le compte du Palazzo *Bisenzi*, à Orvieto. Dans ce palazzo se trouve l'hôtel « Belle Arti », où je descendais toutes les fois que je séjournais à Orvieto[b]. Mes souvenirs les plus chers étaient naturellement ceux auxquels le changement de mon attitude psychique[c] avait le plus fortement porté préjudice.

a. *Verfeindung*. Ce substantif est dérivé du verbe *sich verfeinden*, qui veut dire exactement « devenir des ennemis ».

b. Cet exemple est brièvement repris par Freud dans la quatrième conférence de l'*Introduction*.

c. *veränderte Gefühlseinstellung*.

Il n'est pas inutile non plus de citer quelques exemples propres à nous rappeler que l'acte manqué qu'est l'oubli de nom peut se mettre au service d'intentions extrêmement diverses.

15) A.J. Storfer (« *Namenvergessen zur Sicherung eines Vorsatzvergessens* » [« Oubli de nom visant à mettre à couvert l'oubli d'un projet »]) : « Une dame habitant Bâle apprend un matin que son amie de jeunesse *Selma X.*, de Berlin, qui vient de commencer son voyage de noces, est de passage dans sa ville ; comme celle-ci ne doit y rester qu'un jour, la Bâloise se précipite aussitôt à l'hôtel. Lorsque les deux amies se séparent, elles conviennent de se rencontrer à nouveau l'après-midi et de rester ensemble jusqu'au départ de la Berlinoise. — L'après-midi, la Bâloise *oublie* le rendez-vous. La détermination de cet oubli m'est inconnue, mais aussi bien il est possible de trouver, dans cette situation précisément (rencontre avec une *amie de jeunesse qui vient de se*
42 *marier*), plusieurs sortes de constellations typiques qui peuvent déterminer une inhibition allant à l'encontre de la répétition du rendez-vous. Ce qui est intéressant dans ce cas, c'est la présence d'un *autre* acte manqué, qui représente une mise à couvert inconsciente[a] du premier. À l'heure où elle aurait dû à nouveau rencontrer son amie de Berlin, la Bâloise se trouvait ailleurs avec d'autres gens. La conversation tomba sur le mariage tout récent de la cantatrice viennoise *Kurz*[b]. La dame de Bâle s'exprima de façon critique (!) sur ce *mariage*, mais lorsqu'elle voulut prononcer le nom de la chanteuse, elle fut extrêmement embarrassée de constater que son *pré-*

a. *unbewusste Sicherung*. Le verbe *sichern*, d'où est dérivé le substantif *Sicherung*, signifie « assurer, garantir, prémunir [contre] ».

b. Il s'agit de la célèbre soprano colorature.

nom ne lui venait pas à l'esprit. (On sait bien que dans les cas où, précisément, le nom de famille n'a qu'une syllabe, on est particulièrement enclin à dire aussi le prénom.) La dame de Bâle s'irrita d'autant plus de sa faiblesse de mémoire qu'elle avait souvent entendu chanter la cantatrice Kurz et que, d'ordinaire, le nom (complet) lui était familier. Mais avant que quelqu'un d'autre ait pu dire le prénom qui lui échappait, la conversation avait déjà pris une autre tournure. — Le soir du même jour, notre dame bâloise se trouve dans une société en partie identique à celle de l'après-midi. Le hasard fait que la conversation tombe à nouveau sur le mariage de la cantatrice viennoise, et la dame indique sans la moindre difficulté son nom, "*Selma* Kurz". Il est aussitôt suivi d'une exclamation : "Ah, j'y pense maintenant[a] : j'ai complètement oublié que j'avais rendez-vous cet après-midi avec mon amie *Selma*." Un coup d'œil à sa montre lui indiqua que son amie devait déjà être partie. » (*Internationale Zeitschrift für Psychoanalyse*, II, 1914.)

Nous ne sommes peut-être pas encore suffisamment préparés pour consacrer à ce bel exemple une étude prenant en compte tout ce avec quoi il est en relation. Le suivant est plus simple ; l'oubli concerne, non pas un nom, mais un mot d'une langue étrangère, et son mobile est inhérent à la situation. (Nous remarquons déjà que nous traitons des mêmes processus, qu'ils se rapportent à des noms propres, des prénoms, des mots d'une langue étrangère ou des suites de mots.) Ici, un jeune homme oublie le mot anglais désignant l'or, qui est identique au 43
mot allemand, pour trouver l'occasion d'un acte qu'il désire accomplir.

16) Dr Hanns Sachs : « Dans une pension de famille,

a. « *Jetzt fällt mir ein.* » Il s'agit, ici aussi, d'une « idée qui vient ».

un jeune homme fait la connaissance d'une Anglaise qui lui plaît. Lorsque, le premier soir, il s'entretient avec elle dans sa langue maternelle, qu'il possède assez bien, et qu'il veut utiliser à cette occasion le mot anglais désignant l'or [*Gold*], il a beau faire effort, le terme ne lui vient pas à l'esprit. Par contre, des noms de substitution s'imposent à lui, le français *or*, le latin *aurum* et le grec *chrysos*, et ce, avec insistance, de sorte qu'il ne peut les écarter qu'à grand-peine, alors qu'il sait fort bien qu'ils ne sont pas de la même famille que le mot qu'il cherche. Finalement, il ne trouve pas d'autre moyen de se faire comprendre que de toucher la bague, en or, que la dame porte au doigt ; à sa grande honte il apprend alors que l'équivalent de *Gold*, qu'il cherche depuis un bon moment, est exactement le même que le mot allemand, à savoir *gold*. La haute valeur d'un tel attouchement, entraîné par l'oubli, ne réside pas seulement dans la satisfaction non scandaleuse de la pulsion de saisie ou d'attouchement, qui, aussi bien, est également possible en d'autres occasions, ardemment utilisées par les amoureux, mais aussi et surtout en ceci qu'il permet de renseigner sur les perspectives de succès qu'a la sollicitation galante[a]. L'inconscient de la dame, et tout particulièrement s'il est dans des dispositions sympathiques envers l'interlocuteur, va deviner, cachée derrière le masque innocent, la finalité érotique de l'oubli ; la façon dont elle va accueillir l'attouchement et juger la validité de ses mobiles peut ainsi devenir un moyen, inconscient pour les deux parties mais très signifiant, de s'entendre sur les chances de ce flirt qui vient de commencer. »

17) Je voudrais encore communiquer, à l'instar de J. Stärcke, une intéressante observation sur un cas

a. *Bewerbung*.

d'oubli et de ressouvenir d'un nom propre, qui se caractérise par le fait que l'oubli de nom y est combiné 44
avec l'altération d'une suite de mots empruntés à un poème, comme dans l'exemple relatif à « La fiancée de Corinthe ».

Un vieux professeur de droit et de linguistique, Z., raconte en société qu'au cours de ses études universitaires en Allemagne, il a connu un étudiant qui était extraordinairement stupide et sur la stupidité duquel il aurait mainte anecdote à raconter. Mais il ne réussit pas à se remémorer son nom, croit qu'il commençait par un *W*, mais retire ensuite cette affirmation. Il se rappelle que cet étudiant stupide est devenu plus tard *négociant en vins* [*Weinhändler*]. Puis il raconte une nouvelle anecdote sur la stupidité de ce même étudiant, s'étonne encore une fois que son nom ne lui vienne pas à l'esprit et dit ensuite : “C'était un tel âne que je ne comprends toujours pas comment j'ai pu, à force de répétitions, lui faire entrer du latin dans la tête.” L'instant d'après, il se rappelle que le nom qu'il cherche se termine par *man*. Nous lui demandons alors si un autre nom en *man* lui vient à l'esprit, et il dit : “*Erdmann* [« homme de la terre »]. — Qui est-ce ? — C'est aussi un étudiant de cette époque.” Mais sa fille fait observer qu'il y a également un professeur d'université qui s'appelle Erdmann. Après un échange de vues plus précis, il s'avère que ce professeur Erdmann a accepté, peu de temps auparavant, de publier un des travaux de Z. dans une revue dont il est le rédacteur en chef, mais dans une version abrégée, et qu'il était en partiel désaccord avec le contenu de l'article, etc., et que Z. en a été assez désagréablement affecté. (Au surplus, j'ai appris par la suite que Z., en son temps, avait sans doute eu une fois l'espoir de devenir professeur dans la discipline qu'enseigne aujourd'hui le professeur E. et que, par conséquent, c'est peut-être aussi de ce point de vue que le nom touche une corde sensible.)

Voici que soudain lui revient le nom de l'étudiant stupide : *Lindeman* ! Comme il s'était déjà rappelé antérieurement qu'il se terminait par *man, Linde* [tilleul] était donc resté refoulé encore plus longtemps. Quand on lui demande ce qui lui vient à l'esprit à propos de
45 *Linde*, il répond d'abord : "Rien du tout." Lorsque j'insiste, en disant que quelque chose va quand même bien lui venir à propos de ce mot, il déclare, en regardant vers le haut et en faisant un geste de la main dans le vide : "Eh bien oui, *eine Linde* [un tilleul], c'est un bel arbre." C'est tout ce qui lui vient à l'esprit. Chacun se tait et poursuit sa lecture ou une autre occupation, avant d'entendre Z., quelques instants après, citer sur un ton rêveur les vers suivants :

Steht er mit festen
Gefügigen Knochen
Auf der Erde,
So reicht er nicht auf,
Nur mit der Linde
Oder der Rebe
Sich zu vergleichen.

[S'il se dresse, de ses os
Solides autant que flexibles,
Sur la *terre,*
Il ne saurait se hausser
Ni même se comparer
Au *tilleul*
Ou à la *vigne.*]

Je poussai un cri de triomphe : "Nous le tenons, notre *Erdmann*, dis-je. Cet homme qui 'se dresse sur la terre', c'est donc *Erde-Mann* [l'homme de la terre] ou *Erdmann*, il ne saurait se hausser, se comparer au *tilleul* [*Linde*] ou à la *vigne* [*Rebe*] (*négociant en vins* [*Weinhändler*]). En d'autres termes : ce *Lindeman*, l'étudiant stupide, qui est devenu plus tard négociant en vins, était certes un âne, mais *Erdmann* est un âne encore bien plus grand, sans qu'il y ait de comparaison possible avec Lindeman." — De tels propos de dérision et de sarcasme, prononcés dans l'inconscient, sont quelque chose de très courant, aussi ai-je estimé que la cause principale de l'oubli de nom était désormais trouvée[a].

J'ai alors demandé de quel poème provenaient les vers qui avaient été cités. Z. répondit que c'était d'un poème de Goethe, qui, croyait-il, commençait ainsi :

Edel sei der Mensch *Hilfreich und gut !*	[Que l'homme soit noble, Qu'il soit secourable et bon !]

puis qu'on y trouvait aussi :

Und hebt er sich aufwärts,
So spielen mit ihm die Winde.

[Et s'il s'élève vers le ciel,
Alors les vents se jouent de lui.]

Le lendemain, j'ai cherché ce poème de Goethe, et il 46
s'est avéré que le cas était encore plus beau (mais aussi plus compliqué) qu'il n'avait d'abord paru.

a) Voici comment s'énoncent les premiers vers de la citation (voir plus haut) :

Steht er mit festen Markigen *Knochen.*	[S'il se dresse, de ses os Solides *jusques aux moelles.*]

Parler d'os *flexibles* [*gefügig*], ce serait faire une combinaison de mots assez étrange. Mais je ne veux pas approfondir ce point.

b) Voici les vers suivants de cette strophe (voir plus haut) :

a. Cf. *Le mot d'esprit et sa relation à l'inconscient*, p. 198 *sqq.* et p. 252.

Auf der wohlbegründeten
Dauernden *Erde,*
Reicht er nicht auf,
Nur mit der Eiche
Oder der Rebe
Sich zu vergleichen.

[Sur la terre *bien fondée,*
Sur son assise pérenne,
Il ne saurait se hausser
Ni même se comparer
À un *chêne*
Ou à la vigne.]

Ainsi donc, dans tout le poème, il n'y a aucun tilleul [*Linde*] ! Le remplacement du chêne par le tilleul n'a eu lieu (dans son inconscient) que pour rendre possible le jeu de mots "*Erde-Linde-Rebe*" ["terre-tilleul-vigne"].

c) Ce poème s'intitule "*Grenzen der Menschheit*" ["Limites de la condition humaine" (1781)] et contient une comparaison entre la toute-puissance des dieux et la puissance minime de l'homme. Celui qui commence par :

Edel sei der Mensch
Hilfreich und gut !

est, quant à lui, un autre poème, qui se trouve quelques pages plus loin. Il a pour titre "*Das Göttliche*" ["Le divin" (1783)] et contient également des pensées sur les dieux et les hommes. Comme ce point n'a pas été approfondi, je puis tout au plus supposer que des pensées sur la vie et la mort, sur l'éphémère et l'éternel ainsi que sur la fragilité de sa propre vie et sur sa mort future ont aussi joué un rôle dans la naissance de ce cas[1]. »

47 Dans nombre de ces exemples, il faut faire appel à toutes les finesses de la technique psychanalytique pour

1. Extrait de l'édition hollandaise du présent ouvrage, paru sous le titre *De invloed van ons onbewuste in ons dagelijksche leven*, Amsterdam, 1916, imprimé en allemand in *Internationale Zeitschrift für Psychoanalyse*, IV, 1916.

élucider un oubli de nom. Pour qui voudrait en apprendre davantage sur un tel travail, je le renvoie à une communication de E. Jones (Londres), qui est traduite de l'anglais[1].

18) Ferenczi a remarqué que l'oubli de nom peut aussi apparaître en tant que symptôme hystérique. Il révèle alors un mécanisme fort éloigné de celui de l'acte manqué. La communication suivante va indiquer comment il faut comprendre cette distinction :

« En ce moment, j'ai comme patiente une vieille demoiselle à qui les noms propres refusent de venir à l'esprit, même les plus usuels, même ceux qu'elle connaît le mieux, alors que, d'ordinaire, elle a une bonne mémoire. Lors de l'analyse, il s'est avéré que, par ce symptôme, elle veut donner des marques de son inculture. Mais cette démonstration ostentatoire de son ignorance est, à proprement parler, un reproche à l'égard de ses parents, qui ne lui ont pas fait dispenser d'instruction supérieure. La torturante compulsion au nettoyage[a] ("psychose de la maîtresse de maison") provient, elle aussi, en partie de la même source. Par là, la patiente veut dire à peu près ceci : Vous avez fait de moi une servante. »

Je pourrais multiplier[b] les exemples d'oubli de noms et en pousser la discussion considérablement plus loin, si je ne voulais éviter de traiter ici, dès le premier, presque tous les points de vue qui entrent en ligne de compte pour des thèmes ultérieurs. Qu'il me soit néanmoins permis de résumer en quelques propositions les résultats des analyses qui sont communiquées ici :

1. « *Analyse eines Falles von Namenvergessen* », *Zentralblatt für Psychoanalyse*, II, 1911. Ce paragraphe fut ajouté en 1912. L'exemple suivant (18) fut ajouté en 1920.

a. *quälender Zwang zum Reinemachen.*

b. Tout ce qui suit (jusqu'au paragraphe 19 exclu) remonte à 1907.

Le mécanisme de l'oubli de nom (plus exactement : du trou de mémoire[a], de l'oubli temporaire) consiste dans la perturbation de la reproduction de nom qu'on a l'intention de faire, par une suite de pensées étrangère et non consciente au moment en question. Entre le nom
48 perturbé dans sa reproduction et le complexe perturbateur, soit il existe d'emblée une corrélation, soit celle-ci s'est établie grâce à des associations (extérieures) superficielles, souvent par des voies qui apparaissent artificielles.

Parmi les complexes perturbateurs, ceux qui relèvent de la mise en relation avec sa propre personne (sur le plan personnel, familial, professionnel) s'avèrent être les plus efficients.

Lorsqu'un nom appartenant, par suite de sa plurivocité, à plusieurs sphères de pensées (ou complexes) veut apparaître dans le contexte de telle suite de pensées, il se trouve fréquemment perturbé dans sa reproduction du fait de son appartenance à tel autre complexe plus fort.

Parmi les mobiles de cette perturbation, une intention ressort, celle d'éviter le déplaisir que susciterait la remémoration.

D'une façon générale, on peut distinguer deux cas principaux d'oubli de nom, soit que le nom lui-même touche à des choses désagréables, soit qu'il se trouve mis en liaison[b] avec un autre qui serait susceptible de produire un tel effet, de sorte que des noms peuvent voir leur reproduction perturbée à cause d'eux-mêmes ou à cause de leurs relations associatives proches ou lointaines.

a. *das Entfallen.* Ce mot est l'infinitif substantivé du verbe *entfallen* (« échapper [à qqn] »). Cf. p. 435, n. *a.*

b. *in Verbindung gebracht.*

Une vue d'ensemble de ces propositions générales nous permet de comprendre que l'oubli temporaire de nom est, comme nous pouvons l'observer, le plus fréquent de nos actes manqués.

19) Nous sommes cependant bien loin d'avoir inventorié toutes les particularités de ce phénomène. Je voudrais encore signaler que l'oubli de nom est contagieux à un degré éminent. Dans une conversation entre deux personnes, il suffit souvent que la première déclare qu'elle a oublié tel ou tel nom pour qu'il échappe aussi à la seconde. Pourtant, là où l'oubli est déclenché par un oubli d'autrui, le nom oublié revient plus facilement[a]. Cet oubli « collectif », qui est, strictement parlant, un phénomène de psychologie des foules, n'a pas encore été pris comme objet par l'investigation analytique. Dans un cas unique, mais particulièrement beau, Th. Reik a pu 49
donner une bonne explication de ce curieux phénomène[1].

« Dans une petite réunion d'universitaires, dans laquelle se trouvaient aussi deux étudiantes en philosophie, la discussion portait sur les multiples questions que les origines du christianisme posent à l'histoire des civilisations et à la science des religions. L'une des jeunes dames, qui avait pris part à la conversation, se souvint avoir trouvé, dans un roman anglais qu'elle avait lu peu de temps auparavant, un tableau attrayant des nombreux courants religieux qui agitaient cette époque. Elle ajouta que, dans ce roman, toute la vie du Christ était décrite, depuis sa naissance jusqu'à sa mort, et pourtant le nom

1. « *Ueber kollektives Vergessen* », *Internationale Zeitschrift für Psychoanalyse*, VI, 1920. (Également dans : Reik, *Der eigene und der fremde Gott*, 1923.)

a. Cf. p. 78 et p. 123. Le reste de ce chapitre, à l'exception du dernier paragraphe, fut ajouté en 1920.

de l'ouvrage refusa de lui venir à l'esprit (le souvenir visuel de la couverture du livre et de l'aspect typographique du titre étaient d'une extrême netteté[a]). Trois des messieurs présents affirmèrent connaître eux aussi le roman et remarquèrent que, bizarrement, eux non plus ne disposaient pas du nom... »

Seule la jeune dame se soumit à l'analyse visant à éclaircir cet oubli de nom. Le titre du livre était *Ben Hur* (de Lewis Wallace). Voici les idées de substitution qui vinrent à la jeune fille : *Ecce homo — homo sum — quo vadis ?* Elle comprit elle-même qu'elle avait oublié le nom « parce que, déclara-t-elle, il contient une expression que ni moi ni aucune autre jeune fille n'aimerait utiliser... qui plus est, en présence de jeunes gens[b] ». L'analyse, très intéressante, permit d'approfondir encore cette explication. Dans le contexte abordé, la traduction de *homo, Mensch*, possède elle aussi, on le sait[c], une signification douteuse. Voici la conclusion de Reik : la jeune dame traite le mot comme si elle pensait qu'en prononçant le titre suspect devant de jeunes hommes,
50 elle aurait avoué avoir les désirs qu'elle avait rejetés comme non conformes à sa personnalité et comme lui causant de la gêne. Plus brièvement : inconsciemment, elle assimile le fait de prononcer « Ben Hur[d] » à une proposition de nature sexuelle et, par conséquent, son oubli correspond à une défense contre une tentation inconsciente de cette espèce. Nous avons lieu d'admettre que des processus similairement inconscients ont déterminé l'oubli des jeunes hommes. Leur inconscient a saisi

a. *überdeutlich.* Cf. p. 52, n. 1.

b. Le mot « inconvenant » est *Hure* (« catin »).

c. Le même mot qui, au masculin, veut dire « être humain » désigne au neutre un autre type de « créature », perdue d'honneur et dévergondée.

d. « *[Ich] bin [eine] Hure* » signifie « [Je] suis [une] catin ».

l'oubli de la jeune fille dans sa véritable signification et l'ont... en quelque sorte interprété. L'oubli des hommes constitue une prise en considération, pleine d'égards, d'un tel comportement de rejet. C'est comme si, par sa soudaine faiblesse de mémoire, leur interlocutrice leur avait fait un signe net, signe que les hommes, inconsciemment, avaient certainement bien compris.

Il existe aussi un oubli de noms prolongé, dans lequel des chaînes entières de noms se trouvent soustraites à la mémoire[a]. Si, pour retrouver le nom qui nous a échappé, on cherche à en saisir d'autres avec lesquels il est en liaison solide[b], alors il n'est pas rare que ces nouveaux noms, dans lesquels on cherchait un point d'appui, s'échappent à leur tour. L'oubli saute ainsi de l'un à l'autre, comme pour prouver l'existence d'un obstacle difficile à éliminer.

a. Ce paragraphe date de 1907.
b. *in fester Verbindung steht.*

IV

51 *Sur les souvenirs d'enfance et les souvenirs-écrans*[a]

Dans un deuxième article (publié en 1899 dans la *Monatsschrift für Psychiatrie und Neurologie*), j'ai pu démontrer la nature tendancieuse de notre souvenir là où on ne l'aurait pas soupçonnée. Je suis parti du fait, frappant, que les souvenirs d'enfance les plus précoces d'une personne semblent fréquemment avoir conservé ce qui est indifférent et accessoire, tandis que (fréquemment, et certainement pas de façon générale) il n'y a nulle trace, dans la mémoire des adultes, des impressions importantes, marquantes et chargées d'affect, de cette époque. Comme il est bien connu que la mémoire opère une sélection parmi les impressions qui s'offrent à elle, l'hypothèse à laquelle on serait confronté serait que cette sélection s'effectue, dans l'enfance, selon de tout autres principes qu'à l'âge de la maturité intellectuelle. Mais un examen approfondi de la question permet de démontrer que cette hypothèse est superflue. Les souvenirs d'enfance indifférents doivent leur existence à un pro-

a. En 1901 et 1904, ce chapitre était intitulé « Sur les souvenirs-écrans » et ne comportait que les quatre premiers paragraphes. Le reste fut ajouté en 1907, à l'exception d'un paragraphe (p. 104) et de la dernière note. Le terme est employé pour la première fois dans l'article mentionné par Freud (« *Ueber Deckerinnerungen* », 1899).

cessus de déplacement ; ils sont, dans la reproduction mnésique, le substitut d'autres impressions, réellement signifiantes, dont le souvenir peut, grâce à l'analyse psychique, être développé à partir d'eux, mais dont la reproduction directe se heurte à une résistance. Comme ils doivent d'avoir été conservés, non pas à leur contenu, mais à une relation associative de ce dernier à un autre contenu, refoulé quant à lui, ils peuvent légitimement revendiquer le nom de « souvenirs-écrans », par lequel je les ai distingués.

Dans l'article en question, je n'ai fait qu'effleurer, sans 52
du tout l'étudier de façon exhaustive, la diversité des relations et significations propres aux souvenirs-écrans. L'exemple dont j'ai donné une analyse détaillée m'a permis de mettre spécialement en relief une des particularités de la relation *temporelle* qui existe entre le souvenir-écran et le contenu qu'il recouvre. Dans ce cas, en effet, le contenu du souvenir-écran remontait à l'une des premières années de l'enfance de la personne en question, tandis que les expériences intellectuelles, vécues par cette dernière, dont il était le représentant dans la mémoire et qui étaient presque restées inconscientes dataient d'une époque postérieure. J'ai qualifié cette sorte de déplacement de *rétrogressif* ou *rétrograde*[a]. Il est peut-être encore plus fréquent de rencontrer le rapport opposé, celui où une impression indifférente remontant à une date très récente se fixe dans la mémoire comme souvenir-écran, lequel ne doit cette distinction qu'à la connexion qui le rattache à une expérience vécue antérieurement dont la reproduction directe se heurte à des résistances. Ce serait là des souvenirs-écrans *anticipants* ou *déplacés vers l'avant*[b]. Ici, la chose essentielle, celle qui préoccupe la

a. *rückgreifende oder rückläufige.*
b. *vorgreifende oder vorgeschobene.*

mémoire, se trouve — temporellement parlant — *en arrière* du souvenir-écran. Enfin, il existe par ailleurs un troisième cas possible, celui où le souvenir-écran est connecté à l'impression qu'il recouvre, non seulement par son contenu, mais par la contiguïté dans le temps, le cas, donc, du souvenir-écran *contemporain* ou *contigu*.

Dans quelle proportion le trésor de notre mémoire appartient-il à la catégorie des souvenirs-écrans et quel rôle échoit à ceux-ci dans différents processus de pensée névrotiques ? Autant de problèmes que je n'ai pas traités dans l'article cité et que je ne vais pas non plus étudier ici. Il m'importe uniquement de mettre en relief la similarité qui existe entre l'oubli de nom propre accompagné d'une remémoration manquée et la formation de souvenirs-écrans.

À première vue, les différences entre les deux phénomènes sont bien plus frappantes que les éventuelles ana-
53 logies. Là il s'agit de noms propres, ici d'impressions complètes, d'expériences vécues soit dans la réalité soit en pensée ; là il s'agit d'une défaillance manifeste de la fonction de remémoration, ici d'une opération de remémoration qui produit sur nous une déconcertante impression d'étrangeté ; là d'un trouble momentané — car le nom qu'on vient d'oublier a pu être cent fois reproduit avec exactitude auparavant et peut l'être à nouveau dès le lendemain —, ici d'un bien durable qu'on possède sans intermittence, car les souvenirs d'enfance indifférents semblent à même de nous accompagner pendant une bonne partie de notre vie. L'énigme, dans ces deux cas, paraît être orientée dans un tout autre sens. Là c'est l'oubli, ici le fait d'être conservé, qui excite notre curiosité scientifique. En approfondissant quelque peu, on remarque qu'en dépit de la différence de matériel psychique et de durée des deux phénomènes, les concor-

dances prédominent largement. Il s'agit ici et là d'un fourvoiement de la remémoration[a] ; ce que la mémoire reproduit, ce n'est pas ce qui, de façon exacte, aurait dû l'être, mais quelque chose d'autre qui vient s'y substituer. Dans le premier cas, celui de l'oubli de nom, il n'y a pas manque de production mnésique[b], puisque celle-ci se manifeste sous la forme de noms de substitution. Quant au second, celui de la formation de souvenirs-écrans, il repose sur l'oubli d'impressions autres, plus importantes. Dans les deux cas, c'est une sensation d'ordre intellectuel[c] qui nous donne connaissance de l'intervention d'un trouble, à ceci près que la forme varie selon le cas. Dans celui de l'oubli de nom, nous *savons* que les noms de substitution sont *faux* ; dans celui des souvenirs-écrans, nous nous *étonnons* simplement de les avoir en notre possession. Lorsque ensuite l'analyse psychologique démontre que la formation du substitut s'est effectuée de la même façon dans les deux cas, par déplacement le long d'une association superficielle, alors ce sont précisément les différences présentées par les deux phénomènes quant à leur matériel, leur durée et leur centrage[d] qui contribuent à renforcer l'espoir que nous avons d'avoir découvert quelque chose d'important et d'universellement valable. Ce principe universel serait le suivant : la défaillance et le fourvoiement de la fonction reproductrice[e] signalent bien plus souvent que nous ne le supposons l'intervention d'un facteur partial, d'une *tendance*, qui favorise tel souvenir, tandis qu'elle travaille à contrecarrer tel autre.

54

a. *das Fehlgehen des Erinnerns.* Cf. *Fehlleistung* : « acte manqué ».

b. *Gedächtnisleistung* : « production de la mémoire ».

c. *eine intellektuelle Empfindung.* Cf. *Le mot d'esprit et sa relation à l'inconscient*, p. 163-164 et p. 368, et la note *b*, p. 424.

d. *Zentrierung.*

e. *das Versagen und Irregehen der reproduzierenden Funktion.*

Le thème des souvenirs d'enfance m'apparaît si signifiant et intéressant que je voudrais lui consacrer encore quelques remarques, qui vont au-delà des points de vue exposés jusqu'ici.

Jusqu'à quelle période de l'enfance les souvenirs remontent-ils ? Il existe, à ma connaissance, quelques études sur la question, par ex. celles de V. et C. Henri[1] et de Potwin[2], d'où il ressort qu'il y a de grandes différences individuelles entre les personnes soumises à l'investigation psychique, certaines faisant remonter leur premier souvenir à leur sixième mois, d'autres ne sachant rien des événements de leur vie antérieure à la fin de leur sixième, voire de leur huitième année. Mais à quoi ces différences de comportement des souvenirs d'enfance tiennent-elles, et quelle est leur signification ? Il ne suffit manifestement pas de rassembler, grâce à une enquête, le matériel afférent à ces questions ; il faut ensuite l'élaborer, travail auquel doit impérativement participer la personne qui a fourni les informations.

À mon avis, l'amnésie infantile, l'absence de souvenirs remontant aux premières années de notre vie, est un fait que nous acceptons avec bien trop d'indifférence et dans lequel nous négligeons de voir une curieuse énigme. Nous oublions les performances intellectuelles éminentes et les émotions complexes dont un enfant d'environ quatre ans est capable, et nous devrions quasiment nous étonner que la mémoire des années postérieures ait, en règle générale, conservé si peu de chose de ces processus psychiques, et ce, d'autant que nous avons toute raison de supposer que ces mêmes performances enfantines qui

1. « Enquête sur les premiers souvenirs de l'enfance », *L'Année psychologique*, III, 1897, p. 184.
2. « *Study of Early Memories* », *Psycholog. Review*, 1901, vol. 8, p. 596.

ont été oubliées n'ont nullement glissé sur la personne et 55
sur son évolution sans y laisser de trace, mais ont, au contraire, exercé une influence déterminante pour toutes les époques postérieures de celle-ci. Et malgré cette incomparable efficience elles ont été oubliées ! C'est là l'indication de conditions de remémoration (au sens d'une reproduction consciente) d'un genre tout à fait spécial, conditions que nous n'avions pas encore discernées jusqu'ici. Il est très possible que l'oubli de l'enfance nous livre la clé de la compréhension de ces amnésies qui, selon nos découvertes les plus récentes, sont à la base de tous les symptômes névrotiques[a].

Parmi les souvenirs d'enfance qui ont été conservés, certains nous apparaissent très compréhensibles, d'autres produisent sur nous une déconcertante impression d'étrangeté ou nous semblent inintelligibles. Il n'est pas difficile de rectifier quelques erreurs relatives à ces deux catégories. Si l'on soumet à un examen analytique les souvenirs que conserve une personne, on peut facilement constater qu'il n'existe aucune garantie quant à leur exactitude. Quelques-unes des images mnésiques ont très certainement été faussées[b], sont incomplètes ou ont subi un déplacement dans le temps et dans l'espace. Les indications fournies par les personnes soumises à l'investigation psychique, comme celles selon laquelle leur premier souvenir remonterait environ à leur deuxième année, ne sont, semble-t-il, pas du tout fiables. On réussit bientôt aussi à trouver des mobiles qui permettent de comprendre la déformation et le déplacement subis par le vécu, mais qui prouvent également que la cause de ces

a. Freud établit une relation entre l'amnésie infantile et les psychonévroses dans une lettre à Fliess (10 mars 1898). Cette question est approfondie dans le deuxième de ses *Trois essais*.

b. *gefälscht*.

erreurs de remémoration ne peut être une simple infidélité de la mémoire. Des forces puissantes propres à la vie ultérieure du sujet ont modelé l'aptitude de celui-ci à se remémorer les expériences vécues dans l'enfance, ces mêmes forces, probablement, à cause desquelles la compréhension de nos années d'enfance nous est devenue, d'une façon générale, si étrangère.

La remémoration propre aux adultes est, on le sait, un processus qui met en œuvre du matériel psychique varié. Chez les uns, elle est constituée par des images visuelles : leurs souvenirs ont un caractère visuel. D'autres individus peuvent à peine reproduire de mémoire les contours les plus rudimentaires de ce qu'ils ont vécu ; selon la proposition de Charcot, on appelle de telles personnes des
56 *auditifs* et des *moteurs*, par opposition aux *visuels*. Pendant le rêve ces différences disparaissent, nous rêvons tous principalement en images visuelles. Mais cette évolution régressive se produit tout autant dans le cas des souvenirs d'enfance ; ceux-ci possèdent une nature visuelle plastique, même chez les personnes chez qui, par la suite, la remémoration est privée de l'élément visuel. La remémoration principalement visuelle conserve, par conséquent, le type de la remémoration infantile. En ce qui me concerne, mes souvenirs d'enfance les plus précoces sont les seuls à offrir ce caractère visuel ; ce sont des scènes résultant d'une élaboration quasi plastique[a] et seulement comparables à celles qui sont mises en scène au théâtre[b]. Dans ces scènes d'enfance, que celles-ci se révèlent vraies ou faussées, on voit régulièrement aussi sa propre personne, enfant, avec ses contours et dans ses vêtements. Cette circonstance ne peut que produire une

a. *geradezu plastisch herausgearbeitete Szenen.*
b. *Darstellungen auf der Bühne.*

déconcertante impression d'étrangeté ; les adultes de type visuel ne voient plus leur propre personne dans les souvenirs qu'ils ont d'expériences vécues ultérieurement[1]. Tout ce que nous avons appris se trouve également contredit par l'hypothèse selon laquelle l'attention de l'enfant serait dirigée, lors des expériences qu'il vit, sur lui-même au lieu de l'être exclusivement sur les impressions venant de l'extérieur. On se trouve ainsi poussé de divers côtés à émettre cette supposition : avec les prétendus souvenirs d'enfance les plus précoces nous possédons, non pas la trace mnésique véritable, mais une version de celle-ci élaborée ultérieurement, donc une version qui peut avoir subi les influences de diverses forces psychiques ultérieures. Les « souvenirs d'enfance » des individus en viennent ainsi, d'une façon très générale, à acquérir la signification de « souvenirs-écrans » et à présenter, ce faisant, une remarquable analogie avec les souvenirs d'enfance des peuples tels qu'ils sont consignés dans les légendes et les mythes[a].

Quiconque a soumis un certain nombre de personnes à une investigation psychique grâce à la méthode psychanalytique a amplement eu l'occasion de collecter, lors de ce travail, des exemples de souvenirs-écrans de toutes sortes. Mais, lorsqu'on se propose d'en donner com- 57
munication, on voit sa tâche extraordinairement compliquée par la nature même des relations qui, comme je viens de l'exposer, unissent les souvenirs d'enfance à la vie ultérieure du sujet ; si l'on voulait pouvoir caractériser un souvenir d'enfance comme un souvenir-écran, on serait souvent obligé d'exposer toute l'histoire de la vie

1. Je fonde cette affirmation sur des renseignements que j'ai recueillis moi-même.

a. Cette analogie est développée dans *Un souvenir d'enfance de Léonard de Vinci* (chap. II).

de la personne concernée. Il n'est que rarement possible, comme dans le joli exemple qui suit, de détacher de son contexte tel ou tel souvenir d'enfance pour en donner communication.

Un homme de vingt-quatre ans a conservé de sa cinquième année l'image suivante. Il est assis, dans le jardin d'une maison de campagne, sur une petite chaise à côté de sa tante, laquelle s'efforce de lui apprendre les lettres de l'alphabet. Ayant du mal à distinguer le *m* du *n*, il demande à sa tante pourquoi elle ne lui dit pas à quoi on reconnaît lequel est l'un et lequel est l'autre. Celle-ci lui fait remarquer que le *m* a quand même tout un morceau, le troisième jambage, de plus que le *n*. — Il n'y eut, par la suite, aucune raison de contester que ce souvenir d'enfance fût digne de foi ; il n'acquit toutefois sa signification qu'ultérieurement, lorsqu'il se révéla apte à prendre en charge la représentation symbolique[a] d'un autre désir de savoir du petit garçon. En effet, de même qu'à l'époque celui-ci avait voulu savoir la différence qui existe entre *m* et *n*, de même il s'efforça plus tard d'apprendre la différence qui existe entre un garçon et une fille, et il eût été à coup sûr d'accord pour que cette tante, précisément, fût sa maîtresse d'école. Il réussit d'ailleurs alors à découvrir qu'il s'agissait d'une différence similaire, le petit garçon ayant lui aussi tout un morceau de plus que la petite fille, et à l'époque où il acquit cette connaissance, il réveilla le souvenir du désir de savoir enfantin correspondant.

Voici un autre exemple datant d'une période plus tardive de l'enfance[b]. Il s'agit d'un homme fortement inhibé dans sa vie amoureuse, qui a dépassé la quaran-

a. *symbolische Vertretung.*
b. Ce paragraphe fut ajouté en 1920.

taine et qui est l'aîné de neuf enfants. Au moment de la naissance du plus jeune, il était âgé de quinze ans, mais il soutient mordicus qu'il ne s'est jamais aperçu que sa 58
mère était enceinte. Cédant à mon insistance incrédule, un souvenir lui revient, à savoir qu'un jour, lorsqu'il avait onze ou douze ans, il avait vu sa mère devant une glace en train d'*ouvrir sa jupe* [*aufband*] *en la dénouant précipitamment.* Sans être sollicité cette fois, il compléta en disant qu'elle venait de rentrer et qu'elle avait été prise de douleurs inattendues. Or le fait d'*ouvrir* sa jupe [par un *attouchement*] [*Aufbinden*] est un souvenir-écran qui apparaît à la place de l'*accouchement* [*Entbindung*][a]. Nous rencontrerons l'utilisation de tels « ponts verbaux » dans d'autres cas encore.

J'aimerais encore montrer, par un unique exemple, qu'un souvenir d'enfance qui, précédemment, semblait ne contenir aucun sens peut en acquérir un si on l'élabore grâce à un travail analytique. Lorsqu'à quarante-deux ans, j'ai commencé à m'intéresser aux restes de souvenirs que j'avais de ma propre enfance, j'ai été frappé par une scène qui, depuis longtemps — et même, d'après ce que je croyais, depuis toujours —, venait de temps en temps à ma conscience et que de bons points de repère permettaient légitimement de situer avant la fin de ma troisième année. Je me voyais en train de hurler et d'exiger, devant un bahut-coffre[b] dont mon demi-

a. Les verbes *aufbinden* (« ouvrir en déliant, en dénouant ») et *entbinden* (« délier [au sens moral] » et, ici, « délivrer, *i. e.* aider à accoucher ») sont apparentés sur le plan sémantique, mais aussi phonique (par leur racine commune, *-binden*), parenté que, faute de mieux, nous avons rendue en ajoutant l'expression « par un attouchement ».

b. *Kasten.* Si nous avons décidé de traduire ainsi ce mot qui, en autrichien, est synonyme de *Schrank* (« armoire »), c'est pour faire apparaître en français la parenté qui l'unit à son diminutif (*Kästchen* : « coffret ») et, par là même, la continuité symbolique qui existe entre les deux meubles. Par ailleurs, la présence du terme « coffre » s'impose si l'on veut rendre le jeu de mots dont il sera question plus loin.

frère, qui était de vingt ans mon aîné, tenait la porte ouverte, et ensuite ma mère, belle et svelte, entrait brusquement dans la pièce comme si elle venait de rentrer à la maison. Ainsi, j'avais mis en mots la scène que j'avais vue plastiquement et dont, autrement, je n'aurais su que faire. Est-ce que mon frère voulait ouvrir ou fermer le bahut-coffre — dans la première traduction de cette image, le terme employé était celui d'« armoire » —, pourquoi étais-je en train de pleurer, et qu'est-ce que l'arrivée de ma mère avait à voir avec mes pleurs, tout cela était obscur pour moi ; j'étais tenté de me donner comme explication qu'il s'agissait du souvenir d'une agacerie de mon frère aîné que ma mère avait interrompue. De tels malentendus concernant une scène d'enfance qu'on a conservée dans sa mémoire n'ont rien de rare ; on se souvient d'une situation, mais celle-ci n'est pas centrée, on ne sait sur lequel de ses éléments l'accent psy-
59 chique doit être placé. L'effort analytique me conduisit à une conception tout à fait inattendue de l'image en question. Comme ma mère me manquait, j'avais soupçonné qu'elle était enfermée dans cette armoire (ou ce bahut-coffre), et c'est pourquoi j'exigeais de mon frère qu'il ouvre le meuble. Lorsqu'il accéda à ma demande et me convainquit que maman n'était pas dans le bahut-coffre, je me mis à crier ; tel est l'élément fixé par le souvenir et auquel l'apparition de ma mère, apaisant mon désir soucieux ou nostalgique, fit bientôt suite. Mais comment l'enfant en vint-il à l'idée de chercher sa mère absente dans le bahut-coffre ? Des rêves datant de la même période que l'analyse de ce souvenir faisaient obscurément référence à une gouvernante dont j'avais conservé d'autres réminiscences encore, comme par ex. le fait qu'elle avait pour habitude de m'encourager forte-

ment à lui remettre scrupuleusement les petites pièces de monnaie que j'avais reçues comme cadeaux, détail qui, à son tour, peut lui-même prétendre avoir la valeur d'un souvenir-écran apparaissant à la place de quelque chose de postérieur. Aussi décidai-je de me faciliter cette fois la tâche d'interprétation en m'adressant à ma mère, qui était vieille maintenant, pour l'interroger sur la gouvernante en question. J'appris toutes sortes de choses, notamment que cette personne avisée, mais malhonnête, avait commis, durant le temps que ma mère était en couches, des vols importants à la maison et qu'elle avait été livrée à la justice à l'instigation de mon demi-frère. Cette information me permit de comprendre la scène d'enfance comme par une sorte d'illumination. La soudaine disparition de la gouvernante ne m'avait pas laissé indifférent ; si je m'étais adressé à ce frère, précisément, pour lui demander où elle était, c'est probablement parce que je m'étais aperçu qu'il avait joué un rôle dans sa disparition, et il m'avait répondu, comme c'était constamment sa façon[a], évasivement et en jouant sur les mots, en disant qu'elle avait été « coffrée ». Cette réponse, je la compris à ma manière, enfantine [c.-à-d. littéralement], mais je cessai de poser des questions car il n'y avait plus rien à apprendre. Lorsque, peu de temps après, je remarquai l'absence de ma mère, je soupçonnai que mon méchant frère lui avait fait la même chose qu'à la gouvernante, et je l'obligeai à m'ouvrir le bahut-coffre.
Je comprends maintenant aussi pourquoi, dans la tra- 60
duction de la scène d'enfance visuelle, l'accent est mis sur la sveltesse de ma mère, qui, étant restaurée, m'avait

a. Dans les éditions de 1907, 1910 et 1912 : « comme c'est encore aujourd'hui sa façon de parler ».

très certainement frappé. J'ai deux ans et demi de plus que la sœur que celle-ci mit au monde à cette époque, et lorsque j'eus trois ans, la vie commune avec mon demi-frère prit fin [1].

1. [Ajouté en 1924] Quiconque s'intéresse à la vie psychique propre à ces années d'enfance aura facilement deviné la détermination plus profonde de l'exigence adressée au grand frère. L'enfant âgé d'à peine trois ans a compris que la petite sœur arrivée récemment s'est développée dans le ventre de sa mère. N'étant pas du tout d'accord avec une telle extension de la famille, il se demande avec inquiétude et méfiance si celui-ci ne pourrait pas renfermer encore d'autres enfants. L'armoire, le bahut-coffre, est pour lui un symbole du ventre maternel. Il demande donc à regarder ce qu'il y a à l'intérieur du meuble et s'adresse pour cela à son grand frère, lequel, comme il ressort d'un autre matériel, a pris la place du père comme rival du petit. Deux soupçons sont dirigés contre ce frère, celui, fondé, qu'il a fait « coffrer » la gouvernante disparue, mais aussi un autre, à savoir qu'il a réussi, d'une façon ou d'une autre, à faire entrer l'enfant né récemment dans le ventre maternel. L'affect de déception qui apparaît lorsque le bahut-coffre se révèle être vide a comme point de départ la motivation superficielle de la revendication enfantine. Mais il n'est pas approprié à l'aspiration plus profonde de l'enfant. Par contre, la haute satisfaction que celui-ci ressent quant à la sveltesse de sa mère lors de son retour ne se comprend, elle, pleinement que lorsque l'on a poussé jusqu'à cette couche plus profonde.

V

Le lapsus[a]

61

Si le matériel usuel de notre discours dans notre langue maternelle apparaît protégé contre l'oubli, son emploi n'en est que plus fréquemment sujet à un autre trouble, connu sous le nom de « lapsus ». Le lapsus qu'on observe chez l'homme normal donne l'impression d'être le stade préliminaire de troubles survenant dans des conditions pathologiques et qu'on nomme « paraphasies ».

Je me trouve ici exceptionnellement en position de pouvoir rendre hommage à un travail préparatoire au mien. En 1895, R. Meringer et K. Mayer ont publié une étude sur « le lapsus linguae et le lapsus de lecture » dont les points de vue sont fort éloignés des miens. En effet, l'un des auteurs, celui qui, dans le texte, joue le rôle de porte-parole[b], est linguiste, et ce sont des intérêts

a. *Das Versprechen.* Ce terme, qui est l'infinitif substantivé du verbe *sich versprechen*, désigne « le fait de faire un lapsus », et non pas tel ou tel lapsus en particulier (qui se dit *der Versprecher*). À l'exception de deux paragraphes p. 112 et de l'exemple 8, toute la première partie de ce chapitre (jusqu'à la p. 130) remonte à 1901.

b. Dr Rudolf Meringer et Dr Karl Mayer, *Versprechen und Verlesen. Eine psychologisch-linguistische Studie.* Signalons que R. Meringer (1859-1931) est l'auteur de la préface, qu'il y parle à la première personne et que, sur la page de titre de l'ouvrage, son nom précède celui de K. Mayer.

d'ordre linguistique pour une telle investigation qui l'ont amené à rechercher les règles selon lesquelles on fait des lapsus. Il espérait pouvoir déduire de ces dernières l'existence d'« un certain mécanisme mental dans lequel les sons d'un mot, d'une phrase, mais aussi les mots[a] entre eux, sont reliés et connectés d'une façon tout à fait particulière » (p. 10).

Les auteurs classent d'abord les exemples de « lapsus » verbaux qu'ils ont recueillis d'après des points de vue purement descriptifs, *interversions*[b] (par ex. « la
62 Milo de Vénus » au lieu de « la Vénus de Milo »), *sons anticipés* ou *anticipations*[c] (par ex. *es war mir auf der Schwest... auf der Brust so schwer*), *effets d'écho, persistance de sons*[d] (par ex. « *Ich fordere Sie auf, auf das Wohl unseres Chefs aufzustossen* » au lieu de « *anzustossen* » [« Je vous invite à roter à la santé de notre directeur » au lieu de « trinquer »]), *contaminations* (par ex. « *Er setzt sich auf den Hinterkopf* » à partir de « *Er setzt sich einen Kopf auf* » [« Il s'est mis quelque chose en tête »]

a. *Worte.* À la différence de l'autre pluriel (*Wörter*), qui s'applique à des mots considérés chacun comme une unité autonome, celui-ci désigne des mots formant un ensemble cohérent.

b. *Vertauschungen.* Ce substantif, qu'on peut aussi traduire par « permutation », est dérivé du verbe *vertauschen*, qui désigne aussi l'acte (manqué) consistant à échanger par erreur un objet contre un autre. L'exemple, qui sera repris et expliqué plus bas (p. 432 *sqq.*), est également cité dans la deuxième conférence de l'*Introduction à la psychanalyse.*

c. *Vorklänge oder Antizipationen.* La « solution » de l'exemple (également cité dans la deuxième et la quatrième conférence de l'*Introduction*) est donnée plus bas, p. 152-153.

d. *Nachklänge, Postpositionen.* L'exemple choisi est également cité — et abondamment commenté — dans la deuxième, la troisième et la quatrième conférence de l'*Introduction*, sa présentation typographique étant alors légèrement différente (Freud y souligne la syllabe *auf*, qui se répète trois fois). Équivalent possible : « Monsieur le Directeur, votre projet nous semble si *ro*dé, si *ro*buste que nous allons tous *ro*ter pour lui. » Sa signification sera analysée p. 154.

et « *Er stellt sich auf die Hinterbeine* » [« Il s'est mis sur ses pattes de derrière, il s'est dressé sur ses ergots »]), *substitutions* (par ex. « *Ich gebe die Präparate in den Briefkasten* » [« Je mets les préparations dans la boîte aux lettres »] au lieu de « *Brütkasten* » [« incubateur »] [a]), catégories principales auxquelles ils en ajoutent encore quelques autres, moins importantes (ou moins signifiantes pour notre propos). Dans cette classification, il est indifférent de savoir si la permutation, déformation, fusion, etc. concerne certains sons particuliers du mot, des syllabes ou des mots entiers de la phrase qu'on a l'intention de dire.

Pour expliquer les variétés de lapsus qu'il a observées, Meringer émet comme théorie que les sons du langage ont chacun une valeur psychique différente. Lorsque nous innervons le premier son d'un mot, le premier mot d'une phrase, le processus d'excitation est déjà en train de se tourner vers les sons qui viennent ensuite, vers les mots suivants, et dans la mesure où ces innervations sont concomitantes les unes des autres, elles peuvent s'influencer en s'altérant les unes les autres. L'excitation du son qui possède une intensité psychique plus grande anticipe les autres ou leur fait écho et perturbe ainsi le processus d'innervation dont la valeur est moindre. Il s'agit maintenant de déterminer quels sons d'ur mot ont la valeur la plus élevée. Voici ce que pense Meringer : « Si l'on veut savoir quel son d'un mot possède l'intensité la plus élevée, il suffit de s'observer lorsqu'on est en train de chercher un mot oublié, par ex. un nom. Ce qui revient en premier à la conscience est, en tout état de cause, ce qui avait la plus grande intensité

a. Cité aussi dans la deuxième conférence de l'*Introduction*.

avant l'oubli » (p. 160). « Les sons possédant une valeur élevée sont donc le son initial de la syllabe radicale et le son initial du mot ainsi que la ou les voyelles accentuées » (p. 162).

Je ne puis m'empêcher de présenter ici une objection. Que le son initial du nom fasse ou non partie des éléments du mot possédant la valeur la plus élevée, il n'est
63 assurément pas exact de dire que, dans le cas de l'oubli d'un mot, il revient à la conscience en premier ; la règle énoncée ci-dessus est donc inutilisable. Si l'on s'observe lorsqu'on est en train de chercher un nom oublié, on sera forcé, et ce relativement fréquemment, de se dire convaincu qu'il commence par une lettre déterminée. Or cette conviction s'avère tout aussi souvent infondée que fondée. J'aimerais même affirmer que, dans la majorité des cas, on prononce un son initial faux. De même, dans notre exemple « Signorelli », le nom de substitution a laissé perdre le son initial et les syllabes essentielles ; et c'est précisément le couple de syllabes possédant une valeur moindre, *elli*, qui a fait retour à la mémoire[a] dans le nom de substitution *Botticelli*. Pour montrer combien les noms de substitution respectent peu le son initial du nom qui a échappé à la mémoire, on peut par ex. citer le cas suivant[b] :

Un jour, il m'est impossible de me remémorer le nom du petit pays qui a pour capitale *Monte-Carlo*. Voici les noms de substitution qui viennent à sa place :

Piémont, *Albanie*, *Montevideo*, *Colico*.

Le mot qui, pour l'Albanie, ne tarde pas à se présenter, c'est *Montenegro*, et ensuite une chose me frappe, à savoir que la syllabe *Mont* (qui se prononce *Mon*) est

a. Dans les éditions antérieures à 1924 : « fait retour à la conscience ».
b. Cette phrase ainsi que l'exemple suivant furent ajoutés en 1907.

contenue dans tous les noms de substitution sauf le dernier. Il me devient ainsi facile, en partant du nom du prince Albert[a], de découvrir celui qui a été oublié, *Monaco. Colico* imite à peu de chose près la succession des syllabes et le rythme du nom oublié[b].

Si l'on accepte la supposition selon laquelle un mécanisme similaire à celui dont on a fait la preuve pour l'oubli de nom peut aussi avoir sa part dans les phénomènes de lapsus, alors on se trouve conduit à porter sur ceux-ci un jugement dont le fondement est plus profond. Le trouble du discours qui, dans un énoncé, se manifeste sous forme de lapsus peut, premièrement, être causé par l'influence qu'exerce un autre constituant du même ensemble contextuel, donc par l'anticipation d'un son ou l'effet d'écho, ou par l'existence d'une seconde version à l'intérieur de la phrase ou du contexte qu'on a
l'intention de formuler — à cette catégorie appar- 64
tiennent tous les exemples, cités plus haut, que nous empruntons à Meringer et Mayer — ; deuxièmement, toutefois, il se pourrait que le trouble, de façon analogue au processus à l'œuvre dans le cas de « Signorelli », se produisît du fait d'influences agissant *à l'extérieur* de ce mot, de cette phrase ou de cet ensemble contextuel, à partir d'éléments qu'on n'a pas l'intention de prononcer et de l'excitation desquels on ne prend connaissance, précisément, qu'au moment du trouble et par lui. C'est

a. Nom du prince régnant.

b. Cet exemple sera repris dans la sixième conférence de l'*Introduction*, où Freud en fait une analyse plus détaillée et un peu plus éclairante, mentionnant notamment que le remplacement de l'*Albanie* par le *Montenegro* fut sans doute dû à l'opposition du blanc et du noir. Il ajoute que son oubli fut causé par la corrélation existant entre le nom *München* [Munich] et sa traduction italienne (*Monaco*).

donc dans la simultanéité de l'excitation que résiderait l'élément commun et dans la position occupée à l'intérieur ou à l'extérieur de la même phrase ou du même ensemble contextuel l'élément distinctif des deux modes de naissance du lapsus. La différence n'apparaît d'abord pas si grande qu'elle puisse entrer en ligne de compte dans des déductions qui seraient faites à partir de la symptomatologie des lapsus. Mais il est clair que c'est seulement dans le premier des deux cas qu'on a la perspective de tirer des phénomènes de lapsus des conclusions relatives à un mécanisme qui connecterait entre eux des sons et des mots afin qu'ils s'influencent réciproquement dans leur articulation, donc des conclusions similaires à celles que le linguiste espérait déduire de l'étude du lapsus. Dans le cas de la perturbation due à des influences agissant à l'extérieur d'une même phrase ou d'un même contexte de discours, il s'agirait avant tout de faire connaissance avec les éléments perturbateurs, et alors se poserait la question de savoir si le mécanisme de ce trouble peut révéler lui aussi les lois de formation du langage dont il y a lieu de supposer l'existence.

On ne peut légitimement affirmer que la possibilité d'un trouble de la parole dû à des « influences psychiques compliquées », à des éléments existant à l'extérieur d'un même mot, d'une même phrase ou d'une même séquence verbale, a échappé à Meringer et Mayer. Aussi bien ne pouvaient-ils pas ne pas remarquer que la théorie de l'inégale valeur psychique des sons suffit seulement à expliquer, strictement parlant, les troubles affectant les sons ainsi que les anticipations de sons et les effets d'écho. Là où les troubles affectant des mots ne peuvent être réduits à des troubles affectant des sons, par ex. dans le cas des substitutions et des contaminations

de mots, ils ont eux aussi, et sans hésitation, cherché la cause du lapsus *à l'extérieur* du contexte du discours 65
qu'on avait l'intention d'énoncer et prouvé cet état de choses par de beaux exemples. Je voudrais citer les passages suivants :

(p. 62) « Ru. parle de processus dont il déclare, à l'intérieur de lui, que ce sont des "*Schweinereien*" ["des cochonneries, [du stupre]"]. Mais il cherche à trouver une formule adoucie et commence ainsi : "*Dann aber sind Tatsachen zum* Vorschwein *gekommen...*" ["Mais ensuite sont apparues des choses *stupréfiantes*[a]..."] Mayer et moi étions présents, et Ru. confirma qu'il avait pensé "*Schweinereien*". Le fait que ce mot auquel il avait pensé se soit trahi au moment de dire "*Vorschein*" et soit brusquement devenu efficient trouve dans la similitude des mots une explication suffisante. »

(p. 73) « De même, dans les substitutions, tout autant que dans les contaminations et probablement à un degré bien plus élevé, les images verbales "flottantes" ou "vagabondantes" jouent un grand rôle. Bien que situées en dessous du seuil de la conscience, elles se trouvent quand même encore dans un voisinage efficace[b], elles peuvent facilement être sollicitées à la faveur d'une ressemblance existant avec le complexe qui doit être énoncé et provoquent alors un déraillement du train des mots ou bien croisent celui-ci. Les images verbales "flottantes" ou "vagabondantes" sont souvent, comme nous l'avons dit, les retardataires dans des processus langagiers qui viennent de se dérouler (effets d'écho). »

a. À la place du mot *Vorschwein*, qui n'existe pas, aurait dû apparaître celui de *Vorschein*, la phrase signifiant alors : « Mais ensuite des faits se sont fait jour... »

b. *noch in wirksamer Nähe*.

(p. 97) « Un déraillement, un écart, peut aussi se produire par ressemblance, lorsqu'un autre mot similaire se trouve en dessous du seuil de la conscience, mais à proximité, *sans qu'il soit destiné à être prononcé.* C'est ce qui arrive dans les cas des substitutions. — Ainsi, j'espère qu'en les vérifiant, on ne pourra que confirmer mes règles. Mais pour cela il est nécessaire (quand c'est un autre qui parle) qu'on *obtienne des éclaircissements sur tout ce à quoi le locuteur a pensé*[1]. Voici à ce propos un cas instructif. Le maître d'école Li., un jour qu'il était en notre compagnie, dit : "*Die Frau würde mir Furcht einlagen.*" ["Une telle femme me ferait une peur ex*m*ême."[a]] Cela me fit dresser l'oreille, car le *l* me paraissait inexplicable. Je me permets alors d'attirer l'attention du locuteur sur son erreur (il a dit "*einlagen*"
66 pour "*einjagen*"), sur quoi il répondit aussitôt : "Oui, c'est vrai, cela vient de ce que j'ai pensé : *ich wäre nicht in der Lage* [je ne serais pas à même], etc." »

« Voici un autre cas. Je demande à R. von Schild comment va son cheval malade. Il répond : "*Ja, das* draut... *dauert vielleicht noch einen Monat.*" ["Nous risquons d'*attristendre...* d'attendre encore un mois."] Le mot "*draut*", avec son *r*, était incompréhensible pour moi, car il était impossible que le *r* de "*dauert*" ait produit un tel effet. Je le fis donc remarquer à R. v. S., sur quoi il expliqua qu'il avait pensé : "*Das ist eine* traurige *Geschichte.*" ["C'est une histoire *attristante.*"] Le locuteur avait donc deux réponses à l'esprit et celles-ci se sont mélangées. »

1. Souligné par moi.
a. L'expression qu'on attendrait (*jemandem Furcht einjagen*) signifie « jeter de la crainte [dans l'esprit de qqn] ».

Il est bien difficile de ne pas voir à quel point la prise en considération des images verbales « vagabondantes » situées en dessous du seuil de la conscience et non destinées à être dites et l'exigence à laquelle il faut satisfaire, à savoir se renseigner sur tout ce à quoi le locuteur a pensé, se rapprochent des conditions propres à nos « analyses ». Nous cherchons nous aussi du matériel inconscient, et par la même voie, à ceci près que le chemin que nous avons à parcourir, depuis les idées venant à l'esprit de la personne interrogée jusqu'à la découverte de l'élément perturbateur en passant par une série associative complexe, est un chemin plus long.

Je voudrais m'arrêter aussi sur un autre comportement intéressant, dont les exemples de Meringer fournissent un témoignage. Selon les conclusions auxquelles l'auteur lui-même est parvenu, la présence de telle ou telle similitude entre un mot de la phrase qu'on a l'intention de prononcer et un autre qu'on n'a pas l'intention de prononcer est ce qui permet à ce dernier, en provoquant une déformation, la formation d'un mot mixte, d'un compromis (contamination), de se manifester dans la conscience[a] :

jagen, dauert,	[extrême, attendre,
Vorschein.	stupéfiantes.
lagen, traurig, ...	même, attrister,
schwein.	stupr...]

Il se trouve que, dans mon ouvrage sur l'« interprétation des rêves[1] », j'ai mis en évidence la part qui

1. *Die Traumdeutung*, Leipzig et Vienne, 1900, 8e édition, 1930.
a. *sich zur Geltung zu bringen.*

revient au travail de *condensation* dans la naissance de ce que j'ai nommé le contenu manifeste du rêve à partir
67 des pensées latentes du rêve. Telle ou telle ressemblance existant entre deux éléments du matériel inconscient et portant sur les choses ou leurs représentations de mot fournit alors l'occasion de créer un élément tiers, une représentation mixte ou de compromis qui, dans le contenu du rêve, est la représentante de ses deux composantes et qui, par suite de cette origine, est si fréquemment dotée de caractéristiques particulières contradictoires. Ainsi la formation de substitutions et de contaminations qui se produit lorsqu'il y a lapsus est-elle une amorce de ce travail de condensation dont nous constatons qu'il prend une part extrêmement active à la construction du rêve[a].

Dans un petit article destiné à un large public (publié dans la *Neue Freie Presse* du 23 août 1900 sous le titre « *Wie man sich versprechen kann* » [« Comment un lapsus se produit-il ? »]), Meringer attribue une signification pratique particulière à certains cas de substitutions de mots[b], où l'on remplace un mot par un autre de sens contraire. « L'on se souvient certainement encore de la façon dont, il y a quelque temps, le président de la Chambre des représentants autrichienne a *ouvert* la séance : "Messieurs, je constate la présence de tant de députés et déclare en conséquence la séance *levée*." Seule l'hilarité générale qui suivit lui fit remarquer son erreur, qu'il corrigea[c]. L'explication qu'il convient assurément de donner dans le cas présent est que le président *souhai-*

a. Cf. *L'interprétation des rêves* (VI, A).

b. *Wortvertauschungen.* Cf. p. 110, n. *b.*

c. Cet exemple sera repris dans la deuxième conférence de l'*Introduction,* puis à nouveau dans *Some Elementary Lessons in Psycho-Analysis* (1940).

tait être déjà en mesure de clore cette séance dont il n'y avait rien à attendre de bon, mais que — phénomène fréquent — cette pensée annexe réussit à s'imposer, au moins en partie, ce qui donna comme résultat "levée" au lieu d'"ouverte", donc le contraire de ce que le président avait l'intention de dire. Mais de multiples observations m'ont enseigné que, d'une façon générale, des termes opposés sont très fréquemment employés l'un pour l'autre ; c'est qu'ils sont déjà associés dans notre conscience de la langue, situés les uns tout contre les autres[a], et se trouvent facilement appelés par erreur. »

On ne saurait dire que, dans tous les cas où un mot est mis pour un autre de sens opposé, il est aussi aisé qu'ici, dans l'exemple du président, de faire apparaître comme probable le fait que le lapsus se produit à la suite 68
d'une contradiction venant s'opposer, à l'intérieur du locuteur, à la phrase exprimée. Nous avons découvert le mécanisme qui lui est analogue lors de l'analyse de l'exemple « *aliquis* » ; dans ce cas, la contradiction intérieure s'était manifestée par l'oubli d'un mot au lieu de l'être par le remplacement de celui-ci par son contraire. Nous voudrions toutefois faire remarquer, pour pondérer cette distinction, qu'il est à proprement parler impossible, pour le petit mot *aliquis*, d'avoir avec un autre terme un rapport d'opposition similaire à celui que fournissent « clore » et « ouvrir », et que ce dernier verbe, en tant que composant usuel de notre vocabulaire, ne peut être oublié.

Si les derniers exemples de Meringer et Mayer nous montrent que le trouble de la parole peut tout aussi bien se produire sous l'influence de sons et de mots de la

a. *hart nebeneinander*. Cf. l'article qu'il publiera lui-même par la suite et intitulera « Sur le sens opposé des mots originaires » (1910).

même phrase destinés à être prononcés et suscitant une anticipation ou un écho que sous l'effet de mots situés à l'extérieur de la phrase qu'on a l'intention de dire, mots *dont, autrement, l'excitation*[a] *ne se serait pas trahie*, ce que nous voudrions apprendre maintenant, c'est s'il est possible de séparer nettement ces deux catégories de lapsus et comment on peut distinguer un exemple relevant de l'une d'un cas relevant de l'autre. Mais à ce stade du raisonnement, il faut se rappeler ce que dit Wundt dans son vaste ouvrage sur les lois du développement du langage (*Völkerpsychologie* [*Psychologie des peuples*], t. 1, première partie, p. 371 *sqq.*, 1900), où il traite aussi des phénomènes du lapsus. Ce qui, dans de tels phénomènes ainsi que dans d'autres, apparentés, n'est selon Wundt jamais absent, ce sont certaines influences psychiques. « En fait d'abord partie, en tant que condition positive, le flot [non contenu,] non inhibé des *associations de sons et de mots* suscitées par les sons prononcés. Il s'y ajoute, comme facteur négatif, l'absence ou le relâchement des effets inhibiteurs de la volonté sur son cours ainsi que de l'attention, laquelle est ici également active en tant que fonction volitive. Ce jeu associatif peut se manifester en ceci qu'un son à venir se trouve anticipé ou les précédents reproduits, ou qu'un son qu'on a l'habitude de
69 produire se trouve intercalé entre d'autres, ou enfin que de tout autres mots, qui sont en relation associative avec les sons prononcés, exercent un effet sur ces derniers : tout cela n'est toutefois l'indication que de différences affectant la direction et, dans tous les cas, la latitude des associations qui ont lieu, et non pas de la nature générale de celles-ci. On peut d'ailleurs, dans bien des cas, être dans le doute quant à savoir à quelle forme il faut ratta-

a. *Erregung.*

cher un trouble déterminé ou bien si l'on n'aurait pas davantage raison, *en se fondant sur le principe de la complication mutuelle des causes*[1], de le faire découler d'une coïncidence de plusieurs mobiles » (p. 380 et 381).

Je tiens ces remarques de Wundt pour pleinement justifiées et très instructives. Peut-être pourrait-on signaler avec encore plus de vigueur que ne le fait Wundt que, régulièrement, le facteur positif qui favorise les fautes d'élocution — le flot non inhibé des associations — et le facteur négatif — le relâchement de l'attention inhibitrice — obtiennent ensemble leur effet, ce qui fait que l'un et l'autre ne sont que des facteurs[a] différents du même processus. C'est qu'avec le relâchement de l'attention inhibitrice le flot non inhibé des associations entre en activité ; ou, pour dire les choses sans laisser prise au doute : *du fait de* ce relâchement.

Parmi les exemples de lapsus que j'ai moi-même recueillis, je ne réussis guère à en trouver où je devrais faire découler le trouble de l'élocution uniquement de ce que Wundt appelle l'« effet de contact des sons ». Il m'arrive presque régulièrement de découvrir en outre une influence perturbatrice émanant de quelque chose qui se trouve *à l'extérieur* du propos qu'on a l'intention de tenir, et alors l'élément perturbateur est, soit telle ou telle pensée restée inconsciente qui se manifeste par le lapsus et qu'on ne peut souvent faire accéder à la conscience qu'à la suite d'une analyse approfondie, soit un mobile psychique plus général qui est dirigé contre le propos tout entier.

1) Voyant l'affreuse grimace qu'a faite ma fille en cro- 70

1. Souligné par moi. [Freud y voyait probablement l'équivalent du concept de « surdétermination » qu'il avait lui-même forgé.]

a. *Bestimmungen* : « déterminations ».

quant dans une pomme, je veux lui citer les vers suivants :

Der Affe gar possierlich ist,
Zumal wenn er vom Apfel frisst[a].

[Librement :
La guenon, elle, est vraiment très loufoque
Surtout quand dans une grenade ell' croque.]

Mais je commence en disant : « *Der* Apfe... » [« La grenon... »[b]]. Cela semble être une contamination de *Affe* [singe] et de *Apfel* [pomme] (formation de compromis), ou on peut aussi la comprendre comme une anticipation du mot que j'avais préparé, *Apfel.* Pourtant voici, plus précisément, comment les choses se sont passées : j'avais déjà commencé une première fois à dire la citation et, cette fois-là, je n'avais pas fait de lapsus. Je n'en fis un qu'en la répétant, répétition qui s'avérait nécessaire, parce que celle à qui mes paroles s'adressaient, occupée ailleurs, n'avait pas écouté. Cette répétition et le sentiment qui lui était lié, à savoir l'impatience que j'avais de me débarrasser de la phrase en question, il me faut les prendre en compte dans la motivation de cette faute de prononciation, qui se présente comme une opération de condensation.

2) Ma fille dit : « *Ich schreibe der Frau* Schre*singer...* »

a. Ces deux petits vers, qui sont extraits d'une « histoire en images » du célèbre humoriste allemand Wilhelm Busch (1832-1908), signifient littéralement :

Le singe est fort bouffon,
Surtout quand il croque dans la pomme.

b. Le mot *Apfe* existe aussi peu en allemand que le mot « grenon » en français.

[« Je voudrais écrire à Frau *Schre*singer... »] Or la dame en question s'appelle *Schle*singer. Cette faute de prononciation est certainement à mettre en relation avec une tendance qui nous pousse à nous faciliter l'articulation d'un mot, car le *l* est difficile à prononcer après une répétition de *r*. Mais il faut ajouter que ce lapsus se produisit chez ma fille quelques minutes à peine après je lui eus dit « *Apfe* » au lieu de « *Affe* » en lui citant le poème. Maintenant, il se trouve que le lapsus est contagieux à un degré élevé, similaire en cela à l'oubli de nom, phénomène dont Meringer et Meyer ont noté qu'il présente cette particularité. Y a-t-il une raison à cette contagiosité psychique ? Je ne saurais le dire.

3) « *Ich klappe zusammen wie ein* Tassenmescher... Taschenmesser » [« Je suis ratatinée, pliée en deux comme un *coucheau de pote*... un *couteau de poche*[a] »], dit une patiente au début de sa séance d'analyse, intervertissant les sons, confusion pour laquelle, une nouvelle fois, la difficulté d'articulation (« *Wiener Weiber Wäscherinnen waschen weisse Wäsche...* », « *Fischflosse* » et autres petits exercices de prononciation[b] similaires) peut lui servir d'excuse. Lorsque je lui fais remarquer la faute de prononciation, elle répond aussitôt : « Oui, mais c'est seulement parce que, aujourd'hui, vous avez dit "*Ernscht*" ["chérieuses"]. » Je l'avais effectivement 71
accueillie en lui disant : « *Heute wird es also ernst* »

a. Si cette locution est courante, le mot *Tassenmescher* n'existe pas. Une autre traduction possible, « comme un couteau chuisse de posse... un couteau suisse de poche », aurait permis de rendre la substitution d'une chuintante à la sifflante (cf. note suivante), mais présenté l'inconvénient, outre d'être redondante, d'introduire des éléments matériels et symboliques étrangers au texte original (couteau à plusieurs lames).

b. *Prüfworte*. Il s'agit de mots ou de phrases utilisés comme « tests de prononciation » et faisant notamment alterner une chuintante et une sifflante (cf. « Un chasseur sachant chasser... »).

[« Aujourd'hui, donc, les choses deviennent sérieuses »] (car il était prévu que ce serait sa dernière séance avant les vacances) et, par plaisanterie, j'avais transformé « *Ernst* » en « *Ernscht* » en chuintant le *s*. Au cours de la séance, elle ne cesse de faire de nouveaux lapsus, et je finis par remarquer qu'elle ne fait pas que m'imiter, mais qu'elle a une raison particulière de s'attarder dans son inconscient sur le mot « *Ernst* » en tant que nom de personne[1].

4) « *Ich bin so verschnupft, ich kann nicht durch die* Ase natmen[a]... Nase atmen » [« J'ai un tel rhume que je n'arrive pas à *espirer par le rnez* »], dit une autre fois la même patiente. Elle sait aussitôt comment elle en est venue à faire cette faute de prononciation. « Je prends tous les jours le tramway dans la *Hasenauerstrasse*, et ce matin, en attendant qu'il arrive, l'idée m'est venue que, si j'étais française, je prononcerais *Asenauer*, car les Français omettent toujours de prononcer le *H* à l'initiale des mots. » Elle évoque ensuite une série de réminiscences à propos de Français qu'elle a connus et en arrive, après de longs détours, au souvenir d'une petite pièce de théâtre intitulée *Kurmärker und Picarde*[b] [*Le Brandebourgeois et la Picarde*], qu'elle a jouée à l'âge de quatorze ans et où, tenant le rôle de la Picarde, elle parlait l'allemand en

1. Elle était en effet, comme il s'avéra par la suite, sous l'influence de pensées inconscientes sur la grossesse et la manière de s'en préserver. En employant les mots « replié(e) comme un couteau de poche », que, de façon consciente, elle avait prononcés comme une plainte, elle voulait décrire la position de l'enfant dans le ventre de sa mère. Le mot que j'avais utilisé pour lui adresser la parole, « *Ernst* », lui avait rappelé le nom (S. Ernst) d'une célèbre maison viennoise de la Kärtnerstrasse qui a coutume de se présenter, dans des annonces commerciales, comme un lieu où l'on vend des moyens anticonceptionnels.

a. L'expression *durch die Ase natmen* n'a aucun sens.

b. Il s'agit d'un *Singspiel* du dramaturge berlinois Louis Schneider (1805-1878).

l'écorchant. Une circonstance fortuite, le fait qu'un hôte venant de Paris était arrivé dans sa pension, a réveillé toute la série de souvenirs. Ainsi donc, l'interversion de sons est la conséquence de la perturbation causée par une pensée inconsciente provenant d'un contexte tout à fait étranger.

5) Similaire est le mécanisme du lapsus dans le cas d'une autre patiente que sa mémoire abandonne au beau milieu de la reproduction d'un souvenir d'enfance présumé disparu[a] depuis longtemps. Son souvenir ne veut pas lui dire à quelle partie de son corps la main indiscrète 72
et lubrique de l'autre a touché. Immédiatement après, rendant visite à une amie, elle a avec elle une conversation sur les résidences d'été. Lorsque son amie lui demande à quel endroit se trouve la petite maison qu'elle possède à M., elle répond : « *An der* Berglende[b] » [« Dans le quartier *Saint-Lombaire* »] au lieu de « *An der* Berglehne » [« Sur le versant de la montagne »].

6) Une autre patiente à qui je demande, après l'interruption de la séance, comment va son oncle, répond : « Je ne sais pas, je ne le vois plus maintenant qu'*en flagrant délit* [*in flagranti*]. » Le lendemain, elle commence en disant : « J'ai eu passablement honte de vous avoir donné une réponse aussi stupide. Vous devez naturellement me prendre pour une personne dépourvue de toute instruction et qui fait des confusions sur les mots étrangers. Je voulais dire "*en passant*[c]". » Nous ignorions alors encore où elle avait pris les mots étrangers dont elle avait fait un emploi inexact. Mais lors de la même séance, en

a. *verschollen.*

b. Le substantif pluriel *die Lenden*, qui désigne la région lombaire, peut parfois aussi comprendre, par extension, les parties génitales et les hanches.

c. En français dans le texte.

poursuivant le thème de la veille, elle évoqua une réminiscence dans laquelle le fait d'être pris *en flagrant délit*[a] jouait le rôle principal. La faute d'élocution commise la veille avait donc anticipé ce souvenir qui, alors, n'était pas encore devenu conscient.

7) À une autre patiente, il me faut faire part, à un certain point de son analyse, d'une supposition, à savoir qu'à l'époque de sa vie dont nous sommes en train de nous occuper, elle a eu honte de sa famille et qu'elle a adressé à son père un reproche dont la teneur nous est encore inconnue. Elle ne s'en souvient pas et déclare d'ailleurs la chose improbable. Mais elle poursuit la conversation en formulant des remarques sur sa famille : « On doit quand même leur reconnaître une chose : ce sont vraiment des gens à part, ils sont tous d'une grande *finance d'esprit*... je voulais dire *finesse d'esprit*[b]. » Tel était d'ailleurs effectivement le reproche qu'elle avait refoulé hors de sa mémoire. Le fait que ce soit précisément l'idée qu'on veut retenir qui réussisse à percer[c] dans le lapsus est un phénomène fréquent (cf. le cas cité par Meringer : *« zum Vorschwein gekommen »*). La différence réside seulement en ceci que, chez Meringer, la personne veut retenir quelque chose dont elle est consciente, tandis que ma patiente ignore ce qui est
73 retenu par elle, ou bien, peut-on encore dire, qu'elle ignore qu'elle retient quelque chose et ce qu'elle retient.

8)[d] C'est aussi de la rétention intentionnelle[e] que

a. *in flagranti.*

b. « *Sie haben alle* Geiz... *ich wollte sagen* Geist. » *Der Geist* : l'esprit ; *der Geiz* : l'avarice.

c. *sich durchdrängt.* Ce verbe, qui est formé sur la même racine (*drang-* : poussée) que *verdrängen* (« refouler »), signifie « se frayer un passage à travers en poussant ».

d. Cet exemple, ajouté en 1917, avait déjà été utilisé par Freud dans la quatrième conférence de l'*Introduction.*

e. *absichtliche Zurückhaltung.* Cf. p. 433, n. *a.*

relève l'exemple de lapsus suivant. Je rencontre un jour dans les Dolomites deux dames habillées comme des touristes. Je les accompagne un moment, et nous parlons des plaisirs, mais aussi des désagréments propres à la vie de touriste. L'une des deux dames admet que cette façon de passer ses journées occasionne mainte incommodité. « C'est vrai, dit-elle, que ce n'est pas du tout agréable, quand on a marché ainsi toute une journée au soleil, d'avoir son corsage et sa chemise complètement trempés de sueur. » En prononçant cette phrase, il lui faut, à un certain moment, surmonter une courte hésitation. Puis elle poursuit : « Mais quand ensuite on se *déslipe* à rentrer à la maison[a] pour pouvoir se changer... » À mon avis, il n'y eut point besoin d'examen pour élucider ce lapsus. La dame avait visiblement l'intention de compléter l'énumération et donc de dire : corsage, chemise et slip[b]. Mais en ce qui concerne l'intention de mentionner la troisième pièce de linge, elle la réprima ensuite pour des raisons de bienséance. Toutefois, dans la phrase suivante, qui, sur le plan du sens, était indépendante, le mot réprimé, en apparaissant dans la déformation du mot similaire « *nach* Hause », s'imposa contre sa volonté.

9) « Si vous voulez acheter des tapis, allez donc chez Kaufmann, dans la Matthäusgasse. Vous pouvez aussi, je crois, leur dire que vous venez de ma part », me déclare une dame. Je répète : « Vous dites, chez *Matthäus*... je veux dire chez *Kaufmann.* » Le fait que je répète l'un des noms à la place de l'autre a l'air d'être la conséquence de ma distraction. D'ailleurs, les propos de la dame m'ont effectivement distrait, car elle a attiré mon attention sur

a. *nach* Hose *kommt.* La tournure *nach Hause kommen* (« rentrer à la maison ») a été « contaminée » par le nom *die Hose* (« la culotte, le slip »).

b. Mot attesté dès 1761 (au sens de « combinaison de femme »).

une autre chose, bien plus importante pour moi que les tapis. Dans la Matthäusgasse se trouve en effet la maison où ma femme habitait lorsqu'elle était ma fiancée. L'entrée donnait sur une autre rue, et maintenant je m'aperçois que j'ai oublié son nom et que seul un biais me permet de le faire accéder à ma conscience. Le nom Matthäus sur lequel je me suis arrêté est donc pour moi un nom de substitution mis pour le nom de la rue oublié. Il se prête mieux à ce rôle que le nom Kaufmann, car Matthäus est exclusivement un nom de personne, ce qui n'est pas le cas de Kaufmann[a], et la rue oubliée tient elle aussi son nom d'un nom de personne : Radetzky.

10) Voici un autre cas, que j'aurais tout aussi bien pu ranger dans un groupe dont nous aurons à parler plus tard, celui des « erreurs », mais que je cite ici parce que les relations entre les sons sur la base desquelles la substitution de noms se produit sont d'une clarté toute particulière. Une patiente me raconte son rêve : un enfant a décidé de se tuer en se faisant mordre par un serpent. Il met sa décision à exécution. Spectatrice de la scène, elle le voit se tordre dans les convulsions, etc. Il lui faut maintenant trouver ce qui rattache ce rêve au jour précédent. Elle se souvient aussitôt que, la veille au soir, elle a assisté à une conférence publique sur les premiers soins à donner en cas de morsure de serpent. Quand un adulte et un enfant ont été mordus au même moment, c'est la blessure de l'enfant qu'on doit traiter en premier. Elle se souvient aussi des consignes de traitement données par l'orateur. Il est de la plus haute importance de savoir, a-t-il aussi déclaré, par quelle espèce de serpent on a été mordu. Ici je l'interromps et lui demande : « Mais n'a-t-il pas dit que, dans nos régions, nous n'avons que très

a. *der Kaufmann* : le marchand.

peu d'espèces venimeuses, et lesquelles sont à redouter ? — Si, il a insisté sur le *Klapper*schlange [serpent à sonnettes][a]. » Elle remarque alors à mon rire qu'elle a dit quelque chose d'inexact. Mais alors qu'elle pourrait, par exemple, corriger le nom, elle retire ce qu'elle vient de dire. « Oui, bien sûr, on n'en rencontre pas chez nous, c'est de la vipère qu'il a parlé. Mais comment donc ai-je pu penser au *Klapperschlange* ? » Je suppose que c'est à cause de l'intervention[b] des pensées qui s'étaient dissimulées derrière son rêve. Le suicide provoqué par une morsure de serpent ne peut guère être autre chose qu'une allusion à la belle *Kl*eo*p*at*r*a [Cléopâtre]. La grande similitude des deux mots sur le plan phonétique, le fait qu'il 75
y ait concordance des lettres *Kl..p..r*, placées dans le même ordre, ainsi que du *a* accentué, sont choses incontestables. La bonne relation qui existe entre les noms *Klapperschlange* et *Kleopatra* a produit une limitation momentanée de son jugement, qui a fait qu'elle n'a pas trouvé incongrue l'affirmation selon laquelle le conférencier aurait instruit son public viennois dans la manière de traiter les morsures de serpent à sonnettes. À part cela, elle sait aussi bien que moi que ce serpent ne fait pas partie de la faune de notre pays. Nous ne saurions lui en vouloir d'avoir émis tout aussi peu de réserves lorsque j'ai situé cet animal en Égypte, car nous sommes habitués à mettre dans le même sac tout ce qui est extra-européen, exotique, et moi-même, je dus réfléchir un instant avant d'affirmer que le serpent à sonnettes n'appartient qu'au Nouveau Monde.

Lors de la poursuite de l'analyse, des éléments de

a. Si nous avons introduit directement le terme allemand dans une phrase en français, c'est que sa traduction (« crotale ») n'aurait pas fait apparaître la ressemblance qui existe avec le nom *Kleopatra*.

b. *Einmengung* : « immixtion ».

confirmation apparaissent. La rêveuse est allée voir hier pour la première fois le monument de Strasser représentant *Marc Antoine* qui a été érigé tout près de sa maison[a]. Tel est donc le deuxième facteur qui a occasionné le rêve (le premier étant la conférence sur les morsures de serpent). Dans la suite de son rêve, elle berçait un enfant dans ses bras, scène à propos de laquelle la Marguerite [de *Faust*[b]] lui vient à l'esprit. D'autres idées amènent des réminiscences relatives à *Arria und Messalina*[c]. L'émergence, dans les pensées du rêve, de tant de noms de pièces de théâtre laisse déjà supposer qu'il existait, chez la rêveuse, dans ses jeunes années, un enthousiasme exalté, mais tenu secret, pour le métier d'actrice. Le début du rêve (« Un enfant a décidé de mettre fin à sa vie en se faisant mordre par un serpent ») ne signifie effectivement rien d'autre que : étant enfant, elle a formé le projet de devenir un jour une actrice célèbre. Enfin, à partir du nom *Messalina*, le cheminement de pensée bifurque, pour conduire à l'essentiel du contenu de ce rêve. Certains événements survenus dernièrement ont éveillé en elle de l'inquiétude quant au fait que
76 son unique frère pourrait contracter un mariage non conforme à son rang en épousant une non-*aryenne* [Nicht-*Arierin*], donc faire une *mésalliance* [*Mésalliance*][d].

a. Il s'agit d'un ensemble de statues colossales en bronze réalisé en 1895 par le sculpteur autrichien Artur Strasser (1854-1927) et intitulé *Triomphe de Marc Antoine*. Il avait été présenté à l'Exposition universelle de Paris en 1900, puis installé à un carrefour de Vienne aux alentours du bâtiment de la « Sécession viennoise ».

b. Il s'agit bien sûr de la tragédie de Goethe.

c. Tragédie écrite en 1874 par l'écrivain viennois Adolf von Wilbrandt (1837-1911).

d. De même que la prononciation des trois premières syllabes du nom *Arierin* est très proche de celle d'*Arria* (l'accentuation étant identique), de même *Mésalliance* (mot allemand d'origine française) rappelle le nom *Messalina*, notamment parce qu'il apparaît juste après *Arierin*.

11)[a] Voici un exemple tout à fait innocent (ou sur les mobiles duquel on ne nous a peut-être pas fourni d'explications suffisantes) et que je veux rapporter ici parce qu'il permet de discerner un mécanisme transparent :

Lors d'un voyage en Italie, un Allemand a un jour besoin d'une courroie [*Riemen*] pour mettre autour de sa valise qui a été endommagée. Le dictionnaire lui fournit comme équivalent de *Riemen* le mot italien *coreggia.* Il me sera facile, estime-t-il, de retenir ce mot en pensant au peintre (*Correggio* [Le Corrège]). Il entre ensuite dans un magasin et demande *una ribera.*

Il n'avait, semble-t-il, pas réussi à remplacer, dans sa mémoire, le mot allemand par le mot italien, mais ses efforts n'étaient quand même pas restés totalement vains. Il savait qu'il lui faudrait s'appuyer sur un nom de peintre, et c'est ainsi qu'il aboutit, non pas au nom de peintre qui, par ses sonorités, rappelle le mot italien, mais à un autre, qui se rapproche du mot allemand *Riemen*[b]. J'aurais naturellement tout aussi bien pu ranger cet exemple dans le chapitre consacré à l'oubli de noms qu'ici, dans celui consacré au lapsus.

Lorsque j'ai recueilli des expériences vécues de lapsus[c] pour la première édition de cet ouvrage, ma façon de procéder a consisté à soumettre à l'analyse tous les cas que je pouvais observer, et donc aussi ceux qui, parmi eux, produisaient moins d'effet. Depuis, bien d'autres personnes se sont donné la peine, amusante, de recueillir et d'analyser des lapsus et m'ont mis ainsi en mesure d'opérer la sélection en puisant dans un matériel plus riche.

a. Cet exemple ainsi que le suivant furent ajoutés en 1907.
b. Il s'agit, bien sûr, du peintre espagnol José de Ribera (1591-1652).
c. *Erfahrungen von Versprechen.*

12) Un jeune homme dit à sa sœur : « Je suis maintenant complètement brouillé avec les D. et je ne les salue plus. » Elle répond : « Ah vraiment, ces gens-là sont peu, *maîtresse* peu fréquentables. » [« *Ueberhaupt eine saubere* Lippschaft[a]. »] Elle voulait dire : *Sipp*schaft, mais dans cette erreur de prononciation, elle a aussi ramassé deux idées, à savoir que son frère avait lui-même eu un jour un début de flirt avec la fille de cette famille et qu'on
77 disait d'elle qu'elle s'était engagée dernièrement dans une relation [*Liebschaft*] sérieuse et illicite, donc qu'elle était devenue la *maîtresse* de quelqu'un.

13)[b] Un jeune homme aborde une dame dans la rue en lui disant : « Si vous permettez, mademoiselle, j'aimerais vous *esc-heurter* [*begleitdigen*]. » À l'évidence, il voulait dire qu'il aimerait bien l'accompagner, l'escorter [*begleiten*], mais redoutait de l'offenser, de la heurter [*beleidigen*] par cette demande. Le fait que ces deux sentiments antagonistes aient trouvé leur expression dans un seul mot — le lapsus, précisément — indique que les intentions véritables du jeune homme n'étaient pas des plus pures et qu'en tout état de cause, elles devaient lui apparaître à lui-même comme offensantes pour la dame. Mais alors que c'est cela même qu'il cherche à lui dissimuler, son inconscient lui joue le tour de trahir son intention véritable, ce par quoi, d'un autre côté, il anticipe en quelque sorte sur la réponse conventionnelle que lui fera la dame, à savoir : « Mais pour qui me prenez-vous donc, comment pouvez-vous donc m'offenser, me heurter ainsi ? » (Communiqué par O. Rank.)

a. Dans *Lippschaft*, mot qui n'existe pas en allemand, se mêlent *Liebschaft* (« amourette »), et *Sippschaft* (« smala »). L'adjectif *sauber* est employé de façon ironique (comme dans l'expression « En voilà du propre ! »).

b. Exemple ajouté en 1912. Freud y fera plus tard allusion dans la deuxième et la troisième conférence de l'*Introduction*. Signalons que le verbe *begleitdigen* est une « formation mixte » qui n'existe pas en allemand.

Voici un certain nombre d'exemples[a] que j'emprunte à un article publié par W. Stekel dans le *Berliner Tageblatt* du 4 janvier 1904 et intitulé «*Unbewusste Geständnisse*» [« Aveux inconscients »].

14) « C'est une part désagréable de mes pensées inconscientes que celle dévoilée par l'exemple suivant. Je voudrais indiquer préalablement que je ne suis jamais soucieux, en tant que médecin, de mon profit personnel et que j'ai toujours à l'esprit l'intérêt exclusif du malade, ce qui, aussi bien, va de soi. Je me trouve un jour chez une patiente qui, après avoir eu une affection grave, en est au stade de la convalescence et à qui je prête mon assistance de médecin. Nous avons vécu ensemble de dures journées et de dures nuits. Je suis heureux de la trouver en meilleur état, lui dépeins les délices d'un séjour à Abbazia[b] et ajoute pour finir : "Si, comme je l'espère, vous pouvez bientôt *ne pas* quitter votre lit..." À l'évidence, ce que je venais de dire procédait d'un mobile égoïste de l'inconscient, à savoir que je souhaitais avoir le droit de traiter un peu plus longtemps cette malade fortunée, d'un désir qui était complètement étranger à ma 78
conscience vigile et dont j'aurais repoussé l'idée avec indignation. »

15) Autre exemple (W. Stekel) : « Ma femme engage une Française pour travailler l'après-midi et, une fois qu'elles sont tombées d'accord sur les conditions, veut garder ses certificats. La Française demande à pouvoir les conserver en donnant comme motif : "*Je cherche encore pour les après-midi, pardon, pour les avant-midi*[c]." À l'évidence, elle avait l'intention de continuer à chercher ail-

a. Ces exemples (14 à 20) furent ajoutés en 1907.

b. Aujourd'hui Opatija, station balnéaire et touristique de Croatie.

c. En français dans le texte. « Avant-midi » est un mot d'emploi régional.

leurs et d'obtenir le cas échéant de meilleures conditions — une intention qu'elle a d'ailleurs mise à exécution. »

16) (Dr Stekel :) « Alors que je suis en train de chapitrer une femme à la demande de son mari, celui-ci est debout derrière la porte à écouter. À la fin de mon sermon, qui a produit un effet visible, je dis : "*Küss' die Hand, gnädiger Herr !*" ["Je vous présente mes hommages, monsieur !"] Par là, je me suis trahi, j'ai révélé à l'initié que ces mots s'adressaient au maître de maison, que je les avais prononcés pour lui. »

17) Le Dr Stekel relate à son propre sujet qu'à une certaine époque il avait en traitement deux patients de Trieste qu'il saluait toujours de travers. « "Bonjour, monsieur Peloni", disais-je à Askoli. "Bonjour, monsieur Askoli", à Peloni. » Au début, il était enclin à n'attribuer aucune motivation quelque peu profonde à cette confusion, mais plutôt à l'expliquer par les multiples points communs aux deux messieurs. Il se laissa toutefois facilement convaincre de ce que l'interversion des noms correspondait ici à une sorte de vantardise, dans la mesure où elle lui offrait la possibilité de faire savoir à chacun de ses patients italiens qu'il n'était pas le seul à avoir fait le voyage de Trieste à Vienne pour solliciter son avis de médecin.

18) Le Dr Stekel lui-même, lors d'une assemblée générale houleuse : « *Wir* streiten *(schreiten) nun zu Punkt 4 der Tagesordnung*[a]. » [« Quant au projet prévu par le point 4 de l'ordre du jour, nous allons l'*échauffourer* (l'échafauder) maintenant[b]. »]

19) Un professeur d'université déclare dans sa leçon inaugurale : « *Ich bin nicht* geneigt *(geeignet), die Ver-*

a. *streiten* : « se quereller » ; *schreiten (zu etwas —)* : « passer à [autre chose] ».

b. Autre équivalent possible : « Nous allons maintenant *saborder* (aborder) le point 4 de l'ordre du jour. »

dienste meines sehr geschatzten Vorgangers zu schildern. » [« Quant à décrire les mérites de mon très estimé prédécesseur, c'est une chose qui dépasse largement mes *appétences* (compétences)[a]. »]

20) Le Dr Stekel à une dame dont il soupçonne qu'elle a la maladie de Basedow : « *Sie sind um einen* Kropf *(Kopf) grösser als Ihre Schwester.* » [« Si vous voulez m'en *goitre*, vous êtes bien plus grande que votre sœur[b]. »] 79

21)[c] Autre exemple rapporté par le Dr Stekel : « Quelqu'un veut décrire la relation qui lie deux amis, l'un des deux devant être caractérisé comme Juif. Il dit : "Ils vivaient ensemble comme *Castor* et *Pollak*[d]." Ce n'était pas du tout un mot d'esprit, le locuteur lui-même ne s'était pas aperçu de son lapsus, et seule mon intervention le lui signala. »

22) À l'occasion, un lapsus se substitue à une caractérisation détaillée. Une jeune dame, qui, dans le ménage, porte la culotte, me raconte que son mari, un homme dolent, est allé consulter le médecin sur le régime qui serait bon pour sa santé. Mais, déclare-t-elle, celui-ci a dit que cela n'avait pas d'importance. « Il peut manger et boire ce que *je* veux[e]. »

Les deux exemples suivants[f] de Th. Reik (*Internationale Zeitschrift für Psychoanalyse*, III, 1915) proviennent de situations dans lesquelles des lapsus se produisent avec

a. Autres équivalents possibles : « Je suis peu *amène* (à même) de décrire... » ou « Je ne suis nullement *hamabilité* (habilité) à... ». Littéralement : « Je ne suis pas *enclin* (apte) à... » Exemple également cité dans la deuxième conférence de l'*Introduction.*

b. « Vous avez un goitre (une tête) de plus que votre sœur. »

c. Cet exemple et le suivant furent ajoutés en 1910.

d. Le nom *Pollak*, qui, avec ses deux l, est assez proche du Pollux grec, est un patronyme juif assez répandu à Vienne.

e. Cité aussi — dans des termes un peu différents — dans la deuxième conférence de l'*Introduction.*

f. Ce paragraphe et les exemples 23 à 26 furent ajoutés en 1917.

une particulière facilité parce que, dans ces situations, il y a plus de choses qu'il faut [garder pour soi,] retenir[a] que de choses qu'on peut dire.

23) Un monsieur exprime ses condoléances à une jeune dame dont l'époux est mort il y a peu, puis ajoute : « *Sie werden Trost finden, indem Sie sich völlig Ihren Kindern* widwen. » [« Vous trouverez d'autant plus vite la consolation que vous vous consacrerez plus *veuvement* à vos enfants[b]. »] La pensée réprimée faisait référence à des consolations d'une autre nature : une *veuve* jeune et belle ne tarde jamais à goûter de nouveaux plaisirs sexuels.

24) Lors d'une soirée, le même monsieur a une conversation avec la même dame sur les importants préparatifs qui se font à Berlin en vue de la fête de Pâques, et il lui demande : « Avez-vous vu la devanture qu'ils ont composée aujourd'hui chez Wertheim[c] ? Elle est entièrement *décolletée.* » Il n'avait pas pu exprimer tout haut l'admiration qu'il ressentait pour le décolleté de la robe de la jolie femme, et voilà que la pensée réprouvée s'était imposée en ceci qu'elle avait transformé en décolleté la décoration d'un étalage de magasin, à l'occasion de quoi le mot « devanture » avait inconsciemment été employé dans un double sens.

80 Cette même condition vaut aussi pour une observation faite par le Dr Hanns Sachs et dont il tente de rendre compte dans le détail :

25) « Une dame me dit, à propos d'un monsieur qui fait partie de nos relations communes, que la dernière fois qu'elle l'a vu, il était vêtu avec son élégance habituelle et qu'il portait notamment des chaussures basses

a. *zurückgehalten.* Cf. p. 126, n. *e.*

b. « Vous trouverez la consolation en vous *veuvant* [mot qui n'existe pas non plus en allemand] pleinement à vos enfants. »

c. Célèbre grand magasin de Vienne.

[*Halbschuhe*[a]] marron extrêmement belles. Quand je lui demandai où elle l'avait rencontré, elle me dit : "Il a sonné à la porte de ma maison, et je l'ai vu à travers les stores baissés. Mais je n'ai ni ouvert, ni donné quelque autre signe de vie, car je ne voulais pas qu'il apprenne que j'étais déjà rentrée en ville." Tout en l'écoutant, je me dis qu'elle est en train de me cacher quelque chose, le plus probable étant certainement qu'elle n'a pas ouvert parce qu'elle n'était pas seule ni dans la tenue lui permettant de recevoir des visites, et je lui demande un peu ironiquement : "Ainsi, c'est en regardant à travers les lames des jalousies fermées que vous avez pu admirer ses chaussons [*Hausschuhe*] ... [pardon] ses chaussures [*Halbschuhe*] ?" Dans le mot *Hausschuhe* s'exprime une pensée dont l'expression a été empêchée, celle de son déshabillé [*Hauskleid*]. Par ailleurs, si tentative a été faite pour éliminer le mot *Halb* ["moitié"], c'est parce que c'est en lui, précisément, qu'est contenu le noyau de la réponse réprouvée, à savoir : "Vous me dites seulement la *moitié* de la vérité et me cachez que vous étiez *à moitié* habillée." Ce qui a aussi favorisé le lapsus, c'est le fait que, juste avant, nous avions parlé de la vie conjugale du monsieur en question, de son "bonheur domestique" [*häusliches Glück*[b]], ce qui a certainement codéterminé[c] le déplacement qui a eu lieu sur sa personne. Enfin, je suis obligé d'avouer que mon sentiment d'envie a peut-être prêté son concours à l'évocation que j'ai faite de ce monsieur élégant en chaussons dans la rue ; j'ai moi-même acheté il y a peu de temps des chaussures basses marron, et elles ne sont plus du tout "extrêmement belles". »

a. Demi-chaussures.

b. L'adjectif *häuslich* est dérivé de la racine *Haus* (« maison »), qui joue ici un rôle essentiel (cf. *Hausschuhe, Hauskleid*).

c. *mitdeterminiert.*

Les périodes de guerre comme celle que nous vivons actuellement donnent lieu à toute une série de lapsus dont la compréhension offre peu de difficultés.

81 26) « Dans quelle arme sert monsieur votre fils ? » demande quelqu'un à une dame. Elle répond : « *Bei den 42er Mördern*[a]. » [« Dans le 42e régiment de m*eurtr*iers. »]

27)[b] Le sous-lieutenant Henrik Haiman écrit depuis le front : « Quelqu'un vient m'arracher à la lecture d'un livre captivant pour que j'aille remplacer un moment le téléphoniste. Lorsque la batterie m'appelle pour vérifier le bon état de la ligne, je réagis en disant : "Je vous reçois cinq sur cinq. *Silence !*" Réglementairement, il aurait fallu dire : "Réception correcte. Terminé[c]." L'écart que j'ai commis s'explique par l'irritation que j'éprouvais d'avoir été dérangé au milieu de ma lecture. » (*Internationale Zeitschrift für Psychoanalyse*, IV, 1916-1917.)

28) Pendant l'instruction, l'adjudant signale aux nouvelles recrues qu'elles doivent indiquer leur adresse exacte à leurs familles afin que ne se perde aucun *morceau de lard* colis[d].

29)[e] Voici un exemple particulièrement beau et auquel son arrière-plan profondément triste donne toute sa signification. Il m'a été communiqué par le Dr L. Czeszer, qui, séjournant en Suisse, pays neutre pendant la guerre, a fait l'observation en question et l'a analysée de façon exhaustive. Je reproduis ci-dessous la lettre qu'il m'a adressée en ne laissant de côté que certains éléments secondaires :

a. Au lieu de *Mörser* (« mortiers »).

b. Exemple ajouté en 1919.

c. *Schlus* (et non pas *Ruhe*).

d. *Gespeckstücke*. Ce mot, qui n'existe pas — mais on dit *Speckstücke* (« morceaux de lard ») —, est mis pour un autre, *Gepäckstücke* (« bagages »), dont la prononciation est très voisine. — Cet exemple fut ajouté en 1920.

e. Exemple ajouté en 1919.

« Je me permets de vous communiquer un cas de "lapsus" qui a échappé au professeur M. N. de O. lors d'une des conférences sur la psychologie des sensations qu'il a données au cours du dernier semestre d'été. Je dois dire au préalable que ces conférences furent prononcées dans le grand amphithéâtre de l'université devant une assistance nombreuse composée de prisonniers de guerre français internés dans cette ville et, pour le reste, d'étudiants originaires pour la plupart de Suisse romande et animés de sentiments résolument favorables à l'Entente. À O. comme en France, le mot *boche*[a] est maintenant le seul qu'on utilise communément et de façon exclusive pour désigner les Allemands. Toutefois, lors de réunions publiques, de cours faits à l'université, etc., les hauts fonctionnaires, professeurs et autres personnes chargées de responsabilités s'efforcent, pour des raisons de neutralité, d'éviter d'employer ce mot très problématique[b].

Le professeur N., donc, était en train de parler de la signification pratique des affects et il avait l'intention de citer un exemple illustrant l'exploitation consciente d'un 82
affect ayant pour but de charger de sentiments de plaisir un travail musculaire inintéressant par lui-même et d'augmenter ainsi son intensité. Il raconta, en français naturellement, une histoire que la presse locale venait de reprendre d'un journal pangermaniste, celle d'un maître d'école allemand qui faisait travailler ses élèves dans un jardin et qui, pour enflammer leur ardeur à la tâche, les incitait à se figurer qu'au lieu de chaque motte de terre, c'était un crâne de Français qu'ils brisaient. Toutes les fois que, dans son récit, il fut question d'Allemands, N. utilisa naturellement le terme qui convenait, *Allemand*[a],

a. En français dans le texte.
b. *das ominöse Wort.*

et non pas *boche*[a]. Mais, au moment de la chute, il rapporta ainsi les paroles du maître d'école : "*Imaginez-vous qu'en chaque moche vous écrasez le crâne d'un Français*[a]." Donc, au lieu de dire *motte*[a], il dit ... *moche*[a] !

Ne voit-on pas ici littéralement comment le scrupuleux magister, dès le début de son récit, fait effort sur lui-même pour, aussi bien, ne pas céder à l'habitude et peut-être aussi à la tentation, et pour ne pas prononcer, du haut de sa chaire, dans le grand amphithéâtre de l'université, ce mot réprouvé dont l'emploi est même expressément prohibé par un décret confédéral ! Et juste au moment où il vient de réussir une dernière fois à prononcer le terme qui convient, "*instituteur allemand*[a]", et où, avec un soupir de soulagement intérieur, il se dépêche d'en arriver à la conclusion, qui est dépourvue d'embûches, le mot réprimé à grand-peine s'accroche à l'homophonie qui existe entre lui et *motte*[a], et ... voilà le funeste événement arrivé. La peur de commettre un impair politique, peut-être aussi l'envie réprimée d'employer quand même le mot habituel et que tout le monde attend, ainsi que le mécontentement que provoque chez le républicain, le démocrate-né, toute contrainte à l'égard de la libre expression des opinions, interfèrent avec l'intention principale, qui est de reproduire correctement l'exemple. Cette tendance interférente est connue de l'orateur et — c'est la seule hypothèse possible — il y a pensé immédiatement avant de faire le lapsus.

Le professeur N. ne s'aperçut pas de son lapsus, du moins ne le corrigea-t-il pas, ce qu'on fait pourtant en
83 général de façon quasi automatique. Par contre, le lapsus fut accueilli avec une vive satisfaction par les auditeurs,

a. En français dans le texte.

français pour la plupart, sur qui il produisit exactement le même effet qu'un mot d'esprit intentionnel. En ce qui me concerne, je suivis ce processus à l'apparence innocente avec une véritable excitation intérieure. Car même si, pour des raisons qui tombent sous le sens, je ne pouvais que m'interdire de poser au professeur les questions qui s'imposent si l'on suit la méthode psychanalytique, ce lapsus a quand même été pour moi une preuve éclatante de l'exactitude de votre doctrine quant au caractère déterminé des actes manqués et aux profondes analogies et corrélations qui existent entre le lapsus et le mot d'esprit. »

30)[a] C'est aussi sous le coup des sombres impressions du temps de guerre qu'est né le lapsus suivant, que rapporte un officier autrichien rentré dans ses foyers, le lieutenant T. :

« Pendant ma captivité en Italie, le groupe de deux cents officiers dont je faisais partie fut logé durant plusieurs mois dans l'espace exigu d'une petite villa. Au cours de notre séjour, un de nos camarades mourut de la grippe. L'impression produite par cet événement fut, par nature, une impression profonde ; car les conditions où nous nous trouvions, l'absence d'assistance médicale, la détresse qui était alors la nôtre, rendaient plus que probable une extension de l'épidémie. — Nous avions mis le mort sur une civière dans une des caves de la maison. Un soir que nous faisions, un ami et moi, un tour autour de notre maison, nous émîmes tous deux le vœu de voir le cadavre. Entrant le premier dans la cave, je vis un spectacle qui me causa une violente frayeur ; car je n'avais pas été préparé à trouver la civière si près de l'entrée et à devoir regarder à une si faible distance un

a. Exemple ajouté en 1920.

visage qui changeait d'expression sous l'effet du vacillement des bougies. Encore sous le coup de cette vision, nous poursuivîmes notre promenade. Arrivés en un endroit où s'offrait à notre vue le spectacle du parc baignant dans la clarté de la pleine lune, d'une prairie vivement éclairée par ses rayons et, à l'arrière-plan, d'un
84 léger voile de brume, je fis part à mon ami de la représentation qui s'y rattachait, à savoir d'elfes que je voyais danser une ronde à l'orée du bois de pins attenant.

L'après-midi du lendemain, nous enterrâmes notre défunt compagnon. Le trajet qui nous conduisit de notre geôle au cimetière de la petite localité voisine fut pour nous à la fois amer et dégradant ; car un groupe de jeunes drôles poussant des cris, une population ricanante qui nous tournait en dérision, des individus grossiers braillards et tapageurs, avaient saisi cette occasion pour nous témoigner ouvertement des sentiments où curiosité et haine se mêlaient. La sensation que même l'état dans lequel nous nous trouvions — nous étions sans défense — ne nous mettait pas à l'abri des vexations, l'horreur de la grossièreté qui nous avait été manifestée, me remplirent d'une amertume qui me domina jusqu'au soir. À la même heure que la veille, en compagnie de la même personne, je fis à nouveau la promenade autour de la maison sur l'allée en gravier ; et, passant à côté du soupirail grillagé derrière lequel le cadavre avait été déposé, je fus assailli par le souvenir de l'impression que sa vue m'avait laissée. À l'endroit où s'offrait à nouveau à moi le spectacle du parc illuminé, sous la clarté de la même pleine lune, je m'arrêtai et dis à mon compagnon : "*Wir könnten uns hier ins* Grab... *Gras setzen und eine Serenade* sinken *!*" [« Ici, nous pourrions nous *éteindre*... nous étendre un peu dans l'herbe et *chanceler* une sérénade ![a] »]... C'est seulement au moment du second lapsus que j'y prêtai attention ; la première fois, j'avais fait la correction sans que le sens contenu dans la faute arrive à ma conscience. À présent, je réfléchis et je fis ce rapprochement : “ *ins Grab... sinken*” [“dans la tombe... descendre[b]”]. En un éclair se succédèrent les images suivantes : des elfes dansant d'un pas aérien au clair de la lune ; le camarade déposé sur une civière, l'impression reçue ; différentes scènes de l'enterrement, la sensation de dégoût que j'avais eue et celle du deuil perturbé ; le souvenir de diverses conversations tournant autour de l'épidémie qui venait d'apparaître, des craintes exprimées par plusieurs officiers. Plus tard, je me souvins d'une circonstance qui, étant donné ma mémoire des dates habituellement très mauvaise, me frappa, à savoir que c'était l'anniversaire de la mort de mon père.

En y réfléchissant par la suite, une chose m'apparut 85
avec clarté, à savoir la concordance qu'il y avait eue, lors des deux soirs, entre les conditions extérieures, l'heure, la luminosité, le lieu et le compagnon de promenade étant les mêmes. Je me souvins du sentiment de malaise que j'avais éprouvé lorsque s'étaient fait jour des inquiétudes à propos de l'extension de la grippe ; mais aussi, simultanément, de l'interdiction que je m'étais imposée intérieurement de céder à la peur. Puis je pris également conscience du sens que produisait l'ordre des mots “ *Wir könnten ins Grab sinken*” [“Nous pourrions dans la tombe descendre[c]”], tout comme j'acquis la conviction

a. « Ici, nous pourrions nous asseoir dans la tombe... dans l'herbe et descendre une sérénade. » Il aurait fallu employer le verbe *singen* (« chanter »).

b. Cette expression signifie, bien sûr, « mourir ». Sur l'ordre des mots qui la composent, cf. la note suivante.

c. Nous avons reproduit l'ordre — normal — des mots de la phrase allemande pour bien montrer comment il a pu produire du sens.

suivante : si la première correction (de "*Grab*" en "*Gras*"), à laquelle j'avais procédé sans être encore au clair avec le phénomène en question, avait aussi eu comme conséquence le deuxième lapsus ("*singen*" devenant "*sinken*"), c'était seulement pour assurer un effet définitif au complexe réprimé.

J'ajoute qu'à cette époque des rêves angoissants me firent souffrir, rêves dans lesquels je vis, de façon répétée, une parente qui m'était très proche malade et même, une fois, morte. Très peu de temps avant que je fusse fait prisonnier, elle m'avait écrit que, dans sa région, précisément, la grippe était particulièrement virulente, et je lui avais moi-même fait part de mes vives appréhensions. Par la suite, le contact fut interrompu. Plusieurs mois après, je reçus la nouvelle que, deux semaines avant l'événement décrit ici, elle avait été victime de cette épidémie !

31)[a] L'exemple de lapsus suivant illumine comme en un éclair l'un des douloureux conflits qui sont le lot du médecin. Un homme atteint d'une maladie à l'issue probablement fatale, mais dont le diagnostic est encore réservé, est venu à Vienne pour y attendre qu'une solution soit apportée à son cas, et il a prié un ami qu'il avait dans sa jeunesse et qui, entre-temps, est devenu un médecin célèbre de prendre en charge son traitement, ce à quoi celui-ci s'est finalement résolu, mais non sans résistance. Le malade doit séjourner dans une maison de santé, et le praticien lui suggère le sanatorium « Héra ». « Mais tu sais bien que c'est un établissement qui n'a qu'une spécialité bien déterminée (il s'agit d'une clinique d'accouchement), objecte le patient. — Oh non, dit le médecin avec emportement, c'est une clinique où tous

a. Exemple ajouté en 1920.

les types de malades sont *enterrement pris en charge...* je 86
veux dire entièrement pris en charge[a]. » Il s'insurge ensuite contre l'interprétation qui pourrait être faite de son lapsus. « Tu ne vas quand même pas croire que j'ai des impulsions hostiles à ton égard ? » Lorsqu'un quart d'heure plus tard la femme chargée des soins le raccompagne jusqu'à la sortie, il lui dit : « Je n'arrive toujours pas à trouver quoi que ce soit et je continue même à ne pas y croire. Mais s'il y avait vraiment quelque chose, je serais partisan d'une bonne dose de morphine, et alors il ne souffrirait plus. » Il apparaît que son ami lui avait posé comme condition d'abréger ses souffrances, grâce à un médicament, dès qu'il serait établi qu'on ne pouvait plus rien pour lui. Le médecin avait donc effectivement assumé la tâche d'assassiner[b] son ami [de le prendre enterrement en charge].

32)[c] Voici un exemple de lapsus tout particulièrement instructif auquel je ne voudrais pas renoncer, bien qu'il remonte, si j'en crois celui me l'a rapporté, à environ vingt ans. « Une dame déclara un jour dans une réunion — à entendre ses paroles, on a l'impression qu'elle les prononça avec impétuosité et sous la pression de toutes sortes de motions secrètes[d] : "Oui, pour plaire aux hommes, une femme doit être belle. L'homme, lui, est mieux loti : tant que ses *cinq* membres sont bien droits, il n'a besoin de rien de plus !" ["*wenn er nur seine* fünf *geraden Glieder hat, mehr braucht er nicht !*"] Cet exemple nous permet d'avoir un bon aperçu du méca-

a. Ou bien : « Une clinique où tous les malades *périssent...* je veux dire guérissent rapidement. » En allemand : « *In der "Hera" kann man jeden Patienten* umbringen... *unterbringen, meine ich.* » [« À la clinique "Héra", on peut *assassiner...* je veux dire héberger tout patient. »]

b. *umbringen.*

c. Ajouté en 1910.

d. *geheime Regungen.*

nisme intime d'un lapsus produit par *condensation* ou de celui d'une *contamination* (cf. p. 110). On est tenté d'admettre par hypothèse qu'il y a ici fusion entre deux locutions de sens similaire :

wenn er seine vier geraden Glieder *hat* [s'il a ses *quatre membres ni tortus ni tordus*]

wenn er seine fünf Sinne *beisammen hat* [s'il a ses *cinq sens* de nature[a]].

Ou alors c'est le mot *gerade* qui est l'élément commun à deux tournures que la femme en question a l'intention d'utiliser, à savoir :

wenn er nur seine geraden *Glieder hat* [tant qu'il a les membres *bien droits*]

alle fünf gerade *sein lassen* [ne pas y regarder de trop près[b]].

Rien ne nous empêche non plus d'admettre que *les deux* locutions, celle des cinq sens [*fünf Sinne*] et celle des
87 *geraden fünf*, ont agi ensemble pour, d'abord, introduire un chiffre dans la phrase sur les membres bien droits, ensuite, pour que ce soit cinq, chiffre au sens caché, au lieu du tout simple quatre. Mais cette fusion n'aurait assurément pas eu lieu si elle n'avait produit, sous la forme du lapsus qui en avait résulté, un sens lui appartenant en propre, celui d'une vérité cynique qui, bien entendu, ne peut légitimement être énoncée par une femme que si elle est camouflée. — Enfin, nous ne manquerons pas de faire remarquer que, telle qu'elle a été formulée, la phrase de la dame peut aussi bien passer pour un excellent mot d'esprit que pour un lapsus amusant. Tout dépend de savoir si elle a été dite avec une intention consciente ou... avec une intention

a. C.-à-d. « s'il a toute sa tête ».

b. « Faire que tous les cinq soient des nombres pairs. » L'adjectif *gerade* signifie à la fois « droit » et « pair ».

inconsciente. Le comportement de celle qui l'a prononcée a permis ici, il est vrai, de réfuter la thèse de l'intention consciente et a exclu le mot d'esprit. »

Un lapsus peut se rapprocher fortement d'un mot d'esprit, comme dans le cas communiqué par O. Rank[a], où la personne qui en est l'auteur finit par en rire elle-même comme d'un véritable mot d'esprit.

33) « Un jeune homme marié depuis peu, auquel son épouse, une femme très soucieuse de continuer à avoir l'air d'une jeune fille, ne permet qu'à contrecœur d'avoir avec elle des rapports sexuels fréquents, m'a raconté l'histoire suivante, qui les a d'ailleurs eux aussi beaucoup amusés après coup, lui et sa femme : au lendemain d'une nuit au cours de laquelle, une fois de plus, il a transgressé la règle d'abstinence qu'elle lui impose, il se rase le matin dans leur chambre à coucher commune et utilise pour cela — comme il l'a déjà fait assez souvent pour des raisons de commodité — la houppette à poudre [*Puderquaste*] que son épouse, encore au lit, a mise sur la table de nuit. Femme extrêmement préoccupée de conserver son teint, celle-ci le lui a d'ailleurs déjà reproché à plusieurs reprises et elle lui crie donc, irritée : "Ah, tu recommences encore à *me* poudrer avec *ta* houppette[b] !" Le rire de son époux lui ayant fait remarquer son lapsus (elle avait voulu dire : "Tu recommences à *te* poudrer avec *ma* houppette"), elle finit par rire avec lui (*pudern* ["poudrer"] est un mot, familier à tous les Viennois, qui signifie "copuler" ; quant à la houppette, il ne fait guère de doute que c'est un symbole phallique). » (*Internationale Zeitschrift für Psychoanalyse*, I, 1913.)

34)[c] Voici un autre cas (A.J. Storfer) où on pourrait 88
penser qu'il y a eu intention de faire un mot d'esprit :

a. Ce paragraphe (ainsi que l'exemple 33) fut ajouté en 1917.
b. « *Du puderst* mich *ja schon wieder mit* deiner *Quaste.* »
c. Ajouté en 1924.

Mme B., qui traîne une maladie d'origine manifestement psychogène, se voit recommander de façon répétée de consulter le psychanalyste X. Elle refuse constamment en faisant remarquer qu'un tel traitement, comme tout le monde le sait bien, n'est jamais quelque chose de sérieux et que le médecin ramène toujours tout, à tort, à des choses sexuelles. Finalement, elle déclare quand même un jour qu'elle est prête à suivre le conseil qu'on lui a donné, et elle demande : « Entendu, et quelles sont ses *horreurs* de consultation, à ce Dr X. ? » [« *Nun gut, wann* ordinärt[a] *also dieser Dr. X. ?* »]

La parenté qui existe entre mot d'esprit et lapsus se manifeste aussi dans le fait que le lapsus n'est souvent rien d'autre qu'un raccourci[b] :

35)[c] Après avoir quitté l'école, une jeune fille, suivant le courant dominant de son époque, s'inscrit à la faculté de médecine. Au bout d'à peine quelques semestres, elle a permuté la médecine contre la chimie. Quelques années plus tard, elle parle de ce changement d'orientation dans les termes suivants : « D'une façon générale, la pratique de la dissection ne m'a pas vraiment fait horreur, mais le jour où j'ai dû arracher les ongles des doigts à un cadavre, j'ai cessé de prendre plaisir à l'exercice de la... *chimie.* »

36)[d] Je voudrais ajouter un autre cas de lapsus qui ne requiert pas un grand art de l'interprétation. Pendant le cours d'anatomie, le professeur s'efforce de donner des

a. Le verbe *ordinären*, qui n'existe pas en allemand, est un mot mixte formé sur le verbe *ordinieren* (« avoir ses horaires de consultation ») et l'adjectif *ordinär* (« commun, vulgaire »).

b. *Verkürzung.* Autre traduction possible : « ellipse » (sur l'importance de ce concept, voir la notice terminologique du *Mot d'esprit...*, p. 419).

c. Ajouté en 1920.

d. Cet exemple et le suivant furent ajoutés en 1912. Ils seront également cités dans la deuxième et la troisième conférence de l'*Introduction.*

explications sur les fosses nasales, qui constituent, comme on sait, un chapitre très difficile de la splanchnologie. Lorsqu'il demande à ses auditeurs s'ils ont saisi ses explications, il reçoit en réponse un « Oui » unanime. Sur quoi le professeur, un homme notoirement très conscient de sa propre valeur, fait cette remarque : « J'ai du mal à le croire, car, même dans une ville comme Vienne, qui possède bien un million d'habitants, les gens qui ont compris la conformation des fosses nasales se comptent *sur un doigt*, pardon, je voulais dire "sur les doigts d'une main". »

37) Le même anatomiste, une autre fois : « En ce qui concerne les organes génitaux féminins, on a, en dépit de nombreuses *tentations*,... pardon, de nombreuses *tentatives*[a]... »

38)[b] Je dois à M. le Dr Alf. Robitsek, de Vienne, de 89
m'avoir signalé deux cas de lapsus qu'un vieil auteur français a relevés et que je reproduis sans les traduire.

« BRANTÔME (1527-1614), *Vies des Dames galantes, Discours second : « Si ay-je cogneu une très belle et honneste dame de par le monde, qui, devisant avec un honneste gentilhomme de la cour des affaires de la guerre durant ces civiles, elle luy dit : "J'ay ouy dire que le roy a faiet rompre tous les c... de ce pays là." Elle vouloit dire les ponts. Pensez que, venant de coucher d'avec son mary, ou songeant à son amant, elle avoit encor ce nom frais en la bouche ; et le gentilhomme s'en eschauffer en amours d'elle pour ce mot.*

Une autre dame que j'ai cogneue, entretenant une autre grand dame plus qu'elle, et luy louant et exaltant ses beautez, elle luy dit après : "Non, madame, ce que je vous en

a. *Versuchungen* : « tentations » ; *Versuche* : « tentatives ».
b. Ajouté en 1910.

dis : ce n'est point pour vous adultérer" ; voulant dire adulater, comme elle le rhabilla ainsi : pensez qu'elle songeoit à adultérer. »

39)[a] Il existe naturellement aussi des exemples plus modernes d'équivoques à caractère sexuel qui doivent leur naissance à un lapsus : Mme M. raconte comment s'est passé son premier cours de langue : « C'est tout à fait intéressant, le professeur est un jeune Anglais très gentil. Il a commencé, dès la première heure, à parler à mots couverts *à mes seins* (elle se corrige : *à dessein*[b]), en me laissant entendre qu'il aimerait mieux me donner des leçons particulières. » (Storfer.)

Dans le procédé psychothérapeutique[c] dont je me sers pour résoudre et éliminer les symptômes névrotiques, la tâche à accomplir consiste très fréquemment à dépister, en partant des paroles et des idées subites émises comme fortuitement par le patient, un contenu de pensée qui, certes, s'efforce de se cacher, mais qui ne peut toutefois éviter de se trahir involontairement de façon extrêmement diverse. À cette occasion, le lapsus rend souvent les services les plus précieux, comme je pourrais le mettre en évidence sur des exemples extrêmement convaincants, mais aussi extrêmement singuliers. Les patients parlent
90 par ex. de leur tante en disant systématiquement et sans s'apercevoir de leur lapsus « ma mère », ou bien ils appellent leur mari leur « frère ». De cette manière, ils attirent mon attention sur le fait qu'ils ont « identifié » ces personnes l'une avec l'autre, qu'ils les ont intégrées à une série qui, pour leur vie affective, a comme significa-

a. Ajouté en 1924.
b. *durch die Bluse* [« à travers mon corsage »], au lieu de *durch die Blume* [« par le truchement d'une fleur, c.-à-d. indirectement »].
c. Tout ce qui suit (jusqu'à la p. 157) remonte à 1901.

tion le retour du même type. Autre exemple[a] : un jeune homme âgé de vingt ans se présente à ma consultation en me disant : « Je suis le père de N., que vous avez eu en analyse. — Pardon, je veux dire que je suis son frère ; il a même quatre ans de plus que moi. » Je comprends que ce qu'il veut exprimer par ce lapsus, c'est qu'il est tombé malade, comme son frère, par la faute de son père, que, comme son frère, il a besoin d'être soigné, mais que c'est son père qui en aurait le besoin le plus urgent. D'autres fois, un agencement de mots inhabituel, une façon de s'exprimer paraissant contrainte, suffit à mettre à découvert la part que prend une pensée refoulée dans un discours du patient ayant des mobiles tout autres.

Ainsi donc, concernant les troubles du langage pouvant encore être subsumés sous la catégorie du « lapsus » — qu'ils soient grossiers ou, comme ici, plus subtils —, je trouve que c'est, non pas l'influence des effets de contact des sons[b], mais celle de pensées situées à l'extérieur de l'intention qui sous-tend le discours, qui est déterminante dans la naissance du lapsus et suffit à apporter la lumière sur la faute d'élocution qui s'est produite. Pour ce qui est des lois selon lesquelles les sons exercent les uns sur les autres une action modificatrice, je ne souhaite pas les mettre en doute ; mais elles ne me semblent pas suffisamment efficaces pour perturber à elles seules la production correcte d'un discours. Dans les cas que j'ai plus précisément étudiés et percés, elles constituent seulement le mécanisme préformé dont un mobile psychique quelque peu éloigné se sert par souci de commodité, sans toutefois se plier au pouvoir qui

a. Cet exemple fut inséré en 1907.
b. *Kontaktwirkungen der Laute.* Cf. p. 121.

régit ces relations phonétiques. *Dans toute une série de substitutions, il n'est nullement tenu compte, lorsqu'il y a lapsus, de telles lois propres aux sons.* Je suis ici en complet accord avec Wundt, qui suppose également que les
91 conditions du lapsus ont plusieurs composantes et vont très au-delà des effets de contact des sons.

Si je tiens pour chose assurée l'existence de ce que Wundt appelle les « influences psychiques assez éloignées », rien ne m'empêche par ailleurs d'avouer aussi que, lorsque le locuteur a un débit accéléré et que son attention est quelque peu détournée, les conditions du lapsus peuvent facilement se limiter à celle que Meringer et Mayer ont déterminée comme critère. Mais il est loisible de penser que, pour une partie des exemples recueillis par ces auteurs, la probabilité d'une solution plus compliquée est certainement supérieure. Je prends par ex. le cas cité précédemment :

« *Es war mir auf der* Schwest...
Brust *so schwer.* »

[« J'avais la *sœu...*
poitrine si oppressée. »]

N'est-il pas possible de dire, tout simplement, que le *schwe* évince[a] le *Bru*, qui possède la même valeur, parce qu'il l'anticipe ? On ne peut guère contester que, par ailleurs, c'est une relation particulière qui a rendu la syllabe formée par les sons *schwe* apte à occuper la première place. Il ne saurait s'agir alors que de l'association : *Schwester* — *Bruder* [« sœur — frère »], ou peut-être encore de : *Brust der Schwester* [« poitrine de la sœur »],

a. *verdrängt.* Ce verbe est habituellement traduit par « refouler ».

expression qui permet de passer à d'autres sphères de pensée. C'est cet auxiliaire qui, invisible derrière la scène[a], confère à une syllabe habituellement bien innocente (*schwe*) ce pouvoir dont le succès se manifeste sous la forme d'une erreur d'élocution[b].

Pour d'autres lapsus, on peut admettre que c'est la ressemblance avec des mots et des significations obscènes qui est l'élément perturbant proprement dit. La déformation, l'altération intentionnelle des mots et des tournures courantes, qu'affectionnent tant les gens ayant de mauvaises manières, ne vise à rien d'autre qu'à saisir l'occasion d'un mot bien innocent pour évoquer une chose réprouvée, et ce petit jeu est si fréquent qu'il n'y aurait rien d'extraordinaire à ce qu'il s'imposât aussi de façon non intentionnelle et contre la volonté du sujet. Des exemples tels que : *Eischeissweibchen* [« femelle chieuse d'œuf(s) »] (pour *Eiweissscheibchen* [« petites rondelles de blanc d'œuf »]), *Apopos*[c] *Fritz* (pour *Apropos* [à propos de Fritz]), *Lokuskapital*[d] (pour *Lotuskapitäl* [chapiteau lotiforme]), etc., et peut-être aussi l'*Alabüsterbachse*[e] (pour *Alabasterbüchse* [vase d'albâtre]) de Marie- 92
Madeleine doivent certainement être rangés dans cette

a. *hinter der Szene.* Le mot *Szene* désigne à la fois l'événement et le lieu théâtral (l'aide est donc apportée « dans la coulisse »).

b. Pour faire apparaître (dans l'ordre) les relations entre ces trois éléments, on est obligé de donner, en français, plusieurs équivalents (phonétiques), par ex. « Ce que j'avais dans le *cur* me pesait *sœur* la *poitrine* » et « Je prenais *auqui* tout à *sœur*, et ma *frair souchait* » [« Je prenais aussi tout à cœur, et ma chair souffrait »].

c. Si ce mot n'existe pas, celui de *Popo* est employé par les enfants pour parler de leur derrière. Équivalent possible : « incunnu au bataillon ».

d. La première partie de ce mot composé — lui aussi « inventé » — désigne les « lieux d'aisances ». Équivalent possible : « vigne invidangeable ».

e. La troisième syllabe de ce mot obtenu par « contrepèterie » — et lui aussi inexistant — évoque *die Büste* (« la poitrine, la gorge »). Équivalent possible : « le sein parfuave (le suave parfum) de Marie-Madeleine ».

catégorie[1]. — « *Ich fordere Sie auf, auf das Wohl unseres Chefs* auf*zustossen* » ne peut guère être autre chose qu'une parodie non intentionnelle venant en écho d'une parodie qu'on avait l'intention de faire. Si j'étais le patron en l'honneur duquel l'orateur a fait ce lapsus, je me dirais certainement que les Romains agissaient avec beaucoup de sagesse en autorisant les soldats de l'imperator triomphant à manifester à haute voix, par des chansons rail-

1. Chez une de mes patientes, faire un lapsus était un symptôme qui persista aussi longtemps que ne fut pas trouvée son origine, à savoir un tour qu'enfant elle jouait aux autres en remplaçant le mot *ruinieren* [« ruiner »] par *urinieren* [« uriner »] [ces deux verbes ont le même nombre de syllabes et la même accentuation]. — [Ajouté en 1924] C'est à la tentative consistant à employer l'artifice du lapsus pour en arriver à user librement de mots qui ne sont ni convenables ni permis, que se rattachent les observations faites par Abraham sur les actes manqués *« à tendance surcompensatoire »* (*Internationale Zeitschrift für Psychoanalyse*, VIII, 1922, p. 345). Une de ses patientes, qui avait légèrement tendance à redoubler la syllabe initiale des noms propres en la bégayant, transforma un jour le nom *Protagoras* en Protragoras. Quelques instants auparavant, elle avait dit au lieu d'*Alexandros* : *A*... alexandros [Équivalent : Ca... caton]. En l'interrogeant, il obtint comme renseignement qu'enfant elle avait une mauvaise habitude qu'elle cultivait bien volontiers, à savoir qu'elle répétait les syllabes initiales *a* et *po* [cf. deux termes du langage enfantin : *Aa machen* (« faire caca ») et *der Popo* (« le derrière »)], un petit jeu qui, chez les enfants, est souvent l'amorce du bégaiement. Dans le cas du nom Protagoras, elle avait donc senti qu'elle risquait d'omettre de prononcer le *r* de la première syllabe et de dire Po-potagoras. Mais pour se protéger contre ce danger, elle se cramponna à ce *r* et elle intercala encore un *r* supplémentaire à l'intérieur de la deuxième syllabe. De façon similaire, d'autres fois, elle déforma les mots *parterre* [« au rez-de-chaussée »] et *Kondolenz* [« condoléances »] en disant *partrerre* et Ko*dolenz*, afin d'esquiver deux mots qui, dans les associations qui lui étaient propres, en étaient proches, à savoir *pater (Vater)* [« père »] et *Kondom* [« condom »]. Un autre patient d'Abraham avoua que s'il avait tendance à dire à chaque fois *Angora* au lieu de *Angina*, c'était très probablement qu'il craignait d'être tenté de remplacer *Angina* par *Vagina* [« vagin »] [trois mots accentués sur la même syllabe et à la prononciation similaire]. Ces lapsus doivent donc leur naissance au fait qu'à la place de la tendance à la déformation, c'est une tendance à la défense qui garde le dessus, et Abraham a raison d'attirer l'attention sur l'analogie qui existe entre ce processus et la formation de symptômes dans le cas des névroses obsessionnelles.

leuses, les protestations qu'intérieurement ils émettaient à l'égard de celui qu'on célébrait. — Meringer raconte à propos de lui-même qu'étant un jour dans une réunion, il s'adressa au doyen du groupe, auquel on donnait, pour l'honorer, le titre familier de « *Senexl*[a] » [« noble vieillard »] ou de « *altes Senexl* », en lui disant : « *Prost, Senex altesl !* » [« À ta santé, noble vieil âne ! »] Remarquant lui-même sa faute, il en fut effrayé (p. 50). Peut-être pouvons-nous donner une interprétation de son affect en rappelant combien « *Altesl* » est proche de l'insulte « *alter Esel* » [« vieil âne »]. Toute atteinte au respect dû au grand âge (c.-à-d., ramené aux proportions de l'enfance : dû au père) est frappée de grandes punitions intérieures.

J'espère que les lecteurs ne négligeront pas la dif- 93
férence de valeur existant entre ces interprétations, dont rien ne permet de prouver la justesse, et les exemples que j'ai moi-même recueillis et expliqués par des analyses. Mais si je continue de m'accrocher secrètement à l'espoir que les cas de lapsus présentant une simplicité apparente pourraient, eux aussi, être rapportés à une perturbation dont la cause serait une idée à moitié réprimée se situant *à l'extérieur* du contexte du propos qu'on a l'intention de tenir, c'est qu'une remarque de Meringer digne d'un très grand intérêt m'y incite. Il est singulier, dit cet auteur, que personne ne veuille reconnaître avoir fait un lapsus. Il y a des gens fort sensés et honnêtes qui sont offensés lorsqu'on leur dit qu'ils en ont commis un. Je ne me hasarderai pas à donner à cette affirmation une portée aussi générale que celle que lui accorde Meringer en employant le terme « personne ». Toutefois, la trace d'affect qui tient à la mise en évidence du lapsus par

a. Terme familier, dérivé du mot latin *senex* (« vieillard »), qu'employaient les étudiants en Autriche et en Allemagne du Sud.

autrui, et qui est manifestement de même nature que la gêne[a], signifie quelque chose. Elle peut être assimilée à l'irritation que nous éprouvons lorsque nous ne réussissons pas à nous remémorer un nom oublié, ainsi qu'à notre étonnement devant le caractère durable d'un souvenir qui, en apparence, est dépourvu d'importance, et elle signale à chaque fois qu'un mobile a sa part dans la survenue de la perturbation.

L'acte de déformer des noms correspond à un outrage[b] quand il se produit de façon intentionnelle, et il a très probablement la même signification dans toute une série de cas où il apparaît sous la forme d'un lapsus non intentionnel. La personne qui, à ce que rapporte Mayer, dit une première fois « *Freuder* » au lieu de *Freud* parce qu'elle allait prononcer peu après le nom *Breuer* (p. 38), et qui parla une autre fois de la méthode « *Freuer-Breud* » (p. 28), était certainement un confrère exerçant dans la même branche et pas particulièrement enchanté par cette méthode. Je rapporterai plus loin, dans le chapitre consacré au lapsus d'écriture, un cas de déformation de nom qui, à coup sûr, ne peut être élucidé autrement[1].

a. *das Schämen.* Terme également traduit par « honte ».

b. *Schmähung.* Sur le rôle joué par l'outrage dans le mot d'esprit, voir *Le mot d'esprit et sa relation à l'inconscient*, pp. 178 et 198 *sqq.*

1. [Ajouté en 1907] On peut aussi remarquer que les aristocrates, en particulier, déforment avec une fréquence particulièrement grande les noms des médecins qu'ils ont consultés, et on peut légitimement en déduire qu'à l'intérieur d'eux-mêmes, ils les tiennent en piètre estime, et ce, en dépit de la politesse avec laquelle ils ont coutume de les traiter. — [Ajouté en 1912] Je voudrais citer ici quelques judicieuses remarques sur l'oubli de noms que j'emprunte à un travail rédigé en anglais par le Dr E. Jones (alors à Toronto) sur le sujet qui est le nôtre (« *The Psychopathology of Everyday Life* », *American Journal of Psychology*, oct. 1911) :

« Peu de gens réussissent à se défendre d'avoir un mouvement d'irritation lorsqu'ils s'aperçoivent qu'on a oublié leur nom, notamment quand il s'agit d'une personne dont ils avaient espéré ou attendu qu'elle le retiendrait. Ils se disent aussitôt sans réfléchir qu'elle ne l'aurait pas oublié s'ils

ou peut-être les deux en même temps — aient jeté la confusion dans l'esprit du jeune homme au moment où il se présenta.

Des motifs d'ordre tout à fait personnel m'obligent à laisser en suspens la question de savoir si une interprétation similaire est aussi applicable au cas que je vais citer maintenant. Au congrès international d'Amsterdam de 1907, la doctrine de l'hystérie que je soutenais fut l'objet d'une vive discussion[a]. L'un de ceux qui s'y opposaient avec le plus d'énergie fit, dit-on, dans le discours incendiaire qu'il prononça contre moi, un lapsus qu'il répéta, se mettant à ma place et parlant en mon nom. Il 90
déclara par ex. : « On sait que Breuer et *moi* avons établi », alors que la seule chose qu'il pouvait avoir l'intention de dire était : « Breuer et Freud ». Le nom de cet adversaire ne présente pas la moindre ressemblance phonique avec le mien. Cet exemple, tout comme beaucoup d'autres cas d'interversions de noms se produisant lorsqu'il y a lapsus, nous rappelle que le lapsus peut totalement se passer de l'élément facilitateur que constitue l'homophonie et ne réussit à s'imposer que lorsqu'il s'appuie sur des relations cachées relevant du contenu.

Dans d'autres cas, de loin plus signifiants, c'est l'autocritique, la contradiction opposée de l'intérieur à ses propres propos, qui contraint[b] au lapsus, voire au remplacement de ce qu'on avait l'intention de dire par son contraire. On observe alors avec étonnement comment les termes dans lesquels on affirme haut et fort quelque chose annulent l'intention qui sous-tend cette affirmation et comment l'insincérité intérieure du sujet se

a. Il s'agit du premier congrès international de psychiatrie et de neurologie (Amsterdam, septembre 1907). Le principal « opposant » était le psychiatre criminologue Gustav Aschaffenburg.

b. *nötigen.*

trouve mise à nu par la faute de prononciation[1]. Le lapsus devient ici un moyen d'expression mimique[a], qui exprime souvent ce qu'on ne voulait pas dire, donc un moyen d'autotrahison. C'est, par ex., ce qui se passe lorsqu'un homme qui, dans ses relations aux femmes, ne privilégie pas les rapports dits normaux, intervient dans une conversation où il est question d'une jeune fille aimant beaucoup, à ce qu'il paraît, faire la coquette et qu'il dit : « Avec quelqu'un comme moi, elle perdrait l'habitude de faire la *copulette.* » [« *Im Umgang mit mir würde sie sich das* Koëttieren *schon abgewöhnen.* »] Sans nul doute possible, c'est seulement à l'autre mot, *koitieren* [« copuler »], et à l'action exercée par lui sur celui qu'il avait l'intention de prononcer, *kokettieren* [« faire la coquette »] qu'on doit attribuer pareille modification[b]. Ou bien dans le cas suivant : « Nous avons un oncle qui, depuis déjà plusieurs mois, est très vexé que nous ne lui rendions jamais visite. Devant changer d'habitation, nous saisissons l'occasion du déménagement pour passer enfin chez lui après tant de temps. Il se réjouit apparemment beaucoup d'être avec nous et c'est vraiment avec une grande émotion qu'il nous dit lorsque nous prenons congé : "Désormais, j'espère vous voir encore plus *rarement* que jusqu'ici[c]." »

97 C'est souvent à la faveur, fortuite, du matériel langa-

1. C'est un lapsus de ce genre qu'utilise par ex. Anzengruber [(1839-1889), dramaturge viennois] pour flétrir, dans le *G'wissenswurm* [« comédie paysanne », 1874], le captateur d'héritage hypocrite.

a. Tout ce qui précède cette expression date de 1901. Les deux phrases et demie qui suivent furent ajoutées en 1907, la fin du paragraphe (à partir de « ou bien dans le cas suivant ») en 1920.

b. Le verbe *koëttieren* n'existe pas.

c. En fait, le lapsus concerne toute l'expression « encore plus rarement » (*noch seltener*), qui est mise, non pas pour *noch öfter* (« encore plus souvent »), mais pour *doch öfter* (« plus souvent »).

gier qu'on doit la naissance d'exemples de lapsus dont l'effet est celui, quasiment terrassant, d'une révélation[a] ou celui, pleinement comique, d'un mot d'esprit.

Il en va ainsi du cas suivant, qui a été observé et communiqué par le Dr Reitler :

« Oh, que votre nouveau chapeau est joliment orné ! C'est vous-même, je suppose, qui avez eu l'idée de le surmonter d'un plum*oche* ? » dit une dame à une autre sur un ton admiratif. — Elle ne put dès lors poursuivre le compliment qu'elle avait l'intention de faire ; car la critique formulée en secret, à savoir que le plu*met* était *moche*[b], s'était quand même exprimée avec beaucoup trop de clarté dans le fâcheux lapsus pour qu'une formule d'admiration conventionnelle, quelle qu'elle fût, pût encore apparaître crédible[c]. »

Plus douce, mais elle aussi dépourvue d'ambiguïté, est la critique contenue dans l'exemple suivant[d] :

« Alors qu'elle rendait visite à une de ses connaissances, une dame dut subir de sa part des propos verbeux

a. *Enthüllung* : « dévoilement ». — Ce paragraphe et l'exemple suivant (qui est également cité dans la deuxième conférence de l'*Introduction*) furent ajoutés en 1907.

b. *der Hutauf*putz *sei eine* « Patzerei » : « que l'ornement du chapeau était un travail bâclé ». Ces deux noms se combinent pour produire le mot mixte — et inexistant — *aufgepatzt* (« plumoche »).

c. Exemple rapporté dans la deuxième conférence de l'*Introduction*. — Dans les éditions de 1910 et 1912 figurait ici le texte suivant : « Ou comme dans un cas communiqué par le Dr Ferenczi : "*Kommen Sie* geschminkt *(anstatt* geschwind*)*" ["Venez *sans farder*" ou "Pas une minute à perdre, venez *à fond de teint*" ; littéral. : "Venez maquillée (au lieu de vite)"], dit un jour une de mes patientes à sa belle-mère germanophone. Par ce lapsus, elle trahit ce qu'elle voulait que l'autre, précisément, ignorât : l'agacement que lui causait la coquetterie de la vieille dame. »

Il n'est nullement si rare que quelqu'un qui parle dans une autre langue que sa langue maternelle utilise sa maladresse pour faire, dans cette langue qui lui est étrangère, les plus sensés des lapsus.

d. Ajouté en 1920.

et pleins de digressions qui l'impatientèrent et la fatiguèrent beaucoup. Elle venait de réussir enfin à lever le siège, à prendre congé, lorsqu'elle fut retenue par un nouveau flot de paroles de la dame qui la raccompagnait jusqu'à l'antichambre et se vit obligée, alors qu'elle était sur le point de sortir, de rester debout devant la porte et d'écouter à nouveau. Enfin, elle l'interrompit en lui demandant : "Êtes-vous chez vous dans *l'antichambre* [*im Vorzimmer*] ?" C'est seulement à la mine étonnée de l'hôtesse qu'elle remarqua son lapsus. Fatiguée par la station debout prolongée dans l'antichambre, elle avait voulu couper la conversation en demandant : "Êtes-vous chez vous *le matin* [*Vormittag*] ?" et avait trahi ainsi l'impatience que lui causait cette nouvelle halte. »

C'est à une invitation à réfléchir sur soi-même que correspond l'exemple suivant, vécu par le Dr Max Graf[a] :

« Lors de l'assemblée générale de l'association de journalistes Concordia, l'un des membres, un jeune homme qui a constamment besoin d'argent, prononce un violent
98 discours où il exprime son opposition et, dans sa fièvre, il dit : "Comme le voudraient ces *mécènes* du conseil" ["*Die Herren* Vorschuss*mitglieder*"] (au lieu de Vor*stands- oder Aus*schuss*mitglieder* ["Messieurs les membres du conseil" ou "du comité"]). Ceux-ci ont le droit d'accorder des prêts, et le jeune orateur fait partie de ceux qui ont déposé une demande[b]. »

L'exemple « *Vorschwein*[c] » nous a permis de voir qu'un lapsus se produit facilement quand on a fait des efforts pour réprimer des mots d'insulte. C'est que, par ce moyen, on peut alors débonder son cœur :

a. Exemple ajouté en 1907, puis repris dans la deuxième conférence de l'*Introduction*.

b. *Vorschuss* : « avance. »

c. Ce paragraphe et le suivant furent ajoutés en 1920.

Un photographe, qui s'est promis d'éviter, dans les rapports qu'il a avec ses employés maladroits, l'emploi de termes empruntés à la zoologie, dit un jour à l'un de ses apprentis qui, voulant transvaser un grand récipient complètement plein, en renverse naturellement la moitié par terre : « Bon sang, ce n'est pas parce que ce bocal a une très grande contenance qu'il faut le manier comme une *bourrique* ! » [« *Aber* Mensch, schöpsen *Sie doch zuerst etwas davon ab*[a] ! »] Puis, peu de temps après, à une aide qui, par son imprudence, a failli endommager une douzaine de plaques de grande valeur, il déclare au cours d'une assez longue semonce : « Votre bêtise dépasse les *cornes*... » [« *Aber sind Sie denn so* hornverbrannt[b]... »]

L'exemple suivant[c] présente un cas sérieux d'autotrahison par lapsus. Certaines circonstances annexes justifient qu'il soit reproduit intégralement, dans la version communiquée par A.A. Brill (*Zentralblatt für Psychoanalyse*, 11e année)[1].

« Je fis un soir une promenade avec le Dr Frink, et nous discutâmes de quelques affaires qui occupaient la Société psychanalytique de New York. Nous rencontrâmes un confrère, M. le Dr R., que je n'avais pas vu depuis des années et dont la vie privée m'était totale-

1. Attribuée par erreur à E. Jones dans le *Zentralblatt für Psychoanalyse*.

a. Au lieu de : « *Aber Mensch, schöpfen Sie doch zuerst etwas davon ab !* » [« Mais bon sang, commencez donc par en retirer d'abord un peu ! »] Le mot mixte (et inexistant) *abschöpsen* est formé sur *abschöpfen* et *Schöps*, qui est à la fois un nom d'animal (« mouton ») et une injure (« bête brute »). À cela s'ajoute la contiguïté, soulignée par Freud, de *Mensch* (qui veut aussi dire « être humain ») et du nom d'animal en question.

b. Au lieu de « *Aber sind Sie denn so hirnverbrannt...* » [« Mais comment pouvez-vous donc être assez crétine ("avoir le cerveau assez brûlé")... »] Le mot mixte (et inexistant) en question, formé sur le nom *Horn* (« corne »), fait bien sûr allusion aux « bêtes à cornes » (*Hornvieh*).

c. Ajouté en 1912.

ment inconnue. — Nous fûmes très heureux de nous retrouver et, sur mon invite, nous entrâmes dans un café, où, deux heures durant, nous eûmes une conversation animée. Il semblait connaître certains détails sur moi, car, après les salutations d'usage, il s'enquit de mon jeune enfant, en m'expliquant qu'il entendait de temps en temps parler de moi par un ami commun et qu'il
99 s'intéressait à mes activités depuis que la lecture des revues médicales l'en avait informé. — Lorsque je lui demandai s'il était marié, il répondit par la négative : "Pourquoi un homme comme moi devrait-il se marier ?"

Au moment de quitter le café, il se tourna brusquement vers moi en me disant : "Je voudrais savoir ce que vous feriez dans un cas comme celui-ci : je connais une infirmière qui a été impliquée comme complice dans une affaire de divorce. L'épouse a poursuivi son mari pour adultère, dénoncé la femme en question comme complice et *il* a obtenu le divorce[1]." Je l'interrompis en lui disant : "Vous voulez dire : *elle* a obtenu le divorce." Il se corrigea aussitôt : "Naturellement. C'est *elle* qui a obtenu le divorce", et il poursuivit, racontant que l'infirmière avait été si affectée par le procès et le scandale qu'elle avait commencé à boire, était devenue très nerveuse, etc., et il me pria de le conseiller sur la façon dont il devrait la traiter.

Dès que j'eus corrigé la faute, je lui demandai de l'expliquer, mais j'obtins les réponses étonnées habituelles : tout le monde n'avait-il pas le droit de faire un lapsus ?, c'était seulement un hasard, il ne fallait pas chercher à trouver quelque chose derrière, etc. Je répli-

1. « D'après nos lois (américaines), le divorce n'est prononcé que s'il est prouvé que l'un des époux a commis un adultère, suite à quoi il n'est accordé qu'à la partie ayant subi le tort. »

quai qu'il y avait nécessairement une raison à tout lapsus et que j'eusse été tenté de croire qu'il était lui-même le héros de l'histoire s'il ne m'avait lui-même dit auparavant qu'il n'était pas marié, car alors le lapsus s'expliquerait par le désir qui était le sien, à savoir que c'était sa femme, et non pas lui, qui aurait dû perdre le procès, et donc qu'il n'ait pas (comme le veut notre droit matrimonial) à payer de pension alimentaire et puisse se remarier dans l'État de New York. Il repoussa obstinément ma supposition, mais la conforta en même temps par une réaction affective exagérée, des signes évidents d'excitation, puis en se mettant à rire. Lorsque je l'exhortai à
dire la vérité dans l'intérêt de la clarification scientifique, 100
je reçus comme réponse : "Si vous ne voulez pas entendre un mensonge, il faut que vous croyiez que je suis célibataire, et c'est pour cela que vos explications psychanalytiques sont complètement fausses." Il ajouta que les gens qui, comme moi, faisaient attention à la moindre petite chose étaient proprement dangereux. Brusquement, il se souvint qu'il avait un autre rendez-vous et il prit congé.

Le Dr Frink et moi étions cependant l'un et l'autre convaincus que j'avais bien résolu son lapsus, et je décidai de me renseigner pour obtenir la preuve de ce que j'avançais ou bien celle du contraire. — Quelques jours après, je rendis visite à un voisin, un vieil ami du Dr R., qui fut en mesure de confirmer en tous points mes explications. Le procès avait eu lieu quelques semaines auparavant, et l'infirmière avait été citée comme complice. — Le Dr R. est maintenant fermement convaincu de la justesse des mécanismes freudiens. »

L'autotrahison est tout aussi indubitable dans le cas suivant, communiqué par O. Rank[a] :

a. Ajouté en 1912.

« Un père de famille qui ne possède aucune espèce de sentiment patriotique et qui, jugeant celui-ci superflu, veut également donner à ses enfants une éducation qui en soit exempte, blâme ses fils d'avoir pris part à une manifestation patriotique et, lorsqu'il les entend invoquer le comportement similaire de leur oncle, il repousse cet argument en disant : "C'est justement quelqu'un que vous ne devez pas imiter ; vous savez bien qu'il donne beaucoup dans l'*idiotisme.*" ["*Er ist ja ein* Idiot."] Devant le visage que font ses enfants, étonnés par le ton inhabituel qu'a employé leur père, il remarque son lapsus et dit pour s'excuser : "Je voulais naturellement dire : dans le *patriotisme* [*ein* Patriot[a]]." »

C'est aussi comme une autotrahison que le lapsus suivant[b] fut interprété par l'interlocutrice de la personne qui l'avait fait. Il est rapporté par J. Stärcke (*ibid.*), qui y ajoute une remarque pertinente quoique allant au-delà de la tâche d'interprétation proprement dite.

« Une dentiste était convenue avec sa sœur qu'elle l'examinerait un jour pour voir si, éventuellement, deux de ses molaires n'avaient pas de point de contact [*Kon-*
101 *takt*] l'une avec l'autre (c.-à-d. si elles se touchaient par leurs faces proximales, de sorte que de petits débris de nourriture pouvaient rester coincés entre elles). Sa sœur se plaignit de devoir attendre aussi longtemps cet examen et dit pour plaisanter : "En ce moment, elle est sans doute en train de s'occuper d'une collègue ; quant à sa sœur, il lui faut attendre et encore attendre." La dentiste l'examine enfin, découvre effectivement une petite cavité dans une des molaires et dit : "Je ne pensais pas que ce

a. À la différence de leurs équivalents français, la fin des noms *Idiot* et *Patriot* se prononce de la même façon.

b. Cet exemple ainsi que les deux suivants furent ajoutés en 1917.

fût aussi grave ; je pensais seulement que tu n'avais *pas de comptant*... je veux dire *de contact* [*kein Kontant... kein Kontakt*]. — Tu vois bien, s'écria sa sœur en riant, que c'est seulement à cause de ta cupidité que tu m'as fait attendre beaucoup plus longtemps que tes patients payants ? !"

(Je n'ai pas le droit, cela va de soi, d'ajouter aux idées qui lui sont venues les miennes propres ou d'en tirer des conclusions, mais en entendant ce lapsus, j'eus aussitôt comme pensée que ces deux charmantes et spirituelles jeunes femmes ne sont pas mariées et n'ont également que très peu de rapports avec de jeunes hommes, et je me suis demandé si elles n'auraient pas plus de contact avec les jeunes gens si elles avaient plus de comptant.) »

Parmi les lapsus ayant la valeur d'une autotrahison, on peut aussi citer le suivant, qui est communiqué par Th. Reik (*ibid.*) :

« Une jeune fille a été destinée à un jeune homme qui lui est antipathique. Pour rapprocher les deux jeunes gens, leurs parents sont convenus d'une réunion à laquelle doivent aussi assister les futurs fiancés. La jeune fille possède suffisamment de maîtrise de soi pour ne rien laisser remarquer à son prétendant, qui se montre très galant avec elle, de l'aversion qu'elle éprouve pour lui. Pourtant, lorsque sa mère lui demande comment elle trouve le jeune homme, elle répond poliment : "C'est entendu. Il est ador*ible*!" ["*Gut. Er ist sehr liebenswidrig*[a] *!*"] »

Il en va tout autant d'un autre exemple, que O. Rank qualifie de « lapsus spirituel ».

a. Mis pour *liebenswürdig* (« digne d'être aimé »), cet adjectif, qui est formé avec le suffixe *-widrig* (« contraire à »), est une sorte de néologisme signifiant à peu près « antagoniste de l'amour ».

« À une femme mariée qui aime entendre des anecdotes et dont on prétend qu'elle n'est pas insensible aux
102 sollicitations extraconjugales lorsque des cadeaux appropriés viennent les appuyer, un jeune homme qui recherche lui aussi ses faveurs raconte un jour, non sans intention, l'histoire bien connue suivante. Il s'agit de deux hommes liés par des relations d'amitié et d'affaires, dont l'un s'efforce de gagner les bonnes grâces de l'épouse un peu revêche de l'autre. Celle-ci accepte finalement de les lui accorder contre une somme de mille florins. Lorsque, ensuite, le mari s'apprête un jour à partir en voyage, son associé lui emprunte mille florins et lui promet de les rembourser à sa femme dès le lendemain. C'est, bien sûr, en les présentant comme le "salaire de l'amour" qu'il les donne ensuite à l'épouse, qui, en définitive, se croit découverte, lorsque son mari, de retour, lui réclame les mille florins, et qui donc, non seulement est lésée, mais subit aussi un affront. — Lorsque le jeune homme eut atteint, dans son récit, le passage où le séducteur dit à son associé : "Je *rembourserai* demain l'argent à ta femme", son auditrice l'interrompit en prononçant ces termes qui en disaient long : "Dites-moi, est-ce que tout cela, vous ne me l'avez pas déjà... *remboursé*? Pardon, je voulais dire... raconté[a] ?" — Elle n'aurait guère pu, à moins de le formuler directement, exprimer avec plus de clarté qu'elle était disposée à se donner dans de telles conditions. » (*Internationale Zeitschrift für Psychoanalyse*, I, 1914.)

C'est un joli cas d'autotrahison débouchant comme ici sur une issue innocente[b] que celui que rapporte

a. Signalons qu'il n'y a aucune ressemblance entre les deux verbes utilisés (*zurückgegeben* et *erzählt*).
b. Ajouté en 1919.

V. Tausk sous le titre « *Der Glauben der Väter* » [« La foi de nos pères »] : « Comme ma fiancée était chrétienne, raconta un jour M.A., et qu'elle ne voulait pas se convertir au judaïsme, je dus moi-même passer du judaïsme au christianisme pour pouvoir me marier. Je ne changeai pas de confession sans une certaine résistance intérieure, mais le but me semblait justifier ce changement, et ce, d'autant plus que mon adhésion au judaïsme était seulement extérieure et que, ne possédant aucune conviction religieuse, je n'avais rien à renier. Toutefois, j'ai toujours continué à me dire juif par la suite, et, parmi mes connaissances, peu de gens savent que je suis baptisé. De cette union sont nés deux fils, qui ont été baptisés selon 103
le rite chrétien. Lorsque mes garçons eurent atteint l'âge adéquat, ils furent mis au courant de leurs origines juives, de façon à éviter que, subissant des influences antisémites à l'école et déterminés par elles, ils ne soient amenés, pour cette raison bien vaine, à se tourner contre leur père. — Il y a quelques années, je suis allé avec les enfants, qui fréquentaient alors l'école primaire, passer l'été à D. dans une famille d'enseignants. Un jour que nous prenions la collation avec nos hôtes, des gens par ailleurs amicaux, la maîtresse de maison, ne se doutant nullement de l'origine juive de ceux qu'elle recevait, fit quelques sorties très mordantes contre les Juifs [*Juden*]. J'aurais dû vaillamment mettre au clair la situation, afin de donner à mes fils un exemple de ce que signifie avoir le "courage de ses opinions[a]", mais je redoutais les explications peu réjouissantes qu'on a habituellement lorsqu'on vient de faire une telle révélation. En outre, j'avais peur de devoir éventuellement quitter l'agréable séjour que nous avions trouvé et, par là même, de me

a. « *Mut der Ueberzeugung* » : « courage de la conviction ».

gâcher ainsi qu'à mes enfants un temps de congé par ailleurs calculé au plus juste, au cas où nos hôtes, changeant de comportement parce que nous étions juifs, deviendraient inamicaux à notre égard. Mais comme je pouvais m'attendre à ce que mes garçons, dans leur franchise et leur candeur, trahissent une vérité lourde de conséquences s'ils continuaient à assister à la conversation, je voulus les éloigner en les envoyant au jardin. "Allez dans le jardin, les *Juifs*" ["*Geht in den Garten, Juden*"], dis-je, puis je me corrigeai rapidement en disant : "les *garçons*" ["*Jungen*"[a]]. Acte manqué grâce auquel je permis donc à mon "courage de mes opinions" de s'exprimer. Les autres n'avaient certes tiré aucune conclusion de ce lapsus, parce qu'ils ne lui accordaient aucune signification, mais je dus, quant à moi, en dégager une leçon, à savoir qu'on ne renie pas impunément la "foi de ses pères" lorsqu'on est fils et qu'on a soi-même des fils. » (*Internat. Zeitschr. f. Psychoanalyse*, IV, 1916.)

On n'a nullement l'impression d'avoir affaire à un cas innocent lorsqu'on considère le suivant[b], dont je n'aurais pas donné communication s'il n'avait été consigné lors
104 de l'interrogatoire par l'officier de justice lui-même, qui voulait me l'envoyer pour mon recueil :

Un réserviste accusé de *cambriolage* fait la déclaration suivante : « Comme, depuis, je n'ai toujours pas été relevé de mes fonctions et que je fais donc encore partie de l'armée, je vais bien profiter de *mon temps l'air.* » [« *Ich wurde seither aus dieser* Diebs*stellung noch nicht entlassen*[c]. »]

a. Ces deux noms, accentués sur la même syllabe, ont des prononciations très voisines. Équivalent possible : « Allez jouer dans le *rabbin.* »

b. Ajouté en 1920.

c. « Depuis, je n'ai pas été relevé de cette position de voleur » (au lieu de *Dienststellung*, « position de service »). Rappelons qu'un monte-en-l'air est un cambrioleur.

C'est un effet amusant que celui que produit le lapsus[a] lorsque, dans une situation où une contradiction est opposée par le patient, il est utilisé comme moyen de confirmer quelque chose qui, pour le médecin effectuant le travail psychanalytique, vient à point nommé. Avec un de mes patients, j'ai eu un jour à interpréter un rêve dans lequel apparaissait le nom *Jauner* [*Chacripant*]. Le rêveur connaissait une personne de ce nom, mais il fut impossible de trouver pourquoi elle avait été intégrée au contexte propre au rêve, et c'est pourquoi je risquai l'hypothèse selon laquelle ce pouvait être seulement à cause de la ressemblance entre ce nom et l'insulte *Gauner* [*sacripant*]. Le patient m'opposa une rapide et énergique contradiction, mais, ce faisant, il commit un lapsus et confirma mon hypothèse en ceci qu'il se servit du substitut une seconde fois. Voici en effet comment s'énonçait sa réponse : « Je trouve vraiment votre hypothèse trop *richquée.* » [« *Das erscheint mir doch zu* jewagt[b]. »] Lorsque j'attirai son attention sur son lapsus, il s'inclina devant mon interprétation.

Quand il arrive, dans une dispute où des mots sérieux sont échangés, qu'un lapsus renversant ainsi dans son contraire l'intention qui sous-tend le discours soit commis par l'un des deux disputeurs, celui-ci se trouve aussitôt mis par lui dans une position où il a le désavantage face à l'autre, lequel ne néglige que rarement de tirer parti de cette amélioration de sa position.

Il ressort clairement de tout cela que, d'une façon très

a. Ce paragraphe et le suivant furent ajoutés en 1907. L'anecdote du *Jauner* est aussi mentionnée par Freud dans un ouvrage postérieur, *Constructions dans l'analyse* (1937).

b. Si l'on adopte, pour le nom commun *Gauner* (« filou ») et le participe *gewagt* (« risqué, hardi »), la prononciation vulgaire en usage dans le nord de l'Allemagne, on obtient alors les mots *Jauner* et *jewagt.*

générale[a], les hommes donnent du lapsus comme d'autres actes manqués la même interprétation que celle que je soutiens dans ce livre, et ce, même quand, dans le domaine de la théorie, ils ne se font pas les défenseurs de cette conception et que, pour ce qui est de leur personne propre, ils ne sont pas disposés à renoncer au confort lié à la tolérance dont les actes manqués font l'objet [quand ils ne sont pas interprétés]. L'hilarité et le sarcasme que provoquent à coup sûr de tels fourvoiements de la parole
105 au moment décisif témoignent contre la convention, prétendument admise par tous, selon laquelle le fait d'avoir la langue qui a fourché serait un simple lapsus linguae[b] et n'aurait aucune signification psychologique. Ce ne fut rien moins que le chancelier de l'Empire allemand en personne, le prince von Bülow, qui présenta pareille objection pour tenter de sauver la situation, une fois que les termes du plaidoyer qu'il prononçait en faveur de son empereur (en novembre 1907) eurent été renversés dans leur contraire du fait d'un lapsus.

« Pour ce qui est du temps présent, de l'ère nouvelle instaurée par l'empereur Guillaume II, je ne puis que répéter ce que j'ai dit il y a un an, à savoir qu'il serait *illégitime* et *injuste de définir l'entourage de notre empereur comme un groupe de conseillers responsables*... (Vives clameurs : "irresponsables"), *irresponsables*. Veuillez me pardonner ce lapsus linguae. » (Hilarité générale.)

Toutefois, l'accumulation des négations avait rendu la phrase de Bülow quelque peu impénétrable ; la sympathie dont jouissait l'orateur et la prise en considération de sa position délicate eurent comme effet que ce lapsus ne fut pas davantage utilisé contre lui. Plus grave fut ce

a. Ce paragraphe et les deux suivants furent ajoutés en 1910.
b. *ein Versprechen sei ein Lapsus linguae.*

qui arriva un an plus tard, dans le même lieu, à un autre député, qui voulait appeler à une déclaration de loyauté *sans réserve* [*rückhaltlos*] envers l'empereur et auquel un pernicieux lapsus rappela que d'autres sentiments habitaient sa loyale poitrine :

Lattmann (du parti national-allemand) : « Quant à la question de l'adresse, le terrain sur lequel nous nous plaçons est celui du *règlement* du Reichstag. Il prévoit que notre assemblée a le droit de présenter une telle adresse à l'empereur. Nous croyons que le souci de l'unité et le vœu du peuple allemand vise à mettre en place, pour cette affaire aussi, une *déclaration unitaire*, et si nous pouvons choisir pour cela une forme qui prenne totalement en compte les sentiments du monarque, alors nous devons aussi le faire avec l'absence totale de réserves que présuppose une habitude ancienne et *invertébrée* [*rückgratlos*]. (Tempête de rires, qui se prolonge plusieurs minutes.) Messieurs, je ne voulais pas dire *invertébrée*, 106
mais *invétérée*[a] (rires), et, en ces temps difficiles, une telle déclaration de loyauté sans réserve émanant du peuple sera aussi, nous l'espérons, bien accueillie par l'empereur[b]. »

Dans son numéro du 12 novembre 1908, le journal *Vorwärts*[c] ne manqua pas de mettre en évidence la signification psychologique de ce lapsus : « Jamais sans doute, au sein d'un parlement, un député n'a réussi à caractériser avec autant de pertinence, en une auto-accusation involontaire, sa position et celle de la majorité parlementaire par rapport au monarque que l'antisémite Latt-

a. « *So sollen wir das* auch rückgratlos *tun.* » [« Alors nous devons aussi le faire l'échine courbée. »]

b. Freud fera plus tard allusion à ce lapsus dans la cinquième conférence de l'*Introduction*.

c. Organe du parti social-démocrate d'Allemagne.

mann, quand, le deuxième jour de l'interpellation, dans un discours plein d'emphase et de pathos, il commit un impair qui lui fit avouer que lui et ses amis voulaient manifester leur opinion à l'empereur selon leur habitude ancienne et *invertébrée* [*rückgratlos*]. — Une tempête de rires fusant de toutes parts étouffa la suite des paroles du malheureux, lequel estima de plus nécessaire de bien spécifier, en bredouillant une excuse, qu'il avait voulu dire "*invétérée*" [*rückhaltlos*]. »

Je voudrais encore ajouter un exemple[a], dans lequel le lapsus a acquis quasiment l'inquiétante étrangeté d'une prophétie : au cours du printemps de l'année 1923, une nouvelle fit grand bruit dans le monde de la finance internationale, à savoir que le tout jeune banquier X., qui, parmi les « nouveaux riches » de V., était certainement l'un des plus nouveaux et, en tout état de cause, le plus riche et le plus jeune, avait réussi, après une brève bataille menée pour s'assurer la majorité des actions de la banque N., à atteindre son objectif, ce qui avait également eu cette conséquence que, lors d'une assemblée générale mémorable, les anciens dirigeants de l'établissement en question, des financiers de la vieille école, n'avaient pas été réélus et que le jeune X. était devenu directeur de la banque. Lors du discours d'adieu qu'un des membres du conseil d'administration, le Dr Y., avait ensuite prononcé en l'honneur du vieux président non réélu, plus d'un, dans l'assistance, avait été frappé par un lapsus gênant que l'orateur avait fait de façon répétée. Celui-ci avait parlé sans arrêt du président *qui s'en était allé* [*dahinscheidenden*] (au lieu du président *qui s'en allait* [*ausscheidenden*][b]). — Il advint ensuite que le vieux

a. Ajouté en 1924.
b. *dahinscheiden* : mourir ; *ausscheiden* : être « sortant ».

président non réélu mourut quelques jours après cette réunion. Il avait toutefois dépassé les quatre-vingts ans ! (Storfer.)

Voici un bel exemple de lapsus[a] qui n'a pas tant pour fin de trahir l'orateur que de permettre à un auditeur extérieur à la scène de s'orienter. Il se trouve dans [le] *Wallenstein* [de Schiller] (*Les Piccolomini*, acte I, scène 5) et nous montre que l'écrivain qui se sert ici de ce moyen connaissait bien le mécanisme et le sens du lapsus. Dans la scène précédente, Max Piccolomini a pris parti pour le duc [Wallenstein] avec une extrême passion et s'est laissé aller, ce faisant, à rêver des bienfaits de la paix qui se sont révélés à lui durant le voyage qu'il a fait pour escorter jusqu'au camp la fille de celui-ci. Il laisse son père [Octavio] et l'envoyé de la cour, Questenberg, plongés dans une profonde consternation. Et la cinquième scène se poursuit : 107

QUESTENBERG

Malheur à nous ! Les choses en sont-elles là,
Ami ? Et nous le laissons s'en aller
Avec cette chimère, nous ne le rappelons pas aussitôt,
Pour lui ouvrir les yeux
Sur-le-champ ?

OCTAVIO *(tiré d'une profonde réflexion et revenant à lui)*

C'est *à moi* qu'il vient de les ouvrir,
Et j'en vois plus qu'il ne me plaît.

QUESTENBERG

Qu'avez-vous, ami ?

a. Ajouté en 1907.

OCTAVIO

Maudit soit ce voyage !

QUESTENBERG

Pourquoi ? De quoi s'agit-il ?

OCTAVIO

Venez ! Il faut
Que je suive sans tarder la malheureuse trace,
Que je voie de mes yeux... Venez...
(*Il veut l'entraîner avec lui.*)

QUESTENBERG

Qu'est-ce donc ? Où voulez-vous aller ?

OCTAVIO *(pressé)*

Chez elle !

QUESTENBERG

Chez...

OCTAVIO *(se corrigeant)*

Chez le duc ! Partons ! etc.

Ce petit lapsus (« chez elle » au lieu de « chez lui ») est destiné à nous révéler[a] que le père a percé le mobile de la prise de parti de son fils, tandis que le courtisan se plaint de ce qu'« il ne lui parle que par énigmes »[b].

108 Voici un autre exemple d'exploitation poétique d'un

a. *verraten.* Verbe également traduit par « trahir ».

b. Cet exemple et le suivant sont cités par Freud dans la deuxième conférence de l'*Introduction.*

lapsus[a], que Otto Rank a découvert chez Shakespeare. Je le cite d'après la communication qu'il en a faite pour la revue *Zentralblatt für Psychoanalyse* (I, 3) :

« Il existe, dans *Le marchand de Venise* de Shakespeare (acte III, scène 2), un lapsus qui, sur le plan poétique, présente une motivation d'une extrême finesse et dont l'exploitation, sur le plan technique, est éblouissante et qui révèle[b], comme celui mis en évidence par Freud dans *Wallenstein*, que les dramaturges[c] connaissent bien le mécanisme et le sens de cet acte manqué et qu'ils présupposent que le spectateur les comprend également. Portia, que la volonté de son père a contrainte à faire dépendre du sort le choix de son époux, a toujours réussi jusqu'ici à échapper, par un heureux hasard, à des prétendants qui ne lui agréaient pas. Ayant enfin trouvé en Bassanio celui pour qui elle éprouve un véritable attachement, elle ne peut que redouter qu'il ne tire, lui aussi, le mauvais numéro. Ce qu'elle aurait le plus envie de lui dire, c'est que, même dans ce cas, il peut être sûr de son amour, mais elle en est empêchée par le vœu qu'elle a fait. Alors qu'elle est divisée par ce conflit intérieur, le poète lui fait dire au prétendant qui a ses faveurs :

Je vous en prie, restez ; demeurez encore un jour ou [deux,
Avant de vous en rapporter au hasard : car si vous [choisissez mal,
Je perds votre société ; différez donc un peu.
Quelque chose me dit (*mais ce n'est pas l'amour*)
Que je ne voudrais pas vous perdre [...]

a. Ajouté en 1912.
b. *verrät.*
c. *Dichter.*

[...] Je pourrais vous apprendre
Comment faire le bon choix ; mais alors je suis
[parjure,
Et je ne le serai jamais ; ainsi, vous pouvez me laisser
[échapper ;
Mais, si cela arrive, vous me ferez souhaiter avoir
[commis ce péché,
Avoir été parjure. Maudits soient vos yeux,
Ils m'ont ensorcelée et m'ont partagée en deux ;
L'une des moitiés est à vous, l'autre est à vous,...
À moi, voulais-je dire ; mais si elle est à moi, alors elle
[est à vous,
Et ainsi tout est à vous.

Ainsi donc, c'est cela même qu'elle aimerait lui dire, mais seulement de façon très allusive, parce qu'à proprement parler, elle devrait absolument le garder pour elle, à savoir qu'avant même que le choix ne soit opéré, elle
109 est *tout entière* à lui et qu'elle l'aime, c'est cela même qui réussit à percer ouvertement dans le lapsus grâce à l'admirable sensibilité psychologique du poète, lequel s'entend à apaiser, par ce stratagème, l'insupportable incertitude de l'amoureux ainsi que la tension psychique, tout aussi forte, que le spectateur éprouve quant à l'issue de son choix[a]. »

Étant donné l'intérêt que présente une telle prise de parti des grands poètes pour notre conception du lapsus, je tiens pour justifié de citer un troisième exemple de ce genre, qui a été communiqué par E. Jones[1] :

1. « *Ein Beispiel von literarischer Verwertung des Versprechens* », *Zentralblatt für Psychoanalyse*, I, 10. [Exemple ajouté en 1912.]

a. Freud a reproduit cet article dans la deuxième conférence de l'*Introduction* en y ajoutant lui-même un commentaire.

« Dans un article publié récemment, Otto Rank attire l'attention sur un bel exemple dans lequel Shakespeare fait commettre à l'un de ses personnages, Portia, un lapsus par lequel ses pensées secrètes se trouvent révélées au spectateur attentif. J'ai l'intention de rapporter un exemple similaire emprunté à *The Egoist*, le chef-d'œuvre du plus grand des romanciers anglais, George Meredith. Voici, brièvement racontée, l'action du roman : Sir Willoughby Patterne, un aristocrate très admiré par ses pairs, se fiance à une certaine Miss Constantia Durham. Elle découvre en lui un égoïsme extrême, qu'il a cependant l'habileté de cacher aux yeux du monde, et, pour échapper au mariage, s'enfuit avec un capitaine nommé Oxford. Quelques années plus tard, il se fiance à une certaine Miss Clara Middleton. La majeure partie du livre est consacrée à la description détaillée du conflit qui naît dans l'âme de celle-ci, lorsqu'elle découvre chez son fiancé ce même trait de caractère dominant. Des circonstances extérieures et sa conception de l'honneur l'enchaînent à la parole donnée, alors même que son futur lui apparaît de plus en plus méprisable. Elle se confie en partie au cousin et secrétaire de celui-ci, Vernon Whitford (qu'elle finira d'ailleurs par épouser). Mais ce dernier, par loyauté envers Patterne et pour d'autres motifs, se tient sur la réserve.

Dans un monologue où elle parle de son chagrin, 110
Clara s'exprime comme suit : “Ah, si seulement quelque homme de cœur pouvait me voir dans l'état où je suis et ne pas dédaigner de me venir en aide ! Oh, être tirée de cette prison pleine d'épines et de ronces ! Je ne peux me frayer seule mon chemin. Je suis une couarde. Un simple geste du doigt[1], je crois, suffirait à me changer. Je pour-

1. Note du traducteur de l'édition allemande, J. Theodor von Kalmar : « Je voulais, à l'origine, traduire l'expression du texte original *beckoning of a finger* par “léger signe de la main”, jusqu'à ce qu'il m'apparaisse qu'en

rais m'enfuir, couverte de sang et entourée de huées, pour me réfugier auprès d'un compagnon... Constantia a rencontré un soldat. Peut-être qu'elle a prié et que sa prière a été entendue. Elle n'a pas bien fait. Mais, oh, combien je l'aime pour ce qu'elle a fait ! Il s'appelait Harry Oxford... Elle n'a pas hésité, elle a brisé ses liens, elle s'est abandonnée à l'autre. Courageuse jeune fille, que dois-tu penser de moi ? C'est que moi, je n'ai pas un Harry *Whitford*, je suis seule."

Lorsqu'elle prit brusquement conscience qu'à la place de *Oxford*, elle avait utilisé un autre nom, elle reçut comme un coup de poing, et tout son visage devint cramoisi.

Le fait que les noms des deux hommes se terminent par "*ford*" a bien évidemment facilité la confusion, et nombreux sont ceux qui y verraient une cause suffisante. Mais le motif réel, plus profond, est clairement indiqué par l'auteur.

Dans un autre passage, le même lapsus se reproduit. Il est suivi par cette hésitation spontanée et ce changement de sujet soudain qui nous deviennent familiers grâce à la psychanalyse et aux travaux de Jung sur les associations et qui ne se produisent que lorsqu'un complexe à moitié conscient est touché. Patterne dit de Whitford sur un ton protecteur : "Fausse alerte ! Le pauvre vieux Vernon est bien incapable de faire quelque chose d'inhabituel." Clara répond : "Mais si monsieur *Oxford... Whitford...* ;
111 regardez, vos cygnes sont en train de traverser le lac ; comme ils sont beaux quand ils sont indignés ! Je m'apprêtais à vous demander ceci : ne pensez-vous pas que les hommes qui voient quelqu'un d'autre être l'objet

supprimant le mot "doigt", je privais la phrase d'une subtilité psychologique. »

d'une admiration manifeste sont naturellement découragés ?" Sir Willoughby, pris d'une illumination soudaine, se raidit.

Dans un autre passage encore, Clara trahit par un autre lapsus son désir secret d'avoir une union plus intime avec Vernon Whitford. Parlant à un jeune garçon de ses amis, elle dit : "Dis ce soir à M. *Vernon*... Dis ce soir à M. *Whitford*..., etc.[1]." »

La conception du lapsus défendue ici[a] résiste d'ailleurs aussi lorsqu'on la soumet à l'épreuve d'une chose extrêmement petite. J'ai, de façon répétée, eu l'occasion de montrer que les cas d'erreur de prononciation les plus minimes et les plus évidents ont tous leur raison d'être et qu'ils se résolvent de la même façon que les exemples plus frappants. Une de mes patientes, qui a entrepris une brève excursion à Budapest — projet qui va totalement contre ma volonté, mais qu'elle est fermement résolue à réaliser —, se justifie en me disant qu'après tout, elle y part seulement pour trois *jours*, mais, ce faisant, commet un lapsus et dit : « seulement pour trois *semaines* ». Elle trahit sa volonté de rester, en dépit de mon avis, plutôt trois semaines que trois jours dans un groupe de personnes qui, selon moi, ne lui convient pas. — Devant m'excuser un soir de ne pas être allé chercher ma femme au théâtre, je déclare : « J'étais au théâtre à *dix heures dix*. » On me corrige : « Tu veux dire : "À dix heures *moins dix*." — Bien sûr que je voulais dire "*à moins dix*". Si j'avais voulu dire "À *dix heures dix*", ce n'aurait pas été

1. [Ajouté en 1920] D'autres exemples de lapsus dont il faut penser, si l'on considère l'intention de l'auteur, qu'ils ont un sens et que ce sont généralement des autotrahisons, se trouvent chez Shakespeare dans *Richard II* (II, 2), chez Schiller dans le *Don Carlos* (II, 8, lapsus d'Eboli). Il serait assurément facile de compléter cette liste.

a. Ce paragraphe fut ajouté en 1907 ; le suivant remonte à 1901.

une excuse valable. » On m'avait dit qu'il était écrit sur le billet : « Fin du spectacle avant *dix* heures. » Lorsque je suis arrivé au théâtre, les lumières du hall étaient éteintes et le bâtiment vide. En effet, le spectacle s'était
112 terminé plus tôt, et ma femme ne m'avait pas attendu. Lorsque j'ai regardé l'horloge, il n'était encore que dix heures moins cinq. Je me suis toutefois proposé de présenter mon cas, à la maison, sous un jour plus favorable en disant qu'à mon arrivée, il n'était encore que dix heures moins dix. Malheureusement, cette intention fut ruinée par mon lapsus, lequel mit à nu mon insincérité, en ceci qu'il me fit avouer tout seul plus que je n'avais à le faire.

À partir d'ici, on en arrive à ces troubles de l'élocution qui ne peuvent plus être décrits comme des lapsus, parce qu'ils portent préjudice, non pas au mot pris séparément, mais au rythme et à la réalisation du discours tout entier, comme par ex. le balbutiement et le bégaiement dus à l'embarras. Mais, ici comme là, ce que le trouble de l'élocution nous révèle[a], c'est le conflit intérieur. Je ne crois vraiment pas qu'on puisse faire un lapsus quand on est reçu en audience par Sa Majesté, quand on brigue sérieusement l'amour d'une jeune fille, quand on prononce un plaidoyer pour défendre son honneur et son nom devant des jurés, bref dans tous les cas où, comme le dit notre locution si caractéristique, *on est tout entier à ce que l'on fait.* Même lorsqu'il s'agit d'apprécier le style dans lequel écrit un auteur, nous avons le droit et l'habitude d'utiliser le principe d'explication dont nous ne pouvons nous passer lorsque nous faisons des déductions à partir de telle ou telle faute d'élocution. Une façon d'écrire claire et dépourvue d'ambiguïté nous enseigne

a. *verrät* : « trahit ».

que l'auteur est ici en accord avec lui-même, et là où nous trouvons une expression contrainte et contournée, qui, comme on le dit si justement, louche sur plus d'un mirage, nous pouvons identifier la part prise par une pensée compliquante, insuffisamment liquidée, ou entendre la voix étouffée de l'autocritique que fait l'auteur[1].

Depuis que ce livre a paru pour la première fois[a], des amis et collègues parlant d'autres langues ont commencé à porter leur attention sur le phénomène du lapsus tel qu'ils ont eu la possibilité de l'observer dans les pays où on parle la leur. Comme on pouvait s'y attendre, ils ont 113 trouvé que les lois régissant l'acte manqué sont indépendantes du matériel verbal, et ils ont procédé aux mêmes interprétations que celles qui sont expliquées ici grâce à des exemples portant sur des personnes parlant l'allemand. Je n'en citerai qu'un parmi tant d'autres :

Le Dr A.A. Brill (de New York) rapporte ceci à propos de lui-même : « *A friend described to me a nervous patient and wished to know whether I could benefit him. I remarked, I believe that in time I could remove all his symptoms by psycho-analysis because it is a* durable *case wishing to say* "curable" ! » [« Un ami me décrivit le cas d'un malade nerveux, souhaitant savoir si je pourrais faire quelque chose pour lui. Je répondis que je pensais pouvoir, au bout d'un certain temps, supprimer tous ses symptômes par la psychanalyse, car c'était un cas *durable*, alors que je voulais dire *curable* ! »]

1. [Ajouté en 1910]
Ce que l'on conçoit bien s'énonce clairement
Et les mots pour le dire arrivent aisément. (Boileau, *Art poétique.*)
[Dans une lettre à Fliess (21 septembre 1899), Freud émet exactement ce type de critique à l'égard de son propre style dans *L'interprétation des rêves.*]

a. Ce paragraphe et l'exemple suivant furent ajoutés en 1912.

(« *A Contribution to the Psychopathology of Everyday Life* », *Psychotherapy*, III, 1, 1909.)

Enfin[a], je voudrais ajouter, à l'intention des lecteurs qui ne répugnent pas à un certain effort et auxquels la psychanalyse n'est pas étrangère, un exemple qui montre jusqu'à quelles profondeurs de l'âme humaine l'analyse suivie d'un lapsus peut elle aussi conduire.

Le Dr L. Jekel rapporte ceci : « Le 11 décembre, une dame de mes amies s'adresse à moi en polonais, avec un peu de défi et d'outrecuidance dans la voix, pour me déclarer : "*Pourquoi ai-je dit aujourd'hui que j'avais douze doigts ?*" — Elle reproduit ensuite, sur mon invitation, la scène au cours de laquelle elle a fait cette remarque. S'apprêtant, dit-elle, à sortir avec sa fille pour faire une visite, elle demande à sa fille (un cas de démence précoce se trouvant alors dans une période de rémission) de changer de corsage, ce que celle-ci fait d'ailleurs dans la pièce attenante. Lorsque la fille vient rejoindre sa mère, elle la trouve occupée à se nettoyer les ongles ; c'est alors que se déroule le dialogue suivant :

La fille : "Eh bien, tu vois, je suis déjà prête, mais toi, tu n'as pas encore fini !"

La mère : "Oui, mais toi, tu as seulement *un* corsage, et moi, j'ai *douze ongles.*"

La fille : "Quoi ?"

114 La mère (impatientée) : "Mais naturellement, *puisque j'ai douze doigts.*"

À un collègue qui a écouté le récit et qui lui demande ce qui lui vient à l'esprit à propos du nombre douze, elle répond avec autant de promptitude que de détermination : "*Pour moi, le douze n'est pas une date importante.*"

L'association qui est livrée, après une légère hésitation,

a. Le reste du chapitre fut ajouté en 1917.

à propos de *doigt* est la suivante : “Dans la famille de mon mari, ils avaient six doigts aux pieds à leur naissance (en polonais, il n’existe pas de mot particulier pour dire orteil). Quand nos enfants sont nés, nous les avons tout de suite fait examiner, pour voir s’ils n’avaient pas six doigts.” Pour des raisons extérieures, l’analyse ne fut pas poursuivie ce soir-là.

Le lendemain matin, le 12 décembre, la dame en question me rend visite et, dans un état d’émotion visible, me raconte ceci : “Imaginez ce qui vient de m’arriver ; c’est aujourd’hui l’anniversaire du vieil oncle de mon mari, et cela fait environ vingt ans que je le lui souhaite en lui écrivant toujours une lettre le 11, et cette fois-ci, j’ai oublié de le faire et je viens d’être obligée de lui envoyer une dépêche par télégraphe.”

Je me rappelle alors et rappelle à la dame avec quelle détermination elle a écarté, la veille au soir, la question de mon collègue au sujet du nombre douze, question qui, à dire vrai, était pourtant tout à fait propre à lui faire revenir en mémoire cet anniversaire, et ce, en faisant comme remarque que le 12 du mois n’était pas une date importante pour elle.

À présent, elle avoue que cet oncle de son mari est un oncle d’Amérique, dont, à vrai dire, elle a toujours escompté hériter, et tout particulièrement en ce moment, où elle est dans la gêne.

C’est ainsi, dit-elle, que cet homme, ou plutôt la mort de celui-ci, lui est aussitôt venue à l’esprit lorsqu’une femme de sa connaissance lui a prédit, quelques jours avant, en lui tirant les cartes, qu’elle aurait bientôt beaucoup d’argent. Une idée lui traversa aussitôt la tête, à savoir que son oncle était le seul de qui elle, ou plutôt ses enfants pouvaient recevoir de l’argent ; elle se souvint aussi instantanément au cours de cette scène que la

femme de l'oncle avait elle-même déjà promis de penser
115 aux enfants de la narratrice dans son testament ; or elle est morte sans en avoir rédigé ; peut-être a-t-elle chargé son mari d'exécuter cette volonté.

Le désir de mort à l'encontre de l'oncle avait manifestement dû apparaître avec une grande intensité, puisque la tireuse de cartes avait dit : "Vous poussez les gens au meurtre."

Durant les quatre ou cinq jours qui s'écoulèrent entre la prédiction et l'anniversaire de l'oncle, elle passa son temps à chercher, dans les journaux de la ville où résidait ce dernier, l'avis faisant part de son décès.

Rien d'étonnant, dans ces conditions, à ce qu'étant donné l'intense désir qu'elle avait de sa mort, le fait et la date de son anniversaire imminent eussent fait l'objet d'un refoulement si puissant que, non seulement il y eut oubli d'un projet habituellement réalisé depuis des années, mais encore que même la question de mon collègue ne réussit pas à les ramener à sa conscience.

Dans le lapsus des "douze doigts", le nombre réprimé, douze, a toutefois réussi à percer et a codéterminé l'acte manqué.

Je dis bien *co*-déterminé, car l'association frappante avec les "doigts" nous laisse pressentir d'autres motivations encore ; elle nous explique aussi pourquoi le nombre douze est venu fausser précisément la tournure si innocente où il devait être question des dix doigts.

Voici comment s'énonçait l'idée qui lui était venue : "Dans la famille de mon mari, ils avaient six doigts aux pieds à leur naissance."

Six orteils sont la marque d'une certaine anormalité, et, par conséquent, six doigts celle d'*un* enfant anormal et douze doigts celle de *deux* enfants anormaux.

Et c'était effectivement valable dans ce cas.

Cette femme, mariée très jeune, avait reçu pour tout héritage de son mari, un homme qu'on avait toujours considéré comme quelqu'un d'excentrique, d'anormal et qui s'était suicidé après quelques années de mariage, deux enfants dont les médecins avaient dit, de façon répétée, qu'ils avaient une hérédité paternelle très chargée et qu'ils étaient anormaux.

La fille aînée venait de rentrer à la maison après un 116
grave accès de catatonie ; peu de temps après, la cadette, qui était à l'âge de la puberté, était elle aussi tombée malade, atteinte d'une névrose grave.

Le fait que l'anormalité des enfants se trouve ici mise en relation avec le désir de mort à l'encontre de l'oncle et se condense avec cet élément à la fois soumis à un refoulement considérablement plus puissant et possédant une valeur psychique plus grande nous laisse supposer qu'il existe une deuxième détermination de ce lapsus, à savoir le *désir de mort contre ses enfants anormaux.*

Toutefois, la signification prédominante du nombre douze comme désir de mort ressort déjà du fait que, dans l'idée[a] de la narratrice, l'anniversaire de l'oncle était très intimement associé au concept de mort. Car son mari s'était suicidé le treizième jour du mois, donc un jour après l'anniversaire de ce même oncle dont la femme avait dit à la jeune veuve : “Et dire qu'hier encore, en venant présenter ses vœux, il était si cordial et aimable ; tandis qu'aujourd'hui... !”

Je voudrais en outre ajouter une chose, à savoir que la dame avait d'ailleurs suffisamment de raisons réelles de souhaiter la mort de ses enfants, qui n'étaient source pour elle d'aucune joie, mais seulement de chagrin et de graves limitations de son droit à déterminer sa vie elle-

a. *in der Vorstellung.*

même et pour lesquels elle avait renoncé au moindre des bonheurs que procure l'amour.

Cette fois encore, elle fit des efforts extraordinaires pour éviter toute occasion qui pût mettre de mauvaise humeur sa fille, avec laquelle elle allait en visite ; et l'on peut s'imaginer la dépense de patience et d'autoreniement qu'il faut faire lorsqu'on est en face d'un cas de démence précoce, et combien nombreux sont les mouvements de rage qui doivent être réprimés à cette occasion.

En conséquence, voici quel serait le sens de cet acte manqué :

L'oncle doit mourir, les enfants anormaux doivent mourir (et pour ainsi dire toute cette famille d'anormaux), et moi, je dois avoir l'argent qui me vient d'eux.

117 Cet acte manqué possède, à mon avis, plusieurs caractéristiques d'une structure inhabituelle, à savoir :

a) L'existence de deux déterminants, qui sont condensés en un seul élément.

b) L'existence des deux déterminants se reflète dans le redoublement du lapsus (douze ongles, douze doigts).

c) On est frappé par le fait que l'une des deux significations du nombre douze, à savoir les douze doigts exprimant l'anormalité des enfants, représente une figuration indirecte[a] ; l'anormalité psychique est ici figurée par l'anormalité physique, l'élément supérieur par l'élément inférieur[1]. »

1. *Internat. Zeitschr. f. Psychoanalyse*, I, 1913.
a. *eine indirekte Darstellung repräsentiert.*

VI

Lapsus de lecture et lapsus d'écriture[a] 118

Le fait que les points de vue et remarques valables pour les fautes qu'on fait en lisant et en écrivant soient les mêmes que ceux qui valent pour les fautes qu'on fait en parlant n'est pas étonnant quand on sait la parenté interne qui existe entre ces fonctions. Je me bornerai ici à rapporter quelques exemples analysés avec soin et ne ferai aucune tentative pour embrasser l'ensemble des phénomènes.

A) LAPSUS DE LECTURE

1) Je feuillette un jour au café un numéro de l'hebdomadaire *Leipziger Illustrierte*, que je tiens obliquement devant moi, et je lis au-dessous d'une illustration qui s'étend sur une pleine page : « Une noce dans l'Odyssée [*in der Odyssee*] ». Cela attire mon attention et m'étonne beaucoup, je rectifie la position de la revue et procède à la correction : « Une noce au bord de la Baltique [*an der Ostsee*] ». Comment en suis-je venu à faire cette faute de

a. La partie la plus ancienne de ce chapitre (jusqu'à la p. 195) remonte à 1901.

lecture dénuée de sens ? Mes pensées se tournent aussitôt vers un livre de Ruths, *Experimentaluntersuchungen über Musikphantome usw.*[1], qui a beaucoup occupé mon esprit ces derniers temps, parce qu'il touche de près aux problèmes psychologiques dont j'ai traité. L'auteur promet qu'il fera paraître prochainement un ouvrage qui s'intitulera *Analyse und Grundgesetze der Traumphänomene* [*Analyse et lois fondamentales des phénomènes oniriques*]. Rien d'étonnant à ce que moi, qui viens de publier une *Interprétation des rêves*, j'attende ce livre avec une extrême
119 impatience. Concernant celui qu'il a écrit sur les fantômes musicaux, j'ai trouvé, dans le sommaire qui le précède, l'annonce de la preuve inductive détaillée de ce que les mythes et légendes de la Grèce ancienne ont leurs racines principales dans des fantômes nés de la somnolence et de la musique, dans des phénomènes relatifs au rêve et aussi dans des délires. J'ai aussitôt consulté le texte, afin de voir si l'auteur savait aussi que la scène où Ulysse [*Odysseus*] apparaît devant Nausicaa découlait d'un rêve commun à presque tous les êtres humains, le rêve de nudité. Un de mes amis avait attiré mon attention sur le beau passage de *Henri le Vert*[a] de Gottfried Keller qui élucide cet épisode de l'*Odyssée*, le présentant comme l'objectivation des rêves du navigateur qui erre loin de son pays, et j'y avais ajouté la relation au rêve d'exhibition de la nudité (8e éd., p. 170)[b]. Je n'ai rien trouvé de tel chez Ruths. Dans ce cas, mon esprit était manifestement occupé par des pensées tournant autour de la priorité de cette découverte.

2) Comment en suis-je venu à lire un jour dans le

1. Darmstadt, 1898, Éd. H.L. Schlapp.

a. *Der Grüne Heinrich* (1854-1855), roman de Gottfried Keller (1819-1890).

b. *L'interprétation des rêves*, p. 215.

journal [*Zeitung*] : « En tonneau à travers l'Europe [*Im Fass durch Europa*] » au lieu de « À pied [*zu Fuss*] » ? J'ai rencontré bien des difficultés avant de résoudre cette question. Les premières idées qui me vinrent me fournirent cependant comme indication : « Il s'agit certainement du tonneau de Diogène », et j'avais lu dans un livre d'histoire de l'art, peu de temps auparavant, quelque chose sur l'art à l'époque d'Alexandre le Grand. Aussi n'étais-je pas loin de penser à la parole fameuse prononcée par ce dernier : « Si je n'étais Alexandre, je voudrais être Diogène. » J'avais aussi vaguement en tête l'histoire d'un certain *Hermann Zeitung*, qui était parti en voyage enfermé dans une caisse. Mais la corrélation entre ces éléments continuait à ne pas vouloir s'établir, et je ne réussis pas à retrouver la page du livre d'histoire de l'art où figurait la remarque qui m'avait frappé. C'est seulement quelques mois plus tard que l'énigme que j'avais mise de côté me revint brusquement à l'esprit, et cette fois en même temps que sa solution. Je me souvins d'une remarque que j'avais lue dans un article de journal sur les moyens de locomotion [*Beförderung*] singuliers que les gens choisissaient maintenant pour se rendre à l'Exposition universelle de Paris, et là aussi, je crois, le journaliste racontait 120
en plaisantant qu'un certain monsieur avait l'intention de se faire rouler en tonneau jusqu'à Paris par un autre monsieur. Le seul mobile de ces personnes était naturellement, disait-il, de faire sensation par de telles extravagances. Et l'homme qui avait donné le premier exemple de tels moyens de locomotion sortant de l'ordinaire s'appelait effectivement *Hermann Zeitung*. Puis l'idée me vint que j'avais un jour traité un patient dont la peur maladive des journaux s'était résolue en ceci qu'elle s'était révélée être une réaction contre l'*ambition* maladive qu'il avait de voir son nom imprimé dans le journal et qu'il y

soit mentionné comme quelqu'un de célèbre. Alexandre de Macédoine est à coup sûr l'un des hommes les plus ambitieux qui aient jamais existé. Il se plaignait, on le sait, de ne pas trouver d'Homère pour chanter ses exploits. Mais comment donc ai-je pu *ne pas penser* qu'il y avait un autre *Alexandre* plus proche de moi, qu'Alexandre était le prénom de mon frère cadet[a] ! Dès lors, je découvris aussitôt la pensée scandaleuse et ayant besoin d'être refoulée qui concernait cet Alexandre, ainsi que la circonstance actuelle qui l'avait occasionnée. Mon frère est expert en matière de tarifs et de *transports*, et il fut un temps où il devait recevoir le titre de professeur en raison de l'enseignement qu'il donnait dans une école supérieure de commerce. On m'avait moi-même proposé pour la même promotion [*Beförderung*] universitaire depuis plusieurs années, mais je ne l'avais pas obtenue[b]. À cette époque, notre mère avait émis des réserves quant au fait que son fils cadet dût être appelé à devenir professeur avant son aîné. Telle était la situation à l'époque où je ne fus pas en mesure de trouver la solution de cette erreur de lecture. Ensuite, mon frère rencontra lui aussi des difficultés ; les chances qu'il avait d'accéder au professorat devinrent encore plus minces que les miennes. Mais, alors, le sens de ce lapsus de lecture m'apparut brusquement avec évidence ; c'était comme si le fait que les chances de mon frère avaient diminué avait écarté un obstacle. Je m'étais comporté comme si je lisais la nomi-

a. Selon Ernest Jones, ce prénom avait été choisi suite à une suggestion de Freud (qui avait dix ans de plus que son jeune frère) en raison des prouesses militaires et de la générosité d'Alexandre le Grand.

b. Cette question est discutée de façon répétée dans *L'interprétation des rêves* en relation avec les rêves de Freud, par ex. p. 125 *sqq.* Il obtint finalement cette promotion en 1902, l'année qui suivit la première publication de ce paragraphe.

nation de mon frère dans le journal, et je m'étais dit, ce faisant : « C'est curieux que de telles stupidités (comme celles qui constituent son métier) puissent vous permettre d'avoir votre nom dans le journal (c.-à-d. d'être nommé 121
professeur) ! » En ce qui concerne le passage sur l'art hellénique au siècle d'Alexandre, je le retrouvai ensuite sans peine et je me convainquis à mon grand étonnement que, lors de mes précédentes recherches, j'avais lu la page de façon répétée et qu'à chaque fois j'avais sauté la phrase en question comme si j'avais été sous l'empire d'une hallucination négative. Cette phrase ne contenait d'ailleurs absolument rien qui eût pu m'apporter des éclaircissements, rien qui eût valu d'être oublié. En d'autres termes, le symptôme en question, à savoir le fait de ne pas retrouver le passage dans le livre, n'avait été créé que pour m'induire en erreur. Je devais chercher la suite de la connexion de pensées là où un obstacle avait été mis à mes recherches, donc dans telle ou telle idée concernant Alexandre de Macédoine, et mon attention devait, de cette manière, être détournée d'autant plus sûrement de mon frère qui portait le même nom. Cela a d'ailleurs parfaitement réussi ; j'ai employé tous mes efforts à retrouver le passage du livre d'histoire de l'art que j'avais laissé échapper[a].

Le double sens du mot *Beförderung* [« locomotion » et « promotion »] constitue, dans le cas présent, le pont associatif entre les deux complexes[b], celui, peu important,

a. *die verlorene Stelle* : « le passage perdu ».

b. *Assoziationsbrücke zwischen den zwei Komplexen.* Dans les éditions de 1901 et 1904, le mot employé est « sphères de pensées ». L'introduction du terme « complexe » dans celle de 1907 marque le début de l'influence de Jung sur Freud. — Sur l'usage similaire de ponts verbaux dans le travail du rêve, le mot d'esprit et les symptômes névrotiques, voir *L'interprétation des rêves*, p. 292 *sqq.* Cf. aussi plus bas, p. 434, n. *c.*

qui a été suscité par l'entrefilet figurant dans le journal, et l'autre, plus intéressant mais scandaleux, qui se manifeste ici comme facteur perturbateur de ce qui devait être lu. Il ressort de cet exemple qu'il n'est pas toujours facile d'élucider des petits faits tels que cette faute de lecture. À l'occasion, on est aussi obligé de remettre à un moment plus favorable la résolution de l'énigme. Mais, plus le travail de résolution s'avère difficile, plus on peut s'attendre avec certitude à ce que la pensée perturbatrice enfin mise à découvert soit jugée étrangère et contradictoire par notre pensée consciente[a].

3) Je reçois un jour, des environs de Vienne, une lettre qui m'apprend une nouvelle bouleversante. J'appelle aussitôt ma femme et, l'invitant à compatir, lui annonce que *la* pauvre Wilhelm M. est tombée gravement malade et que les médecins l'ont condamnée. Mais quelque chose, dans les mots que j'ai utilisés pour exprimer ma peine, a
122 dû sonner faux, car ma femme se montre méfiante, demande à voir la lettre et se dit convaincue que les choses ne peuvent avoir été formulées ainsi, parce que personne n'appelle une femme par le prénom de son mari et qu'au surplus, notre correspondante connaît très bien celui de la femme en question. Je soutiens obstinément ce que je viens d'affirmer et la renvoie à l'usage si courant qui veut qu'une femme mette le prénom de son mari sur sa propre carte de visite. Finalement, je suis obligé de prendre la lettre, et nous y lisons effectivement « le pauvre W. M. », et même — un mot que j'avais complètement omis de voir : « le pauvre Dr W. M. ». Mon lapsus de lecture[b] signifie donc une tentative pour ainsi dire

a. *unser bewusstes Denken.* Alors que le mot *Gedanke* désigne telle ou telle pensée, le mot *Denken* veut dire « la pensée » au sens de l'activité psychique.

b. *Versehen.* Le « lapsus » dont il s'agit ici concerne très exactement la vue (*sich versehen* : « voir "de travers", faire une erreur en regardant »).

désespérée[a] pour transférer la triste nouvelle de l'époux à l'épouse. Le grade académique intercalé entre l'article et l'adjectif, d'une part, et le nom, d'autre part, ne s'accordent guère avec l'affirmation selon laquelle il ne pouvait s'agir que de l'épouse. C'est d'ailleurs la raison pour laquelle il fut éliminé au moment de ma lecture. Cependant, le mobile de cette altération n'était pas que la femme en question m'était moins sympathique que son mari, c'est simplement que le destin de ce pauvre homme avait éveillé les inquiétudes que je nourrissais à propos d'une autre personne, qui m'était proche et dont je savais qu'elle avait en commun avec ce cas une des conditions de la maladie.

4)[b] Agaçant et ridicule est, pour moi, le lapsus de lecture auquel je suis très fréquemment sujet lorsque, pendant les vacances, je me promène dans les rues d'une ville que je ne connais pas. Je lis alors, sur toutes les enseignes de magasin qui s'y prêtent d'une manière ou d'une autre, le mot *antiquités*. Ce qui s'exprime ici, c'est le goût de l'aventure manifesté par le collectionneur.

5)[c] Dans son important livre intitulé *Affektivität, Suggestibilität, Paranoia* (1906), Bleuler raconte ceci (p. 121) : « Un jour que j'étais en train de lire, j'eus la sensation intellectuelle de voir mon nom imprimé deux lignes plus bas. À mon grand étonnement, je ne trouve que le mot *Blutkörperchen* [globule(s) sanguin(s)]. Parmi les milliers de lapsus de lecture que j'ai analysés, lesquels concernent aussi bien le champ visuel périphérique que le champ visuel central, il s'agit là d'un cas extrême parmi les cas extrêmes. Lorsque je croyais voir mon nom, le mot 123

a. *krampfhaft* : « crispé ».
b. Ajouté en 1907.
c. Ajouté en 1910.

qui fournissait l'occasion de ce lapsus présentait généralement beaucoup plus de similitude avec mon nom ; dans la plupart des cas, il fallait que la quasi-totalité des lettres de ce dernier se trouve à proximité avant qu'une telle erreur puisse m'arriver. Mais, dans le cas présent, le délire de mise en relation et l'illusion étaient très faciles à expliquer : ce que j'étais en train de lire était la fin d'une annotation sur un certain mauvais style assez répandu dans les travaux scientifiques, défaut dont je ne me sentais pas exempt. »

6)[a] H. Sachs : « "Passant à côté de ce qui impressionne les gens, il avance avec le discours toujours très *cuistruit* [*Steifleinenheit*] qu'on lui connaît." Ce mot, toutefois, me frappa, et je découvris en y regardant de plus près qu'il était écrit "*construit*" [*Stilfeinheit*][b]. Ce passage faisait partie d'un dithyrambe plein d'outrance qu'un auteur que j'estime avait composé en l'honneur d'un historien qui m'est antipathique parce qu'il se complaît trop dans son côté "professeur germanique". »

7)[c] Voici un cas de lapsus de lecture qui s'est produit au cours d'études philologiques et que rapporte le Dr Marcell Eibenschütz dans la revue *Zentralblatt für Psychoanalyse* (I, 5/6) : « Je m'occupe en ce moment des problèmes liés à la transmission d'un légendaire moyen haut allemand, *Das Buch der Märtyrer*, que je dois éditer dans la série des "*Deutsche Texte des Mittelalters*" publiée par la *Preussische Akademie der Wissenschaften*. De cet ouvrage qui n'avait jamais encore été imprimé on savait fort peu de choses ; il n'existait là-dessus qu'un seul

a. Ajouté en 1919.

b. Au lieu de *Stilfeinheit* [« finesse de style »], Sachs a lu *Steifleinenheit* (mot qui n'existe pas et dont l'attaque évoque l'« empesage »), ce qui constitue une sorte de « contrepèterie de lecture » approximative.

c. Ajouté en 1902.

article, celui de J. Haupt intitulé « *Ueber das mittelhochdeutsche Buch der Märtyrer* » (*Wiener Sitzungsberichte*, 1867, t. 70, p. 101 *sqq.*) — Haupt avait fondé son travail, non pas sur un manuscrit ancien, mais sur une copie du manuscrit principal, le manuscrit *C* (Klosterneuburg), copie qui datait d'une époque plus récente (le XIXe siècle) et qui est conservée à la *Hofbibliothek*. Cette copie se termine par la suscription suivante[a] :

Anno Domini MDCCCL in vigilia exaltacionis sancte crucis ceptus est iste liber et in vigilia pasce anni subsequentis finitus cum adiutorio omnipotentis per me Hartmanum de Krasna tunc temporis ecclesie niwenburgensis custodem.

Maintenant, Haupt reproduit cette suscription dans 124
son article en pensant qu'elle émane du copiste de la version *C* lui-même, et, faisant, de façon conséquente, le lapsus sur la date de 1850 écrite en chiffres romains, il présente le manuscrit *C* comme ayant été écrit en 1350, et ce, bien qu'il ait recopié la suscription avec une totale exactitude et bien qu'elle ait été imprimée, à l'endroit indiqué de l'article en question, avec une totale exactitude (à savoir MDCCCL).

Le renseignement fourni par Haupt fut pour moi une source de perplexités. D'abord, en tant que tout jeune débutant dans cette science d'érudit, j'étais complètement sous l'autorité de ce dernier et, comme lui, je lus longtemps, dans la suscription que j'avais devant moi et dont l'impression était parfaitement claire et exacte, 1350 au lieu de 1850 ; pourtant, dans le manuscrit principal (*C*) que j'utilisais, on ne trouvait pas trace d'une quelconque suscription, et il s'avéra en outre que, durant tout le XIVe siècle, aucun moine du nom de Hartmann

a. *I.e.* le paragraphe explicatif situé à la fin du document et contenant notamment le nom, le titre et la qualité du rédacteur.

n'avait vécu à Klosterneuburg. Et lorsque le bandeau me tomba enfin des yeux, j'avais déjà deviné tout ce qui s'était passé, et la suite de mes recherches confirma ma supposition : la fameuse suscription se trouve seulement dans la copie utilisée par Haupt et émane du copiste lui-même, le père Hartman Zeibig, né à Krasna en Moravie, chanoine au couvent des Augustins de Klosterneuburg, qui, en qualité de chambrier, a copié le manuscrit *C* en 1850 et qui, à la manière ancienne, indique son propre nom à la fin de sa copie. Étant donné le désir qu'avait Haupt de pouvoir fournir autant d'informations que possible sur l'ouvrage dont il traitait, donc de *dater* aussi *le manuscrit C*, il est probable que le style médiéval et l'orthographe ancienne de la suscription ont contribué à ce qu'au lieu de 1850, il lût toujours 1350. (Mobile de l'acte manqué.) »

8)[a] Dans l'ouvrage de Lichtenberg intitulé *Witzige und Satirische Einfälle* se trouve une remarque qui est certainement issue d'une observation et qui contient presque toute la théorie du lapsus de lecture : « Il lisait toujours *Agamemnon* au lieu d'"*angenommen*", tant il avait lu Homère[b]. »

125 Dans un nombre de cas extraordinairement grand[c], c'est en effet la disponibilité du lecteur qui modifie le texte et y introduit par la lecture[d] une chose vers laquelle son esprit est disposé ou qui l'occupe. Le texte lui-même n'a besoin que d'aller au-devant du lapsus en présentant une quelconque similitude sur le plan de l'image du mot, similitude que le lecteur peut modifier dans le sens

a. Ajouté en 1910.

b. Phrase également citée par Freud dans *Le mot d'esprit*, p. 182, ainsi qu'à la fin de la deuxième conférence de l'*Introduction*.

c. Ce paragraphe ainsi que les exemples 9 et 10 furent ajoutés en 1917.

d. *hineinliest*. À rapprocher de *hineindeuten* (« surinterpréter »).

qu'il désire. Un coup d'œil rapide, notamment dans le cas d'un trouble de la vue non corrigé, facilite sans aucun doute la possibilité d'une telle illusion, mais n'en constitue nullement une condition nécessaire.

9) Je crois que nul acte manqué n'a autant été favorisé par le temps de guerre, lequel a engendré chez nous tous certaines préventions solides et durables, que, précisément, le lapsus de lecture. J'ai pu faire un grand nombre d'observation à ce sujet, mais je n'en ai malheureusement conservé que quelques rares exemples. Décrochant[a] un jour un des journaux du midi ou du soir, j'y trouve, imprimé en gros caractères, le titre suivant : « *Der Friede von Görz* » [« La paix signée à Gorizia »]. Mais non, il est seulement écrit : « *Die Feinde vor Görz* » [« Le prix : saignée à Gorizia »][b]. Quiconque a, en ce moment, deux fils combattant dans cette zone d'opérations peut facilement faire un tel lapsus de lecture. Quelqu'un d'autre trouve mentionné dans un certain contexte un « vieux ticket de pain » [*alte Brotkarte*], qu'il lui faut, lorsque son attention s'est améliorée, échanger contre de « vieux brocarts » [*alte Brokate*]. Il est tout de même intéressant de signaler à titre d'information que, dans une maison où il est reçu souvent et avec plaisir, il se concilie les bonnes grâces de la maîtresse de maison en lui donnant régulièrement des tickets de pain. Un ingénieur, dont l'équipement n'est pas en mesure de le préserver longtemps de l'humidité régnant dans le tunnel en construction, est très étonné de lire dans un journal une annonce vantant des articles en « peau de phoque

a. Cette traduction un peu « libre » de la tournure « *nach etw. greifen* » (« tendre la main pour attraper qqch. ») vise à indiquer que Freud n'avait pas le journal devant les yeux.

b. Ces deux titres signifient exactement « La paix de Gorizia » et « Les ennemis aux portes de Gorizia ».

authentoque » [*Schundleder*]. Mais les commerçants sont rarement aussi francs ; les objets dont l'annonce recommande l'achat sont en « peau de phoque *authentique* » [*Seehundleder*][a].

La profession ou la situation présente du lecteur détermine aussi le résultat de son lapsus de lecture. Un philologue qui, à cause de ses derniers travaux, excellents, est en conflit avec ses collègues, lit « *Sprachstrategie* » [« stra-
126 tégie linguistique »] au lieu de « *Schachstrategie* » [« stratégie aux échecs »]. Un homme qui va se promener dans une ville inconnue à l'heure précise où ses fonctions intestinales, régulées par une cure, doivent s'exercer, lit sur une imposante enseigne située au premier étage d'un grand magasin assez élevé : « *Klosetthaus* » ; à la satisfaction qu'il éprouve se mêle pourtant un déconcertant sentiment d'étrangeté quant au lieu inhabituel abritant la bienfaisante institution. Mais, l'instant d'après, sa satisfaction a disparu, car le mot écrit sur l'enseigne est plus exactement : « *Korsetthaus* »[b].

10) Dans un deuxième groupe de cas, la part prise par le texte dans le lapsus de lecture est considérablement plus grande. Il contient quelque chose qui met en mouvement les défenses du lecteur, à savoir une information ou une exigence abusive à son égard qui lui causent de la gêne, et il subit, pour cette raison, une correction allant dans le sens d'un rejet ou d'un accomplissement de désir. Aussi est-on naturellement obligé d'admettre par hypothèse que le texte a d'abord été enregistré et jugé de façon exacte, avant de subir cette correction, et ce, même si la conscience n'a nullement eu connaissance de cette

a. Le premier terme, péjoratif et familier, désigne du « cuir de mauvaise qualité », le second du « cuir de phoque ».

b. Exemple cité pour la première fois dans la quatrième conférence de l'*Introduction*.

première lecture. L'exemple cité plus haut relève de cette variété ; en voici un autre, d'une extrême actualité, que je reproduis d'après le Dr M. Eitingon (présentement à l'hôpital militaire d'Iglo ; *Internationale Zeitschrift für Psychoanalyse*, II, 1915).

« Le sous-lieutenant X., qui, atteint d'une névrose traumatique de guerre, se trouve dans notre hôpital, me lit un jour le vers final de la dernière strophe d'un poème écrit par le poète tombé de si bonne heure Walter Heymann[1]. Voici ce qu'il me récite, en proie à une émotion visible :

Mais où est-il écrit, dites-moi, que de vous tous,
Je sois le seul qui reste, qu'un autre tombe pour moi ?
Que l'un ou l'autre tombe, ce sera pour moi qu'il [meurt ;
Et moi, je devrais donc rester ? *Pourquoi donc pas*[a] ?

Mon air déconcerté lui ayant fait remarquer son lapsus, il lit alors, un peu confus, la phrase exacte :

Et moi, je devrais donc rester ? Pourquoi donc *moi* ?

Je suis redevable au cas X. de m'avoir permis d'acquérir quelques lumières analytiques sur le matériel psychique de ces "névroses traumatiques de guerre", et il me fut alors possible, en dépit des conditions, si peu favorables à notre façon de travailler, d'un hôpital militaire en 127

1. W. Heymann., *Kriegsgedichte und Feldpostbriefe*, p. 11, « *Den Ausziehenden* » (« À ceux qui partent en campagne »).

a. « *Warum denn nicht?* » au lieu de « *Warum denn ich?* ».

temps de guerre abritant beaucoup de malades et disposant de peu de médecins, de voir un peu plus loin que ces explosions de grenades auxquelles on accorde une haute valeur en tant que “cause” de la névrose.

On trouvait dans ce cas aussi les tremblements graves, qui confèrent aux cas patents de névroses de ce genre une similitude qui frappe au premier regard, ainsi que la propension à être angoissé, à pleurnicher, à avoir des accès de rage accompagnés de manifestations convulsives, motrices infantiles, et à vomir (“au moindre énervement”).

La nature psychogénique de ce dernier symptôme, précisément, et tout d'abord parce qu'il était au service d'un bénéfice secondaire de la maladie, ne pouvait que s'imposer à tout un chacun : l'apparition du médecin-commandant de l'hôpital, qui vient de temps en temps examiner les convalescents du service concerné, la phrase prononcée dans la rue par l'une de ses connaissances : “Quelle mine superbe ! Vous êtes certainement déjà guéri”, sont suffisantes pour déclencher aussitôt un accès de vomissements.

“Guéri... repartir au front... pourquoi donc moi ?...” »

11)[a] Voici d'autres cas de lapsus de lecture « de guerre », rapportés par le Dr Hanns Sachs :

« Un monsieur que je connais bien m'avait déclaré de façon répétée que, le jour où il serait appelé à son tour, il ne ferait aucun usage du diplôme attestant ses capacités professionnelles, qu'il renoncerait donc au droit que celles-ci lui conféraient, à savoir d'être employé à l'arrière, et qu'il irait servir au front. Peu de temps avant la date à laquelle il devait effectivement se présenter sous les drapeaux, il m'informa un jour, en utilisant une formule des

a. Le reste de cette section (exemples 11 à 13) fut ajouté en 1919.

plus brèves et sans me donner de plus amples explications, qu'il avait fourni aux autorités compétentes les pièces attestant sa qualification et que, suite à cela, il recevrait prochainement son affectation dans un emploi industriel. Le lendemain, nous nous rencontrâmes dans
un bureau d'une administration. J'étais en train d'écrire, 128
debout devant un pupitre ; il s'approcha, regarda un instant par-dessus mon épaule, puis dit : "Tiens, le mot écrit là-haut est *embarqué*, j'avais lu *embusqué* [a]." » (*Internationale Zeitschrift für Psychoanalyse*, IV, 1916-1917.)

12) « Assis dans un tramway, j'étais en train de réfléchir que bon nombre de mes amis d'enfance, qui avaient toujours passé pour des êtres délicats et chétifs, étaient maintenant capables de supporter les fatigues les plus dures, fatigues auxquelles je succomberais à coup sûr si j'étais à leur place. Au milieu de ce train de pensées peu réjouissant, je lus en passant, à moitié attentif, les grandes lettres noires d'un panneau-réclame qui annonçait "*Eisenkonstitution*" ["Constitution de fer"]. L'instant d'après, il me vint à l'esprit que ce mot ne convenait pas très bien à une inscription commerciale ; me retournant rapidement, je réussis à jeter un dernier regard à l'inscription et vis que le mot exact était "*Eisenkonstruktion*" ["Construction en fer"]. » (*Ibid.*)

13) « Dans les journaux du soir figurait une dépêche de l'agence Reuter (reconnue entre-temps pour inexacte) annonçant l'élection de Hughes à la présidence des États-Unis. Elle était suivie d'une courte biographie du soi-disant nouvel élu, qui m'apprit que celui-ci avait fait des études universitaires à *Bonn*. Il m'apparut singulier que

a. Notons que les mots du texte original, *Druckbogen* (« feuille imprimée ») et *Drückeberger* (« planqué »), ont une « attaque » similaire (même accent, sonorités très proches).

nulle mention de cette donnée n'ait été faite dans les journaux, au cours des débats qui, des semaines durant, avaient précédé le jour du vote. En vérifiant encore une fois, je constatai d'ailleurs qu'il n'était question que de la "*Brown*" *University*. Ce cas extrême, dans lequel la survenue du lapsus de lecture avait nécessité une assez grande violence, s'explique certes par la rapidité de ma lecture du journal, mais surtout par le fait que la sympathie du président pour les Puissances centrales me semblait souhaitable en tant que base de futures bonnes relations, et ce, non seulement pour des raisons politiques, mais aussi, au-delà, pour des raisons personnelles. » (*Ibid.*)

129 B) LAPSUS D'ÉCRITURE

1)[a] Sur une feuille de papier qui contient de courtes notes quotidiennes intéressant généralement mes affaires, je suis un jour surpris de trouver, insérée au milieu de celles que j'ai correctement datées du mois de septembre, la date erronée du « jeudi 20 oct. ». Il n'est pas difficile d'élucider cette anticipation en disant qu'elle est l'expression d'un désir. Quelques jours auparavant, j'étais rentré frais et dispos de vacances et me sentais prêt à me consacrer abondamment à mon activité de médecin, mais les patients étaient encore en petit nombre. À mon arrivée, j'ai trouvé la lettre d'une malade qui m'annonçait sa visite pour le 20 *octobre*. Lorsque j'ai inscrit la date du 20 parmi celles de septembre, il se peut tout à fait que j'aie pensé : « Mme X. devrait déjà être ici ; comme c'est dommage que tout un mois soit perdu ! », et c'est avec cette

a. L'exemple 1, excepté son avant-dernière et sa dernière phrases (ajoutées respectivement en 1907 et en 1912), et l'exemple 2 remontent à 1901.

pensée en tête que j'ai avancé la date. Dans le cas présent, on ne peut guère dire de la pensée perturbatrice que c'est une pensée scandaleuse ; mais c'est aussi pourquoi j'ai su résoudre la faute d'écriture aussitôt après l'avoir remarquée. J'ai répété par la suite, à l'automne de l'année suivante, un lapsus d'écriture tout à fait analogue et ayant une motivation similaire. — E. Jones a étudié des lapsus d'écriture similaires portant sur une date et, dans la plupart des cas, il lui est facilement apparu qu'ils avaient une motivation.

2) Recevant les épreuves d'un article que je destine au *Jahresbericht für Neurologie und Psychiatrie*[a], je dois naturellement vérifier les noms des auteurs avec un soin particulier, car, appartenant à diverses nations, ils sont habituellement pour le typographe la cause des plus grandes difficultés. Je trouve effectivement un certain nombre de noms à consonance étrangère qui restent à corriger, mais, chose singulière, il y a un seul nom que le typographe a rectifié *à l'encontre* de mon manuscrit, et ce, en ayant pleinement raison de le faire. J'ai en effet écrit *Buckrhard*, mais le typographe a deviné qu'il fallait mettre *Burckhard*. J'avais moi-même, dans mon article, vanté les mérites d'un ouvrage où un obstétricien traitait de l'influence exercée par l'accouchement sur l'apparition des paralysies infantiles, j'aurais d'ailleurs bien du mal à 130
dire quelque chose contre son auteur, mais il porte le même nom qu'un écrivain viennois qui m'a irrité par le compte rendu critique inintelligent qu'il a fait de mon *Interprétation des rêves*[b]. C'est exactement comme si, en

a. Freud écrivit les recensions des ouvrages concernant la section « *Cerebrale Kinderlähmung* » (« Paralysie infantile cérébrale ») pour les trois premières livraisons de cette revue annuelle ; la contribution à laquelle il se réfère ici figure dans le troisième volume (« 1899 ») (Freud, 1900).

b. Il s'agit de Max Burckhard. Son compte rendu parut dans les numéros des 6 et 13 janvier 1900 de *Die Zeit*. Le commentaire qu'en fit Freud se trouve dans sa lettre à Fliess du 8 janvier 1900.

écrivant le nom *Burckhard*, celui de l'accoucheur, j'avais eu en tête quelque chose de désagréable à propos de l'autre B., l'écrivain, car le fait de déformer un nom a très fréquemment, comme je l'ai déjà mentionné à propos du lapsus, la signification d'un outrage[1].

3)[a] Cette affirmation trouve une très belle confirmation dans une auto-observation faite par A.J. Storfer, lequel, avec une franchise digne d'éloges, tire au clair les mobiles qui ont causé la remémoration erronée du nom d'un prétendu concurrent, puis le lui ont fait écrire en le déformant :

« En décembre 1910, je vis dans la vitrine d'une librairie zurichoise le livre nouvellement paru du Dr Eduard *Hitschmann* sur la doctrine freudienne des névroses. À cette époque, je travaillais précisément au manuscrit d'une conférence que je devais prononcer dans un proche avenir pour une société savante et qui devait porter sur les éléments de la psychologie freudienne. Dans l'introduction, que j'avais alors déjà rédigée, je m'étais référé au fait que la psychologie freudienne s'était développée historiquement à partir de recherches effectuées dans un domaine, celui de la psychologie appliquée, à certaines difficultés qui s'ensuivaient quant à une présentation abrégée de ces éléments, et au fait qu'il n'existait encore aucune présentation générale de ceux-ci. Lorsque je

1. Cf. par exemple le passage suivant de *Jules César* [de Shakespeare], III, 3 :

CINNA. Sincèrement, mon nom est Cinna.
PLÉBÉIENS. Mettez-le en pièces ; c'est un conspirateur.
CINNA. Je suis Cinna le poète !... Je ne suis pas Cinna le conspirateur.
PLÉBÉIENS. Ça ne fait rien, son nom est Cinna ; arrachez-lui son nom du cœur et laissez-le partir.

[Cette idée est également exprimée dans *Le mot d'esprit et sa relation à l'inconscient*, p. 178 et p. 198 *sqq.*]

a. Ajouté en 1917.

vis le livre en question (dont l'auteur m'était jusque-là inconnu), je ne pensai d'abord pas à l'acheter. Mais, quelques jours après, je décidai de l'acquérir. Or il n'était plus en vitrine. Je donnai au libraire le titre de cette parution récente et indiquai comme auteur le "Dr Eduard *Hart-* 131
mann". Le libraire corrigea en disant : "Vous voulez sans doute dire *Hitschmann*", et il m'apporta le livre.

Le mobile inconscient de cet acte manqué était évident. Je m'étais, dans une certaine mesure, fait un mérite d'avoir présenté sous une forme abrégée les éléments de la doctrine psychanalytique et avais manifestement considéré l'ouvrage de Hitschmann, qui diminuait mon mérite, avec envie et irritation. La modification apportée au nom était, me dis-je après avoir lu *La psychopathologie de la vie quotidienne*, un acte d'hostilité inconsciente. Et je me satisfis sur le moment de cette explication.

Quelques semaines plus tard, je notai cet acte manqué. À cette occasion, je soulevai aussi la question de savoir pourquoi c'était précisément en Eduard *Hart*mann que j'avais transformé Eduard Hitschmann. Était-ce seulement la similitude des noms qui m'avait conduit à penser à celui du célèbre philosophe[a] ? Ma première association fut le souvenir d'une parole que j'avais un jour entendu prononcer par le professeur Hugo von Meltzl, un admirateur enthousiaste de Schopenhauer, et qui s'énonçait à peu près comme suit : "Eduard v. Hartmann est un Schopenhauer cochonné, un Schopenhauer mis à l'envers." La tendance affective par laquelle était déterminée la formation substitutive mise pour le nom oublié

a. Eduard von Hartmann (1842-1906), auteur notamment de l'ouvrage intitulé *Philosophie des Unbewussten* [*Philosophie de l'inconscient*].

était donc la suivante : "Allons donc, ce Hitschmann et son abrégé ne valent certainement pas grand-chose ; il est sans doute à Freud ce que Hartmann est à Schopenhauer."

Ce cas d'oubli psychologiquement déterminé et accompagné d'une idée subite de substitution, je l'avais donc mis par écrit.

Six mois après, la feuille sur laquelle je l'avais consigné me tomba entre les mains. C'est alors que je remarquai qu'au lieu de Hitschmann, j'avais constamment écrit *Hintsch*mann[a]. » (*Internationale Zeitschrift für Psychoanalyse*, II, 1914.)

4)[b] Voici un cas de lapsus d'écriture apparemment plus sérieux et que, peut-être, je pourrais tout aussi légitimement ranger dans le groupe des « gestes manqués ».
132 J'ai un jour l'intention de me faire rembourser par la Caisse d'épargne postale la somme de *300* couronnes, que je veux envoyer à un parent absent pour les besoins de sa cure. Je remarque à cette occasion que mon compte se monte à *4 380* couronnes et me propose d'en réduire maintenant le montant à la somme ronde de *4 000* couronnes, somme que je ne dois pas entamer dans l'immédiat. Après avoir régulièrement rempli le chèque et découpé le coupon correspondant aux chiffres du retrait[c], je remarque brusquement que je n'ai pas commandé *380* c, comme je le voulais, mais, précisément, *438* c, et

a. Peut-être la première syllabe de ce dernier mot évoque-t-elle Hinz (la locution familière et dépréciative *Hinz und Kunz* équivaut à notre « Pierre, Paul ou Jacques », c.-à-d. « n'importe qui »).

b. Cet exemple remonte à 1901.

c. À cette époque, en Autriche, les retraits d'argent s'effectuaient, à la Caisse d'épargne postale, en détachant des coupons d'une souche où étaient imprimées des colonnes de chiffres ; le point de « découpe » indiquait le nombre de couronnes que le déposant souhaitait retirer.

je m'effraie du caractère peu fiable de ce que j'ai fait. Mais mon effroi m'apparaît bientôt injustifié ; aussi bien ne suis-je pas devenu plus pauvre qu'avant. Toutefois, il me faut réfléchir un bon moment à l'influence qui a perturbé ici ma première intention sans s'annoncer à ma conscience. Je commence par faire fausse route, veux soustraire *380* de *438*, mais ne sais alors que faire de la différence. Enfin, il me vient une idée subite qui me montre la vraie corrélation de ces éléments. Le nombre *438* ne correspond-il pas à *dix pour cent* de l'intégralité de mon compte, qui est de *4 380 c* ! Or on a 10 % de remise chez le *libraire*. Je m'avise que, quelques jours avant, j'ai sélectionné un certain nombre d'ouvrages de médecine ayant perdu de leur intérêt pour moi, afin de les proposer au libraire pour, précisément, la somme de *300* c. Il trouva le prix que je demandais trop élevé et promit de me donner une réponse définitive dans les jours suivants. S'il accepte mon offre, alors il m'aura remplacé la somme même que je dois débourser pour le malade. Il est incontestable que je regrette cette dépense. L'affect ressenti au moment où j'ai perçu mon erreur se comprend mieux quand on *y* voit la peur de devenir pauvre à cause de telles dépenses. Mais ces deux états affectifs, le regret causé par cette dépense et la peur de l'appauvrissement qui s'y rattache, sont complètement étrangers à ma conscience ; je n'ai pas senti de regret lorsque j'ai donné mon accord pour verser cette somme, et je trouverais les motifs de celui-ci ridicule. Il est pro- 133
bable que je ne me croirais nullement capable de ressentir une telle motion[a] si je n'étais, du fait de la pratique que j'ai des analyses de patients, assez familier de l'existence

a. *Regung*.

du refoulé dans la vie de l'âme et si je n'avais fait, quelques jours auparavant, un rêve ayant appelé la même solution[1].

5)[a] Je voudrais citer, d'après W. Stekel[b], le cas suivant, dont je peux moi aussi garantir l'authenticité : « Un exemple tout simplement incroyable de lapsus d'écriture et de lecture s'est produit dans la rédaction d'un hebdomadaire à grand tirage. La direction du journal avait été publiquement qualifiée de "vénale" ; il s'agissait d'écrire un article afin de réfuter et de se défendre. C'est d'ailleurs ce qui fut fait ... avec beaucoup de chaleur et beaucoup de pathos. Le rédacteur en chef lut l'article, l'auteur fit évidemment plusieurs relectures du manuscrit, puis, encore une fois, de l'épreuve à la brosse, tous furent très satisfaits. Tout à coup, le correcteur se présente et fait remarquer une petite faute qui a échappé à l'attention de tout le monde. Aussi bien était-il clairement écrit, à l'endroit en question : "Nos lecteurs pourront témoigner que c'est toujours de la façon *la plus intéressée* que nous nous sommes faits les apôtres du bien commun." Il va de soi que le journaliste aurait dû écrire "de la façon *la plus désintéressée*"[c]. Mais les vraies pensées percèrent, avec une violence élémentaire, à travers le propos plein de pathos. »[d]

1. Il s'agit du rêve que j'ai pris comme modèle dans un bref essai intitulé *Sur le rêve*, n° VIII des « *Grenzfragen des Nerven- und Seelenlebens* », éd. par Löwenfeld et Kurella, 1901. [Le rêve en question est discuté sur plusieurs points tout au long de cet ouvrage, lequel fut publié très peu de temps avant que l'acte manqué mentionné ci-dessus ne le soit lui-même. On peut trouver plus bas, p. 235, un autre épisode relatif au même rêve.]

a. Ajouté en 1907.

b. En 1907 et 1910 : « mon collègue Wilhelm Stekel ».

c. Signalons qu'en allemand ce lapsus bénéficie de conditions orthographiques (ou typographiques) plus favorables qu'en français, le passage entre « *in uneigennützigster Weise* » et « *in eigennützigster Weise* » s'opérant plus facilement.

d. Exemple également cité par Freud dans la quatrième conférence de l'*Introduction.*

6)[a] Une lectrice du *Pester Lloyd*[b], Mme Kata Levy, de Budapest, a récemment été frappée par un exemple similaire de franchise non intentionnelle contenu dans une déclaration que le journal en question s'était fait télégraphier de Vienne le 11 octobre 1918 :

« Étant donné le rapport d'absolue confiance qui a régné entre nous et notre allié allemand durant toute la guerre, on peut légitimement supposer, sans qu'aucun doute soit permis, que les deux puissances parviendront 134
en toute circonstance à prendre une décision unanime. Il est superflu d'insister une fois de plus sur le fait que, même dans la phase actuelle, la coopération entre les services diplomatiques alliés est active et ne connaît *jamais le moindre accord*[c]. »

À peine quelques semaines plus tard, on put s'exprimer sur ce « rapport de confiance » avec une plus grande liberté de ton, sans avoir désormais besoin de trouver refuge dans le lapsus d'écriture (ou le lapsus typographique).

7)[d] Un Américain qui, séjournant en Europe, était en mauvais termes avec sa femme lorsqu'il l'a quittée croit qu'il peut maintenant se réconcilier avec elle et l'invite à traverser l'océan pour le rejoindre à une date déterminée : « Ce serait bien, écrit-il, si tu pouvais voyager comme moi sur le *Mauretania.* » Mais il n'ose pas envoyer ensuite la feuille de papier sur laquelle figure cette phrase. Il préfère en écrire une nouvelle. Car il ne veut pas que sa femme remarque la correction qu'il a dû apporter au

a. Ajouté en 1919.

b. Il s'agit du célèbre quotidien en langue allemande de Budapest.

c. *lückenhaft* : « lacunaire ». À la place du suffixe privatif *-los* de l'adjectif *lückenlos* (« sans accroc, sans lacune, sans faille »), qu'on s'attend à lire, c'est le suffixe *-haft*, de sens contraire, que le rédacteur a écrit.

d. Ajouté en 1920.

nom du bateau. En effet, c'est *Lusitania* qu'il avait écrit au début.

Ce lapsus d'écriture n'a pas besoin d'explication, il s'interprète sans difficulté. Pourtant, on peut, à la faveur du hasard, ajouter encore quelques éléments : sa femme était venue pour la première fois en Europe avant la guerre, et ce, après la mort de son unique sœur. Si je ne m'abuse, le *Mauretania* était le *Schwesterschiff*, le « navire-sœur » du *Lusitania*, qui avait été coulé pendant la guerre et au naufrage duquel il avait survécu.

8)[a] Un médecin a examiné un enfant et il rédige maintenant à son intention une ordonnance où figure le mot « *Alcohol* » [« alcool »]. Pendant qu'il se livre à cette activité, la mère de l'enfant l'importune par des questions sottes et superflues. Il prend à l'intérieur de lui-même la ferme résolution de ne pas s'en irriter, réussit d'ailleurs à mener à bien ce projet, mais commet un lapsus d'écriture au moment où il est dérangé. Sur l'ordonnance, on peut lire « *Achol*[1] » à la place de « Alcohol ».

9)[b] Pour des raisons de parenté de contenu, je voudrais ajouter ici un cas que E. Jones rapporte à propos de
135 A. A. Brill. Ce dernier, bien que d'ordinaire complètement abstinent, s'était laissé entraîner par un ami à boire un peu de vin. Le lendemain matin, un violent mal de tête lui fournit l'occasion de regretter d'avoir cédé. Il avait à écrire le nom d'une patiente qui s'appelait Ethel et écrivit à la place *Ethyl*[2]. À ce propos, il faut certainement aussi tenir compte du fait que la dame en question avait

1. [Ce qui signifie en grec ancien] à peu près « Pas de bile » [c.-à-d. « ne pas s'échauffer la bile, s'énerver » ou, en langage plus familier, « Pas de panique ! »].
2. Alcool éthylique [= terme chimique désignant l'alcool ordinaire].
a. Ajouté en 1910.
b. Ajouté en 1912.

elle-même l'habitude de boire plus que cela ne lui était profitable.

Puisqu'un lapsus d'écriture[a] fait par un médecin rédigeant une ordonnance possède une signification qui va bien au-delà de la valeur pratique qu'ont d'ordinaire les actes manqués, je profiterai de cette occasion pour rapporter dans le détail la seule analyse d'un tel lapsus d'écriture médical qui ait été publiée jusqu'à maintenant :

10) Voici ce qu'écrit le Dr Ed. Hitschmann (« *Ein wiederholter Fall von Verschreiben bei der Rezeptierung* » [« Un cas répété de lapsus d'écriture lors de la rédaction d'une ordonnance »]) : « Un confrère m'a raconté qu'au cours de ces dernières années, il lui était plusieurs fois arrivé de faire une erreur en prescrivant un certain médicament destiné à des patientes d'un âge avancé. À deux reprises, il prescrivit dix fois la dose et, lorsque ensuite son erreur lui vint soudain à l'esprit, étant dans une angoisse extrême à l'idée d'avoir nui à la santé de sa patiente et d'en retirer lui-même les plus graves désagréments, il dut tenter de reprendre l'ordonnance au plus vite. Cet acte symptomatique singulier mérite d'être tiré au clair grâce à une présentation plus précise des cas particuliers et grâce à l'analyse.

Premier cas : À une femme pauvre au seuil de la vieillesse, qui souffre de constipation spasmodique, le médecin prescrit des suppositoires à la belladone contenant une dose de substance active dix fois trop forte. Il quitte la policlinique et, environ une heure après, alors qu'il est chez lui en train de lire le journal et de prendre son petit déjeuner, son erreur lui vient soudain à l'esprit ; l'angoisse l'assaille, il retourne d'abord en toute hâte à la

a. Ajouté en 1917.

policlinique pour s'enquérir de l'adresse de la patiente, puis, de là, il se rend au domicile de cette dernière, laquelle habite très loin. Quand il trouve la petite vieille, il constate que l'ordonnance n'a pas encore été exécutée, sur quoi il rentre chez lui, réjoui et rassuré au plus haut
136 point. Il s'excuse à ses propres yeux, non sans raison, en se disant que le chef de la policlinique, un homme loquace, a regardé par-dessus son épaule pendant qu'il faisait sa prescription et qu'il l'a dérangé.

Deuxième cas : Le médecin doit s'arracher à une patiente à la beauté provocante et pleine de piquant qui est venue le consulter, afin d'aller visiter une demoiselle d'un certain âge. Comme il ne lui reste pas beaucoup de temps pour sa visite, il utilise une automobile ; car, à une heure déterminée, il doit rencontrer secrètement, non loin de la maison de la dame, une jeune fille qu'il aime. Là aussi, la belladone est indiquée à cause de maux analogues à ceux du premier cas. De nouveau est commise la faute consistant à prescrire le médicament à une dose dix fois trop forte. La patiente exprime un certain nombre de choses intéressantes, mais sans rapport avec le sujet, le médecin, quant à lui, trahit son impatience, tout en la niant dans les propos qu'il tient, et il quitte la patiente prématurément, de sorte qu'il arrive largement à temps à son rendez-vous. Environ douze heures après, vers sept heures du matin, il se réveille ; l'idée qui lui vient de son lapsus d'écriture ainsi que l'angoisse arrivent presque simultanément à sa conscience, et il envoie promptement quelqu'un chez la malade, avec l'espoir qu'elle n'est pas encore allée chercher le médicament à la pharmacie, et il demande à ce qu'elle lui renvoie l'ordonnance pour qu'il la corrige. Toutefois, lorsqu'il la reçoit, il voit qu'elle a déjà été exécutée et, animé d'une certaine résignation stoïque et de l'optimisme propre à l'homme d'expérience, il se rend à la pharmacie, où le pharmacien le rassure en lui disant que, bien entendu — ou peut-être aussi du fait d'un lapsus de lecture ? —, il a fourni une dose plus faible du médicament.

Troisième cas : Le médecin veut prescrire à sa vieille tante, sœur de sa mère, un mélange de teinture de belladone et de teinture d'opium à une dose inoffensive. L'ordonnance est aussitôt portée par la bonne à la pharmacie. Très peu de temps après, il vient à l'esprit du médecin qu'à la place de "teinture", il a écrit "extrait", et quelques instants plus tard, le pharmacien lui téléphone pour lui demander des explications sur cette erreur. Le 137
médecin s'excuse en donnant un prétexte mensonger, à savoir qu'il n'avait pas terminé l'ordonnance et que le fait que quelqu'un a, de manière inattendue, retiré rapidement l'ordonnance de la table lui enlève toute responsabilité.

Les points communs frappants qui existent entre ces trois erreurs commises lors de la rédaction d'une ordonnance consistent en ceci que pareille chose n'est arrivée jusqu'ici au médecin que pour ce seul médicament, qu'il s'est agi à chaque fois de malades du sexe féminin ayant un âge avancé et que la dose était toujours trop forte. Lors de la courte analyse qui eut lieu, il s'avéra que le rapport du médecin à sa mère devait être d'une importance décisive. L'idée lui vint en effet qu'un jour — et, selon toute probabilité, avant qu'il ne commette ces actes symptomatiques — il avait rédigé la même ordonnance pour sa mère, elle aussi une femme âgée, et ce, non pas à la dose habituelle de 0,02, qu'il prescrivait d'ordinaire, mais à celle de 0,03, dans le but, pensait-il, de l'aider de façon radicale. La réaction que ce médicament provoqua sur la personne délicate qu'était sa vieille mère fut une congestion de la face et une désagréable sensation de sécheresse dans la gorge. Elle s'en plaignit en faisant allusion, à moitié pour plaisanter, aux dangereuses prescriptions qui peuvent émaner d'un fils. En d'autres circonstances également, sa mère, qui, du reste, était fille de médecin, avait exprimé des critiques similaires, négatives et dites à moitié sur le mode de la plaisanterie, à l'encontre de remèdes que son fils médecin lui avait conseillés à l'occasion, et elle avait parlé d'empoisonnement.

Pour autant que le rapporteur a percé à jour les relations de ce fils à sa mère, il s'agit certes d'un être qui, d'instinct, est un enfant aimant, mais qui, dans l'appréciation intellectuelle qu'il fait de sa mère et dans le respect qu'il ressent pour elle, n'est nullement enclin à l'excès. Vivant sous le même toit qu'elle et qu'un autre frère plus jeune que lui d'un an, il ressent depuis des années cette vie commune comme une entrave inhibant sa liberté érotique, encore que de tels arguments, comme l'expérience psychanalytique nous l'apprend, sont volontiers utilisés de manière abusive comme prétexte pour maintenir un attachement intérieur. Le médecin accepta cette analyse, assez satisfait de l'explication qui lui avait
138 été donnée, et dit en souriant que le mot "belladone" [en all. : "*Belladonna*"] = "belle femme" avait peut-être aussi la signification d'une relation érotique. Il avait d'ailleurs lui-même utilisé à l'occasion le médicament par le passé. » (*Internat. Zeitschr. f. Psychoanalyse*, I, 1913.)

Je suis d'avis que de tels actes manqués graves surviennent exactement de la même façon que les actes manqués innocents, qui sont d'ordinaire l'objet de nos investigations.

11)[a] Tout particulièrement innocent est le lapsus

a. Cet exemple et le 12 furent ajoutés en 1919.

d'écriture suivant, que rapporte S. Ferenczi. On peut l'interpréter comme une opération de condensation consécutive à un sentiment d'impatience (cf. le lapsus « *Der Apfe* ») et on pourra légitimement soutenir cette conception aussi longtemps qu'une analyse approfondie du phénomène n'aura pas démontré l'intervention d'un facteur perturbateur plus puissant :

« Ce qui conviendrait ici, c'est l'anec*troce* [*Anek*tode], ai-je un jour écrit dans mon carnet. Je voulais naturellement dire l'anecdote [*Anekdote*], laquelle concernait un tsigane condamné à une mort [*Tode*] mort [atroce[a]] qui avait sollicité la faveur de choisir lui-même l'arbre auquel il devait être pendu. (Malgré des recherches fébriles, il ne trouva aucun arbre à son goût.) »

12) D'autres fois, à l'inverse, une faute d'écriture des plus insignifiantes en apparence peut exprimer un sens caché plein de danger. Voici ce que raconte un correspondant anonyme :

« Je conclus une lettre par les mots : "Transmettez mes saluts les plus cordiaux à Madame votre épouse et à *son* fils." ["*Herzlichste Grüsse an Ihre Frau Gemahlin und an* ihren *Sohn*[b]."] Mais juste avant de mettre la feuille dans l'enveloppe, je remarque l'erreur que j'ai faite sur l'initiale de l'expression "*ihren Sohn*" et je la corrige. La dernière fois que j'ai rendu visite à ce couple, la femme qui m'accompagnait m'a fait remarquer, sur le chemin du retour, que le fils en question présentait une ressemblance frappante avec un ami de la maison et qu'il était d'ailleurs sûrement son enfant. »

a. Si nous avons ajouté cet adjectif, c'est que, bien qu'il ne permette pas de rendre la « contrepèterie » d'origine, il se prête bien à la réalisation d'une condensation « par impatience » équivalente : « anecdote » et « atroce » deviennent « anectroce » (un mot qui, comme le mot allemand du texte, n'existe pas).

b. *an Ihren Sohn* = à votre fils.

13)[a] Une dame adresse à sa sœur quelques mots de félicitation à l'occasion de son emménagement dans son nouvel et spacieux appartement. Une de ses amies, présente à ce moment, remarque qu'elle a écrit sur la lettre une adresse fausse, à savoir, non pas celle du domicile
139 d'où elle vient de partir, mais celle de son premier appartement, qu'elle avait quitté bien des années auparavant et où sa sœur était allée s'installer juste après son mariage. Elle attire l'attention de son amie sur son erreur. « Vous avez raison, est obligée d'avouer cette dernière, mais comment en suis-je venue à commettre ce lapsus ? Pourquoi ai-je fait cela ? » L'amie lui dit : « Il est probable que vous ne voulez pas qu'elle ait le grand et bel appartement qu'elle doit à présent occuper, alors que vous-même, vous vous sentez à l'étroit, et c'est pourquoi vous la remettez dans son premier appartement, où elle n'était pas mieux logée. — Il est certain que je ne veux pas qu'elle ait le nouvel appartement », concède l'autre avec franchise. Puis elle ajoute : « Quel dommage que, dans ce genre de choses, on soit toujours si petit ! »

14)[b] E. Jones nous communique l'exemple de lapsus d'écriture suivant, qu'il tient lui-même de A. A. Brill :

Un patient adressa un jour au Dr Brill une lettre dans laquelle il s'efforçait de faire découler sa nervosité des soucis et de l'excitation qui étaient les siens en raison d'une crise du coton influant sur le train de ses affaires. Dans cette lettre figurait la phrase : « *My trouble is all due to that damned frigid wave ; there isn't even any seed.* [« Mes ennuis viennent de cette fichue vague de froid ; il n'y a pas même la moindre semence. »] En utilisant le mot *wave*, il voulait naturellement parler d'une vague,

a. Ajouté en 1910.
b. Les exemples 14, 15 et 16 furent ajoutés en 1912.

d'un courant agitant le marché monétaire ; mais en réalité, il avait écrit, non pas *wave*, mais *wife* [« épouse »]. Au fond de son cœur sommeillaient des reproches qu'il faisait à sa femme en raison de sa froideur conjugale et du fait qu'elle n'avait pas d'enfant, et il n'était pas loin de se rendre compte que la privation à laquelle il était contraint était pour une grande part la cause de son mal.

15) Voici ce que raconte à son propre sujet le Dr R. Wagner (*Zentralblatt für Psychoanalyse*, I, 12) :

« En relisant un vieux cahier de cours, j'ai découvert qu'en raison de la vitesse avec laquelle j'avais pris des notes, un petit lapsus m'avait échappé. En effet, au lieu d'*Epithel* ["épithélium"], j'avais écrit *Edithel* ["Petite Edith"]. Si on place l'accent sur la première syllabe, on obtient le diminutif d'un prénom féminin[a]. L'analyse rétrospective est très simple à effectuer. À l'époque où je fis ce lapsus d'écriture, il n'existait entre la jeune fille qui portait ce nom et moi qu'une relation tout à fait super- 140
ficielle, et ce n'est que bien plus tard qu'elle devint plus intime. Ce lapsus d'écriture est donc une jolie preuve de la percée de l'inclination inconsciente à une époque où, à vrai dire, je n'en avais moi-même encore aucun pressentiment, et la forme choisie, celle du diminutif, permet de caractériser en même temps les sentiments qui accompagnent ce làpsus. »

16) De Mme le Dr v. Hug-Hellmuth : « Un médecin prescrit à une patiente de l'eau de *Lévitico* au lieu d'écrire sur l'ordonnance "eau de *Levico*[b]". Cette erreur, qui fournit au pharmacien une occasion toute trouvée de faire des remarques très négatives, peut facilement donner

a. En Autriche, *l* est le suffixe diminutif courant.

b. Eau minérale provenant de la source thermale de Levico (Tyrol du sud).

lieu à une conception plus bienveillante, si l'on veut bien rechercher les mobiles possibles venant de l'inconscient et ne pas leur refuser d'emblée, même s'ils ne sont que l'hypothèse subjective d'une personne fort éloignée de ce médecin, une certaine probabilité. Malgré l'habitude qu'il avait de reprocher à ses patients en des termes assez grossiers leur alimentation peu rationnelle, donc, pour ainsi dire, de leur lire le Lévitique[a], ce docteur avait une grosse clientèle, de sorte que sa salle d'attente était fort remplie avant et pendant la consultation, ce qui justifiait le désir qu'il avait de voir les patients, une fois examinés, se rhabiller le plus rapidement possible, *vite, vite*[b]. Je crus me souvenir avec exactitude que son épouse était française d'origine, ce qui fait que l'hypothèse, qui peut sembler un peu hardie, selon laquelle c'est précisément parce qu'il avait le désir de voir ses patients se dépêcher qu'il s'est servi de la langue française, se trouve dans une certaine mesure justifiée. Du reste, on rencontre chez de nombreuses personnes l'habitude d'exprimer de tels désirs en utilisant des mots en langue étrangère, comme c'était par ex. le cas de mon propre père, qui, lorsque nous étions enfants et que nous allions nous promener avec lui, nous incitait volontiers à accélérer le mouvement en nous criant : "*Avanti gioventù*" ou "*Marchez au pas*[b]", ou, à l'inverse, celui d'un médecin déjà très âgé chez qui, étant jeune fille, j'étais en traitement pour une inflammation de la gorge et qui cherchait à freiner mes mouvements, bien trop vifs à son goût, en me disant pour me calmer : "*Piano, piano.*" Aussi m'apparaît-il fort conce-

a. *I.e.* de les chapitrer. Le livre de l'Ancien Testament auquel cette tournure très courante fait référence contient principalement les lois et prescriptions auxquelles devaient se soumettre les lévites.

b. En français dans le texte.

vable que l'autre médecin ait lui aussi sacrifié à cette habi- 141
tude ; et c'est ainsi qu'il fit un "lapsus de prescription[a]", écrivant "eau de Lévitico"... au lieu d'"eau de Levico". » (*Zentralblatt für Psychoanalyse*, II, 5.)

D'autres exemples empruntés aux souvenirs de jeunesse de l'auteur sont cités au même endroit (*fraçais* au lieu de français — lapsus d'écriture portant sur le prénom *Karl*).

17)[b] Voici un lapsus d'écriture dont le contenu est identique à celui d'un mauvais mot d'esprit bien connu, mais pour lequel on doit certainement exclure l'intention de faire un mot d'esprit. Je suis reconnaissant à M. J. G., dont j'ai déjà mentionné une autre contribution à mon ouvrage[c], de me l'avoir communiqué :

« Un jour que je séjournais dans un sanatorium en raison d'une affection pulmonaire, j'appris à mon grand regret une nouvelle qui me désola, à savoir qu'on venait de diagnostiquer chez un de mes proches parents la même maladie que celle qui m'avait obligé à entrer en maison de santé. J'envoyai alors à celui-ci une lettre où je l'engageais à aller voir un certain spécialiste, un professeur célèbre chez qui j'étais moi-même en traitement et des compétences médicales duquel j'étais convaincu, alors que j'avais, d'un autre côté, tout lieu de déplorer son impolitesse ; car il avait refusé — très peu de temps auparavant — de m'établir un certificat qui était d'une grande importance pour moi. Dans sa réponse, mon parent attira mon attention sur une faute d'écriture que j'avais faite et qui, dans la mesure où j'en discernai instantané-

a. *verschreibt.* Les guillemets ajoutés par l'auteur signifient qu'on doit à la fois entendre ce verbe dans son sens habituel (« prescrire ») et y ajouter le sens de « *sich verschreiben* » (« faire un lapsus d'écriture »).

b. Ajouté en 1920.

c. Cet autre exemple apparaît, semble-t-il, plus bas, à la p. 364.

ment la cause, m'amusa de façon extraordinaire. Dans ma lettre, j'avais utilisé la formule suivante : "... d'ailleurs, je te recommande, sans plus attendre, d'aller voir le professeur X. pour l'*in*sulter." J'avais naturellement voulu écrire "*con*sulter"[a]. — Peut-être est-il besoin de signaler que mes connaissances en latin et en français excluent qu'il s'agisse d'une faute résultant de l'ignorance. »

18)[b] Les omissions que l'on fait en écrivant ont naturellement le droit d'être jugées de la même façon que les lapsus d'écriture. Dans la revue *Zentralblatt für Psychoanalyse* (I, 12), M. B. Dattner, qui est docteur en droit, rapporte un curieux exemple d'« acte manqué histo-
142 rique ». Dans l'un des articles de la loi qui, dans le Compromis conclu en 1867 par l'Autriche et la Hongrie[c], portait sur les obligations financières des deux États, le mot *effektiv* [« dans les faits »] ne figure pas dans la traduction hongroise, et Dattner présente comme probable le fait que le courant inconscient qui a entraîné les rédacteurs hongrois du texte de loi à concéder à l'Autriche le moins d'avantages possible a eu sa part dans cette omission[d].

Nous avons également toutes les raisons de supposer[e] que les cas de répétition des mêmes mots qui se produisent si fréquemment lorsqu'on écrit ou qu'on copie

a. Signalons que le passage de *konsultieren* à *insultieren*, à l'écrit comme à l'oral, se fait plus facilement que pour leurs équivalents français, la différence de sonorités étant à la fois plus faible et atténuée par un accent tonique « unificateur ».

b. Ajouté en 1912.

c. Du Compromis austro-hongrois, signé le 21 décembre 1867, naquit l'État austro-hongrois.

d. L'article de Dattner expose en détail le processus complexe par lequel l'omission du mot aurait permis de léser les intérêts financiers de l'Autriche.

e. Ce paragraphe et le suivant furent ajoutés en 1917.

— les persévérations — ne sont pas non plus dépourvus de signification. Le copiste qui reproduit une seconde fois un mot qu'il vient d'écrire montre probablement par là qu'il ne lui a pas été si facile de s'en détacher, qu'il aurait pu, à l'endroit où celui-ci figure, exprimer davantage de choses, mais qu'il s'en est abstenu, ou d'autres choses similaires. La persévération qui se produit lors du recopiage semble être l'expression substitutive d'un : « Moi aussi, moi aussi. » J'ai longtemps eu l'occasion de consulter des rapports d'expertise médico-légale présentant des persévérations que le copiste avait faites à des endroits du texte tout particulièrement caractéristiques, et j'étais chaque fois tenté de les interpréter en disant que c'était comme si l'homme en question, en ayant plus qu'assez du rôle impersonnel qu'il jouait, ajoutait ce commentaire : « C'est tout à fait mon cas » ou « C'est tout à fait comme chez nous. »

19) Rien ne s'oppose, en outre, à ce que nous traitions les fautes typographiques comme des lapsus d'écriture que ferait l'imprimeur et à ce que nous défendions la conception selon laquelle elles auraient la plupart du temps un mobile. Je n'ai pas collecté de façon systématique les actes manqués de ce genre, ce qui pourrait être fort amusant et instructif. Dans l'ouvrage que j'ai mentionné ici à de nombreuses reprises, Jones a consacré un paragraphe particulier aux *misprints*. De même, les altérations de mots[a] qu'on rencontre dans les télégrammes peuvent, à l'occasion, être comprises comme des lapsus d'écriture du télégraphiste.

Pendant les vacances d'été, je reçois un jour un télégramme de mon éditeur dont le texte est incompréhen-

a. Ce passage fut ajouté en 1920 et la référence à l'article de Silberer en 1924.

sible pour moi. Le voici : « *Vorräte erhalten, Einladung X. dringend.* » [« Bien reçu feuil*letés*, attendons d'urgence *truite* » ou, littéralement : « Bien reçu provisions, attendons d'urgence invitation X. »] La solution de l'énigme a comme point de départ le nom X. qui y est mentionné.
143 X. est, comme il me revient, l'auteur pour le livre duquel je dois écrire une introduction [*Einleitung*]. Cette introduction s'est transformée en invitation [*Einladung*]. Mais ensuite je me souviens que, quelques jours auparavant, j'ai envoyé à l'éditeur une préface [*Vorrede*] pour un autre livre, dont il m'accuse ainsi réception.

Voici quel était très probablement le texte exact : « *Vorrede erhalten, Einleitung X. dringend.* » [« Bien reçu préface, attendons d'urgence introduction X. » ou, approximativement : « Bien reçu feuillets, attendons d'urgence suite. »] Il nous est permis de supposer qu'il a été victime d'une élaboration effectuée par le complexe de faim[a] du télégraphiste, élaboration à l'occasion de laquelle, du reste, les deux moitiés de la phrase ont été mises en corrélation plus étroite que l'expéditeur n'en avait l'intention. Nous avons là, soit dit en passant, un bel exemple de cette « élaboration secondaire » dont on peut démontrer l'existence dans la plupart des rêves[1].

H. Silberer traite, dans la revue *Internationale Zeitschrift für Psychoanalyse* (VIII, 1922), de la possibilité de « fautes typographiques tendancieuses[b] ».

À l'occasion, d'autres auteurs ont signalé des fautes typographiques dont il n'est guère facile de contester qu'elles possèdent une tendance, par exemple Storfer, qui a publié dans la revue *Zentralblatt für Psychoanalyse* (II,

1. Cf. *L'interprétation des rêves*, section consacrée au travail du rêve.
a. *Bearbeitung durch den Hungerkomplex.*
b. Rappelons la distinction que Freud établit entre mots d'esprit « innocents » et mots d'esprit « tendancieux » (dans *Le mot d'esprit*).

1914) l'article intitulé « *Der politische Druckfehlerteufel* » [« Le petit diable des mastics politiques »] [a] et l'entrefilet, paru dans la même publication (III, 1915), que je reproduis ici :

20) [b] « On peut trouver une faute typographique à caractère politique dans le numéro du *März* daté du 25 avril. Dans une correspondance envoyée d'Arghyrokastron [c], le journaliste rapporte des déclarations de Zographos, le chef des Épirotes d'Albanie insurgés (ou, si l'on veut : du président du gouvernement indépendant de l'Épire). Il y est dit, entre autres choses : "Croyez-moi, le prince Wied [d] trouverait tout à fait son intérêt à une Épire autonome. En prenant appui sur elle, il pourrait être sûr de voir ses jours *s'écrouler...* [*Auf ihn könnte er sich* stürzen [e]...]. Que l'acceptation de l'appui [*Stütze*] que lui offrent les Épirotes signifierait [son écroulement,] sa chute [*Sturz*], cela, le prince de l'Albanie le sait bien, sans avoir besoin de l'apprendre par cette funeste faute d'impression. »

21) J'ai lu moi-même, il y a peu de temps, dans l'un

a. Le substantif *Druckfehlerteufel* désigne, par plaisanterie, une sorte de mauvais génie, une puissance imaginaire malicieuse et rusée à laquelle on attribue la responsabilité des fautes d'impression grossières qui se produisent de façon inexplicable malgré tout le soin qu'on apporte à son travail.

b. Les exemples 20 et 21 furent ajoutés en 1917.

c. Nom grec de Gjirokaster, ville de l'actuelle Albanie méridionale.

d. Le prince Wilhelm zu Wied (1876-1945) s'était vu offrir la couronne d'Albanie, État qui venait d'être créé à la conférence de Londres (décembre 1913), mais n'avait gardé son titre de *mbret* (en albanais : « roi ») que de mars à septembre 1914, date à laquelle il avait été déposé et avait dû quitter le pays, mais sans pour autant renoncer au trône.

e. « Il pourrait "s'écrouler" sur elle. » Entre le verbe que l'on attend, *sich stützen* (« s'appuyer »), et le verbe employé, *stürzen* (« renverser, faire s'écrouler »), il n'y a qu'une lettre de différence. Autre équivalent possible : « Il pourrait compter sur notre soutien dévoué et plein d'abdication [abnégation]. »

de nos quotidiens viennois, un article dont on pouvait dire du titre, « *Die Bukowina unter rumänischer Herr-*
144 *schaft* » [« La Bucovine sous la domination roumaine »], qu'il était pour le moins prématuré, car, à l'époque, les Roumains n'avaient pas encore déclaré leur hostilité. D'après le contenu, il aurait indubitablement fallu écrire *russisch* [« russe »], au lieu de *rumänisch* [« roumain »][a], mais même le censeur semble avoir jugé si peu étrange de trouver ensemble les deux mots qu'il a lui-même omis de voir cette faute typographique.

Il est difficile de ne pas penser à une faute typographique « politique »[b] quand on lit le lapsus orthographique suivant, qui figure dans une note diplomatique circulaire imprimée par la prestigieuse maison Karl Prochaska (ancien fournisseur de la Cour impériale et royale), à Teschen :

« P.T. Du fait de la décision sans appel des puissances de l'Entente, laquelle dispose que l'Olsa constituera désormais la frontière, non seulement la Silésie, mais aussi Teschen ont été divisés en deux territoires, qui ont été respectivement *ennexcès* à la Pologne et à la Tchéco-Slovaquie[c]. »

C'est d'une façon amusante que Th. Fontane dut un jour se défendre contre une faute typographique débordant de sens. Le 29 mars 1860, il écrivit à l'éditeur Julius Springer la lettre suivante :

a. Notons que la ressemblance orthographique entre les deux adjectifs (même début, même fin) est plus grande en allemand qu'en français.

b. Cet exemple et le suivant furent ajoutés en 1924.

c. « ... *in zwei Teile geteilt, von denen einer Polen, der andere der Tschecho-Slovakei zuviel* ». Si, à la place de *zuviel* (« trop »), on rétablit la forme verbale homophone *zufiel*, cette phrase signifie : « ... divisés en deux parties, dont l'une est échue à la Pologne et l'autre à la Tchéco-Slovaquie ». Le « c'en est trop » du typographe austro-hongrois se veut le reflet de l'« excès » des prétentions territoriales des anciens ennemis de l'Empire.

« Cher Monsieur,

Il semble qu'il ne me soit pas donné de voir mes desiderata, même modestes, être exaucés. Quand vous aurez regardé les épreuves que je joins[1], vous comprendrez ce dont je veux parler. En outre, il ne m'en est revenu qu'un jeu, alors que j'en ai besoin de deux, pour les raisons que j'ai indiquées. En outre aussi, on ne m'a pas renvoyé non plus les premières, pour que j'effectue une nouvelle révision — notamment à cause des mots et des phrases en anglais. J'y tiens beaucoup. Il est, par ex., écrit à la page 27 des épreuves en question, dans une scène entre John Knox et la reine : "*worauf Maria* aas*rief*" ["sur quoi Marie l'a*pes*tropha[a]"]. Face à des choses aussi énormes, 145
on aimerait être rassuré quant au fait que la faute a été réellement corrigée. Ce malencontreux "*aas*" mis à la place de "*aus*" est d'autant plus grave qu'il ne fait aucun doute qu'au fond d'elle-même, elle (la reine) a effectivement appelé John Knox ainsi.

Veuillez recevoir l'expression de ma haute considération.

Votre très dévoué Th. Fontane »

Wundt[b] donne une intéressante explication du fait, facile à confirmer, que nous commettons plus facilement des lapsus d'écriture que des lapsus verbaux (*ibid.*, p. 374). « Au cours du discours normal, la fonction inhibitrice de la volonté tend constamment à mettre en accord le cours des représentations et le mouvement arti-

1. Il s'agit de l'impression du livre paru en 1860 chez Julius Springer *Jenseits des Tweed. Bilder und Briefe aus Schottland.*

a. Littéralement et phonétiquement : « cria "Charogne" » (au lieu de *ausrief* : « s'écria »).

b. Ce paragraphe et le suivant remontent à 1901.

culatoire. Lorsque le mouvement d'expression qui suit les représentations se trouve ralenti par des causes mécaniques comme c'est le cas lorsqu'on écrit, de telles anticipations[a] surviennent de ce fait avec une particulière facilité. »

L'observation des conditions dans lesquelles le lapsus de lecture survient fait naître un doute que je ne souhaite pas passer sous silence, parce qu'à mon avis, il peut devenir le point de départ d'une investigation féconde. Chacun sait combien fréquemment l'attention de celui qui lit un texte à haute voix quitte celui-ci pour se tourner vers ses propres pensées. Cet écart de l'attention a très souvent pour conséquence que le lecteur, lorsqu'on l'interrompt au milieu de sa lecture et qu'on l'interroge, est totalement incapable d'indiquer ce qu'il a lu. C'est donc qu'il a lu de façon quasi automatique, et ce, bien que sa lecture à voix haute ait presque toujours été exacte[b]. Je ne crois pas que, dans de telles conditions, les fautes de lecture se multiplient de manière sensible. Nous avons d'ailleurs l'habitude d'admettre, concernant toute une série de fonctions, que c'est lorsqu'elles s'exercent de manière automatique, donc lorsqu'elles sont accompagnées d'une attention à peine consciente, qu'elles le font avec le plus d'exactitude[c]. De cela résulte, semble-t-il, que la condition qui, sur le plan de l'attention, détermine les fautes qu'on commet en parlant, en lisant et en écrivant doit être définie d'une autre façon que celle établie par Wundt (absence ou relâchement de l'attention). Les exemples

a. On peut trouver un exemple d'« anticipation » plus haut, p. 110.

b. Freud a commenté ce fait dans sa monographie sur l'aphasie (1891).

c. Des exemples montrant comment l'attention doit être détournée pour que le processus du mot d'esprit se déroule de manière automatique peuvent être trouvés dans *Le mot d'esprit et sa relation à l'inconscient*, p. 276 *sqq.* Voir aussi plus bas, p. 434.

que nous avons soumis à l'analyse ne nous donnent pas le droit, à proprement parler, de faire l'hypothèse d'une 146
baisse quantitative de l'attention ; ce que nous avons découvert — et ce n'est peut-être pas tout à fait la même chose —, c'est une perturbation de l'attention par une pensée étrangère qui fait valoir ses droits.

Entre le « lapsus d'écriture » et le « lapsus-oubli »[a], il est permis d'intercaler le cas où quelqu'un oublie d'apposer sa signature. Un chèque non signé équivaut à un chèque oublié. Pour illustrer la signification d'un tel oubli, je voudrais citer un passage tiré d'un roman qui a frappé le Dr H. Sachs :

« On peut trouver un exemple très instructif et transparent de la sûreté avec laquelle les écrivains savent utiliser le mécanisme des actes manqués et symptomatiques dans le sens où les entend la psychanalyse, dans le roman de John Galsworthy *The Island Pharisees.* Au centre de l'œuvre, il y a un jeune homme appartenant à la classe moyenne aisée qui hésite entre une profonde compassion pour les défavorisés et les conventions sociales de son milieu. Au chapitre XXVI est décrite la façon dont il réagit à la lettre d'un jeune vagabond qu'il a plusieurs fois secouru, parce qu'il se sentait attiré par sa conception originale de la vie. La lettre ne contient aucune demande directe d'argent, mais le tableau que fait le jeune homme de sa grande détresse n'admet aucune autre interpréta-

a. Le reste de ce chapitre fut ajouté en 1919.
Cette traduction « explicative » nous a été dictée par le fait que Freud, en utilisant des guillemets, souligne typographiquement la parenté linguistique et sémantique des deux mots (la particule *Ver-* indique qu'il s'agit, dans les deux cas, d'actes manqués).

tion. Le destinataire repousse tout d'abord la pensée de jeter l'argent par les fenêtres en le donnant à un incorrigible, au lieu de l'utiliser pour aider des établissements de bienfaisance. "Offrir une main secourable, une part de soi-même, faire un signe de tête de semblable à semblable, sans tenir compte d'une possible requête, simplement parce qu'il allait mal, quelle absurdité sentimentale! Il faut tirer un trait!" Mais tandis qu'il marmonnait cette conclusion, il sentit son honnêteté le tirailler. "Imposteur! Tu ne veux pas te dessaisir de ton argent, c'est tout!"

147 Là-dessus, il écrit une lettre amicale qui se termine par les mots : "Je joins un chèque. Cordialement à vous. Richard Shelton."

"Avant qu'il ait rempli le chèque, son attention est distraite par une mite qui volette autour de la bougie, et, le temps qu'il l'attrape et la relâche, il oublie qu'il n'a pas mis le chèque dans l'enveloppe." Et c'est telle quelle que la lettre est postée.

Mais cet oubli est encore plus subtilement motivé que par le fait que la tendance égoïste, en apparence surmontée, qui porte le personnage à faire l'économie de cette dépense, s'est imposée.

Dans la maison de campagne de ses futurs beaux-parents, entre sa fiancée, les membres de la famille de celle-ci et leurs invités, Shelton se sent isolé; ce qui est indiqué par son acte manqué, c'est qu'il a la nostalgie de son protégé, lequel, par son passé et sa conception de la vie, est tout l'opposé de son propre entourage, irréprochable et, selon lui, coulé dans un seul et même moule conventionnel. De fait, ne pouvant plus tenir le coup sans le secours attendu, celui-ci arrive quelques jours après, afin d'obtenir des explications sur les raisons de l'absence du chèque annoncé. »

VII

Oubli d'impressions et de projets[a] 148

Si quelqu'un était tenté de surestimer l'état présent de nos connaissances dans le domaine de la vie de l'âme, il suffirait, pour le contraindre à la modestie, de lui rappeler la fonction mnésique. Aucune théorie psychologique n'a encore été capable de rendre compte du phénomène fondamental de la remémoration et de l'oubli en montrant que l'une et l'autre sont corrélatifs ; bien plus, l'analyse complète de ce qu'on peut observer dans les faits n'a quasiment pas encore été entreprise. Peut-être l'oubli est-il, aujourd'hui, devenu pour nous plus énigmatique que la remémoration, depuis que l'étude du rêve et de certains événements pathologiques nous a enseigné que même ce que nous estimions oublié depuis longtemps pouvait réémerger brusquement dans notre conscience.

Nous sommes toutefois en possession de quelques rares points de vue dont nous espérons qu'ils seront universellement reconnus. Notre hypothèse est que l'oubli est un processus spontané auquel on peut attribuer un certain déroulement temporel. Nous soulignons le fait

a. La première partie de ce chapitre (jusqu'à la p. 240) remonte à 1901.

qu'il s'y produit une certaine sélection entre les impressions offertes ainsi qu'entre les détails de chacune des impressions ou des expériences vécues. Nous connaissons quelques-unes des conditions nécessaires pour que puisse être conservé en mémoire ou réveillé ce qui, autrement,
149 serait oublié. Mais, en d'innombrables occasions de la vie quotidienne, nous pouvons remarquer combien notre connaissance est incomplète et insatisfaisante. Qu'on écoute seulement deux personnes ayant en commun des impressions extérieures, par ex. celles reçues au cours d'un voyage qu'elles ont fait ensemble, échanger leurs souvenirs quelque temps après. Ce qui est resté fixé dans la mémoire de l'une aura souvent été oublié par l'autre, comme si cela n'avait pas eu lieu[a], et ce, sans qu'on ait le droit d'affirmer que l'impression en question est d'une plus grande importance psychique pour l'une que pour l'autre. Un très grand nombre de facteurs déterminant la sélection opérée par la mémoire se dérobe encore, semble-t-il, à notre connaissance.

Comme il est dans mes intentions de fournir une petite contribution à la connaissance des conditions de l'oubli, j'ai l'habitude de soumettre à une analyse psychologique les cas où je suis moi-même atteint par ce phénomène. Je ne m'occupe, en règle générale, que d'un certain groupe d'entre eux, à savoir de ceux où l'oubli me cause de l'étonnement parce que, étant donné mon attente, je devrais savoir la chose en question. Je voudrais encore faire remarquer que, d'une façon générale (c.-à-d. pour ce qui est des expériences vécues, et non pas des choses apprises !), je n'ai pas de propension à l'oubli et

a. *als ob es nicht geschehen wäre.* On trouve ici le même verbe que celui qu'emploie Freud dans l'expression *das Ungeschehen-Machen* (l'acte de rendre « non avenu », d'annuler rétroactivement).

que, pendant une courte période de ma jeunesse, ma mémoire a même été capable de performances extraordinaires. Quand j'étais écolier, c'était pour moi une chose allant de soi que de pouvoir réciter par cœur la page d'un livre que je venais de lire, et peu de temps avant d'aller à l'université, j'étais en mesure de transcrire presque mot pour mot, immédiatement après l'avoir entendu, le contenu de conférences publiques à caractère scientifique. Étant donné l'état de tension où je me trouvais avant de passer le dernier oral du doctorat en médecine, j'ai sûrement encore fait usage de ce qui me restait de cette aptitude, car, dans certaines matières, j'ai, de façon quasi automatique, donné aux examinateurs des réponses qui correspondaient fidèlement au texte du manuel, texte que je n'avais pourtant lu qu'une fois et en le survolant en toute hâte.

Depuis, la faculté que j'avais de disposer du trésor de 150
ma mémoire s'est de plus en plus dégradée, et cependant j'ai pu me convaincre jusqu'à une époque toute récente qu'avec l'aide d'un artifice, je suis en mesure de me remémorer bien davantage que ce dont je m'estime d'ordinaire capable. Lorsque, par ex., un patient venant à ma consultation allègue que je l'ai déjà vu une fois, et que je ne peux, quant à moi, me souvenir ni de ce fait ni de sa date, je me tire d'affaire en devinant, c'est-à-dire en faisant en sorte qu'un certain nombre d'années, calculé à partir du présent, me vienne rapidement à l'esprit. Là où des notes que j'ai prises ou des indications sûres fournies par le patient permettent de contrôler l'idée qui m'est venue, il s'avère que mon erreur dépasse rarement une durée de six mois sur un intervalle de plus de dix ans [1]. Il

1. Il arrive alors habituellement qu'au cours de la conversation, les détails de la première visite, celle qui avait eu lieu à l'époque, émergent de façon consciente.

en va de même quand je rencontre quelqu'un que je ne connais que de loin et à qui, par politesse, je demande des nouvelles de ses jeunes enfants. S'il me parle de leurs progrès, je cherche à faire en sorte que l'âge actuel de l'enfant en question me vienne à l'esprit, je procède à un contrôle grâce aux renseignements donnés par le père, et si je me fourvoie, c'est d'un mois au plus, de trois pour les plus âgés, et ce, bien que je ne puisse indiquer les points d'appui que j'avais pour procéder à cette estimation. J'ai fini par devenir si hardi que je formule toujours mon estimation spontanément, sans courir le risque, à cette occasion, de vexer le père en montrant à nu mon ignorance quant à son rejeton. Ainsi j'obtiens un élargissement de ma remémoration consciente en faisant appel à ma mémoire inconsciente, laquelle est, en tout état de cause, plus riche de contenu.

Je vais donc rapporter des exemples d'oubli *frappants*, que j'ai généralement observés sur moi-même. Je fais la distinction entre l'oubli d'impressions et d'expériences vécues, donc de choses qu'on sait, et l'oubli de projets, donc les omissions. Toute cette série d'observations a eu un résultat uniforme, que je puis indiquer d'avance : *dans tous les cas, il s'est avéré que la raison de l'oubli était un mobile relevant du déplaisir.*

151 A) OUBLI D'IMPRESSIONS ET DE CONNAISSANCES

1) Au cours d'un été, ma femme m'a donné l'occasion, en soi innocente, de ressentir une violente irritation. Assis à la table d'hôte d'un restaurant, nous avions en face de nous un monsieur de Vienne que je connaissais et qui, certainement, se souvenait aussi très bien de moi. Mais j'avais mes raisons pour ne pas lier à nouveau

connaissance. Ma femme, qui, elle, avait seulement appris le nom prestigieux de son vis-à-vis, révélait par trop qu'elle écoutait la conversation qu'il avait avec ses voisins, car elle se tournait de temps en temps vers moi pour me poser des questions reprenant le fil de la conversation qui avait été amorcée. Je m'impatientai et finis par être très agacé[a]. Quelques semaines après, je me plaignis de ce comportement de ma femme à une parente. Mais il me fut impossible de me remémorer ne serait-ce qu'un mot de la conversation de ce monsieur. Étant donné que, par ailleurs, je suis plutôt rancunier et que je ne peux oublier aucun détail d'un incident qui m'a irrité, mon amnésie a certainement été motivée, dans ce cas, par les égards que j'avais pour la personne de ma femme. Pareille chose ne m'est arrivée à nouveau qu'il y a peu de temps. J'étais avec l'un de mes amis intimes et je voulais me moquer d'un propos que ma femme avait tenu à peine quelques heures avant, mais une circonstance remarquable m'empêcha de mener à bien ce projet, à savoir le fait que j'avais oublié le propos en question sans qu'il ait laissé de trace. Je dus commencer par demander à ma femme de me rappeler ce qu'elle avait dit. On comprendra facilement que cet oubli doit être conçu comme analogue au trouble[b] du jugement typique auquel nous sommes sujets lorsqu'il s'agit de nos parents les plus proches.

2) Je me suis un jour chargé de procurer à une dame nouvellement arrivée à Vienne une petite cassette en fer pour qu'elle puisse y conserver ses papiers et son argent. Lorsque je m'offris pour le faire, j'eus à l'esprit une

a. Cet épisode apparaît aussi au milieu d'associations relatives à un rêve relaté dans l'essai *Sur le rêve* p. 54-55. Cf. p. 210, n. 1.

b. Dans l'édition de 1901 : « cet oubli s'inscrit dans le cadre du trouble ».

image dont le caractère visuel, plein de vie, était inhabi-
152 tuel, celle d'une vitrine de la Vieille Ville où j'avais dû voir de tels coffres. Je ne pus certes me souvenir du nom de la rue, mais j'étais sûr, je le sentais, que je trouverais le magasin en me promenant à travers la ville, car mon souvenir me disait que j'étais passé à côté un nombre incalculable de fois. Pourtant, à ma grande irritation, je ne réussis pas à découvrir la vitrine aux cassettes, alors même que je venais de sillonner la Vieille Ville en tous sens. Il ne me restait plus, pensai-je, qu'à ouvrir un almanach commercial pour y trouver l'adresse des fabricants de cassettes, afin d'identifier ensuite, lors d'un second tour en ville, la devanture que je cherchais. Mais je n'eus pas besoin de faire tant de choses ; parmi les adresses figurant dans l'almanach, il y en avait une qui se révéla aussitôt à moi comme étant celle que j'avais oubliée. Il était exact que j'étais passé un nombre incalculable de fois devant la vitrine en question, chaque fois en effet que je venais de rendre visite à la famille M., qui habite dans le même immeuble depuis de longues années. Depuis que ses membres avaient cessé pour moi d'être des intimes pour devenir de parfaits étrangers, j'avais pris l'habitude, sans me rendre à moi-même des comptes quant à mes raisons, d'éviter aussi la maison et ses parages. Au cours de ma promenade à travers la ville, alors que je cherchais la vitrine aux cassettes, j'avais inspecté chaque rue des alentours, évitant cependant la rue en question, comme si elle faisait l'objet d'un interdit. Le mobile relevant du déplaisir par la faute duquel, dans ce cas, je n'avais pas su m'orienter est facile à saisir. Le mécanisme de l'oubli, en revanche, n'est plus aussi simple que dans l'exemple précédent. Mon antipathie n'est naturellement pas dirigée contre le fabricant de cassettes, mais contre quelqu'un d'autre dont je ne veux

plus entendre parler, et elle se transfère de cet autre sur l'occasion qui s'offre à elle de produire cet oubli. De façon tout à fait similaire, le ressentiment à l'égard de l'un avait, dans le cas de *Burckhard*, causé l'erreur d'écriture sur le nom de l'autre. Ce que l'homonymie a réalisé ici, à savoir établir une connexion entre deux sphères de pensée d'essence différente, pouvait être remplacé, dans
l'exemple de la vitrine du magasin, par la contiguïté dans 153
l'espace, la mitoyenneté. Du reste, ce dernier cas était d'une construction plus solide ; il fut possible de trouver une seconde connexion sur le plan du contenu, car, parmi les raisons pour lesquelles la famille habitant dans l'immeuble en question m'était devenue étrangère, l'argent avait joué un rôle[a].

3) Le bureau d'affaires B. & R. m'a demandé d'aller visiter l'un de ses employés souffrants. Sur le chemin qui mène au domicile de ce dernier, une idée me préoccupe, à savoir que j'ai très certainement déjà été, de façon répétée, dans l'immeuble où se trouve l'établissement en question. J'ai l'impression que la plaque que celui-ci a fait apposer à l'un des étages inférieurs m'a frappé un jour que je devais examiner un malade à l'un des étages supérieurs. Mais je ne puis me souvenir ni de l'immeuble, ni de la personne que j'ai visitée. Bien que toute cette affaire soit chose indifférente et sans importance, elle me préoccupe tout de même, et je finis par apprendre, en passant par le biais habituel, c'est-à-dire celui qui consiste à rassembler les idées qui me viennent à son propos, qu'un étage au-dessous des locaux de la maison B. & R. se trouve la pension *Fischer*, où j'ai fréquemment visité des patients. Je sais maintenant aussi quel est l'immeuble qui abrite les bureaux et la pension.

a. Dans les éditions de 1901, 1904 et 1907 : « un grand rôle ».

Mais ce qui reste encore énigmatique pour moi, c'est le
mobile qui était en jeu dans cet oubli. Je ne trouve rien
de scandaleux pour le souvenir, ni dans l'établissement
lui-même, ni dans la pension Fischer, ni encore dans les
patients qui y habitaient. Je suppose aussi qu'il ne peut
s'agir d'une chose causant beaucoup de gêne ; sinon, je
n'aurais guère réussi à me rendre de nouveau maître, par
un biais, de ce que j'avais oublié, sans solliciter comme
dans l'exemple précédent l'aide de moyens extérieurs.
Enfin, il me vient à l'idée que juste avant de partir visiter
le nouveau patient, j'ai été salué dans la rue par un mon-
sieur que j'ai eu de la peine à reconnaître. Lorsque j'avais
vu cet homme plusieurs mois auparavant, il était dans un
état apparemment grave, et le diagnostic que j'avais pro-
noncé contre lui était celui de la paralysie générale pro-
154 gressive, mais j'avais ensuite entendu dire qu'il était réta-
bli, ce qui aurait signifié que mon jugement était inexact.
À moins qu'il ne s'agisse ici d'une des rémissions qui se
rencontrent aussi dans le cas de la *dementia paralytica*, de
sorte que mon diagnostic s'avérerait finalement justifié !
C'est de cette rencontre qu'était partie l'influence qui
m'avait amené à oublier qui habitait dans le voisinage
des bureaux de B. & R., et l'intérêt que j'avais eu à trou-
ver la solution de ce que j'avais oublié résultait d'un
transfert qui s'était effectué à partir de ce cas de diagnos-
tic problématique. Quant à la connexion associative,
étant donné que la corrélation interne était minime —
l'homme qui, contre toute attente, avait guéri était lui
aussi employé par un grand bureau ayant l'habitude de
m'adresser des malades —, elle fut fournie par une
homonymie. Le médecin avec lequel j'avais vu le paraly-
tique en question s'appelait lui aussi *Fischer*, comme la
pension qui se trouvait dans l'immeuble et qui avait été
frappée par l'oubli.

4) *Égarer* un objet ne signifie rien d'autre, on le sait, qu'oublier où on l'a mis, [où on l'a « garé »[a]], et comme la plupart des personnes qui manipulent des papiers et des livres, je sais m'y retrouver sur ma table de travail et je peux extraire ce que je cherche en un tour de main. Ce qui apparaît à d'autres comme du désordre est, pour moi, de l'ordre ayant un passé, une histoire. Mais pourquoi, il n'y a pas longtemps, ai-je égaré un catalogue de livres qu'on m'avait fait parvenir, en le mettant à un endroit tel qu'il est resté introuvable ? J'avais pourtant bien l'intention de commander un ouvrage qui y figurait, à savoir *Ueber die Sprache* [*Sur le langage*], parce qu'il a pour auteur quelqu'un dont j'aime le style vif et plein d'esprit et chez qui je prise le discernement dans le domaine de la psychologie et les connaissances en matière d'histoire de la civilisation. À mon avis, c'est précisément pour cela que j'ai égaré le catalogue. En effet, j'ai l'habitude de prêter les livres de cet auteur à mes amis et connaissances pour les éclairer, et en m'en rendant un quelques jours auparavant, quelqu'un m'avait dit : « Son style me rappelle tout à fait le vôtre, et vous avez aussi tous deux la même façon de penser. » Celui qui avait prononcé ces mots ignorait quel point sensible il venait de toucher en faisant cette remarque. Des années auparavant, lorsque j'étais plus jeune et que j'avais davantage besoin de contacts, un confrère plus âgé 155
à qui je venais de vanter les publications d'un médecin connu m'avait dit à peu près la même chose, à savoir : « C'est tout à fait votre style et votre manière. » Influencé par ces propos, j'avais écrit à l'auteur en ques-

a. *gelegt.* Cette traduction vise, bien sûr, à faire apparaître la relation (« négative ») qui unit le verbe *verlegen* (*ver-legen*) au verbe *legen.* Cf. notice terminologique.

tion pour lui dire que je serais heureux de nouer des relations avec lui, mais une réponse pleine de froideur m'avait remis à ma place. Peut-être qu'en outre des expériences dissuasives[a] plus précoces se cachent derrière cette dernière, car je n'ai pas retrouvé le catalogue et ce signe avant-coureur m'a réellement retenu de commander le livre y figurant, et ce, sans qu'un obstacle réel eût été créé par la disparition du catalogue. Aussi bien avais-je gardé en mémoire le nom du livre et celui de l'auteur[1].

5)[b] Un autre cas d'objet *égaré* mérite que nous lui portions de l'intérêt en raison des conditions dans lesquelles l'objet en question a été retrouvé. Voici ce que m'a raconté un homme encore assez jeune : « Il y a quelques années se sont produits dans mon ménage un certain nombre de malentendus, je trouvais ma femme trop froide, et en dépit du fait que je reconnaissais volontiers ses qualités remarquables, nous vivions sans tendresse l'un à côté de l'autre. Un jour qu'elle revenait d'une promenade, elle me rapporta un livre qu'elle avait acheté parce que, pensait-elle, il m'intéresserait. Je la remerciai de cette marque d'"attention", promis de le lire, le mis de côté et ne réussis pas à le retrouver. Des mois passèrent ainsi, durant lesquels, à l'occasion, je me souvins du livre disparu et tentai aussi, mais en vain, de décou-

1. En ce qui concerne bien des sortes de coïncidences que, depuis Theodor Vischer, on attribue à la « malignité de l'objet », j'aimerais proposer des explications similaires. [Très courante, l'expression *« die Tücke des Objekts »* est employée pour la première fois dans le roman de F. Th. Vischer (1807-1887) *Auch einer* et désigne le « mauvais tour » qu'un objet peut jouer, inopinément, à la personne qui le manie. Voir aussi plus bas, p. 283, n. *a*.]

a. *abschreckende Erfahrungen*. Rappelons que le verbe *abschrecken* est formé sur la racine *Schreck* (« effroi »).

b. Ajouté en 1907.

vrir où il était. Environ six mois plus tard, ma mère, que je chérissais et qui habitait dans un autre logement, tomba malade. Ma femme quitta la maison pour aller soigner sa belle-mère. L'état de la malade s'aggrava et donna l'occasion à ma femme de se faire voir sous ses meilleurs côtés. Je rentre un soir à la maison, enthousiasmé par ce qu'accomplit ma femme et plein de gratitude envers elle. Je m'approche de ma table de travail et, 156
sans avoir d'intention déterminée, mais comme avec l'assurance du somnambule[a], j'ouvre un certain tiroir et je trouve sur le dessus le livre, disparu depuis si longtemps, que j'avais égaré[b]. »

Voici un cas d'objet égaré[c] qui rejoint le précédent en raison de ce dernier caractère, à savoir la singulière assurance avec laquelle l'objet est retrouvé une fois que le mobile de l'acte n'existe plus. Il est rapporté par J. Stärcke (*ibid.*) :

6) « Une jeune fille avait gâché, en le découpant, un morceau d'étoffe à partir duquel elle voulait confectionner un col. Il fallut donc faire venir la couturière pour qu'elle tente de réparer ce qui pouvait encore l'être. Lorsqu'à l'arrivée de celle-ci, la jeune fille voulut sortir le col en lambeaux du tiroir où elle croyait l'avoir rangé, elle ne put le trouver. Elle mit tout sens dessus dessous, mais elle ne le trouva pas. Elle finit par s'asseoir, irritée, se demandant pourquoi il avait brusquement disparu et pensant que peut-être elle ne *voulait* pas le trouver, puis se dit que, naturellement, elle se sentait honteuse vis-à-vis de la couturière, parce qu'elle avait réussi à gâcher une chose aussi simple à confectionner qu'un col. Après

a. *mit somnambuler Sicherheit.* Voir p. 280, n. *c*, et p. 399, n. *b*.
b. Ce cas est aussi rapporté par Freud, dans les mêmes termes, à la fin de la troisième conférence de l'*Introduction*.
c. Ajouté en 1917.

s'être fait cette réflexion, elle se leva, se dirigea vers une autre armoire et en sortit du premier coup le col qu'elle avait mis en lambeaux. »

7)[a] L'exemple suivant d'« objet égaré » correspond à un type maintenant bien connu de tout psychanalyste. Je voudrais signaler que le patient qui a fait cet acte en a lui-même trouvé la clé :

« Un patient chez qui l'interruption estivale du traitement psychanalytique tombe pendant une période de résistance et de mauvais état général rentre un soir chez lui et, tout en se déshabillant, pose son trousseau de clés à un endroit où, à son avis, il a l'habitude de le faire. Puis il se souvient que, partant en voyage le jour suivant, le dernier de la cure, mais aussi celui où les honoraires
157 doivent être réglés, il veut prendre quelques objets dans son secrétaire, où il a également serré son argent. Toutefois les clés ... ont disparu. Il se met alors, de façon systématique, mais en éprouvant un énervement croissant, à explorer son petit appartement, ... sans succès. Comme il se rend compte que le fait d'avoir "égaré" ses clés est un acte symptomatique, donc intentionnel, il réveille son domestique, afin de continuer ses recherches avec l'aide d'une personne non impliquée. Une deuxième heure s'étant écoulée, il abandonne celles-ci et craint d'avoir perdu les clés. Le lendemain matin, il en commande de nouvelles au fabricant de la cassette de son secrétaire, lequel les confectionne en toute hâte. Deux de ses connaissances qui l'ont raccompagné chez lui dans une voiture se souviennent, affirment-elles, avoir entendu quelque chose tomber sur le sol avec un bruit métallique au moment où il en descendait. Il est convaincu que c'était ses clés qui venaient de glisser de sa poche. Le soir,

a. Ajouté en 1910.

le domestique, triomphant, lui présenta les clés. Elles se trouvaient entre un gros livre et une mince brochure (un travail de l'un de mes élèves) qu'il voulait emporter en vacances pour la lire, à un endroit où elles avaient été placées avec tant d'habileté que personne n'y eût soupçonné leur présence. Par la suite, il lui fut impossible de reproduire par imitation cette position des clés, qui les avait rendues à ce point invisibles. L'habileté inconsciente avec laquelle, par suite de mobiles secrets mais puissants, un objet se trouve égaré, rappelle tout à fait l'“assurance du somnambule[a]”. Le mobile était naturellement le mécontentement causé par l'interruption de la cure et la fureur secrète de devoir payer des honoraires élevés alors qu'on est en si mauvais état. »

8)[b] « Un homme, raconte A. A. Brill, se vit un jour pressé par sa femme d'aller à une soirée mondaine qui, au fond, lui était fort indifférente. Il finit par céder à ses prières et commença à sortir son habit du coffre, mais s'interrompit et décida de se raser d'abord. Lorsqu'il eut fini, il retourna au coffre, mais le trouva fermé et ne put mettre la main sur la clé. Impossible de dénicher un ser- 158
rurier, car cela se passait un dimanche soir, et c'est ainsi que le couple fut obligé de se faire excuser à la soirée. Lorsque le coffre fut ouvert le lendemain matin, on trouva la clé à l'intérieur. Dans sa distraction, l'homme l'y avait laissée tomber et avait refermé le meuble. Certes, il m'assura qu'il l'avait fait complètement à son insu et sans en avoir l'intention, mais nous savons qu'il ne voulait pas aller à cette soirée. Il ne manquait donc pas d'un mobile pour que la clé fût égarée. »

E. Jones a observé sur lui-même qu'il égarait d'ordi-

a. *somnambuler Sicherheit.* Voir p. 280, n. *c*, et p. 399, n. *b*.
b. Ajouté en 1912.

naire sa pipe chaque fois qu'il venait de trop fumer, au point de ne pas se sentir bien. La pipe se trouvait alors dans tous les endroits possibles, sauf celui où était sa place et où il la rangeait habituellement.

9)[a] Voici un cas, bien innocent, où la motivation est avouée. Il est rapporté par Dora Müller :

Voici ce que raconte Mlle Erna A., deux jours avant Noël : « Imaginez, hier soir j'ai pris mon paquet de pain d'épices et j'ai commencé à en manger ; ce faisant, j'ai pensé que, quand Mlle S. (la dame de compagnie de sa mère) viendrait me dire bonne nuit, je serais obligée de lui en offrir ; je n'en avais pas très envie, mais je comptais le faire quand même. Plus tard, quand elle est arrivée et que j'ai étendu la main vers ma table de nuit pour y attraper le paquet, je ne l'ai pas trouvé. Je l'ai cherché et j'ai découvert qu'il était enfermé dans l'armoire. C'est là que, sans le savoir, je l'avais mis. » Il fut superflu de faire l'analyse de ce cas, la narratrice étant elle-même au clair sur la cohérence de l'ensemble. La motion[b] qui venait d'être refoulée (vouloir garder pour soi la friandise) avait tout de même percé sous la forme d'une action automatique, pour être ensuite, dans ce cas évidemment, annulée rétroactivement[c] par l'action consciente qui lui avait succédé. (*Internationale Zeitschrift für Psychoanalyse*, III, 1915.)

159 10) Hanns Sachs décrit comment, un jour, en égarant ainsi un objet, il s'est soustrait à l'obligation de travailler : « L'après-midi de dimanche dernier, j'ai hésité un moment avant de savoir si je devais travailler ou bien faire une promenade et rendre ensuite visite à des amis,

a. Cet exemple, ainsi que le 10, a été ajouté en 1917.
b. *Regung.*
c. *wieder rückgangig gemacht.*

puis, après avoir un peu lutté avec moi-même, je me suis décidé pour la première solution. Au bout d'une heure environ, je me suis rendu compte que j'avais épuisé ma réserve de papier. Je savais que, quelque part dans un tiroir, je gardais une liasse de feuilles blanches depuis des années déjà, mais je l'ai vainement cherchée dans mon secrétaire et à d'autres endroits où je supposais que je la trouverais, et ce, alors que je m'étais donné beaucoup de peine et que j'avais tourné et retourné toutes sortes de vieux livres, brochures, missives, etc. Ainsi, je me suis quand même vu obligé d'interrompre mon travail et de sortir. Lorsque je suis rentré chez moi le soir, je me suis assis sur le canapé et, sans réfléchir, dans une demi-absence, j'ai regardé l'armoire à livres qui me faisait face. Là, un tiroir m'a sauté aux yeux, et je me suis rappelé que je n'en avais pas inspecté le contenu depuis longtemps. Je suis donc allé l'ouvrir. Tout à fait sur le dessus, il y avait une serviette en cuir avec, à l'intérieur, du papier vierge. Mais c'est seulement au moment où, l'ayant sorti, je m'apprêtais à le mettre de côté dans le tiroir du secrétaire que l'idée m'est venue qu'il s'agissait justement de celui que j'avais cherché en vain l'après-midi. Je dois en outre faire remarquer que, sans être par ailleurs économe, je fais très attention au papier et que j'en conserve le plus petit reste utilisable. Cette habitude alimentée par une pulsion fut, semble-t-il, ce qui m'amena à rectifier l'oubli aussitôt après que le mobile actuel de celui-ci eut disparu. »

Si l'on prend une vue d'ensemble des cas d'objets égarés[a], il devient vraiment difficile d'admettre qu'un objet puisse jamais être égaré autrement qu'à la suite d'une intention inconsciente.

a. Ce paragraphe fut ajouté en 1907.

11)[a] Un jour de l'été 1901, j'ai déclaré à un ami avec lequel j'avais alors d'intenses échanges intellectuels sur des questions scientifiques[b] : « Ces problèmes de névro-
160 ses ne peuvent être résolus que si nous nous situons pleinement sur le terrain de l'hypothèse d'une bisexualité originelle de l'individu. » J'obtins comme réponse : « C'est ce que je t'avais dit voici déjà deux ans et demi à Br. [Breslau], lors d'une promenade que nous avons faite un soir. À ce moment-là, tu n'avais pas voulu en entendre parler. » Il est toujours douloureux de se voir ainsi invité à abandonner la prétention à l'originalité. Je ne pus me souvenir d'une telle conversation, ni de cette déclaration de mon ami. L'un de nous deux devait certainement se tromper ; d'après le principe de la question *cui prodest ?*[c], ce devait être moi. De fait, au cours de la semaine qui a suivi, je me suis tout remémoré de la façon dont mon ami voulait en réveiller le souvenir en moi ; je me rappelle ce que j'ai alors donné comme réponse : « Je ne veux pas en rester là, je ne suis pas d'accord. » Mais, depuis, je suis devenu un peu plus tolérant lorsque, lisant la littérature médicale, je tombe ici ou là sur l'une des quelques idées auxquelles on associe mon nom et qu'à cette occasion je déplore qu'on ne l'ait pas mentionné.

Remontrances à l'adresse de son épouse — amitié qui s'est transformée en son contraire — erreur de diagnostic — fin de non-recevoir opposée par des personnes ayant les mêmes aspirations — emprunt d'idées : ce n'est

a. Sauf exception, tout ce qui suit (jusqu'à la p. 254) remonte à 1901.

b. En 1901 et 1904 : « Un jour de l'été de cette année, j'ai déclaré à mon ami Fl., avec lequel j'ai d'intenses échanges intellectuels... » L'ami en question était Wilhelm Fliess. La conversation eut lieu en fait en 1900, et ce fut la dernière fois que les deux hommes se rencontrèrent.

c. « À qui est-ce utile ? À qui cela profite-t-il ? » Cette formule latine est très proche du célèbre *Cui bono ?* de Cicéron, qui sert à poser, dans les affaires criminelles, la question centrale du mobile de l'acte.

sans doute pas un hasard si, dans un certain nombre d'exemples d'oubli, qui ont été rassemblés sans faire l'objet d'une sélection, on a besoin, pour les résoudre, d'aborder des thèmes causant autant de gêne. Je suppose bien plutôt que toute autre personne voulant soumettre son propre oubli à un examen pour en trouver les mobiles pourra tracer une carte d'échantillons[a] de contrariétés qui sera similaire. La propension à oublier ce qui est désagréable me semble tout à fait générale ; l'aptitude à le faire est, quant à elle, diversement développée selon les personnes. Parmi les *dénis* que nous rencontrons dans notre activité de médecin, il en est probablement plus d'un qu'il faut faire découler de l'*oubli*[1].

a. *Musterkarte.*

1. [Ajouté en 1907] Lorsqu'on s'informe auprès de quelqu'un pour savoir si, dix ou quinze ans auparavant, il n'a pas eu la syphilis [*eine luetische Infektion durchgemacht*, tournure qui met l'accent sur les épreuves par lesquelles on est passé], on a trop tendance à oublier que la personne interrogée a, sur le plan psychique, traité ce cas fortuit de maladie d'une tout autre manière que par exemple un rhumatisme aigu. — Dans les anamnèses que des parents fournissent sur leurs filles entrées dans la névrose, il est quasiment impossible de faire avec certitude la part de l'oubli et celle de la dissimulation, parce que tout ce qui pourrait empêcher la jeune fille de se marier plus tard est systématiquement éliminé, c.-à-d. refoulé, par les parents. — [Ajouté en 1910] Un homme qui venait de perdre sa femme, qu'il aimait beaucoup et qui était morte d'une affection du poumon, m'a communiqué le cas suivant, où le fait d'induire le médecin en erreur ne peut être rapporté qu'à un tel oubli : « La pleurésie de ma pauvre femme n'ayant toujours pas cédé de terrain après bien des semaines, le Dr P. fut appelé en renfort. En recueillant l'anamnèse, il posa les questions habituelles, demandant entre autres s'il n'y avait pas eu des cas de maladie pulmonaire dans la famille de ma femme. Celle-ci répondit par la négative, et moi non plus, je ne me souvins de rien. Au moment où le Dr P. va prendre congé, la conversation tombe comme par hasard sur les excursions, et ma femme dit : "Oui, là aussi, pour aller à Langersdorf, *où est enterré mon pauvre frère*, il faut faire un long voyage." Ce frère était mort environ quinze ans auparavant, après avoir souffert de tuberculose pendant plusieurs années. Ma femme l'aimait beaucoup et me parlait souvent de lui. Effectivement, il me vint à l'esprit qu'à l'époque où le diagnostic de pleurésie fut établi, elle se faisait beaucoup de souci et disait, très sombre : "*Mon frère aussi est mort d'une maladie des poumons.*" Mais le sou-

161 La conception que nous avons d'un tel oubli réduit, il est vrai, la différence entre l'un et l'autre comportement à des facteurs purement psychologiques et nous permet de voir dans ces deux modes de réaction l'expression d'un même mobile. Parmi tous les nombreux exemples de déni de souvenirs désagréables que j'ai vus dans l'entourage de malades, il en est un, particulièrement singulier, qui m'est resté en mémoire. En me donnant des renseignements sur l'enfance de son fils, un garçon nerveux qui était à l'âge de la puberté, une mère me raconta que, comme ses frères et sœurs, il avait souffert d'incontinence d'urine jusqu'à un âge avancé, ce qui n'est bien sûr pas sans importance pour l'histoire d'une maladie névrotique. Lorsque, quelques semaines plus tard, elle voulut s'informer de l'état de la cure, j'eus l'occasion d'attirer son attention sur les signes, présents chez le
162 jeune homme, d'une prédisposition constitutionnelle à la maladie et je fis référence, à ce propos, à l'incontinence d'urine établie grâce à l'anamnèse. À mon grand étonnement, elle contesta le fait, aussi bien pour cet enfant que pour les autres, me demanda comment je pouvais en avoir eu connaissance et finit par entendre ce que je lui

venir qu'elle en avait était à ce point refoulé que, même après avoir fait la déclaration mentionnée précédemment à propos de l'excursion à L., elle ne trouva aucune raison de rectifier les renseignements qu'elle avait donnés sur les maladies survenues dans sa famille. En ce qui me concerne, l'oubli me revint à l'esprit au moment exact où elle parla de Langersdorf. » — [Ajouté en 1912] C'est une expérience tout à fait analogue que celle que raconte E. Jones dans l'ouvrage déjà signalé ici plusieurs fois. Un médecin dont la femme souffrait d'une maladie de l'abdomen ayant donné lieu à un diagnostic peu clair lui fit un jour cette remarque, comme pour la consoler : « C'est quand même une bonne chose qu'il n'y ait pas eu de cas de tuberculose dans ta famille. » La femme répondit, surprise à l'extrême : « As-tu donc oublié que ma mère est morte de la tuberculose et que ma sœur ne s'en est remise qu'après que les médecins l'eurent déclarée condamnée ? »

disais, à savoir que c'était elle-même qui me l'avait raconté peu de temps auparavant, et donc qu'il s'agissait de quelque chose qu'elle avait oublié[1].

On trouve donc aussi en abondance chez des personnes bien portantes, non névrosées, des indices montrant qu'une résistance s'oppose à la remémoration d'impressions causant de la gêne, à la représentation de pensées causant de la gêne[2]. Mais il n'est possible de

1. Pendant les jours où j'étais occupé à la rédaction de ces pages, il m'est arrivé le cas d'oubli presque incroyable que voici : en vérifiant mon livre de comptes le 1er janvier, pour pouvoir envoyer mes notes d'honoraires, je tombe sur un nom inscrit au mois de juin, M...l, et ne peux me souvenir d'une personne qui lui correspondrait. Mon impression d'étrangeté déconcertante s'accroît lorsque je remarque, en continuant à feuilleter les pages, que j'ai traité ce cas dans un sanatorium et que je l'ai visité quotidiennement durant des semaines. Un malade dont on s'occupe dans de telles conditions n'est pas quelqu'un qu'on oublie, en tant que médecin, au bout d'à peine six mois. Était-ce d'aventure un homme, un paralytique, un cas dénué d'intérêt ? Enfin, à la lecture de la note concernant les honoraires déjà perçus, me revient toute la connaissance qui voulait se soustraire à mon souvenir. M...l était une jeune fille de quatorze ans ; son cas, le plus singulier de tous ceux que j'ai rencontrés au cours de ces dernières années, m'a donné une leçon que je n'oublierai sans doute jamais et a débouché sur une issue qui m'a fait connaître des heures d'extrême tourment. L'enfant était atteinte d'une hystérie dépourvue d'ambiguïté, qui s'améliora d'ailleurs rapidement et radicalement lorsque je l'eus prise en main. Après cette amélioration, l'enfant me fut retirée par ses parents ; elle continua de se plaindre de douleurs abdominales, douleurs auxquelles était dévolu le rôle principal dans le tableau symptomatique de son hystérie. Deux mois plus tard, elle était morte d'un sarcome des glandes ovariennes. L'hystérie, à laquelle du reste l'enfant était prédisposée, avait pris la tumeur en formation comme cause efficiente ; quant à moi, absorbé que j'étais par les manifestations bruyantes mais bénignes de l'hystérie, j'avais peut-être omis de voir les premiers signes de l'insidieuse et funeste maladie.

2. [Ajouté en 1910] A. Pick a récemment regroupé (« *Zur Psychologie des Vergessens bei Geistes- und Nervenkranken* », *Archiv für Kriminal-Anthropologie und Kriminalistik*, édité par H. Gross) une série d'auteurs qui prennent en compte l'influence de facteurs affectifs sur la mémoire et qui reconnaissent — plus ou moins nettement — que la tendance à la défense contre le déplaisir contribue à l'oubli. Mais nul parmi nous tous n'a présenté ce phénomène et sa motivation psychologique d'une manière qui

163 mesurer la pleine signification de ce fait qu'à partir du moment où on pénètre plus avant dans la psychologie des personnes névrosées. On est obligé de faire d'une telle *tendance élémentaire à la défense* contre des représentations pouvant produire des sensations de déplaisir, tendance seulement comparable au réflexe de fuite survenant lorsqu'il y a excitation de douleur[a], un des piliers principaux du mécanisme porteur des symptômes hystériques. Que l'on n'objecte pas, face à l'hypothèse d'une telle tendance à la défense, qu'il nous arrive au contraire très souvent d'être dans l'impossibilité de nous débarrasser de souvenirs facteurs de gêne qui nous poursuivent[b] et de chasser des motions d'affect[c] telles que le remords, les reproches de la conscience. Nous ne prétendons pas, en effet, que cette tendance à la défense est à même de s'imposer partout, qu'il est impossible qu'elle se heurte, dans le jeu des forces psychiques, à des facteurs qui, visant d'autres fins, s'efforcent d'atteindre l'opposé et, en dépit d'elle, y parviennent. *On peut, en le devinant, considérer comme le principe architectonique de l'appareil psychique la stratification, l'étagement d'instances superposées les unes aux autres*, et il est tout à fait possible que cette tendance à la défense appartienne à une instance psychique inférieure, mais qu'elle se trouve inhibée par des instances supérieures. En tout cas, nous aurons un argu-

---

l'épuise à ce point et qui soit en même temps si frappante que Nietzsche dans l'un de ses aphorismes (*Par-delà le bien et le mal*, IIe partie, IV, 68) : « *"Oui, j'ai fait cela", dit ma mémoire. "Il est impossible que je l'aie fait", dit mon orgueil et il demeure intraitable. Finalement... c'est la mémoire qui cède.* » [Cette phrase est également citée par l'« homme aux rats », dont le cas venait d'être étudié par Freud peu de temps avant l'ajout de cette note (1909).]

a. *Schmerzreize*. Le mot employé par Freud est un pluriel.
b. *verfolgen*. Ce verbe veut aussi dire « persécuter ».
c. *Affektregungen*.

ment en faveur de l'existence et de la puissance de cette tendance à la défense si nous réussissons à en faire découler des processus tels que ceux qui sont analysés dans nos exemples d'oubli. Nous constatons que mainte chose se trouve oubliée à cause d'elle-même ; là où ce n'est pas possible, la tendance à la défense déplace son but et fait du moins oublier une autre chose, moins importante, qui est entrée en connexion associative avec le scandaleux proprement dit.

Le point de vue développé ici — des souvenirs causant de la gêne sont particulièrement facilement victimes d'un oubli motivé — mériterait d'être appliqué à plusieurs domaines où, aujourd'hui encore, il n'est pas ou trop peu pris en considération. C'est ainsi, me semble- 164
t-il, que l'on continue de ne pas le faire valoir avec assez de netteté quand on apprécie les dépositions d'un témoin devant le tribunal[1], à l'occasion de quoi on attribue manifestement à sa prestation de serment une bien trop grande influence purificatrice sur le jeu de ses forces psychiques. Qu'il y ait nécessité, dans le domaine de la naissance des traditions et de l'histoire légendaire d'un peuple, de prendre en compte ce mobile, qui vise à rayer de la mémoire ce qui cause de la gêne au sentiment national, voilà qui est universellement admis. Peut-être un examen plus précis permettrait-il de montrer qu'il existe une complète analogie entre la façon dont se forment les traditions des peuples et celle dont se forment les souvenirs d'enfance de chaque individu. Le grand Darwin[a], qui avait discerné ce mobile — relevant du déplaisir — de l'oubli, en a tiré une « règle d'or » à l'intention du travailleur scientifique[2].

1. Cf. Hans Gross, *Kriminalpsychologie*, Graz, 1898. Voir aussi plus bas, p. 405, n. 1.

a. Phrase ajoutée en 1912.

2. [Ajouté en 1912] Ernest Jones renvoie au passage suivant de l'auto-

D'une façon tout à fait similaire à l'oubli de noms, il peut se faire que, dans le cas d'oubli d'impressions, une remémoration fautive[a] ait lieu, qui, lorsqu'elle trouve créance, se voit qualifiée d'illusion de la mémoire. L'illusion de la mémoire, quand elle se produit dans les cas pathologiques — dans celui de la paranoïa, elle joue quasiment le rôle de facteur constitutif intervenant dans la formation du délire —, a suscité une abondante littérature où je déplore qu'il ne soit nulle part fait mention, à son propos, d'une motivation. Comme ce thème relève
165 aussi de la psychologie des névroses, il n'y a pas lieu d'en traiter dans le contexte qui est le nôtre. Pour illustrer ma thèse, je vais rapporter un exemple singulier, celui de l'une de mes propres illusions de mémoire, où se révèlent avec suffisamment de netteté la motivation fournie par du matériel refoulé inconscient ainsi que la nature de la connexion qui s'est établie avec celui-ci.

Lorsque j'ai écrit les derniers chapitres de mon livre sur *L'interprétation des rêves*, je me trouvais dans une villégiature où, n'ayant pas accès à des bibliothèques et des ouvrages de référence, j'ai été obligé, sous réserve de corrections ultérieures, d'inclure de mémoire dans mon manuscrit toutes sortes de renvois et de citations.

---

biographie de Darwin, qui reflète de façon convaincante sa probité scientifique et son acuité psychologique : « *I had, during many years, followed a golden rule, namely, that whenever a published fact, a new observation or thought came across me, which was opposed to my general results, to make a memorandum of it without fail and at once ; for I had found by experience that such facts and thoughts were far more apt to escape from the memory than favourable ones.* » [« Durant de nombreuses années, j'ai suivi une règle d'or : quand je trouvais un fait publié, une observation nouvelle ou une pensée qui contredisait l'un des résultats généraux obtenus par moi-même, je ne manquais jamais d'en prendre aussitôt note. Car l'expérience m'avait enseigné que de tels faits et pensées échappent plus facilement à la mémoire que ceux qui nous conviennent. »]

a. *Fehlerinnern.*

Lorsque j'ai abordé le chapitre sur le rêve diurne[a], une figure extraordinaire m'est venue à l'esprit, celle du pauvre comptable dans *Le nabab* d'Alphonse Daudet, grâce à laquelle l'écrivain a probablement décrit sa propre rêverie. Je crus me souvenir nettement de l'un des fantasmes que concocte cet homme — je l'appelais M. Jocelyn — lors de ses promenades à travers les rues de Paris, et je me mis à le reproduire de mémoire. Dans la scène en question, M. Jocelyn se jette avec audace à la tête d'un cheval emballé, l'immobilise, la portière du coupé s'ouvre, un haut personnage en descend, serre la main de M. Jocelyn et lui dit : « Vous êtes mon sauveur, je vous dois la vie. Que puis-je faire pour vous ? »

Les éventuelles inexactitudes que j'avais pu commettre dans la reproduction de ce fantasme, me dis-je alors pour me consoler, seraient faciles à corriger quand je serais chez moi et que j'aurais le livre sous la main. Mais en feuilletant ensuite *Le nabab* pour pouvoir comparer au texte original le passage, bon pour l'impression, de mon manuscrit, je fus tout à fait honteux et ébranlé de n'y rien trouver qui ressemblât à une telle rêverie de M. Jocelyn ; bien plus, le pauvre comptable ne portait nullement ce nom, mais s'appelait M. *Joyeuse.* Cette seconde erreur donna ensuite rapidement la clé de la première, c.-à-d. de l'illusion de la mémoire. *Joyeux* (dont le 166
nom du personnage est la forme féminine) : telle serait la seule traduction, toute autre étant impossible, que je donnerais de mon propre nom, *Freud*, en français. D'où pouvait provenir, en conséquence, ce fantasme, ce faux souvenir que j'avais attribué à Daudet ? Ce ne pouvait être que l'un de mes propres produits, un rêve diurne que j'avais fait moi-même et qui n'était pas arrivé à ma

a. *L'interprétation des rêves*, p. 419 *sqq.* et p. 454 *sqq.*

conscience, ou dont j'avais eu un jour conscience et que j'avais radicalement oublié depuis. Peut-être l'avais-je fait moi-même à Paris, où, si souvent, solitaire et plein de nostalgie, je m'étais promené à travers les rues, ayant grand besoin d'un soutien ou d'un protecteur, avant que maître Charcot ne m'eût accueilli dans son entourage. Par la suite, j'ai vu l'auteur du *Nabab* à de nombreuses reprises dans la maison de Charcot[1][a].

1. [Ajouté en 1924] Il y a quelque temps, un de mes lecteurs m'a fait parvenir un petit volume de la *Jugendbibliothek* de Franz Hoffmann dans lequel une scène de sauvetage comparable à celle que j'avais fantasmée à Paris est racontée en détail. La concordance entre l'une et l'autre va jusqu'à telle ou telle expression peu courante qu'on trouve dans les deux cas. La supposition selon laquelle j'aurais effectivement lu ce livre pour la jeunesse lorsque j'étais un tout jeune garçon est bien difficile à écarter. La bibliothèque des élèves de notre lycée possédait la collection de Hoffmann et elle était toujours prête à la proposer aux lycéens à la place de toute autre nourriture intellectuelle. Le fantasme dont je crus, à l'âge de quarante-trois ans, me souvenir qu'il était la production d'un autre, puis dans lequel il me fallut reconnaître une réalisation propre remontant à ma vingt-neuvième année, peut donc sans difficulté avoir été la reproduction fidèle d'une impression reçue entre onze et treize ans. Aussi bien le fantasme de sauvetage que j'avais inventé à propos du comptable du *Nabab* qui a perdu sa place n'est-il destiné qu'à ouvrir la voie au fantasme de mon propre sauvetage, qu'à faire en sorte que l'ardent désir d'avoir un mécène, un protecteur, soit supportable par mon orgueil. Aussi quiconque connaît l'âme humaine ne sera-t-il pas déconcerté d'apprendre que j'ai moi-même manifesté, dans ma vie consciente, la plus grande répugnance pour l'idée d'être dépendant de la faveur d'un protecteur et que j'ai mal supporté les rares situations réelles où quelque chose de similaire s'est produit. La signification plus profonde de fantasmes présentant un tel contenu a été mise au jour par Abraham dans une étude intitulée « *Vaterrettung und Vatermord in den neurotischen Phantasiegebilden* » (*Internationale Zeitschrift für Psychoanalyse*, VIII, 1922), où il donne de leurs particularités une explication quasiment exhaustive.

a. Dans toutes les éditions antérieures à celle de 1924, le paragraphe continue comme suit : « Seulement, ce qu'il y a d'agaçant dans cette histoire, c'est que nulle sphère de représentations ne suscite chez moi plus d'hostilité que l'idée d'être le protégé de quelqu'un. Ce qu'on en voit dans notre patrie gâte à chacun le moindre plaisir qu'il pourrait y prendre, et en ce qui concerne mon caractère, la situation de petit protégé ne me dit vraiment pas grand-chose. J'ai toujours eu une propension inhabituellement

L'autre cas d'illusion de la mémoire[a] que voici et qu'il a été possible d'élucider de façon satisfaisante fait penser à un phénomène, la *fausse reconnaissance*[b], qu'il faudra commenter plus tard. J'ai un jour raconté à l'un de mes patients, un homme ambitieux et doué, que, peu de temps auparavant, un jeune étudiant était entré dans le cercle de mes élèves grâce à une intéressante étude intitulée *Der Künstler, Versuch einer Sexualpsychologie*[c] 167
[*L'artiste. Essai de psychologie sexuelle*]. Lorsque le livre fut disponible quinze mois après, mon patient prétendit être sûr de se souvenir qu'il en avait lu l'annonce quelque part avant que je lui en parle pour la première fois (peut-être un mois, peut-être six mois auparavant), par exemple dans un prospectus de libraire. Il dit que, là aussi, celle-ci lui était aussitôt venue à l'esprit, et constata qu'au surplus, l'auteur avait changé le titre, puisque ce n'était plus « *Versuch* » [« Essai »], mais « *Ansätze zu einer Sexualpsychologie* » [« Éléments d'une psychologie sexuelle »]. Une enquête minutieuse auprès de l'auteur ainsi qu'une comparaison de toutes les dates montrèrent cependant que mon patient cherchait à se remémorer une chose impossible. Cet ouvrage n'avait été annoncé nulle part avant d'être imprimé, et en aucun cas quinze mois à l'avance. Comme je m'abstenais de donner une interprétation de cette illusion de la mémoire, notre homme en produisit une nouvelle version, équivalente. Il

---

grande à "être moi-même le brave garçon". Et c'est moi, précisément, dont l'attention dut ensuite être appelée sur de tels rêves diurnes, d'ailleurs jamais réalisés ! En outre, cet incident est un bon exemple montrant comment, lorsqu'elle est réfrénée, la relation à son propre moi — qui, dans la paranoïa, fait une percée victorieuse — nous perturbe et nous embrouille dans notre appréhension objective des choses. »

a. Le reste de ce chapitre fut ajouté en 1907.

b. En français dans le texte.

c. Il s'agit de la première œuvre d'Otto Rank (1907).

croyait avoir remarqué dans la vitrine d'une librairie, peu de temps auparavant, un ouvrage sur l'« agoraphobie » et cherchait maintenant dans tous les catalogues d'éditeurs, afin de mettre la main dessus. Je pus alors l'éclairer en lui expliquant pourquoi ses efforts étaient condamnés à rester vains. L'ouvrage sur l'agoraphobie n'existait encore que dans son imagination, comme projet inconscient, et c'est lui-même qui devait le rédiger. L'ambition qui était la sienne d'égaler le jeune homme et de devenir mon élève grâce à un tel travail scientifique l'avait conduit à cette première illusion de la mémoire comme à sa répétition. Il se souvint d'ailleurs ensuite que le prospectus de libraire qui lui avait servi à faire cette fausse reconnaissance concernait un ouvrage intitulé *Genesis, das Gesetz der Zeugung* [*Genesis, la loi de la reproduction*][a]. En revanche, le changement de titre qu'il avait mentionné, je le pris à mon compte, car c'est moi, je m'en souvins tout seul, qui avais commis cette inexactitude dans la reproduction du titre en disant « *Versuch* » au lieu de « *Ansätze* ».

168 B) L'OUBLI DE PROJETS[b]

Nul groupe de phénomènes ne convient mieux que l'oubli de projets lorsqu'on veut prouver la thèse selon laquelle la faiblesse de l'attention ne suffirait pas à elle seule à expliquer un acte manqué. Un projet est une impulsion déjà approuvée qui pousse à accomplir une action, mais dont l'exécution a été remise[c] à un moment

a. Ouvrage de G. Herman également cité par Freud dans les *Trois essais*.
b. Sauf indication contraire, toute cette section remonte à 1901.
c. *verschoben*. Ce terme veut aussi dire « déplacé ».

approprié. Cela dit, il peut quand même se produire, dans l'intervalle ainsi créé, une modification des mobiles telle que le projet n'est pas mis à exécution ; mais alors il est, non pas oublié, mais révisé et suspendu. L'oubli de projets, auquel nous sommes sujets tous les jours et dans toutes les situations possibles, nous ne nous l'expliquons habituellement pas par l'intervention d'un nouvel élément dans l'équation des mobiles, nous le laissons d'ordinaire inexpliqué ou bien nous essayons de trouver une explication psychologique dans l'hypothèse selon laquelle, vers le moment de la mise à exécution, l'attention requise pour l'action aurait cessé d'être disponible, attention qui était pourtant la condition indispensable de la réalisation du projet et qui, donc, était alors disponible pour cette même action. L'observation de notre comportement normal face à nos projets nous fait écarter comme arbitraire cette tentative d'explication. Si, le matin, je conçois un projet qui doit être exécuté le soir, il peut arriver qu'un certain nombre de fois au cours de la journée, son existence me soit rappelée. Mais il n'est plus du tout nécessaire qu'il devienne conscient pendant cette même journée. Lorsque approche le moment de son exécution, il me vient brusquement à l'esprit et m'amène à prendre les dispositions nécessaires à l'action projetée. Quand, partant en promenade, j'emporte avec moi une lettre que je dois poster le jour même, je n'ai nul besoin, en tant qu'individu normal, non nerveux, de la tenir à la main tout le long du trajet et d'être à l'affût d'une boîte aux lettres où je pourrai la jeter ; j'ai au contraire l'habitude de la glisser dans ma poche, d'aller mon chemin, de 169
laisser vagabonder mes pensées, et je compte bien qu'une des boîtes que j'apercevrai attirera mon attention et m'amènera à mettre la main dans ma poche et à en sortir la lettre. Le comportement normal qu'on a, une fois le

projet conçu, coïncide parfaitement avec la conduite, productible par voie expérimentale, de personnes auxquelles on a fait subir sous hypnose ce qu'on appelle une « suggestion posthypnotique à long terme[1] ». On décrit habituellement le phénomène de la façon suivante : le projet suggéré sommeille chez les personnes concernées jusqu'à l'approche du moment de son exécution. Ensuite il s'éveille et pousse à l'action.

Il existe deux sortes de situation dans la vie où même le profane se rend compte que l'oubli, quand il se rapporte à des projets, ne peut nullement prétendre à être considéré comme un phénomène élémentaire qu'on ne réussirait pas à faire découler de quoi que ce soit, mais qu'au contraire il est licite d'en conclure à l'existence de mobiles inavoués. Je veux parler des relations amoureuses et des rapports de dépendance propres au service armé. L'amoureux qui a manqué le rendez-vous qu'il avait avec la dame de ses pensées s'excusera en vain auprès d'elle en disant qu'il l'a malheureusement oublié. Elle ne manquera pas de lui répondre : « Il y a un an, tu n'aurais pas oublié. C'est donc que tu ne tiens plus du tout à moi. » Même s'il avait recours à l'explication psychologique mentionnée plus haut et voulait excuser son oubli en invoquant des affaires qui se multiplient, le seul résultat qu'il obtiendrait serait d'entendre la dame — devenue aussi perspicace que le médecin en psychanalyse — lui donner cette réponse : « Comme c'est curieux ; avant, tes affaires ne te gênaient pas autant que maintenant[a]. » Assurément, la dame non plus ne veut pas

1. Cf. Bernheim, *Hypnotisme, suggestion et psychothérapie : études nouvelles*, 1891. [Traduit par Freud en 1892.]

a. Un exemple d'événement similaire est rapporté par Freud parmi les associations relatives au « rêve de la monographie botanique » de son *Interprétation des rêves*.

mettre en doute la possibilité de l'oubli ; elle est seulement d'avis, et elle n'a pas tort, que de l'oubli non intentionnel il faut déduire à peu près la même chose, un certain non-vouloir, que de l'échappatoire consciente.

De la même façon, dans les relations propres au ser- 170
vice armé, la différence entre l'omission par oubli et l'omission consécutive à une intention est, à bon droit, négligée par principe. Le soldat n'est pas *autorisé* à oublier quoi que ce soit de ce que le règlement militaire exige de lui. S'il l'oublie quand même, bien qu'il sache quelles sont ses obligations, alors c'est qu'aux mobiles qui poussent à leur accomplissement, s'en opposent d'autres, des contre-mobiles[a]. Par exemple, le soldat volontaire pour un an[b] qui, au moment du rapport, voudrait s'excuser en disant qu'il a *oublié* d'astiquer ses boutons est sûr d'être puni. Mais cette punition doit être qualifiée d'insignifiante en comparaison de celle à laquelle il s'exposerait s'il s'avouait à lui-même ainsi qu'à ses supérieurs quel a été le mobile de son omission, à savoir : « J'ai en parfaite horreur ce régime fastidieux et vexatoire des corvées. » Afin de s'épargner la punition[c], pour des raisons en quelque sorte d'économie, il se sert de l'oubli comme d'une échappatoire, ou bien celui-ci survient à titre de compromis.

Le service galant comme le service armé émettent cette prétention que tout ce qui relève d'eux est forcément soustrait à l'oubli, et font ainsi naître l'opinion selon

a. *Gegenmotive.*

b. *der Einjährige.* Ce mot désignait, avant 1914, les soldats auxquels leur niveau d'études permettait de ne servir qu'un an, à la condition qu'ils devancent l'appel.

c. *Strafersparnis* : « épargne de punition ». Ce mot a la même structure et la même racine que ceux que Freud utilise pour bâtir sa théorie du mot d'esprit.

laquelle ce dernier serait licite pour les choses qui ne sont pas importantes, tandis que, pour celles qui le sont, il serait un indice de ce qu'on voudrait les traiter comme si elles ne l'étaient pas, donc contester leur importance[1]. De fait, le point de vue qui consiste à établir une échelle des valeurs psychiques ne peut être écarté ici. Personne n'oublie d'exécuter des actions importantes à ses propres yeux sans s'exposer à un risque, celui d'être soupçonné de troubles mentaux. Notre investigation ne peut donc s'étendre au-delà de projets plus ou moins mineurs ;
171 nous ne considérerons nul d'entre eux comme tout à fait indifférent, car en ce cas il n'eût assurément pas été conçu.

Comme pour les troubles fonctionnels exposés précédemment, j'ai collecté et tenté d'élucider les cas d'omission par oubli que j'ai observés sur moi-même, et j'ai découvert à cette occasion qu'il était possible, d'une façon tout à fait générale, de les faire découler de l'intervention[a] de mobiles inconnus et inavoués — ou, comme on peut aussi le dire, d'une *contre-volonté*[b]. Dans une série de ces cas, je me trouvais dans une situation similaire à la condition de celui qui est au service d'autrui, subissant une contrainte contre laquelle je n'avais pas totalement renoncé à me rebeller, de sorte que je mani-

1. [Ajouté en 1912] Dans la pièce de B. Shaw intitulée *César et Cléopâtre*, César, à son départ d'Égypte, est un moment tourmenté par une idée, à savoir qu'il y a encore une chose qu'il projetait de faire et qu'il a oubliée. Enfin se révèle ce dont il s'agit : dire adieu à Cléopâtre ! Ce petit trait est destiné à illustrer — du reste en totale contradiction avec la vérité historique — le peu de cas que César faisait de la petite princesse égyptienne. (Cité d'après E. Jones, *op. cit.*, p. 488.) [Exemple également cité dans la troisième conférence de l'*Introduction*.]

a. *Einmengung* : « ingérence, immixtion ».

b. *Gegenwille*. Terme déjà utilisé par Freud dans un article sur la guérison par hypnose (1892-1893).

festais mon sentiment contre elle grâce à l'oubli. À cela il faut ajouter que j'oublie avec une particulière facilité de souhaiter les anniversaires, de féliciter les gens à l'occasion de leur jubilé, de leur mariage et de leurs promotions. Je prends continuellement la résolution de le faire et me convaincs toujours davantage que je n'y réussirai pas. Je suis maintenant sur le point d'y renoncer et de donner raison, en toute conscience, aux mobiles qui me poussent à me rebeller. Durant un stade transitoire, j'ai prédit à un ami qui me demandait d'envoyer aussi de sa part à quelqu'un un télégramme de félicitations à une date déterminée que j'oublierais l'un et l'autre, et il n'y a rien d'étonnant à ce que la prophétie se soit réalisée. Il existe en effet un lien entre certaines expériences douloureuses de ma vie et mon incapacité à donner des témoignages de ma sympathie là où ils ne peuvent qu'apparaître exagérés, puisque l'expression correspondant au montant, minime, de mon émotion n'est pas acceptable. Depuis que je me suis rendu compte que j'ai souvent pris pour un sentiment authentique la prétendue sympathie que d'autres me montraient, je suis en révolte contre les conventions de cette nature, même si, d'un autre côté, je reconnais leur utilité sociale. En ce qui concerne les condoléances présentées dans les cas de décès, je ne les inclus pas dans ce traitement clivé ; quand je me suis décidé à les offrir, je ne manque pas non plus de le faire. Là où mes sentiments mis en actes n'ont plus rien à voir avec les obligations sociales, jamais non plus leur expres- 172
sion ne se trouve inhibée par l'oubli.

Voici un oubli de ce genre, où, d'abord réprimé, le projet a percé sous forme de « contre-volonté », faisant ainsi naître une situation désagréable. Le cas, rapporté par le lieutenant T., date de l'époque de sa captivité[a] :

a. Exemple ajouté en 1920.

« Dans un camp de prisonniers de guerre pour officiers, le plus ancien dans le grade essuie une insulte de la part de l'un de ses camarades. Pour éviter des suites fâcheuses, il veut utiliser l'unique moyen radical dont il dispose et éloigner l'offenseur en le faisant transférer dans un autre camp. C'est seulement sur le conseil de plusieurs amis qu'il se décide, contre son désir secret, de s'en abstenir et de transformer aussitôt l'incident en affaire d'honneur[a], ce qui ne peut toutefois qu'avoir toutes sortes de conséquences désagréables. — Le matin du même jour, le commandant en question doit faire l'appel des officiers sous le contrôle du responsable de la surveillance. Comme il connaît ses compagnons depuis longtemps déjà, aucune faute sur ce point ne lui a jusqu'alors échappé. Aujourd'hui, il omet de lire le nom de celui qui l'a offensé, de sorte que ce dernier, alors que tous les autres ont déjà rompu, doit rester seul à sa place jusqu'au moment où l'erreur est éclaircie. Le nom que le commandant avait omis de voir était écrit très distinctement au beau milieu d'une feuille. — Cet incident fut interprété comme une offense délibérée par l'une des parties ; il fut considéré par l'autre comme un hasard fâcheux et propre à donner lieu à une interprétation fausse. Toutefois, son auteur parvint plus tard, après avoir pris connaissance de la *Psychopathologie* de Freud, à porter un jugement exact sur ce qui était arrivé. »

C'est, de façon similaire, le conflit entre une obligation conventionnelle et un jugement intérieur inavoué qui permet d'expliquer les cas où l'on oublie d'accomplir les actions que l'on avait promis à quelqu'un d'autre de faire en sa faveur. Ici, on peut régulièrement affirmer que seul celui qui oblige croit au pouvoir justificateur de

a. *Ehrenweg* : « voie de l'honneur ». Il s'agit très certainement du duel.

l'oubli, tandis que le demandeur, lui, se fournit indubitablement la réponse exacte : « Il n'avait aucun intérêt à 173
faire cela, sinon il ne l'aurait pas oublié. » Il existe des gens dont on dit qu'ils oublient facilement et que, pour cette raison, on excuse de la même manière qu'on excuse par exemple le myope lorsqu'il ne vous salue pas dans la rue[1]. Ces personnes oublient toutes les petites promesses qu'elles ont faites, n'accomplissent pas ce dont on les a chargées, révèlent donc qu'on ne peut compter sur elles pour certaines petites choses et exigent en même temps qu'on ne leur en veuille pas de ces petits manquements, c.-à-d. qu'on ne les explique pas par leur caractère, mais qu'on les fasse découler d'une particularité organique[2]. Je ne fais moi-même pas partie de ces gens et n'ai pas eu l'occasion d'analyser les actes d'une telle personne, ana-

1. Les femmes, étant donné leur intelligence plus fine des processus psychiques inconscients, sont plutôt portées, en règle générale, à voir une insulte dans le fait que quelqu'un dans la rue ne les reconnaît, donc ne les salue pas, qu'à solliciter l'explication qui vient tout de suite à l'esprit, à savoir que celui qui a manqué à ses devoirs est peut-être myope ou que, plongé dans ses pensées, il ne les a pas remarquées. Elles en déduisent qu'on les aurait bien aperçues si on « faisait quelque cas d'elles ».

2. [Ajouté en 1910] S. Ferenczi raconte que lui-même était autrefois un « distrait » et que ceux qui le connaissaient étaient frappés par la fréquence et la singularité de ses actes manqués. Toutefois, ces signes de « distraction » ont presque entièrement disparu depuis qu'il a commencé à s'exercer au traitement psychanalytique de malades et qu'il s'est vu obligé de prêter aussi attention à l'analyse de son propre moi. On renonce aux actes manqués, estime-t-il, lorsqu'on apprend à étendre autant le champ de sa propre responsabilité. Aussi considère-t-il à bon droit que la distraction est un état dépendant de complexes inconscients et que la psychanalyse peut la guérir. Il lui arriva cependant un jour d'être sous le coup d'un reproche qu'il se faisait à lui-même et qui était d'avoir commis une erreur médicale lors de la psychanalyse de l'un de ses patients. Ce jour-là, toutes ses « distractions » d'antan réapparurent. Il trébucha plusieurs fois dans la rue (figuration du *faux pas* [en français dans le texte] commis dans le traitement), oublia son portefeuille à la maison, donna un kreuzer de moins pour payer sa place de tramway, partit de chez lui ses habits mal boutonnés, etc.

lyse qui aurait visé, en s'attachant à la sélection opérée par l'oubli, à mettre en évidence la motivation de ce dernier. Mais je ne puis me défendre de recourir à la supposition *per analogiam* et dire qu'une dose inhabituellement grande de mépris inavoué d'autrui est ici le mobile qui exploite le facteur constitutionnel pour ses propres fins[1].

174 Dans d'autres cas, les mobiles de l'oubli sont moins faciles à découvrir et, une fois trouvés, ils produisent une impression d'étrangeté déconcertante plus grande. C'est ainsi qu'autrefois j'ai remarqué que, parmi les visites, assez nombreuses, que je faisais à des malades, les seules que j'oubliais étaient toujours celles que je devais effectuer chez un patient que je soignais gratuitement ou chez un confrère souffrant. Honteux de cette découverte, je pris l'habitude de noter dès le matin les visites que je projetais pour la journée. J'ignore si, de la même manière, d'autres médecins en sont venus à utiliser ce même procédé. Mais un tel exercice permet de pressentir ce qui peut amener ce qu'on appelle un neurasthénique à écrire sur le fameux « bout de papier » ce dont il veut faire part au médecin. À ce qu'il prétend, il manque de confiance dans la capacité de reproduction de sa mémoire. C'est certainement exact, mais la scène se déroule la plupart du temps[a] ainsi : le malade vient d'exposer avec une extrême prolixité les divers maux dont il a à se plaindre et de formuler les questions qui s'y

1. [Ajouté en 1912] E. Jones remarque à ce propos : « *Often the resistance is of a general order. Thus a busy man forgets to post letters entrusted to him — to his slight annoyance — by his wife, just as he may "forget" to carry out her shopping orders.* » [« Souvent la résistance est d'ordre général. C'est ainsi qu'un homme très occupé oublie de poster des lettres que lui a confiées sa femme — ce qui ne lui plaît guère — tout comme il peut "oublier" de faire les courses qu'elle lui a demandées. »]

a. Ce complément de temps a été ajouté en 1904.

rapportent. Une fois qu'il a terminé, il marque une pause, puis sort le bout de papier de sa poche et dit en s'excusant : « J'ai noté quelque chose, car autrement je ne retiens rien du tout. » En règle générale, il ne trouve rien de nouveau sur son bout de papier. Il répète chacun des points et y répond lui-même en disant : « Oui, ça, je l'ai déjà demandé. » Ce qu'il manifeste par ce bout de papier, ce n'est probablement que l'un de ses symptômes, la grande fréquence avec laquelle ses projets se trouvent perturbés par l'intervention[a] de mobiles obscurs.

Je vais également parler de tracas[b] dont la majorité des gens bien portants que je connais souffre elle aussi, et ce, en avouant que moi-même, en particulier dans le passé, j'ai oublié très facilement et sur une longue durée de rendre des livres que j'avais empruntés, ou qu'il m'a été particulièrement facile de différer, grâce à l'oubli, des paiements dont je devais m'acquitter. Il y a peu de temps, je suis sorti un matin du débit de tabac où j'achète tous les jours mes cigares, sans les avoir payés. Il s'agissait d'une omission tout ce qu'il y a de plus innocente, car le marchand me connaît et je pouvais donc m'attendre à ce qu'il me rappelle ma dette le lendemain. 175
Mais cette petite négligence, cette tentative que j'avais faite pour contracter des dettes n'est assurément pas sans lien avec des considérations budgétaires qui m'avaient préoccupé la veille. Concernant le thème de l'argent et de la propriété, les traces d'un comportement clivé sont également faciles à montrer chez la plupart de ceux qu'on appelle les gens « comme il faut ». Peut-être l'avidité primitive du nourrisson, qui cherche à s'emparer de tous les objets (pour les porter à sa bouche), ne s'avère-

a. *Einmengung*. Cf. p. 260, n. *a*.
b. *Leiden*.

t-elle, d'une façon générale, qu'incomplètement surmontée par la civilisation et l'éducation[1].

Je crains d'être tombé, en donnant tous les exemples qui précèdent, dans la pure et simple banalité. Mais je ne puis qu'être satisfait de rencontrer des choses qui sont connues de tout le monde et que chacun comprend de la même façon, puisque aussi bien mon seul propos est de recueillir les phénomènes de la vie quotidienne et de les

1. Pour des raisons d'unité thématique, je me permets de faire ici une entorse à la répartition que j'ai choisie et d'ajouter à ce qui a été dit plus haut que, dans le domaine des questions d'argent, la mémoire des êtres humains révèle une partialité toute particulière. Ainsi que j'ai pu m'en assurer sur moi-même, les illusions de la mémoire qui font qu'on croit avoir déjà payé quelque chose sont souvent très tenaces. Là où, à l'écart des grands intérêts de la vie et donc, à proprement parler, par plaisanterie, on laisse libre cours à la passion du gain, comme c'est le cas lorsqu'on joue aux cartes, les hommes les plus honnêtes sont portés à commettre des erreurs, notamment de mémoire et de calcul, et il leur arrive, sans trop savoir comment, de se trouver mêlés à de petites tromperies. C'est sur de telles licences que repose en partie le caractère psychiquement rafraîchissant du jeu. Le proverbe qui dit que c'est au moment du jeu qu'on reconnaît le caractère de quelqu'un est exact si on a à l'esprit qu'il ne s'agit pas de son caractère manifeste. [Dans toutes les éditions antérieures à celle de 1924, cette dernière proposition était : « si nous sommes prêts à ajouter : son caractère refoulé ».] — Si des erreurs de calcul involontaires sont aussi commises par les garçons de café, il faut manifestement les juger de la même façon. — Chez les commerçants, on peut fréquemment observer une certaine hésitation à effectuer des paiements, à régler des factures, etc., hésitation qui ne rapporte aucun bénéfice, mais qu'on comprend seulement quand on se place sur le plan psychologique et qu'on y voit une manifestation de la contre-volonté de se défaire de son argent. — [La phrase suivante fut ajoutée en 1912] Brill remarque à ce propos avec tout le mordant d'une épigramme : « *We are more apt to mislay letters containing bills than checks.* » — Il est un phénomène qui tient aux motions [*Regungen*] les plus intimes et les moins élucidées, à savoir que les femmes, tout spécialement, montrent un déplaisir certain à payer le médecin. Elles ont habituellement oublié leur porte-monnaie, ne peuvent donc régler au moment de la consultation, oublient ensuite régulièrement d'envoyer les honoraires de chez elles et réussissent ainsi à ce qu'on les soigne gratuitement — « pour leurs beaux yeux ». Elles vous paient en quelque sorte du spectacle qu'elles vous offrent.

exploiter sur le plan scientifique. Je ne vois pas pourquoi la sagesse, qui est le précipité de l'expérience commune de la vie, ne devrait pas être admise parmi les acquis de la science. Ce n'est pas la nature différente des objets 176
d'étude, mais la rigueur plus grande de la méthode utilisée lors de l'établissement des faits ainsi que l'ambition de trouver une cohérence étendue qui constituent le caractère essentiel du travail scientifique.

En ce qui concerne les projets moyennement importants, nous avons découvert, d'une façon générale, qu'ils se trouvent oubliés lorsque des mobiles obscurs s'opposent à eux. Quant à ceux qui le sont encore moins, on discerne un second mécanisme d'oubli, qui consiste en ceci qu'une contre-volonté venue d'un autre objet se transfère sur le projet, après qu'une association extérieure a été établie entre cet autre objet et le contenu du projet. En voici un exemple : comme j'attache de l'importance à la qualité du papier buvard que j'utilise, je me propose un matin d'en acheter du neuf lorsque j'irai l'après-midi dans la Vieille Ville. Mais, pendant quatre jours consécutifs, j'oublie de le faire, et je finis par m'interroger sur la raison de cette omission. Je la trouve facilement une fois que je me suis avisé que j'ai l'habitude d'écrire « *Löschpapier* », mais de dire « *Fliesspapier* »[a]. « Fliess » est le nom d'un ami berlinois[b] qui, ces jours derniers, m'a donné l'occasion d'avoir une pensée torturante, préoccupante. Je ne peux me défaire de cette pensée, mais la tendance à la défense (cf. plus haut p. 250) se manifeste en se transférant, par le moyen de la similitude des deux mots, sur le projet indifférent et, partant, moins résistant.

a. Ces deux synonymes désignent le papier buvard.
b. Dans les éditions de 1901 et 1904 : « de mon ami de Berlin ».

On trouve rassemblées dans le cas suivant d'atermoiement une franche contre-volonté et une motivation plus éloignée : j'avais écrit, dans la collection *Grenzfragen des Nerven- und Seelenlebens* [Aux frontières de la neurologie et de la psychologie], un petit essai, *Sur le rêve*, qui résume le contenu de mon *Interprétation des rêves*. L'éditeur Bergmann, de Wiesbaden, m'envoie les épreuves et me prie de les lui retourner au plus tôt, car il veut faire paraître le fascicule avant Noël. Je les corrige dès la nuit qui suit et les dépose sur mon bureau afin de les emporter
177 ter avec moi le lendemain matin. Le matin suivant, j'oublie, et c'est seulement l'après-midi, en apercevant le paquet sur ma table, que je me souviens de ce que je voulais faire. De la même façon, j'oublie les épreuves l'après-midi, le soir et le lendemain matin, jusqu'au moment où je me ressaisis et décide, l'après-midi du deuxième jour, d'aller les mettre dans une boîte aux lettres, me demandant avec étonnement quelle peut bien être la raison du retard que j'ai pris. Je ne veux manifestement pas les envoyer, mais je ne réussis pas à trouver pourquoi. Cependant, au cours de cette même promenade, j'entre chez mon éditeur viennois, qui a publié mon *Interprétation des rêves*, je passe une commande et dis ensuite, comme poussé par une idée subite : « Vous savez, n'est-ce pas, que j'ai écrit une deuxième fois le livre sur le *Rêve* ? — Ah ! mais pardon ! — Rassurez-vous, il s'agit seulement d'un bref essai destiné à la collection de Löwenfeld-Kurella. » Mais cela ne faisait pas son affaire ; il craignait que la brochure ne porte préjudice à la vente du livre. Je contredis cette affirmation et finis par demander : « Si je m'étais préalablement adressé à vous avant de le publier, me l'auriez-vous interdit ? — Non, certainement pas. » Je crois, de mon côté, que j'étais parfaitement dans mon droit en agissant ainsi et

que je n'ai fait que suivre l'usage ; pourtant, il m'apparaît certain que c'est une réserve similaire à celle que l'éditeur avait exprimée qui a été le mobile de mon hésitation à envoyer les épreuves. Cette réserve remonte à une situation antérieure, à l'occasion de laquelle un autre éditeur m'avait fait des difficultés lorsque, de façon quasi inévitable, j'avais repris quelques pages d'un travail antérieur sur la paralysie cérébrale infantile paru dans une autre maison d'édition et que je les avais incluses, sans les modifier, dans la partie du manuel de Nothnagel traitant du même thème[a]. Mais là non plus, le reproche ne se justifie pas ; à cette époque aussi, j'avais été franc avec mon premier éditeur (le même que celui de *L'interprétation des rêves*) et l'avais mis au courant de mon intention. Mais si je remonte encore plus loin dans cette série de souvenirs, il m'apparaît qu'à l'occasion, encore plus ancienne, de la traduction d'un livre français, j'ai effectivement lésé les droits de propriété intellectuelle 178
qui entrent en ligne de compte lors de toute publication. J'avais ajouté des notes au texte traduit sans solliciter l'autorisation de l'auteur et j'eus, quelques années plus tard, des raisons de supposer que celui-ci était mécontent que j'aie agi ainsi de mon propre chef[b].

Il existe un proverbe qui révèle[c] la connaissance populaire selon laquelle l'oubli de projets n'a rien de fortuit : « Ce qu'on a oublié de faire une fois, on l'oubliera encore bien d'autres fois. »

Assurément[d], on ne peut se défendre d'éprouver par

a. Il s'agit de Hölder, l'éditeur de l'ouvrage de Nothnagel intitulé *Specielle Pathologie und Therapie*, Vienne, 1897, t. 9.

b. Freud fait allusion aux *Leçons du mardi à la Salpêtrière (1887-1888)*, Paris, 1888, de J.-M. Charcot, qu'il traduisit sous le titre *Poliklinische Vorträge* (1892-1894), en leur ajoutant quantité de notes.

c. *verrät* : « trahit ».

d. Ce paragraphe fut ajouté en 1910, et le dernier en 1907.

moments l'impression que tout ce qu'on peut dire sur l'oubli et les actes manqués est de toute façon une chose bien connue et allant de soi pour les êtres humains. Il y a donc de quoi s'étonner qu'il soit quand même nécessaire de faire accéder cette chose si connue à leur conscience ! Combien de fois ai-je entendu dire : « Ne me charge pas de cette commission, je vais sûrement l'oublier. » La réalisation de cette prédiction qui se produisait ensuite ne tenait, c'est bien certain, nullement du miracle. Celui qui parlait ainsi sentait vaguement en lui qu'il avait comme projet de ne pas exécuter la commission et se refusait seulement à le reconnaître.

L'oubli de projets se voit d'ailleurs apporter un bon éclairage par quelque chose qu'on pourrait qualifier de « prise de fausses résolutions[a] ». J'avais promis un jour à un jeune auteur d'écrire un compte rendu de son petit ouvrage, mais j'en différais la rédaction en raison de résistances intérieures qui ne m'étaient pas inconnues, jusqu'au jour où, devant son insistance, je me laissai aller à lui promettre que je le ferais le soir même. J'avais d'ailleurs sérieusement l'intention d'agir ainsi, mais j'avais oublié que j'avais prévu pour le même soir la rédaction d'un rapport d'expertise, tâche que je ne pouvais remettre à plus tard. Après que j'eus reconnu comme faux mon projet [/ma résolution], j'abandonnai le combat contre mes résistances et je me dédis auprès de l'auteur.

a. Le terme *Vorsatz* peut, selon le cas, être traduit par « projet » ou par « résolution ».

VIII

Le geste manqué[a] 179

À l'étude, mentionnée plus haut, de Meringer et Mayer j'emprunte encore le passage suivant (p. 98)[b] :

« Les fautes que l'on commet en parlant ne constituent pas à elles seules un groupe à part. Elles correspondent aux fautes qui se produisent souvent à l'occasion d'autres activités humaines et que, de manière assez stupide, l'on qualifie d'"oublis". »

Je ne suis donc nullement le premier à supposer que, derrière les petits troubles fonctionnels de la vie quotidienne de personnes bien portantes, il y a un sens et une intention[1].

Si les fautes que l'on commet lorsqu'on parle, opération qui, aussi bien, est de nature motrice, admettent une telle conception, alors on est tenté de reporter la même attente sur les fautes qui se produisent lors de nos

1. [Ajouté en 1910] Une deuxième publication de Meringer [*Aus dem Leben der Sprache*, Berlin, 1908] m'a montré par la suite à quel point j'avais été injuste envers cet auteur en supposant chez lui une telle intelligence des choses.

a. *Das Vergreifen.* Sur le verbe *sich vergreifen*, voir la notice terminologique. Sauf indication contraire, le début de ce chapitre (jusqu'à la p. 281) date de 1901.

b. Dans les éditions antérieures à 1910, l'ouvrage en question est présenté comme « méritoire ».

autres activités motrices. J'ai formé ici deux groupes de cas ; tous ceux dans lesquels c'est l'effet manqué[a], c'est-à-dire le fourvoiement[b] par rapport à l'intention, qui constitue l'essentiel, je les qualifie de « *gestes manqués* », et les autres, ceux où c'est plutôt l'acte tout entier qui apparaît inapproprié à sa fin, je leur donne le nom d'« *actes symptomatiques et fortuits* ». Mais, là encore, il n'est pas possible de faire nettement la distinction ; aussi bien nous apercevons-nous fort bien que toutes les sub-
180 divisions utilisées dans cet essai n'ont de signification que descriptive et qu'elles sont en contradiction avec l'unité interne du domaine des phénomènes dont nous traitons.

La compréhension psychologique du « geste manqué » ne se trouve, semble-t-il, pas particulièrement favorisée, lorsque nous le subsumons sous la catégorie de l'ataxie et spécialement de l'« ataxie corticale ». Essayons plutôt de faire découler chacun des exemples individuels des conditions qui sont les siennes. Une fois de plus, j'aurai recours à des observations que j'ai faites sur moi-même, observations dont je puis dire des circonstances qui les occasionnent qu'elles ne sont pas particulièrement fréquentes chez moi.

a) Autrefois, lorsque je faisais plus fréquemment qu'aujourd'hui des visites à domicile, il m'arrivait souvent, une fois devant la porte à laquelle je devais frapper ou sonner, de tirer de ma poche les clés de mon propre appartement, pour ensuite... les y remettre presque honteusement. Si j'établis la liste des patients pour qui c'était le cas, alors il me faut admettre que cet

a. *Fehleffekt.* À rapprocher de *Fehlleistung* : « acte manqué ».
b. *Abirrung.* Ce mot est traduit par « aberration » dans l'expression *sexuelle Abirrungen.*

acte manqué — sortir ses clés au lieu de sonner — signifiait un hommage rendu à la maison où j'avais fait ce geste raté. Il était l'équivalent de la pensée : « Ici, je suis comme chez moi », car il ne se produisait que là où j'avais pris le patient en affection. (Je ne sonne naturellement jamais à la porte de mon propre appartement.)

L'acte manqué était donc la figuration symbolique d'une pensée qui, à proprement parler, n'était toutefois pas destinée à être admise de façon sérieuse, consciente, car, dans la réalité, le neurologue sait fort bien que le malade ne lui demeure attaché qu'aussi longtemps qu'il en attend encore un avantage, et que lui-même ne laisse faire en lui un intérêt démesurément chaleureux pour ses patients qu'à des fins d'aide psychique.

Que ce maniement de clé au caractère défectueux plein de sens ne soit nullement une particularité de ma personne ressort de nombreuses observations faites par d'autres sur eux-mêmes[a].

C'est une répétition presque identique de mes expériences que celle décrite par A. Maeder (« Contrib. à la psychopathologie de la vie quotidienne », *Arch. de Psychol.*, VI, 1906) : « Il est arrivé à chacun de sortir son 181
trousseau, en arrivant à la porte d'un ami particulièrement cher, de se surprendre pour ainsi dire, en train d'ouvrir avec sa clé comme chez soi. C'est un retard, puisqu'il faut sonner malgré tout, mais c'est une preuve qu'on se sent — ou qu'on voudrait se sentir — comme chez soi, auprès de cet ami[b]. »

E. Jones (*op. cit.*, p. 509) : « *The use of keys is a fertile source of occurrences of this kind of which two examples may be given. If I am disturbed in the midst of some engros-*

a. Ce paragraphe ainsi que les quatre suivants furent ajoutés en 1912.
b. En français dans le texte.

sing work at home by having to go to the hospital to carry out some routine work, I am very apt to find myself trying to open the door of my laboratory there with the key of my desk at home, although the two keys are quite unlike each other. The mistake unconsciously demonstrates where I would rather be at the moment.

Some years ago I was acting in a subordinate position at a certain institution, the front door of which was kept locked, so that it was necessary to ring for admission. On several occasions I found myself making serious attempts to open the door with my house key. Each one of the permanent visiting staff, of which I aspired to be a member, was provided with a key to avoid the trouble of having to wait at the door. My mistakes thus expressed my desire to be on a similar footing, and to be quite "at home" there. »

[« L'usage que nous faisons de nos clés constitue une riche source d'exemples de ce genre. J'en donnerai deux. Si je suis perturbé au milieu d'un important travail que je fais chez moi parce que je dois me rendre à l'hôpital pour y effectuer des tâches de routine, je suis tout à fait capable de me trouver en train d'ouvrir la porte du laboratoire de l'hôpital avec la clé de mon bureau de la maison, bien que les deux clés soient très différentes. L'erreur révèle inconsciemment le lieu où je préférerais me trouver.

Il y a quelques années, j'occupais une fonction subalterne dans une institution dont la porte principale était toujours fermée à clé ; il fallait donc sonner pour pouvoir entrer. À plusieurs reprises il m'arriva de m'efforcer d'ouvrir cette porte avec la clé de mon domicile. Chaque membre du staff — dont j'aspirais à devenir membre à mon tour — disposait de sa propre clé, cela afin de lui éviter l'ennui d'avoir à attendre devant la porte. Mes erreurs exprimaient mon désir d'être traité sur le même pied que les autres et de me sentir là vraiment "chez moi". »]

Similaire est l'expérience rapportée par le Dr Hanns Sachs : « Je porte en permanence sur moi deux clés, dont l'une ouvre la porte de mon bureau, l'autre celle de mon appartement. Elles ne sont nullement faciles à confondre, celle du bureau étant au moins trois fois plus grande que celle de l'appartement. Au surplus, je porte la première dans la poche de mon pantalon et l'autre dans celle de mon gilet. Malgré cela, il m'est assez souvent arrivé de m'apercevoir, alors que j'étais devant la porte, que j'avais préparé la mauvaise clé en montant l'escalier. Je pris la décision de faire une expérience à caractère statistique ; puisque aussi bien je suis chaque jour à peu près dans la même disposition d'esprit lorsque je me trouve devant les deux portes, la confusion que je faisais 182
entre les deux clés, si elle avait une détermination psychique, devait alors nécessairement révéler une tendance régulière. De l'observation à laquelle je me livrai dans les cas qui suivirent il résulta alors que je sortais régulièrement la clé de l'appartement devant la porte du bureau, alors que l'inverse ne se produisit qu'une unique fois : j'étais rentré fatigué à mon domicile, où je savais qu'un invité m'attendait. Arrivé devant la porte, j'essayai de l'ouvrir avec la clé du bureau, qui était naturellement bien trop grande. »

b) Dans une certaine maison où, depuis six ans, deux fois par jour, à des heures fixes, j'attends devant une porte située au deuxième étage qu'on me fasse entrer[a], il m'est arrivé deux fois durant cette longue période (avec un bref intervalle entre les deux) de monter un étage plus haut, donc de commettre un *« gravissement manqué »*

a. Cf. plus bas, p. 295.

[*verstiegen*[a]]. La première fois, j'étais absorbé par un rêve diurne ambitieux qui me faisait « monter toujours plus haut ». J'omis alors même d'entendre que la porte en question s'était ouverte lorsque je venais de poser le pied sur les premières marches du troisième étage. La seconde fois, à nouveau, « plongé dans mes pensées », j'allai trop loin ; lorsque je m'en aperçus, rebroussai chemin et cherchai à saisir le fantasme qui me dominait, je découvris que j'étais en colère contre un compte rendu critique (fantasmé) de mes écrits, dans lequel il m'était reproché de toujours « aller trop loin » et où je devais désormais inclure la tournure pas très respectueuse « *[vouloir] monter trop haut* » [*verstiegen*[b]].

c) Il y a sur mon bureau, posés l'un à côté de l'autre depuis des années, un marteau à réflexes et un diapason. Un jour, après la fin de la consultation, je me dépêche de sortir, car je veux attraper à temps un certain train de petite ceinture, je mets dans la poche de mon veston, alors même qu'il fait grand jour, le diapason au lieu du marteau, et le poids de l'objet qui tire sur ma poche attire mon attention sur mon geste manqué. Quiconque n'est pas habitué à réfléchir sur d'aussi petits faits expli-
183 quera et excusera indubitablement le geste manqué par la hâte propre à l'instant. J'ai quand même préféré me poser la question de savoir pourquoi, en tout état de cause, j'ai pris le diapason au lieu du marteau. La précipitation aurait tout aussi bien pu être un mobile qui m'aurait fait accomplir le geste convenablement pour que je ne perde pas de temps à le rectifier.

a. Le verbe *sich versteigen* (« s'égarer lors d'une ascension en montagne ») vient bien sûr compléter la liste des verbes en *ver-*, qui servent à désigner les actes manqués (cf. notice terminologique).

b. Le verbe est maintenant employé dans son sens figuré (« avoir de trop hautes prétentions »).

« Quelle est la dernière personne à avoir tendu la main pour prendre le diapason ? » : telle est la question qui s'impose à moi à ce propos. C'était, quelques jours auparavant, un enfant *idiot* dont j'examinais la faculté d'attention aux impressions sensorielles et qui fut si captivé par le diapason que je ne pus le lui arracher que difficilement. Cela veut-t-il donc dire que je suis un idiot ? Il semble bien en être ainsi, car la première idée qui vient s'associer à « marteau » [en allemand : *Hammer*] est *Chamer* (en hébreu : âne)[a].

Mais que peut donc signifier cette insulte ? On doit ici interroger la situation. Je me hâte d'aller à une consultation dont le lieu se trouve sur une des lignes de la gare de l'ouest pour visiter une malade qui, d'après l'anamnèse qui m'a été communiquée par lettre, est tombée du balcon il y a plusieurs mois et qui, depuis, ne peut marcher. Le médecin qui m'appelle en consultation m'écrit que, malgré cela, il ne sait pas s'il s'agit d'une lésion de la moelle épinière ou d'une névrose traumatique (hystérie). Ainsi, c'est à moi de décider. Il conviendrait donc de rappeler ici qu'il faut faire preuve, lors du délicat diagnostic différentiel, d'une particulière prudence. De toute façon, mes collègues sont d'avis qu'on diagnostique avec beaucoup trop de légèreté l'hystérie là où il s'agit de choses plus graves. Mais cela ne justifie pas encore l'insulte ! En outre, il s'ajoute à cela le fait que la petite station de chemin de fer est la même que celle où je suis descendu, il y a des années, pour voir un jeune homme qui, depuis qu'il avait subi une émotion, ne pouvait marcher comme il faut. À cette époque, je diagnostiquai de l'hystérie et traitai par la suite le malade sur le plan psychique, et ensuite il s'avéra que mon diagnostic n'était

a. *Hammer* et *Chamer* ont une prononciation similaire.

certes pas inexact, mais pas exact non plus. Toute une
184 série de symptômes du malade étaient de nature hystérique, et ils disparurent d'ailleurs promptement au cours du traitement. Mais, derrière eux, apparut alors un résidu non préhensible pour la [psycho] thérapie[a] qu'on ne put rapporter qu'à une sclérose en plaques. Ceux qui virent le malade après moi n'eurent aucun mal à dépister l'affection organique ; je n'aurais moi-même guère pu procéder autrement ni juger autrement, mais mon impression fut quand même celle d'une grave erreur ; la promesse de guérison que je lui avais faite ne pouvait naturellement être tenue. Le geste manqué que j'avais fait en direction du diapason au lieu du marteau pouvait donc être traduit en mots de la façon suivante : « Espèce d'imbécile, espèce d'âne, ressaisis-toi et ne recommence pas cette fois à diagnostiquer une hystérie là où c'est d'une maladie incurable qu'il s'agit, comme c'était le cas pour le pauvre homme que tu avais vu au même endroit, il y a des années ! » Et, heureusement pour cette petite analyse, quoique malheureusement pour mon humeur, ce même homme, atteint d'une paralysie spasmodique grave, était venu à ma consultation quelques jours auparavant et un jour après l'enfant idiot.

On remarquera que c'est cette fois la voix de l'autocritique qui se fait entendre à travers le geste manqué. Celui-ci se prête tout particulièrement bien à une telle utilisation, à savoir au reproche qu'on s'adresse à soi-même. Le geste manqué, la méprise[b] dont il est question est là pour figurer la méprise qu'on a commise ailleurs.

d) Il va de soi que le geste manqué peut aussi servir

a. *ein für die Therapie unantastbarer Rest.*

b. *Missgriff.* Ce mot désigne à la fois un « geste manqué » et une erreur, une méprise.

toute une série d'autres intentions obscures. Voici un premier exemple : il m'arrive très rarement de casser quelque chose. Ce n'est pas que je sois particulièrement adroit, mais, par suite de l'intégrité anatomique de mon appareil neuromusculaire, il n'existe visiblement pas chez moi de raisons de faire de tels gestes maladroits au résultat non désiré. Ainsi, je ne puis me rappeler avoir un jour brisé un quelconque objet dans ma maison. J'ai souvent été obligé, du fait de l'exiguïté de mon cabinet d'étude, d'adopter les positions les plus inconfortables pour manier un certain nombre d'antiquités en terre et en pierre dont je possède une petite collection, de sorte que ceux qui me regardaient faire ont parfois exprimé leur 185
crainte de me voir projeter quelque chose à terre et le briser. Or cela ne s'est jamais produit. Pourquoi ai-je donc un jour[a] fait tomber par terre le couvercle en marbre d'un objet aussi modeste que mon encrier, de sorte qu'il s'est cassé ?

Mon encrier est fait d'une plaque de marbre d'Untersberg[b] creusée d'une cavité destinée à recevoir le godet en verre ; il est surmonté d'un couvercle à bouton, également en marbre. Il y a derrière lui, disposées en guirlande, des statuettes de bronze et des figurines en terre cuite. Je m'assieds à mon bureau pour écrire et, de la main qui tient le porte-plume, je fais un geste brusque, curieusement maladroit, et projette ainsi à terre le couvercle de l'encrier que j'avais déjà posé sur la table. L'explication n'est pas difficile à trouver. Quelques heures auparavant, ma sœur était venue dans la pièce pour voir certaines nouvelles acquisitions. Elle les trouva très belles et déclara ensuite : « Maintenant, ton bureau a

a. Dans les éditions de 1901 et de 1904 : « il n'y a pas longtemps ».
b. Massif montagneux des Préalpes de Salzbourg situé le long de la frontière autrichienne.

vraiment belle allure, seul l'encrier ne va pas avec le reste. Il t'en faut un plus joli. » Je suis sorti avec ma sœur pour l'accompagner et ne suis rentré que plusieurs heures après. Mais alors, j'ai, semble-t-il, procédé à l'exécution de l'encrier condamné. Est-ce que, d'aventure, j'avais déduit des paroles de ma sœur qu'elle se proposait de m'offrir à la première occasion un encrier plus beau et cassé l'ancien, qui ne l'était pas, pour l'obliger à réaliser l'intention à laquelle elle avait fait allusion ? S'il en est ainsi, alors mon geste n'a été maladroit qu'en apparence ; en réalité, il a été suprêmement adroit et conscient du but visé et a su éviter et épargner tous les objets de plus grande valeur qui se trouvaient à proximité.

Je crois vraiment qu'on doit admettre ce jugement pour toute une série de gestes dont la maladresse présente l'apparence du hasard. Il est exact qu'ils mettent en façade[a] quelque chose de violent, de propulsant[b], quel-
186 que chose qui est comme spasmodique-ataxique, mais ils s'avèrent dominés par une intention et atteignent leur but avec une sûreté dont on ne peut, d'une façon générale, glorifier les gestes relevant de la volonté consciente. Ces deux caractères, la violence comme la sûreté avec laquelle le but est atteint, ils les ont d'ailleurs en commun avec les manifestations motrices de la névrose hystérique et en partie aussi avec les réalisations motrices du somnambulisme[c], ce qui est certainement l'indice, ici

a. *zur Schau tragen.* Signalons la parenté de cette expression avec le mot *Schauseite* (« façade, face destinée à être regardée »), grâce auquel Freud caractérise l'« apparence de logique » présentée par le mot d'esprit (*Le mot d'esprit*, p. 121) et sa technique propre (« double face de Janus », *op. cit.*, p. 377 et p. 409).

b. *etwas Schleuderndes.* Le verbe *schleudern* signifie précisément « lancer de toute sa force et avec violence sous l'effet d'un affect ».

c. Freud reprendra la notion d'« assurance du somnambule » (*somnambule Sicherheit*) à la p. 399. Dans les éditions postérieures, elle apparaîtra aussi à l'occasion de deux exemples, p. 241 et p. 243.

comme là, de la même modification, inconnue, du processus d'innervation.

De même, une autre auto-observation communiquée par Madame Lou Andreas-Salomé[a] peut montrer de manière convaincante comment une « maladresse » conservée avec opiniâtreté sert, de façon très adroite, des intentions inavouées.

« C'est exactement à partir de l'époque où le lait était devenu une denrée rare et précieuse qu'il m'arriva, toujours à mon grand effroi et à ma grande contrariété, de le laisser en permanence déborder quand je le faisais bouillir. Je m'efforçai de me rendre maître de la situation, mais en vain, et ce, bien que je ne puisse nullement dire que j'aie donné des preuves, en d'autres occasions, de distraction ou d'inattention. Pareille chose aurait plutôt eu des raisons de se produire après la mort de mon cher terrier blanc (il portait un nom que seul un être humain eût été autant habilité à porter, celui d'"ami" [en russe : *droujok*]). Mais — tiens, tiens ! — jamais depuis lors le lait n'a débordé, ne serait-ce que d'une gouttelette. La pensée que j'eus ensuite à ce propos fut : "Que c'est là une bonne chose, puisque, désormais, ce qui se répandrait sur la plaque du fourneau ou par terre ne trouverait même plus d'utilisation !" — Et au même instant je vis mon "ami" assis devant moi, observant attentivement la procédure suivie pour obtenir l'ébullition : la tête légèrement penchée et le bout de la queue frétillant déjà d'espoir, — attendant avec confiance que le magnifique malheur s'accomplisse. Alors, tout fut bien sûr clair, y compris ceci : que mon chien m'avait été encore *plus* cher que je ne le savais moi-même. »

Depuis que je collecte de telles observations, il m'est

a. Exemple ajouté en 1919.

encore arrivé à quelques reprises, ces dernières années[a],
187 de briser ou de casser des objets d'une certaine valeur, mais l'examen de ces cas m'a convaincu que ce n'était jamais le résultat du hasard ou d'une maladresse non intentionnelle de ma part. C'est ainsi qu'un matin, alors qu'habillé de mon costume de bain et chaussé de pantoufles tressées, je traversais une pièce, j'ai, suivant une impulsion soudaine, projeté du pied contre le mur l'une de mes pantoufles, de sorte qu'elle a atteint et fait tomber de sa console une jolie petite Vénus de marbre. Alors que celle-ci se brisait en morceaux, je me suis mis, sans du tout en être ému, à citer ces vers de Busch[b] :

Ach ! die Venus ist perdü —
Klickeradoms ! — von Medici !

[Las ! Voilà la Vénus occise...
Patatras ! ... de Médicis !]

Cette conduite extravagante et le fait que j'aie gardé mon calme face à ce dommage trouvent leur explication dans la situation d'alors. Nous avions dans la famille une personne gravement malade[c], et j'avais commencé à désespérer secrètement de la voir guérir un jour. Ce matin-là, j'avais appris qu'une nette amélioration de son état s'était produite ; je sais que je m'étais dit : « Ainsi donc, elle vivra tout de même. » Alors, mon accès de rage destructrice servit à exprimer une humeur reconnaissante envers le destin, et je m'autorisai à accomplir un « *acte sacrificiel* », en quelque sorte comme si j'avais

a. Ce paragraphe et les quatre suivants furent ajoutés en 1907.

b. Tirés du chap. VII de *Die fromme Helene* (1872), « histoire en images » de l'humoriste allemand Wilhelm Busch (1832-1908).

c. Freud fait allusion à la maladie qu'eut sa fille aînée en 1905. Cf. aussi p. 300.

fait vœu de sacrifier telle ou telle chose, si la malade guérissait ! Quant au fait que j'avais choisi la Vénus de Médicis pour cette offrande, il n'était à coup sûr censé n'être rien d'autre qu'un hommage galant rendu à la convalescente ; mais, cette fois encore, il demeura incompréhensible pour moi que j'aie pris ma décision si rapidement, que j'aie visé avec autant de justesse et que je n'aie touché aucun des objets se trouvant à une si grande proximité.

Le cas de bris d'objet que je voudrais rapporter maintenant et pour lequel, une fois de plus, je me suis servi du porte-plume m'échappant de la main avait également la signification d'un sacrifice, mais cette fois d'un *sacrifice propitiatoire* visant à prévenir un mal. Je m'étais un jour complu à adresser à un ami fidèle et plein de mérites un reproche qui s'appuyait sur l'interprétation de certains signes émanant de son inconscient, et sur rien 188
d'autre que cela. Il prit mal la chose et m'écrivit une lettre dans laquelle il me priait de ne pas soumettre mes amis au traitement psychanalytique. Je fus obligé de lui donner raison et lui fis une réponse apaisante. Pendant que je rédigeais la lettre, j'avais, debout devant moi, ma dernière acquisition, une figurine égyptienne superbement émaillée. Je la brisai de la manière décrite plus haut et sus alors aussitôt que j'avais causé ce dégât pour en prévenir un plus grand. Par bonheur, l'un et l'autre — l'amitié comme la figurine — purent être réparés de façon telle que la fêlure ne pût se remarquer.

Voici un troisième cas de bris d'objet, qui se produisit dans un contexte moins grave ; ce ne fut, pour utiliser l'expression de Th. Vischer (*Auch einer*)[a], qu'une « exé-

a. Freud cite un autre extrait de ce roman, qui date de 1878, à la fin de l'essai intitulé *Ueber Psychotherapie* (1905), de même qu'il se réfère de nombreuses fois à son auteur, le professeur d'esthétique Theodor Vischer (1807-1887), dans *Le mot d'esprit*. Cf. aussi p. 240.

cution » camouflée, celle d'un objet qui avait cessé de m'agréer. J'avais eu pendant un temps une canne à poignée d'argent ; lorsqu'un jour, la mince plaque de métal fut endommagée sans que ce soit ma faute, elle fut réparée, mais mal. Peu après le retour de la canne, j'en utilisai la poignée pour essayer, dans mon exubérance, d'attraper la jambe de l'un de mes enfants. À cette occasion, elle se brisa naturellement en deux, et j'en fus libéré.

L'équanimité avec laquelle, dans tous ces cas, on accueille le dommage qui vient de se produire, peut certainement être considérée à bon droit comme une preuve de l'existence d'une intention inconsciente à l'œuvre lors de l'accomplissement du geste.

Il peut arriver à l'occasion, lorsqu'on recherche les raisons qui ont causé un acte manqué aussi mineur que le fait de casser un objet[a], qu'on tombe sur des réseaux de relations qui mènent très profond à l'intérieur de la préhistoire d'un homme et qui, au surplus, ont rapport à la situation présente de ce même homme. L'analyse suivante, due à L. Jekels, est là pour en donner un exemple.

« Un médecin se trouve en possession d'un vase à fleurs en terre qui, sans être précieux, n'en est pas moins
189 très joli. Celui-ci lui a été offert en son temps, ainsi que beaucoup d'autres objets, dont certains de valeur, par une patiente (mariée). Lorsque la psychose est devenue manifeste chez elle, il a restitué tous les cadeaux aux membres de sa famille — à l'exception d'un vase considérablement moins coûteux dont il ne pouvait se séparer, prétendument à cause de sa beauté. Pourtant, cette soustraction coûta à cet homme d'ordinaire si scrupuleux une certaine lutte intérieure, puisque aussi bien il

a. Ce paragraphe et l'exemple qui suit furent ajoutés en 1917.

était parfaitement conscient de l'inconvenance de cet acte et qu'il s'aidait à passer par-dessus ses remords de conscience en se disant seulement que le vase n'avait, à proprement parler, aucune valeur matérielle, qu'il était plus difficile à empaqueter, etc. — Maintenant, lorsque, quelques mois plus tard, il fut sur le point de recourir à un avocat pour réclamer et faire recouvrer le reliquat, contesté, des honoraires qu'il devait toucher pour le traitement de cette patiente, les reproches qu'il s'adressait à lui-même réapparurent ; il eut aussi peur, un bref instant, que la prétendue soustraction pût être découverte par les membres de la famille et utilisée contre lui lors du procès. Mais c'est tout particulièrement le premier facteur qui, pendant un moment, fut si fort qu'il songeait déjà à renoncer à la somme environ cent fois supérieure qu'il réclamait — quasiment en dédommagement de l'objet soustrait — ; il surmonta cependant cette pensée en l'écartant comme absurde.

Or, tandis qu'il est dans cette humeur, il lui arrive, à lui qui, d'ordinaire, ne casse quelque chose que dans des cas extraordinairement rares et qui contrôle bien son appareil musculaire, de faire tomber de la table le vase dont il est en train de renouveler l'eau, et ce, en accomplissant un geste singulièrement “maladroit”, sans aucun lien organique avec cet acte, de sorte que l'objet se brise en environ cinq ou six morceaux assez gros. Et ce, après que, la veille au soir, mais seulement après avoir fortement hésité auparavant, il se fut décidé à placer ce vase, précisément, rempli de fleurs, sur la table de la salle à manger devant les invités, et après qu'il eut, juste avant de le casser, pensé à lui, en eut déploré, plein d'angoisse, 190
l'absence dans son salon et l'eut, de ses propres mains, rapporté de l'autre pièce ! Or lorsque, le premier moment d'effarement passé, il eut ramassé les morceaux,

et à l'instant précis où il venait de constater, en les ajustant les uns aux autres, qu'il serait possible de reconstituer le vase sans quasiment laisser voir de fêlures, alors... les deux ou trois gros morceaux lui glissèrent des mains ; ils se trouvèrent réduits en poussière et avec eux tout espoir de sauver le vase.

Indiscutablement, cet acte manqué présentait la tendance actuelle[a] visant à permettre au médecin de faire valoir ses droits, en ceci que ce même acte éliminait ce que son auteur avait gardé pour lui et qui, dans une certaine mesure, le gênait pour réclamer ce que la famille en question avait gardé pour elle, au lieu de le lui donner.

Toutefois, en dehors de cette détermination directe, cet acte manqué possède aussi, aux yeux de tout psychanalyste, une détermination supplémentaire, incomparablement plus profonde et plus importante, une détermination *symbolique* ; aussi bien le vase est un indubitable symbole de la femme.

Le héros de cette petite histoire avait perdu de façon tragique son épouse, une femme belle, jeune et qu'il aimait ardemment ; il était tombé dans un état de névrose dont la tonalité fondamentale était qu'il était coupable du malheur qui s'était produit (qu'il avait "cassé un beau vase"). Il ne réussissait plus non plus à avoir de relation aux femmes qui aille de soi et éprouvait de l'aversion contre le mariage et les relations amoureuses durables, qui, dans son inconscient, avaient la valeur d'une infidélité envers sa défunte épouse, mais qui, dans son conscient, faisaient l'objet d'une rationalisation en ceci que, selon lui, il portait malheur aux femmes, que l'une d'elles pouvait se suicider à cause de lui, etc. (Dans ces conditions, il n'avait naturellement pas le droit de garder le vase de façon durable !)

a. *aktuelle Tendenz.*

Maintenant, étant donné sa forte libido, il n'est pas étonnant que lui soient apparues comme le plus appropriées les relations à des femmes mariées, qui, en tout état de cause, sont par nature passagères (de là, le fait de garder pour soi le vase d'un autre).

On trouve une belle confirmation de cette symbolique dans les deux facteurs suivants : par suite de la névrose, il se soumit au traitement psychanalytique. Au cours de la 191
séance lors de laquelle il raconta qu'il avait cassé le vase “de terre” [*“irdene” Vase*], il en vint de nouveau à parler, mais beaucoup plus tard, de son rapport aux femmes et dit qu'il avait des prétentions qui confinaient à l'absurdité ; c'est ainsi, par ex., dit-il, qu'il exigeait d'elles qu'elles possèdent une “beauté n'appartenant pas à la terre” [“*unirdische Schönheit*”] [a]. C'était quand même là une façon très nette de souligner qu'il restait encore beaucoup attaché à son épouse (défunte, c.-à-d. n'appartenant plus à la terre) et qu'il ne voulait plus entendre parler de “beauté terrestre” ; d'où le bris du vase “de terre” (terrestre).

Et c'est exactement à l'époque où, dans le cadre du transfert, il avait formé le projet imaginaire [b] d'épouser la fille de son médecin, qu'il... fit à celui-ci l'hommage d'un... vase, quasiment à titre d'allusion à la manière dont il désirait prendre sa revanche.

Comme il est à prévoir, la signification symbolique de cet acte manqué peut présenter diverses autres variantes, par ex. celle de ne pas vouloir remplir le vase, etc. Mais il m'apparaît plus intéressant de considérer que la présence de plusieurs mobiles (au moins deux) agissant à partir du

a. *irden* : « en terre » ; *irdisch* : « terrestre » ; *unirdisch* : « non terrestre ».

b. *Phantasie* (également traduit par « fantasme »).

préconscient et de l'inconscient, et ce, probablement d'ailleurs séparément l'un de l'autre, se reflète dans le redoublement de l'acte manqué — le vase a été renversé par le médecin et lui a échappé des mains[1]. »

e)[a] Le fait de laisser tomber des objets, de les renverser, de les briser, me semble être très fréquemment utilisé pour exprimer des démarches de pensée inconscientes, comme on peut à l'occasion le prouver par l'analyse, mais comme on aimerait, plus fréquemment, le deviner en partant des interprétations qui, dans le langage populaire, s'y rattachent sur le mode de la superstition ou celui de la plaisanterie. On sait les interprétations qui se raccordent au fait de renverser une salière, un verre de vin, au fait que la lame d'un couteau qu'on fait tomber reste fiché dans le sol, etc. Le droit qu'ont de telles interprétations superstitieuses d'être prises en considération est un point dont je traiterai, mais seulement plus loin ; je me contenterai ici de faire observer que telle opération
192 maladroite en particulier n'a nullement un sens constant, mais qu'au contraire, elle s'offre selon les circonstances à telle ou telle intention comme moyen de figuration.

Dernièrement, il y eut une période, dans ma maison, où des quantités exceptionnellement grandes de verre et de vaisselle de porcelaine furent cassées ; je contribuai moi-même pour une certaine part à ce dommage. Mais il fut facile d'expliquer cette petite épidémie psychique ; elle s'était produite dans les jours qui avaient précédé les noces de ma fille aînée. Lors de telles fêtes, on avait l'habitude de casser un ustensile, mais d'ordinaire de façon intentionnelle, et de joindre à ce geste quelques

1. *Internat. Zeitschrift für Psychoanalyse*, I, 1913. Cf. p. 188 (*b*).
a. Le premier et le troisième paragraphe de cette section remontent à 1901 ; le deuxième fut ajouté en 1910.

mots destinés à porter bonheur. Il se peut que cette coutume ait la signification d'un sacrifice, [d'une offrande,] mais également d'autres sens symboliques[a].

Lorsque des gens de service réduisent à néant en les laissant tomber des objets qui se cassent, on ne pense certes pas en premier lieu à une explication psychologique, pourtant il n'est pas improbable qu'ici aussi des mobiles obscurs aient leur part dans ces actes. Rien n'est plus éloigné de l'homme sans culture que le fait d'apprécier l'art et les œuvres d'art. Nos gens de service sont dominés par une sourde hostilité envers de telles productions artistiques, surtout quand les objets en question, dont ils ne discernent pas la valeur, deviennent pour eux une source de travail supplémentaire qu'on exige d'eux. Par contre, les gens de même niveau culturel et de même extraction qui sont employés dans des instituts scientifiques se distinguent souvent par la grande adresse et la grande sûreté avec laquelle ils manipulent des objets délicats dès lors qu'ils ont commencé à s'identifier à leur patron et à se compter au nombre des agents essentiels du personnel de l'institut.

J'intercale ici[b] une communication que m'a adressée un jeune technicien et qui permet d'y voir clair dans le mécanisme propre à l'endommagement d'un objet[c].

« Il y a quelque temps, dans le laboratoire de l'univer-

a. Freud fait allusion à une vieille coutume en usage dans différentes régions d'Allemagne, celle du *Polterabend*, soirée au cours de laquelle, à la veille d'une noce, on projette bruyamment à terre des pièces de vaisselle devant la porte de la maison de la promise (la différence avec notre charivari étant que les débris obtenus sont censés ici apporter le bonheur aux futurs époux).

b. Cet exemple, que Freud mentionnera plus tard à la fin de la quatrième conférence de l'*Introduction*, fut ajouté en 1912.

c. *Sachbeschädigung*. Ce mot doit être rapproché de *Selbstbeschädigung* (« auto-endommagement »), dont il sera question à partir de la p. 297.

sité, nous avons procédé, plusieurs de mes collègues et moi, à une série d'essais compliqués sur l'élasticité, un travail que nous avions volontairement pris en charge, mais qui commençait à nous demander plus de temps que ce à quoi nous nous attendions. Un jour que j'allais
193 de nouveau au laboratoire avec mon collègue F., il déclara qu'il lui était tout particulièrement désagréable aujourd'hui de perdre tant de temps, car il avait bien d'autres choses à faire chez lui ; je ne pus que l'approuver et j'ajoutai, à moitié pour plaisanter, faisant allusion à un incident qui s'était produit la semaine précédente : "Espérons que la machine va à nouveau avoir une défaillance, de sorte que nous pourrons interrompre le travail et partir plus tôt !" — Au moment de la répartition des tâches, il se trouve qu'on charge mon collègue F. de manœuvrer la soupape de la presse, c.-à-d. de l'ouvrir avec prudence pour que le fluide sous pression passe lentement de l'accumulateur dans le cylindre de la presse hydraulique ; celui qui dirige l'expérience se tient à côté du manomètre et, lorsque la pression qui convient est atteinte, il crie d'une voix forte "Stop". À ce commandement, F. saisit la soupape et la tourne de toutes ses forces... vers la gauche (toutes les soupapes sans exception se ferment par rotation vers la droite !). De ce fait, la pleine pression de l'accumulateur produit brusquement son effet dans la presse, ce pour quoi la canalisation n'a pas été conçue, de sorte qu'un raccord de tuyau éclate aussitôt — avarie de machine bien innocente[a], qui nous contraint pourtant à suspendre le travail pour

a. *harmlos*. Freud emploie ce même adjectif à propos d'un prétendu « hasard », lorsqu'il commente cette anecdote dans la quatrième conférence. Rappelons, par ailleurs, la distinction fondamentale qu'il établit entre « mots d'esprit innocents » et « mots d'esprit tendancieux » (cf. *Le mot d'esprit et sa relation à l'inconscient*).

aujourd'hui et à rentrer chez nous. — D'ailleurs, ce qui est caractéristique, c'est que, quelque temps après, un jour que nous parlions de cet incident, mon ami F. a absolument refusé de se souvenir des propos que j'avais tenus et dont je me souvenais, quant à moi, avec certitude. »

De la même façon[a], le fait de se laisser tomber tout seul, de faire un faux pas, une glissade, ne doit pas nécessairement être toujours interprété comme le ratage purement fortuit d'actions motrices. Le double sens que ces expressions possèdent dans le langage[b] constitue déjà une indication sur le genre de fantasmes réfrénés qui peuvent être figurés par un tel renoncement à l'équilibre du corps. Je me souviens d'un certain nombre d'affections nerveuses plutôt légères qui étaient survenues chez des femmes et des jeunes filles après une chute sans lésion et qui avaient été comprises comme de l'hystérie traumatique consécutive à l'effroi ressenti lors de la chute. Dès cette époque, l'impression m'était venue qu'entre ces éléments le rapport était autre, que la chute 194
avait déjà été un phénomène mis en scène par la névrose et une expression de ces mêmes fantasmes inconscients à contenu sexuel dont on est en droit de supposer qu'ils sont les forces motrices agissant derrière les symptômes. N'y avait-il pas un proverbe qui était censé dire aussi la même chose, à savoir : « Quand une vierge tombe, elle tombe sur le dos » ?

On peut aussi considérer qu'il y a *geste manqué*[c]

a. Ce paragraphe date de 1901.

b. La première signifie, au sens figuré, « se laisser aller, s'abandonner », la deuxième « trébucher » (l'« écart » de conduite s'appliquant spécialement à la fille ou la femme qui a fauté), la troisième « glisser sur une mauvaise pente, dans le vice ».

c. Ajouté en 1907.

lorsque quelqu'un, au lieu de donner à un mendiant une petite pièce de monnaie en cuivre ou en argent, lui donne une pièce d'or. Il est facile de résoudre de tels gestes manqués ; ce sont des actes sacrificiels, destinés à fléchir le destin, à prévenir[a] un événement funeste, etc. Lorsque l'on a entendu, immédiatement avant la promenade au cours de laquelle, de cette façon, elle s'est montrée généreuse à contrecœur, sa tendre mère ou tante exprimer sa préoccupation quant à la santé d'un enfant, alors on ne peut plus douter du sens de ce hasard prétendument désagréable. De cette manière, nos actes manqués permettent de mettre en pratique tous ces usages pieux et empreints de crédulité superstitieuse qui, à cause de la révolte de notre raison devenue incrédule, ne peuvent que craindre la lumière de la conscience.

f)[b] Dans aucun domaine, la thèse selon laquelle les actions fortuites sont en réalité des actions intentionnelles ne trouvera mieux créance que dans celui de l'activité sexuelle, où la frontière entre l'une et l'autre de ces catégories semble véritablement s'estomper. Qu'un geste maladroit en apparence puisse être, de façon suprêmement raffinée, utilisé à des fins sexuelles, voilà ce que montre un bel exemple que j'ai vécu dans ma propre personne il y a quelques années. J'ai rencontré alors, dans une maison amie, une jeune fille qui y était invitée et qui excita chez moi un sentiment de plaisir que je croyais éteint depuis longtemps, ce qui me mit dans une humeur enjouée et me rendit loquace et plein de prévenance. À ce moment aussi, j'ai recherché par quelles voies cela s'était produit ; un an auparavant, cette même
195 jeune fille m'avait laissé froid. Lorsque ensuite son oncle,

a. *abwehren*. Rappelons que la racine de ce verbe signifie « défense ».
b. Ce paragraphe et le suivant datent de 1901.

un très vieux monsieur, entra dans la pièce, nous nous levâmes tous deux d'un bond pour lui apporter un siège qui se trouvait dans un coin. Elle fut plus vive que moi, sans doute aussi parce qu'elle était assise plus près de l'objet ; ainsi, elle s'empara la première du siège et le porta en le tenant devant elle, le dossier tourné vers elle, les deux mains posées sur les accoudoirs. Lorsque je m'approchai un peu plus tard, sans toutefois cesser de prétendre porter le siège, je me retrouvai brusquement debout derrière elle, tout contre son corps, mes deux bras l'ayant enlacée par-derrière, et, pendant un instant, mes mains se rencontrèrent devant son ventre. Je dénouai naturellement la situation tout aussi vivement qu'elle avait pris naissance. Personne ne sembla d'ailleurs s'être aperçu de l'adresse avec laquelle j'avais exploité ce geste maladroit.

À l'occasion, j'ai aussi été obligé de me dire que le fait de chercher, de façon agaçante et maladroite, à s'éviter mutuellement lorsqu'on est dans la rue, situation pendant laquelle, durant quelques secondes[a], on fait des pas de-ci de-là, mais toujours en se dirigeant du même côté que l'autre, homme ou femme, jusqu'à ce qu'enfin on reste tous deux face à face, que, donc, ce « barrage de chemin » est lui aussi la répétition d'un comportement provocant par son inconvenance, comportement qui remonte aux années passées, et qu'il poursuit des intentions à caractère sexuel sous le masque de la maladresse. Les psychanalyses de névrosés que j'ai faites m'ont permis de savoir que ce qu'on appelle la naïveté des jeunes gens et des enfants n'est fréquemment qu'un tel masque, destiné à pouvoir dire ou faire quelque chose de malséant sans être embarrassé par la gêne.

a. Dans l'édition de 1901 : « une trentaine de secondes ».

Totalement similaires sont les observations que W. Stekel a faites sur sa propre personne et qu'il rapporte comme suit[a] : « En entrant dans une maison, je tends la main droite à la maîtresse de céans. Curieusement, je dénoue ce faisant la ceinture qui retient son peignoir attaché lâchement. Je n'ai conscience d'avoir aucune intention déshonnête, et pourtant j'ai exécuté ce geste maladroit avec l'adresse d'un escamoteur. »

J'ai déjà eu l'occasion de donner, de façon répétée[b], des exemples montrant que les écrivains pensent, exactement comme nous le soutenons ici, que les actes manqués ont un sens et une motivation. Aussi ne nous éton-
196 nerons-nous pas de voir, grâce à un nouvel échantillon, comment un écrivain fait en sorte qu'un geste maladroit acquiert lui aussi une signification et devient le signe avant-coureur d'événements ultérieurs.

Dans le roman de Theodor Fontane *L'adultera* (t. II des *Gesammelte Werke*, éditions S. Fischer, p. 64), il est écrit : « ... et Mélanie se leva brusquement et lança à son époux, comme pour le saluer, l'une des grosses balles. Mais elle n'avait pas visé juste, la balle passa à côté de lui, et ce fut Rubehn qui la saisit au bond. » Lors du retour de l'excursion qui a amené ce petit épisode, une conversation a lieu entre Mélanie et Rubehn, qui révèle le premier indice d'une inclination naissante. Cette inclination grandit jusqu'à devenir passion, de sorte que Mélanie finit par quitter son époux pour appartenir tout entière à l'homme qu'elle aime. (Communiqué par H. Sachs.)

g)[c] Les effets que produisent les gestes manqués des gens normaux sont, en règle générale, des plus bénins[d].

a. Ajouté en 1907.
b. Ce paragraphe et le suivant furent ajoutés en 1917.
c. Les quatre premiers paragraphes de cette section datent de 1901.
d. *harmlos*. Cf. p. 290, n. *a*.

C'est précisément pour cela que sera d'un intérêt tout particulier la question de savoir si des gestes manqués d'une portée considérable, susceptibles d'être suivis de conséquences importantes, comme par exemple ceux d'un médecin ou d'un pharmacien, peuvent, dans un sens ou dans un autre, être envisagés selon les points de vue que nous avons adoptés.

Comme j'ai très rarement l'occasion de pratiquer des interventions, je ne suis à même de rapporter qu'un exemple de geste manqué à caractère médical emprunté à ma propre expérience. J'ai pour patiente une très vieille dame que je visite deux fois par jour depuis des années[a] et chez qui mon activité de médecin, lors de ma visite du matin, se limite à deux actes : je lui instille quelques gouttes de collyre dans l'œil et je lui fais une injection de morphine. Les deux flacons, l'un, bleu, pour le collyre et l'autre, blanc, pour la solution de morphine, sont régulièrement prêts lorsque j'arrive. Pendant que j'effectue ces deux opérations, mes pensées sont, je suppose, occupées à autre chose la plupart du temps ; c'est que la situation s'est déjà répétée si souvent que mon attention se conduit comme si elle était libre. Un matin, je m'aperçus que l'automate avait fonctionné de travers, le 197
compte-gouttes trempait dans le flacon blanc, au lieu de tremper dans le bleu, et ce n'était pas du collyre, mais de la morphine que j'avais instillé dans l'œil. Je fus pris d'un violent effroi, puis me tranquillisai en me faisant la réflexion que quelques gouttes d'une solution à deux pour cent de morphine n'ont pas la faculté de causer de

a. Cette vieille dame, qui est aussi mentionnée à la p. 275 et à la p. 408, apparaît également dans *L'interprétation des rêves* (p. 109). Sa mort est évoquée dans une lettre à Fliess du 8 juillet 1901.

dommage, même au niveau du sac conjonctival. Il fallait visiblement faire remonter la sensation d'effroi à une autre origine.

Lorsque je tentai d'analyser ce petit geste manqué, la première chose qui me vint à l'esprit fut l'expression : « *sich an der Alten vergreifen* » [« faire subir des violences sexuelles à la vieille », mais aussi, en filigrane, « faire un geste manqué concernant la vieille »], qui était susceptible d'indiquer le chemin le plus court pour arriver à la solution. J'étais sous l'effet d'un rêve qu'un jeune homme m'avait raconté la veille au soir et dont le contenu ne pouvait être interprété que comme une référence à des rapports sexuels avec sa propre mère[1]. Le fait, singulier, que la légende d'Œdipe ne se scandalise pas de l'âge avancé de la reine Jocaste, me semblait bien s'accorder avec le résultat auquel j'étais parvenu, à savoir qu'il ne s'agit jamais, lorsqu'on est amoureux de sa propre mère, de la personne présente de celle-ci, mais de l'image mnésique juvénile que l'on a d'elle et qui date des années d'enfance. De telles discordances apparaissent toujours là où un fantasme hésitant entre deux époques est rendu conscient et se trouve lié par là à une époque déterminée. C'est plongé dans des pensées de cette sorte que j'allai chez ma patiente plus que nonagénaire, et j'étais très probablement en voie de concevoir le caractère universellement humain de la fable d'Œdipe comme étant le corrélat de la fatalité qui s'exprime dans les oracles, car ensuite je « fis un geste manqué concernant » la vieille ou

1. Celui du *rêve d'Œdipe*, comme j'ai l'habitude de l'appeler, parce qu'il contient la clé permettant de comprendre la légende du roi Œdipe. Dans le texte de Sophocle, la référence à un tel rêve est mise dans la bouche de Jocaste [vers 982 *sqq.*]. (Cf. *L'interprétation des rêves*, p. 227 *sqq.*)

je lui « fis violence »[a]. Maintenant, il s'agissait là encore d'un geste manqué innocent ; des deux erreurs possibles, utiliser la solution de morphine pour l'œil ou le collyre pour l'injection, j'avais choisi celle qui était de loin la plus bénigne. La question continue toutefois d'être posée de savoir si, dans le cas de gestes manqués pouvant causer de graves dommages, il est légitime d'envisager, de la 198
même façon que dans ceux qui sont traités ici, la possibilité d'existence d'une intention inconsciente.

Ici, comme on peut s'y attendre, le matériel me fait défaut, et j'en suis réduit à des suppositions et à des déductions. Il est bien connu que, dans les cas graves de psychonévrose, il se produit à l'occasion des auto-endommagements[b], qui sont des symptômes de maladies, et qu'on ne doit jamais exclure la possibilité que l'issue du conflit psychique prenne la forme du suicide. Maintenant, j'ai appris et puis le prouver[c] par des exemples bien élucidés que nombre des endommagements accidentels en apparence qui touchent de tels malades sont en réalité des auto-endommagements, en ceci qu'une tendance à l'autopunition constamment à l'affût, qui d'ordinaire s'exprime sous forme d'autoreproches ou bien apporte sa contribution à la formation de symptômes, utilise avec adresse une situation extérieure offerte par le hasard ou bien, le cas échéant, lui vient en aide jusqu'à ce que soit atteint l'effet dommageable souhaité. De tels faits ne sont d'ailleurs nullement rares dans les cas de gravité moyenne, et ils révèlent la part de l'intention inconsciente par toute une série de

a. *ich vergriff mich « bei oder an der Alten ».* Le sens du verbe *sich vergreifen* change selon la préposition qui l'accompagne.

b. Cf. la notice terminologique.

c. Dans les éditions antérieures à 1924 : « et prouverai un jour ».

traits particuliers, par exemple par la contenance que, de façon frappante, les malades gardent lors du prétendu malheur[1].

De mon expérience de médecin je veux exposer en détail, non pas beaucoup d'exemples, mais un seul et unique[a] : lors d'un accident de voiture, une jeune femme se fracture les os d'une jambe, de sorte qu'elle doit rester alitée durant des semaines, mais son entourage est frappé par l'absence de manifestations de douleur et par le calme avec lequel elle supporte son incommodité. Cet accident est le préambule à une longue et grave maladie névrotique, dont elle se rétablit enfin par la psychana-
199 lyse. Au cours du traitement, j'apprends les circonstances qui ont accompagné l'accident ainsi que certains événements qui l'ont précédé. La jeune femme se trouvait avec son mari, un homme très jaloux, dans la propriété de l'une de ses sœurs, mariée elle-même, en compagnie de ses nombreux autres frères et sœurs et de leurs époux et épouses. Un soir, elle donna une représentation à ce cercle d'intimes, se produisant devant lui dans un des arts où elle excellait : elle dansa le french cancan dans les règles de l'art, sous les applaudissements nourris de ses proches, mais à la piètre satisfaction de son mari, qui lui siffla ensuite à travers ses dents : « Tu t'es encore conduite comme une catin. » Le mot porta ; nous laisserons de côté la question de savoir si ce fut à cause, préci-

1. L'auto-endommagement qui n'a pas pour but un auto-anéantissement total n'a nullement d'autre choix, dans l'état présent de notre civilisation, que de se dissimuler derrière le caractère fortuit [/accidentel] d'un événement ou de s'imposer en simulant une maladie spontanée. Il fut un temps où il était un signe usuel du deuil ; à d'autres époques, il pouvait permettre à des tendances relevant de la piété et du renoncement au monde de trouver une expression.

a. Ce paragraphe et les deux suivants furent ajoutés en 1907.

sément, de la danse qu'elle avait exécutée. Durant la nuit qui suivit, son sommeil fut agité, le lendemain matin elle exprima le désir de faire une promenade en voiture. Mais elle choisit elle-même les chevaux, refusa telle paire et demanda à avoir telle autre. Sa plus jeune sœur dit vouloir que son nourrisson, accompagné de sa nourrice, aille avec elle ; elle s'y opposa énergiquement. Pendant la promenade, elle se montra nerveuse, avertit le cocher que les chevaux allaient s'emballer, et lorsque les bêtes inquiètes firent effectivement des difficultés durant un instant, elle sauta pleine d'effroi de la voiture et se cassa le pied, tandis que ceux qui y étaient restés s'en sortirent sains et saufs. Même s'il n'est plus guère possible, après que ces détails ont été mis à découvert, de douter que cet accident est en réalité une mise en scène, nous ne manquerons quand même pas d'admirer l'adresse qui obligea le hasard à administrer un châtiment à ce point adapté à la faute. Car cette femme était désormais dans l'impossibilité, durant un temps assez long, de danser le french cancan.

En ce qui concerne les auto-endommagements qui me seraient propres, j'aurais fort peu à en dire lorsque je me trouve dans des périodes de tranquillité, mais je ne m'estime pas incapable d'en commettre lorsque je me trouve dans des conditions extraordinaires. Lorsqu'un membre de ma famille se plaint de ce qu'il vient de se mordre la langue, de se faire écraser les doigts, etc., alors, au lieu d'obtenir de ma part la sympathie qu'il espère, il m'entend lui poser la question : « Dans quel but as-tu fait cela ? » Mais je me suis moi-même un jour pincé le
pouce, extrêmement douloureusement, après qu'au cours 200
de l'heure de cure un jeune homme de mes patients eut avoué son intention (une intention qu'il ne fallait naturellement pas prendre au sérieux) d'épouser ma fille

aînée, alors que je savais qu'elle était au sanatorium et se trouvait dans un extrême danger de mort[a].

L'un de mes petits garçons, dont le tempérament vif réservait d'ordinaire des difficultés à la personne chargée de le soigner lorsqu'il était malade, avait eu un matin un accès de colère, parce qu'on avait exigé de lui qu'il passe la matinée au lit, et il avait menacé de se tuer, un acte dont il avait appris l'existence en lisant le journal. Le soir, il me montra une bosse qu'il s'était faite sur un côté de la cage thoracique en se cognant contre le loquet de la porte. Lorsque je lui demandai avec ironie dans quel but il avait fait cela et ce qu'il avait voulu obtenir par là, l'enfant de onze ans répondit, comme illuminé : « C'était ma tentative de suicide, celle que j'ai menacé de faire ce matin. » Je ne crois d'ailleurs pas qu'à cette époque mes vues sur l'auto-endommagement aient été accessibles à mes enfants.

Celui qui croit à l'existence d'un auto-endommagement à moitié intentionnel[b] — s'il m'est permis d'employer cette expression maladroite — est par là même prêt à admettre qu'en dehors du suicide relevant d'une intention consciente, il existe aussi un auto-anéantissement à moitié intentionnel — un auto-anéantissement avec intention inconsciente —, qui sait utiliser adroitement une menace pesant sur la vie du sujet et la présenter sous le masque d'un accident fortuit. Un tel acte n'est pas nécessairement rare. Car la tendance à l'auto-anéantissement est présente, à un certain degré d'intensité, chez un nombre de personnes considérablement plus grand que celui des personnes chez qui elle réussit à s'imposer ; en règle générale, les actes d'auto-

a. Cf. p. 282, n. *c*.
b. Ce paragraphe et le suivant datent de 1901.

endommagement sont un compromis entre cette pulsion et les forces qui s'opposent encore à elle, et, même là où le suicide a effectivement lieu, la propension à celui-ci a été présente bien longtemps auparavant avec une intensité moindre ou comme tendance inconsciente et réprimée.

Concernant l'intention consciente de suicide, elle 201
choisit elle aussi son moment, ses moyens et son occasion ; avec cela concorde totalement le cas où l'intention inconsciente attend une occasion qui puisse prendre en charge une part du déclenchement et la libérer elle-même de l'oppression qu'elle subit, et ce, en occupant les forces de défense propres à la personne en question[1]. Les considérations que je présente ici sont bien loin d'être oiseuses ; j'ai eu connaissance de plus d'un cas d'accident (de cheval ou de voiture) apparemment fortuit dont on a pu à juste titre soupçonner, une fois ses circonstances examinées de plus près, qu'il s'agissait d'un suicide inconsciemment admis. C'est ainsi, par ex., qu'un jour,

1. En fin de compte, ce cas n'est alors rien d'autre que celui de l'attentat à caractère sexuel perpétré contre une femme lors duquel la pleine force musculaire de celle-ci ne réussit pas à parer en s'en défendant l'agression de l'homme, parce qu'une partie des motions inconscientes de l'agressée lui réserve un accueil favorable. Ne dit-on pas d'une telle situation qu'elle paralyse les forces de la femme ? Il ne reste plus alors qu'à ajouter les raisons de cette paralysie. Dans cette mesure, la sentence pleine d'esprit que prononce le juge Sancho Pança en tant que gouverneur de l'île où il réside est psychologiquement injuste (*Don Quichotte*, IIe partie, chap. XLV). Une femme traîne devant le juge un homme qui lui a prétendument ravi son honneur par la violence. Sancho la dédommage en lui donnant la bourse pleine d'argent qu'il enlève à l'accusé, et autorise celui-ci, après le départ de la femme, à courir après elle et à lui arracher de nouveau la bourse. Ils reviennent tous les deux en luttant entre eux, et la femme se vante de ce que le scélérat n'a pas été en mesure de s'emparer de la bourse. Sur quoi Sancho déclare : « Si tu avais défendu ton honneur avec la moitié du sérieux que tu as mis à défendre cette bourse, cet homme n'aurait pas pu te le ravir. »

lors d'une course de chevaux entre plusieurs officiers, l'un d'entre eux fait une chute et se blesse si grièvement qu'il succombera quelques jours après. Le comportement qu'il a lorsqu'il revient à lui est frappant sur plus d'un point. Mais encore plus notable est celui qu'il a présenté antérieurement. Il était profondément déprimé par la mort de sa mère bien-aimée, éclatait en sanglots convulsifs en présence de ses camarades, faisait part à ses amis intimes de son dégoût de la vie, voulait quitter le service pour prendre part à une guerre en Afrique qui ne l'intéressait d'ordinaire pas[1] ; autrefois fringant cavalier, il s'esquive maintenant, aussi souvent que possible, lorsqu'il s'agit de monter à cheval. Enfin, avant la course
202 à laquelle il ne peut se soustraire, il déclare avoir un sombre pressentiment ; étant donné notre manière de concevoir les choses, nous ne nous étonnerons plus que ce pressentiment ne se soit finalement pas trompé. On m'opposera qu'en tout état de cause il est compréhensible qu'un homme en proie à une telle dépression nerveuse ne réussisse pas à maîtriser l'animal comme il s'y entend lorsqu'il est en bonne santé. Je suis tout à fait d'accord ; seulement, j'aimerais chercher le mécanisme de cette inhibition motrice due à la « nervosité » dans l'intention d'auto-anéantissement sur laquelle j'ai ici mis l'accent.

S. Ferenczi, de Budapest, m'a laissé le soin de publier l'analyse d'un cas de blessure par arme à feu prétendument fortuite[a], dont il déclare qu'il s'agit d'une tentative

1. Que la situation propre au champ de bataille soit de celles qui vont au-devant de l'intention consciente de suicide, laquelle craint tout de même de prendre la voie directe, voilà qui est lumineux. Cf., dans *La mort de Wallenstein* [de Schiller, IV, 11], ces mots du capitaine suédois à propos de la mort de Max Piccolomini : « On dit qu'il voulait mourir. »

a. Cet exemple fut ajouté en 1910.

de suicide inconsciente. Je ne peux que me déclarer d'accord avec sa façon de concevoir ce cas :

« J. Ad., compagnon menuisier de vingt-deux ans, est venu me consulter le 18 janvier 1908. Il voulait que je lui dise si la balle qui s'était logée dans sa tempe gauche le 20 mars 1907 pouvait ou devait être extraite grâce à une opération. Mis à part certains maux de tête pas trop violents qui se produisent de temps en temps, il se sent en pleine santé, l'examen médical objectif ne révèle rien non plus, sinon la cicatrice noircie de poudre si caractéristique à la tempe gauche, de sorte que je déconseille l'opération. Interrogé sur les circonstances de l'accident, il déclare s'être blessé par hasard. Il jouait avec le revolver de son frère, *croyait qu'il n'était pas chargé*, l'avait appuyé de sa main gauche contre sa tempe gauche (il n'était pas gaucher), avait mis le doigt sur la détente, et le coup était parti. *Trois cartouches se trouvaient dans l'arme à six coups.* Je lui demande comment l'idée lui est venue de prendre le revolver. Il répond que c'était à l'époque où il devait se présenter devant le conseil de révision ; la veille au soir, allant à l'auberge, il avait emporté l'arme avec lui, car il craignait qu'il n'y ait des bagarres. Au conseil de révision, il fut déclaré inapte à cause de ses varices, ce dont il eut beaucoup honte. Il rentra chez lui, se mit à jouer 203
avec le revolver, mais sans avoir l'intention de se faire du mal ; c'est alors que l'accident se produisit. Lorsque je lui demandai ensuite si, à part cela, il était satisfait de son sort à cette époque, il répondit par un soupir et raconta l'histoire d'amour qu'il avait avec une jeune fille qui l'aimait elle aussi, mais qui l'avait quand même quitté ; elle avait émigré aux États-Unis par pure cupidité. Il avait voulu la suivre, mais ses parents l'en avaient empêché. Sa bien-aimée était partie le 20 janvier 1907, c'est-à-dire deux mois avant le malheureux accident. En dépit

de tous ces indices, qui étaient propres à éveiller le soupçon, le patient persista à dire que le coup de feu avait été un "accident". Mais je suis, quant à moi, fermement convaincu que la négligence dont il a fait preuve en ne s'assurant pas, avant de jouer avec l'arme, qu'elle n'était pas chargée, possède, tout autant que l'auto-endommagement lui-même, une détermination psychique. Cet homme était encore totalement sous l'effet déprimant de sa liaison malheureuse et voulait visiblement "oublier" en partant pour l'armée. Lorsque cet espoir lui fut aussi retiré, se produisit le jeu avec l'arme à feu, c'est-à-dire la tentative de suicide inconsciente. Le fait qu'il ait tenu le revolver, non pas dans sa main droite, mais dans sa gauche, plaide indubitablement en faveur de la thèse selon laquelle il ne faisait vraiment effectivement que "jouer", c.-à-d. qu'il ne voulait pas consciemment se suicider. »

Voici l'analyse d'un autre cas d'auto-endommagement en apparence accidentel, que celui qui l'a observé[a] m'a laissé le soin de publier et qui rappelle le proverbe : « Qui creuse une fosse pour d'autres tombe lui-même dedans[b]. »

« Mme X., qui appartient à la bonne bourgeoisie, est mariée et a trois enfants. C'est certes une nerveuse, mais elle n'a jamais eu besoin d'un traitement énergique, puisque aussi bien elle est suffisamment de taille à affronter la vie. Un jour, elle subit une défiguration de la face,

a. Ajouté en 1912.

b. « *Wer anderen eine Grube gräbt, fällt selbst hinein.* » Ce proverbe, dont il existe plusieurs équivalents en français (« Qui mal veut, mal lui vient », « Qui croit guiller Guillot, Guillot le guille » ou, plus couramment, « Tel est pris qui croyait prendre »), est directement inspiré du verset de la Bible : « Qui creuse une fosse tombe dedans » (L'Ecclésiaste, X, 8, ou Proverbes, XXVI, 27).

assez impressionnante sur le moment, mais passagère, et ce, de la façon suivante. Dans une rue en réfection, elle trébucha sur un tas de pierres, et son visage heurta le mur d'une maison. Il fut complètement éraflé, ses paupières bleuirent et s'œdématièrent, et comme elle avait peur qu'il ne soit arrivé quelque chose à ses yeux, elle fit 204
appeler le médecin. Une fois qu'elle eut été rassurée à ce sujet, je lui demandai : "Mais pourquoi diable êtes-vous tombée de cette façon ?" Elle répondit que, juste avant, elle avait mis en garde son mari, lequel, depuis quelques mois, avait du mal à marcher à cause d'une affection articulaire, en lui disant qu'il devait bien faire attention en passant dans cette rue, et qu'elle avait assez souvent fait cette expérience que, dans les cas de ce genre, curieusement, il lui arrivait à elle ce contre quoi elle avait mis en garde une autre personne.

Je ne fus pas satisfait de la détermination qu'elle donnait ainsi de son accident et lui demandai si, peut-être, elle ne pouvait pas en raconter un peu plus. Effectivement, juste avant l'accident, elle avait vu, dans un magasin situé de l'autre côté de la rue, un joli tableau dont elle avait souhaité, de façon tout à fait soudaine, décorer la chambre d'enfants et que, pour cette raison, elle avait aussitôt voulu acheter : elle se dirigea alors vers le magasin en allant droit devant elle, sans faire attention à l'état de la chaussée, trébucha sur le tas de pierres et tomba la face contre le mur de la maison, sans faire ne serait-ce que la moindre tentative pour se protéger avec ses mains. Le projet qu'elle avait d'acheter le tableau fut oublié sur-le-champ, et elle rentra chez elle en toute hâte. "Mais pourquoi n'avez-vous pas mieux regardé ? lui demandai-je. — C'est vrai, répondit-elle, mais c'était peut-être une *punition* ! À cause de l'histoire que je vous ai déjà racontée en confidence. — Cette histoire a-t-elle continué de vous tourmenter ensuite à ce point ? — Oui... après, j'ai eu beaucoup de regrets, je me suis trouvée très mauvaise, criminelle et immorale, mais j'étais alors presque folle de nervosité."

L'histoire en question était un avortement, qu'avec l'accord de son mari — étant donné leur situation pécuniaire, tous deux voulaient s'épargner un accroissement de leur descendance — elle avait fait commencer par une faiseuse d'anges et terminer par un médecin spécialiste.

"Très souvent, je me fais ce reproche : mais enfin, tu as fait tuer ton enfant, et j'étais angoissée à l'idée que
205 tout cela pourrait quand même ne pas rester impuni. Maintenant que vous m'avez certifié que je n'ai rien de grave aux yeux, je suis complètement rassurée : de toute façon, j'ai déjà été *suffisamment punie.*"

Cet accident était donc une autopunition visant, d'une part, à expier son forfait, mais aussi, d'autre part, à échapper à un châtiment inconnu peut-être beaucoup plus grand, qui avait continuellement fait naître l'angoisse chez elle durant des mois. À l'instant où elle se précipita sur le magasin pour s'acheter le tableau, le souvenir de toute cette histoire (avec toutes les appréhensions s'y rattachant), qui s'était déjà assez fortement mis en mouvement[a] dans son inconscient pendant qu'elle mettait en garde son mari, avait eu raison d'elle[b] et aurait peut-être pu s'exprimer à peu près en ces termes : "Mais quel besoin as-tu d'un ornement pour la chambre d'enfants, tu as fait assassiner ton enfant ! Tu es une meurtrière ! L'heure du grand châtiment est proche, c'est absolument certain !"

a. *geregt.* Cf. *Regung* : « motion ».
b. *überwältigend geworden* : « devenu terrassant ». Cf. *Ueberwältigungs-psychose.*

Cette pensée ne vint pas à la conscience de cette femme, mais, au lieu de cela, dans ce moment que j'aimerais dire psychologique, cette dernière exploita la situation en utilisant pour l'autopunition, d'une façon qui passe inaperçue[a], ce tas de pierres qui lui semblait bien s'y prêter ; c'est aussi pour cela qu'elle n'étendit même pas ses mains lors de sa chute, et également pour cette raison qu'elle ne fut pas prise d'un violent effroi. La deuxième détermination, probablement de moindre importance, de son accident est, semble-t-il, l'autopunition causée par le désir *inconscient* d'éliminer son mari, qui, il est vrai, était complice dans cette affaire. Ce désir s'était trahi par la mise en garde parfaitement superflue qu'elle avait adressée à son époux, à savoir de bien faire attention au tas de pierres dans la rue, puisque aussi bien celui-ci, ayant, précisément, du mal à marcher, se déplaçait avec beaucoup de prudence[1]. »

Si l'on prend en considération les circonstances plus 206
précises dans lesquelles s'est produit le cas suivant[b], on sera également enclin à donner raison à J. Stärcke (*ibid.*) lorsqu'il conçoit l'auto-endommagement par brûlure apparemment accidentel comme un « acte sacrificiel » :

« Une dame dont le gendre devait partir pour l'Allemagne pour y faire son service militaire s'ébouillanta le

1. [Ajouté en 1920] Van Emden, « *Selbstbestrafung wegen Abortus* », *Zentralbl. f. Psychoanalyse*, II, 12. — Un de mes correspondants écrit à propos du thème « Autopunition infligée par le moyen d'actes manqués » : « Si l'on fait attention à la façon dont se comportent les gens dans la rue, on a alors l'occasion de constater combien il arrive fréquemment aux hommes qui — chose bien courante — se retournent pour regarder les passantes d'avoir un petit accident. Tantôt l'un d'eux se fait une entorse au pied — sur un sol plat —, tantôt il rentre dans un réverbère ou se blesse d'une autre façon. »

a. Voir la notice terminologique.

b. Ajouté en 1917.

pied dans les circonstances suivantes. Sa fille allait bientôt enfanter, et les pensées tournant autour des dangers de la guerre qui occupaient toute la famille ne la mettaient pas, cela va de soi, dans une humeur très allègre. La veille du départ, elle avait invité son gendre et sa fille chez elle. Elle prépara elle-même le repas dans la cuisine après avoir préalablement mis, interversion passablement singulière, à la place des bottines montant haut à semelles orthopédiques dans lesquelles elle était à l'aise pour marcher et qu'elle avait d'ailleurs l'habitude de porter quand elle était chez elle, une paire de pantoufles sans tige, trop grandes pour elle, qui appartenaient à son mari. Lorsqu'elle retira du feu une grande marmite pleine de soupe bouillante, elle la laissa tomber et s'ébouillanta assez sérieusement un des pieds, et notamment le cou-de-pied, que la pantoufle sans tige n'avait pas protégé. — Il va de soi que tout un chacun mit cet accident sur le compte d'une "nervosité" bien compréhensible. Durant les premiers jours qui suivirent cet holocauste, elle mania les objets brûlants avec beaucoup de prudence, ce qui ne l'empêcha toutefois pas, à peine quelques jours plus tard, de s'ébouillanter l'un des poignets avec une sauce très chaude[1]. »

1. [Ajouté en 1924] Dans un très grand nombre de cas de cette sorte — accident causant un dommage ou la mort —, la conception à laquelle on parvient laisse le doute subsister. Les personnes étrangères à l'affaire ne trouveront pas motif à voir dans l'accident autre chose qu'un hasard, tandis qu'un proche de l'accidenté ayant connaissance de certains détails intimes a des raisons de supposer la présence de l'intention inconsciente derrière le hasard. Pour savoir, grâce à un bon exemple, quelle sorte de connaissance il faut avoir et sur quelles circonstances annexes il importe de se renseigner, on peut lire ce que rapporte un jeune homme dont la fiancée a été renversée dans la rue :

« Au mois de septembre de l'année dernière, j'ai fait la connaissance d'une jeune fille âgée de trente-quatre ans, Mlle Z. Elle vivait dans l'aisance, avait été fiancée avant la guerre, mais son futur, un officier d'active, était mort au combat en 1916. Nous apprîmes à nous connaître et à nous aimer, mais d'abord sans penser au mariage, car les circonstances,

Si un tel acharnement contre sa propre intégrité et sa propre vie peut être caché derrière de la maladresse appa- 207

à savoir la différence d'âge — j'avais moi-même vingt-sept ans —, ne semblaient pas, d'un côté comme de l'autre, le permettre. Comme nous habitions dans la même rue l'un en face de l'autre et que nous étions quotidiennement ensemble, notre commerce prit avec le temps une tournure intime. De ce fait, nous pensâmes de plus en plus à contracter un lien matrimonial, et je finis moi-même par donner mon accord. La date des fiançailles fut fixée à Pâques de cette année ; pourtant, Mlle Z. me dit son intention d'entreprendre auparavant un voyage pour aller voir des parents à M., voyage qui fut brusquement empêché par une grève des cheminots provoquée par le putsch de Kapp. Les sombres perspectives qui, du fait de la victoire des ouvriers et de ses conséquences, semblaient s'ouvrir pour la suite de l'avenir occupèrent également nos esprits durant un temps assez bref, mais tout particulièrement celui de Mlle Z., qui, d'ordinaire aussi, était sujette à de nets changements d'humeur, car elle croyait y voir de nouveaux obstacles à notre avenir. Le samedi 20 mars, toutefois, elle se trouvait dans une disposition d'esprit exceptionnellement joyeuse, détail dont je fus quasiment surpris et qui me communiqua un tel enthousiasme que nous crûmes tous deux voir tout couleur de rose. Quelques jours auparavant, nous avions parlé d'aller, à l'occasion, ensemble à l'église, mais sans toutefois nous fixer une date déterminée. Le lendemain matin, le dimanche 21 mars, à 9 heures 15 minutes, elle me téléphona pour me demander de venir la chercher pour aller à la messe, ce que je refusai toutefois de faire, parce que je n'aurais pas pu être prêt à temps et, au surplus, parce que je voulais terminer certains travaux. Mlle Z. fut visiblement déçue, se mit ensuite seule en route, rencontra dans l'escalier de sa maison un homme de sa connaissance, avec lequel elle fit le court chemin qui, via la Tauentzienstrasse, conduisait à la Rankestrasse, et ce, dans une excellente humeur, sans qu'elle lui dise quoi que ce soit de notre conversation. Le monsieur prit congé en plaisantant — Mlle Z. n'avait plus qu'à traverser le Kurfürstendamm, qui, à cet endroit, était élargi et qu'on pouvait embrasser d'un coup d'œil —, c'est à ce moment qu'elle fut renversée par un fiacre, alors qu'elle se trouvait tout contre le trottoir (écrasement du foie, qui entraîna la mort quelques heures plus tard). — Cet endroit, nous y étions passés autrefois des centaines de fois ; Mlle Z. était infiniment prudente, elle m'a très souvent retenu moi-même de commettre des imprudences, ce matin-là ne circulait pratiquement aucun véhicule, les tramways, les omnibus, etc., étaient en grève — à cette heure-là, précisément, régnait un *silence* quasi *absolu*, elle ne pouvait absolument pas, sinon ne pas voir, du moins ne pas entendre le fiacre ! — Le monde entier croit à un "hasard". Ma première pensée fut : Pareille chose est impossible — il n'est pas question non plus, il est vrai, de parler d'intention. J'essayai de trouver une explication psychologique. Assez longtemps après, je crus

remment fortuite et de l'insuffisance motrice[a], alors on n'a guère besoin de faire un grand pas de plus pour estimer possible d'étendre cette même conception aux gestes manqués mettant sérieusement en danger la vie et la santé d'autres personnes. Ce que je puis présenter comme preuves de la pertinence de cette conception est emprunté à l'expérience que j'ai de névrosés et ne coïncide donc pas totalement avec l'exigence initiale. Je vais rapporter un cas dans lequel ce ne fut pas, à proprement parler, un geste manqué, mais ce qu'on pourrait plutôt appeler un acte symptomatique ou fortuit, qui me mit sur la piste qui, ensuite, me permit de résoudre le conflit existant chez le patient. Je me suis un jour chargé d'améliorer la vie conjugale d'un homme très intelligent dont les petites brouilles avec son épouse, une jeune femme qui l'aimait tendrement, pouvaient à coup sûr invoquer des raisons réelles, mais qui, ainsi qu'il l'avoua lui-même,
208 ne s'expliquaient pas entièrement par elles. La pensée du divorce l'occupait continuellement, pensée qu'il repous-

l'avoir trouvée dans votre *Psychopathologie de la vie quotidienne.* D'autant que Mlle Z. manifestait de temps à autre une certaine tendance au suicide, bien plus, elle cherchait à me pousser moi aussi dans cette direction, pensées que je lui ai bon nombre de fois ôté de l'esprit ; par ex., elle commença, à peine deux jours auparavant, après être rentrée d'une promenade, à parler de sa mort et des dispositions testamentaires qu'il s'agissait de prendre, et ce, sans que, extérieurement, ce soit le moins du monde motivé ; elle n'a d'ailleurs pas procédé à ces dernières ! Signe qu'à coup sûr, on ne doit pas faire découler ces déclarations d'une quelconque intention. Si je puis exprimer mon humble avis, alors je dirai que je vois dans ce malheur, non pas un hasard, ni non plus l'effet d'un obscurcissement de la conscience, mais un auto-anéantissement intentionnel exécuté avec une intention inconsciente qui se dissimulait sous le masque d'un accident fortuit. Je me trouve conforté dans cette conception par des déclarations que fit Mlle Z. à des membres de sa famille, aussi bien avant de me connaître que plus tard, mais également à moi-même jusque dans les derniers jours — tout cela devant être conçu comme l'effet produit par la perte de son ancien fiancé, que rien à ses yeux n'était en mesure de remplacer. »

a. Ce paragraphe remonte à 1901.

sait ensuite, parce qu'il aimait tendrement ses deux petits enfants. Malgré cela, il en revenait toujours à ce projet et ne tentait pas, à cette occasion, de trouver un moyen qui lui aurait rendu la situation supportable. Je tiens cette incapacité à en finir avec un conflit pour une preuve que des mobiles inconscients et refoulés se sont trouvés disponibles pour renforcer les mobiles conscients qui luttaient les uns contre les autres, et ce que j'entreprends dans de tels cas, c'est de mettre un terme au conflit grâce à l'analyse psychique. L'homme en question me parla un jour d'un petit fait qui l'avait effrayé à l'extrême. Il « s'amusait[a] » avec l'aîné de ses enfants, celui qu'il aimait le plus, il le soulevait de terre et le laissait retomber ; à un moment, il fit cela à un endroit tel et à une hauteur si grande que le sommet du crâne de l'enfant vint presque heurter le lustre à gaz, très lourd, qui pendait au plafond. *Presque*, mais à vrai dire pas vraiment ou un tout petit peu ! Il n'arriva rien à l'enfant, mais d'effroi celui-ci fut pris de vertige. Le père, épouvanté, s'immobilisa, son enfant dans les bras, la mère eut un accès d'hystérie. 209
La particulière adresse de ce geste imprudent, la violence de la réaction déclenchée chez les parents m'amenèrent à essayer de trouver derrière ce hasard un acte symptomatique destiné à exprimer une intention mauvaise à l'égard de l'enfant aimé. En ce qui concerne la contradiction par rapport à la tendresse actuelle de ce père pour son enfant, je pus la lever en faisant remonter l'impulsion à l'endommagement à l'époque où cet enfant était l'enfant unique et où il était si petit que son père n'avait pas encore de raisons de lui témoigner de l'intérêt et de la tendresse. Il me fut alors facile d'admettre par hypothèse que cet homme auquel son épouse apportait peu de

a. Freud emploie un mot autrichien (*hetzen*), d'où les guillemets.

satisfaction avait eu à l'époque cette pensée ou formé ce projet : « Si ce petit être, qui n'est rien du tout pour moi, meurt, alors je serai libre et je pourrai divorcer. » Un désir de mort envers cet être maintenant tant aimé devait donc forcément continuer à exister sur le plan inconscient. À partir de là, il était facile de trouver le chemin menant à la fixation inconsciente de ce désir. Une détermination puissante fut effectivement livrée par un souvenir d'enfance du patient, à savoir le fait que la mort d'un petit frère, que la mère avait mise sur le compte de la négligence du père, avait conduit à de violentes discussions entre les parents, discussions accompagnées de menaces de divorce. Le déroulement ultérieur de la vie conjugale de mon patient confirma d'ailleurs par un succès thérapeutique la combinaison[a] que j'avais échafaudée.

J. Stärcke (*ibid.*) a donné un exemple[b] du fait que les écrivains n'hésitent pas à mettre un geste manqué à la place d'un acte intentionnel et, par suite, à en faire la source des conséquences les plus graves :

« Dans l'une des histoires brèves de Heyermans[1], on trouve un exemple de geste manqué ou, plus précisément, de geste fautif, que l'auteur a utilisé comme motif dramatique.

210 Il s'agit de l'histoire brève intitulée "Tom et Teddie". — Dans un couple de plongeurs — qui se produit dans un théâtre de variétés, reste sous l'eau durant un temps assez long et y exécute des numéros dans un bassin en fer aux parois vitrées —, la femme a depuis peu des relations

1. Hermann Heyermans, *Schetsen van Samuel Falkland*, 18ᵉ vol., Amsterdam, H.J. Becht, 1914.

a. *Kombination*. Ce mot signifie précisément « déduction conduisant à une certaine opinion ».

b. Ce dernier exemple fut ajouté en 1917.

avec un autre homme, un dompteur. Juste avant la représentation, le mari plongeur les a surpris ensemble dans la loge. Scène muette, regards menaçants, puis ces paroles du plongeur : “À tout à l'heure !” La représentation commence. Le plongeur va exécuter le numéro le plus difficile, il va “rester deux minutes et demie sous l'eau dans un caisson hermétiquement clos”. Le couple avait déjà fait ce numéro assez souvent, on fermait le caisson et “Teddie s'adressait aux spectateurs, qui contrôlaient l'écoulement du temps sur leur montre, pour leur montrer la clé”. Elle la laissait aussi intentionnellement tomber plusieurs fois dans le bassin et plongeait ensuite en hâte pour ne pas arriver en retard lorsqu'il faudrait ouvrir le caisson.

Ce soir du 31 janvier, Tom fut, comme d'habitude, enfermé par les doigts déliés de la fringante petite femme. Lui souriait derrière le hublot — elle jouait avec la clé et attendait qu'il donne le signal. Dans les coulisses se tenait le dompteur, avec son habit impeccable, sa cravate blanche, son fouet de manège. Pour attirer son attention, il siffla très brièvement, lui, le tiers. Elle le regarda, se mit à rire et, avec le geste maladroit de quelqu'un dont l'attention est distraite, elle lança la clé en l'air avec tant de fougue, de force sauvage que celle-ci retomba exactement deux minutes vingt secondes après (en calculant large) à côté du bassin, entre les plis de la toile qui recouvrait les tréteaux. Personne ne le remarqua. Personne ne pouvait l'avoir remarqué. Vu de la salle, l'illusion d'optique fut telle que tout le monde vit la clé glisser au fond de l'eau — et aucun employé du théâtre ne le remarqua, parce que la toile avait amorti le bruit.

En riant, sans hésiter, Teddie enjamba le rebord du 211
bassin. En riant — il supporterait bien ce retard —, elle

descendit l'échelle. En riant, elle disparut sous les tréteaux pour y chercher la clé, et comme elle ne la trouvait pas tout de suite, elle se pencha au-dessus du devant de la toile, en adressant au public une mimique complice, avec une expression sur son visage qui avait l'air de dire : "Mon Dieu, que tout cela est fatigant !"

Pendant ce temps-là, Tom faisait ses amusantes grimaces derrière le hublot, comme s'il commençait lui aussi à s'inquiéter. On voyait son dentier d'un blanc éclatant, ses lèvres qu'il mordait sous sa moustache blond filasse, les drôles de bulles d'air que sa bouche laissait partir, les mêmes que celles qu'on avait vues lorsqu'il avait mangé une pomme. On voyait les doigts osseux de ses mains pâles faire des gestes pour agripper quelque chose, et on riait, comme on avait déjà ri plus d'une fois ce soir-là.

Deux minutes et cinquante-huit secondes...

Trois minutes sept secondes... douze secondes...

Bravo ! Bravo ! Bravo !...

À ce moment, la salle fut plongée dans la consternation et elle commença à trépigner des pieds, car les valets d'écurie et le dompteur s'étaient eux aussi mis à chercher, et le rideau tomba avant que le couvercle eût été ouvert.

Six danseuses anglaises entrèrent en scène — puis l'homme aux poneys, aux chiens et aux singes. Et ainsi de suite.

C'est seulement le lendemain matin que le public apprit qu'il s'était produit un accident, que Teddie, devenue veuve, restait seule au monde...

Ce qui ressort de ce que je viens de citer, c'est la remarquable compréhension de l'essence de l'acte symptomatique que cet artiste a forcément dû lui-même avoir pour nous présenter avec tant de pertinence la cause, plus profonde, de la mortelle maladresse. »

IX

Actes symptomatiques et fortuits[a] 212

Les actes décrits jusqu'ici, dans lesquels nous avons discerné la mise à exécution d'une intention inconsciente, se sont présentés comme la perturbation d'autres actes à caractère intentionnel et se sont couverts[b] du prétexte de la maladresse. Les actes fortuits dont il va être maintenant question se différencient seulement des gestes manqués en ceci qu'ils dédaignent de s'étayer sur une intention consciente et n'ont donc pas besoin de prétexte. Ils se produisent pour eux-mêmes et sont admis parce qu'on ne soupçonne pas que, derrière eux, il y a une fin et une intention. On les accomplit « sans penser à rien à leur propos », « purement par hasard », « comme pour s'occuper les mains », et on compte sur le fait qu'en donnant une telle information, on mettra un terme aux recherches visant à trouver la signification de l'acte en question. Pour pouvoir jouir de cette position d'exception, ces actes, qui ne prennent plus la maladresse comme excuse, doivent impérative-

a. Le début de ce chapitre (jusqu'à la p. 321) date de 1901.

b. *deckten sich*. À rapprocher de *Deckerinnerung* (« souvenir-écran ») ainsi que de l'expression française « sous couvert de ».

ment remplir certaines conditions déterminées[a] ; ils doivent *passer inaperçus*, et leurs effets être minimes.

J'ai collecté un grand nombre de tels actes fortuits, chez moi et auprès d'autres personnes, et je suis d'avis, après avoir soumis chacun des exemples à un examen approfondi, qu'ils méritent plutôt le nom d'*actes symptomatiques*. Ils permettent que s'exprime quelque chose dont la présence en eux n'est pas soupçonnée par leur auteur lui-même et que celui-ci n'a pas l'intention, en règle générale, de communiquer à autrui, mais veut garder pour lui. 213 Ainsi donc, ils jouent exactement comme tous les phénomènes considérés jusqu'ici le rôle de symptômes.

Cela dit, c'est lors du traitement psychanalytique de névrosés qu'on recueille la moisson la plus riche de tels actes fortuits ou symptomatiques. Je ne puis me refuser le plaisir de montrer, grâce à deux exemples ayant cette provenance, combien est poussée loin, et à quel degré de finesse, la détermination par des pensées inconscientes de ces petits faits qui n'ont l'air de rien. La frontière qui sépare les actes symptomatiques des gestes manqués est si peu tranchée que j'aurais également pu ranger ces exemples dans le chapitre précédent.

1) Une jeune femme raconte en séance une idée qui lui vient à l'esprit, à savoir qu'hier, en se coupant les ongles, elle s'est « entamé la chair, alors qu'elle s'efforçait d'enlever la mince petite peau du lit de l'ongle ». Ce petit fait est si peu intéressant qu'on se demande avec étonnement dans quel but, en tout état de cause, il se trouve remémoré et mentionné, et qu'on en vient à émettre comme supposition qu'on a affaire à un acte symptomatique. C'était d'ailleurs effectivement à son

a. Dans l'édition de 1901 : « une condition déterminée ».

annulaire que la petite maladresse s'était produite, au doigt auquel on porte l'anneau nuptial. Au surplus, la chose avait eu lieu le jour de l'anniversaire de son mariage, ce qui confère à la blessure infligée à la mince petite peau un sens bien déterminé et facile à deviner. Simultanément, la patiente raconte aussi un rêve qui fait allusion à la maladresse de son mari et à sa propre anesthésie[a] féminine. Mais pourquoi est-ce à l'annulaire de la main gauche qu'elle s'était blessée, puisque aussi bien l'alliance se porte à celui de la main droite[b] ? Son mari est juriste, « docteur en droit », et, jeune fille, elle avait eu un penchant secret pour un médecin (appelé par plaisanterie : « docteur en gauche »). L'expression « mariage de la main gauche[c] » a, elle aussi, un sens bien déterminé.

2) Une jeune dame, qui n'est pas mariée, raconte ceci : « Hier, sans du tout en avoir l'intention, j'ai déchiré en deux un billet de banque de cent florins et j'en ai donné la moitié à une dame qui me rendait visite. Est-ce que cet acte est lui aussi censé être un acte symp- 214
tomatique ? » Une investigation plus précise permet de mettre à découvert les détails suivants. Concernant le billet de banque de cent florins : elle consacre une partie de son temps et de sa fortune à des œuvres de bienfaisance. Conjointement avec une autre dame, elle veille à l'éducation d'un orphelin. Les cent florins sont la contribution que cette dame lui a envoyée et qu'elle a mise dans une enveloppe et provisoirement posée sur son bureau.

a. *Anästhesie.*

b. À la différence de la France.

c. Il s'agit, non pas de l'union libre, mais d'un mariage morganatique, c.-à.d. conclu entre un membre de la haute noblesse et une femme de condition inférieure dans lequel le contrat améliorait la situation de l'épouse et des descendants.

La visiteuse était une dame jouissant d'une certaine réputation qu'elle assistait dans une autre œuvre de bienfaisance. Cette dame voulait noter une série de noms de personnes vers qui l'on pouvait se tourner, le cas échéant, pour obtenir une aide de leur part. Comme elle n'avait pas de papier pour écrire, ma patiente tendit la main vers l'enveloppe qui se trouvait sur son bureau et, sans se souvenir de son contenu, la déchira en deux morceaux, en en gardant un pour elle-même, afin d'avoir un double de la liste de noms, et en tendant l'autre à sa visiteuse. Notons le caractère bien innocent de cette procédure inadaptée à sa fin. Comme on sait, un billet de banque de cent florins ne perd rien de sa valeur si, une fois déchiré, on peut le reconstituer intégralement à partir de ses fragments. La garantie que la dame ne jetterait pas le morceau de papier était fournie par l'importance des noms qui y figuraient, et, de la même façon, il ne faisait aucun doute que, dès qu'elle s'apercevrait de son précieux contenu, elle le rendrait.

Mais quelle pensée inconsciente cet acte fortuit, qui avait été rendu possible par un oubli, était-il censé exprimer ? La visiteuse avait une relation bien déterminée à notre cure. C'était elle qui, en son temps, m'avait recommandé comme médecin à la jeune fille souffrante et, si je ne fais pas erreur, ma patiente se sentait son obligée à cause de ce conseil. Est-ce que, d'aventure, le billet de banque de cent florins coupé en deux était censé figurer les honoraires relatifs à cette entremise ? Même ainsi, les choses continueraient d'être d'une étrangeté fort déconcertante.

Mais à cela s'ajoute un autre matériel. Un jour avant, une intermédiaire d'un tout autre genre avait pris des
215 renseignements auprès de l'une de ses parentes pour savoir si, d'aventure, la demoiselle ne voulait pas faire la

connaissance d'un certain monsieur, et, le matin du jour en question, quelques heures avant la visite de la dame, la lettre où le prétendant faisait sa demande était arrivée, lettre qui l'avait beaucoup fait rire. Or donc, lorsque la dame entama la conversation avec ma patiente en lui demandant comment elle allait, il se peut bien que celle-ci ait pensé : « C'est vrai, tu m'as recommandé le médecin qu'il me fallait, mais si tu pouvais m'aider à trouver le mari qu'il me faut (et, à l'arrière-plan : à avoir un enfant), je t'en serais encore plus reconnaissante. » À partir de cette pensée tenue refoulée, les deux intermédiaires se fondirent[a] chez elle en une seule, et elle remit à la visiteuse les honoraires que son imagination était prête à donner à l'autre. Cette solution devient tout à fait obligatoire lorsque j'ajoute que je lui avais parlé de tels actes fortuits ou symptomatiques pour la première fois la veille au soir. Elle se servit ensuite de la première occasion venue pour produire quelque chose d'analogue.

Un regroupement des actes fortuits et symptomatiques, lesquels sont excessivement fréquents, pourrait être entrepris, selon qu'ils se produisent de façon habituelle, régulière sous certaines conditions ou isolée[b]. Les premiers (comme le fait de jouer avec sa chaîne de montre, de tortiller sa barbe, etc.), qui peuvent presque servir à caractériser les personnes concernées, sont très proches des divers tics et méritent certainement d'être traités en liaison avec ces derniers. Dans le deuxième groupe, je range le jeu avec la canne qu'on tient à la

a. *flossen zusammen* : « confluèrent ».

b. Les deux premiers de ces trois groupes font l'objet de ce paragraphe. Le troisième n'apparaît qu'à la p. 343. L'essentiel de la partie intermédiaire fut ajoutée dans les éditions postérieures, bien qu'à vrai dire, beaucoup des exemples qui y ont été insérés semblent déjà relever de la catégorie des actes « isolés ».

main, le griffonnage lorsqu'il s'agit d'un crayon, le geste consistant à faire sonner des pièces de monnaie dans sa poche, de pétrir de la mie de pain et d'autres matériaux plastiques, toutes les sortes de gestes où l'on tripote ses vêtements, etc. Derrière ces occupations à caractère ludique se cachent régulièrement, pendant le traitement psychanalytique, un sens et une signification auxquels un autre moyen d'expression est refusé. Habituellement, la personne concernée ignore complètement qu'elle fait ce genre de gestes, ou qu'elle a apporté certaines modifica-
216 tions à sa façon de se conduire habituelle, et elle omet aussi de voir et d'entendre les effets produits par ces actes. Elle n'entend pas, par ex., le bruit qu'elle produit en faisant sonner des pièces de monnaie, et réagit comme avec étonnement et incrédulité lorsqu'on attire son attention sur son geste. De la même façon, tout ce qu'on fait avec ses vêtements, souvent sans s'en apercevoir, a une signification et est digne de l'intérêt du médecin. Tout changement dans la tenue vestimentaire habituelle, toute négligence légère, comme par exemple un bouton qui n'est pas passé dans sa boutonnière, toute trace de dénudation, veut dire quelque chose que le propriétaire du vêtement ne veut pas dire directement et qu'il serait la plupart du temps bien incapable de formuler. Les interprétations qu'on peut donner de ces petits actes fortuits ainsi que les preuves de la véracité de ces interprétations sont chaque fois fournies, avec une certitude suffisante, par les circonstances, accompagnant ceux-ci, dont il est question pendant la séance, par le thème traité sur le moment et par les idées subites qui viennent au patient lorsqu'on dirige son attention sur le caractère fortuit en apparence de l'acte en question. Étant donné cet état de choses, je m'abstiendrai d'appuyer mes affirmations par la communication d'exemples accompagnés

d'une analyse ; mais si je mentionne ces choses, c'est parce que je crois qu'elles ont la même signification chez les gens normaux et chez mes patients.

Je ne puis me refuser le plaisir de montrer, grâce à un exemple au moins[a], à quel point un acte symbolique accompli par habitude peut être intimement lié[b] à ce qu'il y a de plus intime[c] et d'important dans la vie d'une personne bien portante[1] :

« Comme nous l'a enseigné le professeur Freud, le symbolisme joue dans la vie infantile des personnes normales un rôle plus grand que ne le laissaient attendre les expériences des premiers temps de la psychanalyse ; de ce point de vue, la brève analyse qui suit peut présenter quelque intérêt, notamment à cause des perspectives médicales qu'elle ouvre.

Un jour qu'il réinstallait ses meubles dans son nouveau logement, un médecin tomba sur un stéthoscope "simple" en bois. Après avoir réfléchi un instant à l'endroit où il devait le mettre, il se sentit poussé à le 217
poser sur un côté de son bureau, de façon qu'il soit placé exactement entre son siège et celui où ses patients étaient d'ordinaire assis. Cet acte en tant que tel était un peu singulier pour deux raisons. Premièrement, il est extrêmement rare que ce médecin ait besoin d'un stéthoscope (en effet, il est neurologue), et dès que c'est le cas, il en utilise un double (pour les deux oreilles). Deuxièmement, tous ses appareils et instruments de médecine étaient rangés dans des tiroirs, à la seule exception de celui-ci. Quoi qu'il en soit, il cessa de penser à cette

1. Jones, « *Beitrag zur Symbolik im Alltag* », *Zentralblatt für Psychoanalyse*, I, 3, 1911.

a. Ajouté en 1912.

b. *innig verknüpft*.

c. *das Intimste*.

affaire, jusqu'au jour où une patiente qui n'avait encore jamais vu de stéthoscope "simple", lui demanda ce que c'était. Il le lui dit, et elle demanda pourquoi il l'avait posé à cet endroit précis, sur quoi il répondit du tac au tac que l'endroit en question convenait aussi bien que n'importe quel autre. Toutefois, cela lui fit dresser l'oreille et il commença à réfléchir et à se demander s'il n'y avait pas, à la base de cet acte, telle ou telle motivation inconsciente, et, familier de la méthode psychanalytique, il décida d'explorer la chose.

Le premier souvenir qui lui vint à l'esprit fut le fait que, lorsqu'il était étudiant en médecine, il avait été impressionné par l'habitude qu'avait le médecin d'hôpital dont il dépendait de tenir continuellement à la main un stéthoscope simple lors de ses visites dans les salles des malades, alors qu'il ne l'utilisait jamais. Il admirait beaucoup ce médecin et lui portait une affection extraordinaire. Plus tard, devenu lui-même médecin d'hôpital, il adopta la même habitude et aurait été mal à l'aise si, par mégarde, il avait quitté son bureau sans brandir l'instrument dans sa main. L'inutilité de cette habitude était toutefois montrée par le fait, non seulement que le seul stéthoscope qu'il utilisait en réalité était un stéthoscope bi-auriculaire qu'il portait dans sa poche, mais aussi qu'il continua à avoir cette habitude lorsqu'il commença à travailler dans le service de chirurgie et qu'il
218 n'eut plus du tout besoin d'un stéthoscope. La signification de ces observations devient claire dès que nous faisons remarquer la nature phallique de cet acte symbolique.

La chose suivante qu'il se remémora fut le fait qu'il avait été frappé, lorsqu'il était petit garçon, par l'habitude qu'avait son médecin de famille de porter un stéthoscope simple à l'intérieur de son chapeau ; il trouva intéressant que le docteur ait toujours son principal instrument à portée de main lorsqu'il allait visiter des patients et qu'il ait seulement à ôter son chapeau (c.-à-d. une partie de son habillement) et à “le sortir”. Petit enfant, il avait été on ne peut plus attaché à ce médecin, et il était récemment parvenu, grâce à l'auto-analyse, à découvrir qu'à l'âge de trois ans et demi, il avait eu un double fantasme concernant la naissance d'une sœur cadette : à savoir que celle-ci était, premièrement, l'enfant de lui-même et de sa mère, deuxièmement, du docteur et de lui-même. Dans ce fantasme, il jouait donc aussi bien le rôle masculin que le rôle féminin. Il se rappela, en outre, avoir été examiné par le même médecin à l'âge de six ans, et se ressouvint nettement de la sensation de volupté qu'il avait éprouvée lorsqu'il avait senti toute proche la tête du docteur qui pressait le stéthoscope contre sa poitrine, ainsi que du mouvement rythmique de va-et-vient de sa respiration. À l'âge de trois ans, il avait souffert d'une maladie de poitrine chronique et avait dû subir des examens répétés, même si, dans la réalité, il ne pouvait plus s'en souvenir.

À l'âge de huit ans, il fut impressionné en entendant un garçon plus âgé lui dire que le médecin en question avait coutume de se mettre au lit avec ses patientes. Il y avait certainement un fond de vérité dans ce bruit, et, en tout cas, les femmes du voisinage, y compris sa propre mère, avaient beaucoup d'affection pour le jeune et gentil médecin. L'analysé avait lui-même connu, en diverses occasions, des tentations à caractère sexuel relativement à ses patientes, était deux fois tombé amoureux de l'une d'elles et avait fini par en épouser une. Il ne fait guère de
doute que son identification inconsciente avec le docteur 219
avait été la raison majeure qui l'avait poussé à choisir le métier de médecin. D'autres analyses laissent supposer

qu'il s'agit certainement du mobile le plus fréquent (même s'il est difficile de déterminer cette fréquence). Dans le cas présent, il était doublement déterminé : premièrement, par la supériorité, avérée en plusieurs occasions, du médecin vis-à-vis du père, dont le fils était très jaloux, et deuxièmement, par la connaissance qu'avait le docteur de choses interdites et d'occasions de satisfaction sexuelle.

Puis eut lieu un rêve de nature clairement homosexuelle-masochiste, qui a déjà été publié ailleurs[1], dans lequel un homme, qui est une figure de substitution du médecin, attaquait le rêveur avec un "glaive". Le glaive lui rappela une histoire de la Völsunga saga et de la légende des Nibelungen, où Sigurd met un glaive nu entre lui et Brunhild endormie. La même histoire se trouve dans la légende d'Arthur, dont notre homme a également une bonne connaissance.

Le sens de cet acte symbolique devient désormais clair. Le médecin avait placé le stéthoscope entre lui et ses patientes, exactement comme Sigurd avait mis son glaive entre lui et la femme à laquelle il n'avait pas le droit de toucher. L'acte en question était une formation de compromis ; elle servait deux sortes de motions[a] : celle qui l'incitait à céder, en imagination, au désir réprimé d'avoir des relations sexuelles avec telle ou telle de ses ravissantes patientes, mais aussi celle qui, simultanément, lui rappelait que ce désir ne pouvait être réalisé. Il s'agissait, pour ainsi dire, d'un charme dirigé contre les assauts de la tentation.

Je voudrais ajouter qu'un passage du *Richelieu* de lord

1. « *Freud's Theory of Dreams* », *American Journ. of Psychol.*, avril 1910, p. 301, n. 7.
a. *Regungen.*

Lytton avait fait grande impression sur le garçon, à savoir :

> *Beneath the rule of men entirely great*
> *The pen is mightier than the sword*[1],

qu'il est devenu un écrivain fécond et qu'il utilise un stylo-plume inhabituellement grand. Lorsque je lui ai demandé quel besoin il en avait, il a répliqué de façon caractéristique : "J'ai tant de choses à exprimer[a]." 220

Cette analyse nous rappelle une fois de plus à quelles vues pénétrantes nous permettent d'accéder les actes "innocents" et "absurdes"[b] et combien la tendance à la symbolisation est précocement développée dans la vie d'un individu. »

Je puis encore raconter un cas tiré par exemple de mon expérience de psychothérapeute[c], dans lequel c'est une main jouant avec une boule de mie de pain qui fournit un témoignage éloquent. Mon patient était un jeune garçon âgé d'à peine treize ans, souffrant d'hystérie grave depuis près de deux ans, dont j'avais fini par prendre en charge le traitement psychanalytique après qu'un assez long séjour dans un établissement hydrominéral n'eut donné aucun résultat. D'après ce que je présupposais, il devait nécessairement avoir fait des expériences à caractère sexuel et, étant donné son âge, être tourmenté par des questions touchant la sexualité ; mais je me gardai de lui venir en aide en l'éclairant sur ce sujet, parce que je

1. Cf. le « *I wear my pen as others do their sword* » d'Oldham.

a. Comme en français, ce verbe signifie aussi « faire sortir [un liquide] par pression ».

b. *harmlos und sinnlos*. Ces deux adjectifs ont en commun le suffixe privatif *-los* (« dénué de »).

c. Cet exemple date de 1901.

voulais une fois de plus mettre mes présuppositions à l'épreuve. Je pouvais donc être légitimement curieux de savoir de quelle façon ce que je cherchais se signalerait chez lui. Aussi fus-je frappé lorsqu'un jour je le vis rouler quelque chose entre les doigts de sa main droite, puis mettre la chose en question dans sa poche, continuer à y jouer, la ressortir, etc. Je ne lui demandai pas ce qu'il avait dans la main ; mais il me le montra en ouvrant celle-ci brusquement. C'était de la mie de pain qu'il avait pétrie pour en faire une boule. À la séance suivante, il apporta à nouveau une telle boule, mais, à partir d'elle, il modela, pendant notre conversation, avec une incroyable rapidité et les yeux fermés, des figures qui éveillèrent mon intérêt. C'était indubitablement des petits bonshommes avec une tête, deux bras, deux jambes, comme les idoles préhistoriques les plus grossières, et avec un long appendice qu'il avait étiré entre les deux jambes. À peine ce dernier était-il achevé qu'il pétrit le petit bon-
221 homme pour en refaire une boule ; par la suite, il le laissa subsister, mais il ajouta exactement le même appendice sur la surface du dos et à d'autres endroits, afin de dissimuler la signification du premier. Je voulus lui montrer que je l'avais compris, mais tout en lui enlevant l'échappatoire consistant à dire qu'en modelant des figures humaines il n'avait pensé à rien. C'est dans cette intention que je lui demandai brusquement s'il se souvenait de l'histoire du roi romain qui, dans son jardin, avait répondu par une pantomime à l'émissaire de son fils. Le garçon ne réussit pas à s'en souvenir, alors qu'il devait forcément l'avoir étudiée bien plus récemment que moi. Il me demanda si je voulais parler de l'esclave sur le crâne rasé duquel on avait écrit la réponse[a]. « Non, cette anec-

a. Cette histoire se trouve au chap. 35 du livre V des *Histoires* d'Hérodote.

dote fait partie de l'histoire grecque », dis-je, et je lui racontai ceci : le roi Tarquin le Superbe[a] avait engagé son fils Sextus à s'introduire furtivement dans une ville ennemie du Latium. Celui-ci, qui, dans l'intervalle, s'était procuré des appuis dans la ville, envoya un émissaire à son père pour lui demander ce qu'il devait désormais faire. Le roi ne donna aucune réponse, mais alla dans son jardin, s'y fit répéter la question et violemment, sans dire un mot, décapita les plus grands et les plus beaux pavots qui s'y trouvaient. L'envoyé n'eut plus qu'à faire son rapport à Sextus, lequel comprit son père et mit tout son soin à éliminer les citoyens les plus considérés de la ville en les faisant assassiner.

Tandis que je parlais, le garçon s'interrompit dans son modelage, et lorsque, m'apprêtant à raconter ce que le roi avait fait dans son jardin, je prononçai les mots « violemment, sans dire un mot », il avait déjà, en un geste rapide comme l'éclair, arraché la tête de son petit bonhomme. Il m'avait donc compris et remarqué que je l'avais compris. Désormais, je pus lui poser des questions directes, je lui donnai les renseignements qui étaient importants pour lui et, en l'espace de peu de temps, nous avions mis un terme à la névrose.

Les actes symptomatiques[b], qu'on peut observer chez 222
les gens bien portants et chez les malades et dont la richesse est presque inépuisable, méritent pour plus d'une raison que nous leur portions intérêt. Pour le

a. Dans les éditions de 1901 et de 1904 : « Tarquinius Priscus ». Dans l'exemplaire interfolié de cette dernière édition, Freud avait fait un commentaire peu déchiffrable de cette erreur. Pour l'essentiel, il y dit qu'en substituant le nom du père à celui du fils, il anticipe les commentaires qu'il fera plus tard dans ce livre (p. 357) à propos d'une substitution similaire de Cronos à Zeus dans *L'interprétation des rêves*. Le thème de la castration fournit le lien entre les deux exemples.

b. Ce paragraphe fut ajouté en 1907.

médecin, ils sont souvent de précieux signes qu'on lui fait et qui lui servent à s'orienter dans des circonstances nouvelles ou peu connues de lui ; à l'observateur de l'être humain ils révèlent souvent tout, et parfois même plus qu'il ne souhaiterait savoir. Celui qui est habitué à les prendre en compte peut légitimement, à l'occasion, se faire l'effet du roi Salomon, lequel, d'après la légende orientale, comprenait le langage des animaux. Un jour, j'avais été chargé de procéder à l'examen médical, dans la maison de sa mère, d'un jeune homme que je ne connaissais pas. Lorsqu'il vint à ma rencontre, je fus frappé par une grande tache de blanc d'œuf, reconnaissable à ses bords rigides si particuliers, qui se trouvait sur son pantalon. Après un bref moment d'embarras, le jeune homme s'excusa en disant que, s'étant senti enroué, il avait gobé un œuf cru, dont, probablement, un peu de blanc visqueux[a] avait coulé sur ses vêtements, et il lui fut possible de montrer, pour confirmer ses dires, la coquille d'œuf qu'on pouvait encore voir sur une petite assiette dans la pièce. Ainsi, la tache suspecte se trouvait expliquée d'innocente manière ; mais lorsque sa mère nous eut laissés seuls, je le remerciai de m'avoir à ce point facilité le diagnostic, et, quand il m'eut avoué qu'il souffrait des incommodités consécutives à la masturbation, je pris, sans plus de façon, son aveu pour base de notre entretien. Une autre fois, je rendis visite à une dame aussi riche qu'avare et extravagante qui avait coutume de fixer comme tâche aux médecins de se frayer un chemin à travers la masse de ses plaintes, avant de parvenir aux raisons toutes simples de l'état dans lequel elle était. Lorsque j'entrai dans la pièce, je la trouvai assise à une petite table, occupée à empiler en petits tas des flo-

a. *schlüpfrig*. Ce mot veut aussi dire « lubrique, graveleux ».

rins d'argent, et, lorsqu'elle se leva, elle fit tomber par terre quelques-unes des pièces de monnaie. En l'aidant à les ramasser, je ne tardai pas à interrompre la description qu'elle faisait de sa misère et à lui demander : « Ainsi donc, votre distingué gendre vous a fait perdre tant d'argent que cela ? » Elle répondit par une dénégation ulcérée, pour raconter presque immédiatement après sa lamentable histoire, à savoir combien elle était énervée 223
par la prodigalité de son gendre, mais elle ne m'a toutefois pas rappelé depuis. Je ne saurais affirmer qu'on réussit toujours à se faire des amis parmi ceux à qui on fait part de la signification de leurs actes symptomatiques.

Voici un autre « aveu par acte manqué », que rapporte le Dr J.E.G. van Emden (La Haye)[a] : « Au moment de faire l'addition, dans un petit restaurant de Berlin, le garçon prétendit que le prix d'un certain plat avait été augmenté de dix pfennigs — en raison de la guerre ; comme je lui demandais pourquoi cela n'avait pas été indiqué sur la carte, il répliqua qu'il ne pouvait manifestement s'agir que d'une omission et qu'il était certain de ce qu'il disait ! En mettant la somme dans sa poche, il fut maladroit et fit tomber sur la table une pièce de dix pfennigs, juste devant moi ! "Maintenant, je suis sûr que vous m'avez trop compté, voulez-vous que j'aille me renseigner à la caisse ? — Excusez-moi... un moment, s'il vous plaît..." et il avait déjà disparu. Il va de soi que je le laissai battre en retraite, et lorsqu'il reparut deux minutes plus tard, en s'excusant d'avoir, par une erreur incompréhensible, confondu le plat en question avec un autre, je lui fis don des dix pfennigs en récompense de sa contribution à la psychopathologie de la vie quotidienne. »

a. Ajouté en 1919.

Quiconque[a] souhaite observer ses semblables à table pourra constater chez eux les actes symptomatiques les plus beaux et les plus instructifs.

Voici ce que raconte le Dr Hanns Sachs :

« Un jour, je me suis trouvé par hasard chez un couple d'un certain âge qui fait partie de ma famille au moment où il était en train de prendre son repas du soir. La dame souffrait de l'estomac et devait suivre un régime très sévère. Quant au mari, on venait de lui servir un rôti, et il demanda à sa femme, qui n'avait pas le droit de partager ce plat avec lui, de lui donner la moutarde. Elle
224 ouvrit le garde-manger, tendit la main et posa sur la table devant son mari le flacon contenant les gouttes pour son estomac. Entre le moutardier, qui avait la forme d'un tonnelet, et le petit flacon de gouttes, il n'y avait naturellement aucune ressemblance par laquelle le geste manqué aurait pu s'expliquer ; pourtant, la femme ne s'aperçut de sa confusion que lorsque son époux la lui fit remarquer en riant. Le sens de cet acte symptomatique n'a pas besoin d'être expliqué. »

Voici un savoureux exemple de ce genre, que celui qui l'a observé et auquel je le dois, le Dr Bernhard Dattner (Vienne), a exploité avec beaucoup d'habileté :

« Je suis un jour en train de déjeuner au restaurant avec mon collègue de philosophie, le Dr H. Il me raconte les injustes rigueurs de la situation de stagiaire, mentionne en passant qu'avant la fin de ses études il a travaillé comme secrétaire chez l'envoyé ou, plus exactement, chez le ministre plénipotentiaire extraordinaire du Chili. "Mais ensuite, le ministre a été nommé à un autre poste, et je ne me suis pas présenté à son successeur." Et tandis qu'il prononce cette dernière phrase, il porte à sa

a. Ce paragraphe et les quatre suivants furent ajoutés en 1912.

bouche un morceau de tarte, mais le laisse, comme par maladresse, tomber de son couteau. Je saisis immédiatement le sens caché de cet acte symptomatique et je glisse, comme incidemment, à ce collègue qui n'est pas familier de la psychanalyse : "Vous avez laissé tomber là un joli morceau." Mais lui ne remarque pas que mes paroles peuvent tout aussi bien se rapporter à son acte symptomatique, et il répète, avec une vivacité singulière, surprenante, littéralement comme si j'avais dit ce qu'il s'apprêtait à dire, les mots mêmes que je viens de prononcer : "Oui, c'était vraiment un joli morceau que j'ai laissé tomber", et il se soulage ensuite en me faisant une description exhaustive de sa maladresse, qui lui a fait perdre cette place bien payée.

Le sens de cet acte symptomatique symbolique s'éclaire si l'on prend en considération le fait que le collègue en question éprouvait des scrupules à me parler, à 225
moi qui lui suis assez étranger, de la précarité de sa situation matérielle, qu'ensuite la pensée, concernant celle-ci, qui exerçait une poussée pour se mettre en avant[a], a pris l'habillement d'un acte symptomatique exprimant symboliquement ce qui aurait dû rester caché, et procuré ainsi au locuteur un soulagement issu de l'inconscient. »

Les exemples suivants montrent combien l'acte, non intentionnel en apparence, d'emporter avec soi ou de soustraire quelque chose peut s'avérer plein de sens.

Du Dr B. Dattner : « Un de mes confrères rend un jour visite à une amie d'enfance qu'il vénère, et ce, pour la première fois depuis qu'elle est mariée. Il me raconte cette visite et me dit son étonnement de n'avoir pas réussi, ne serait-ce qu'un très bref instant, à demeurer

a. *der vordrängende Gedanke.* Cf. *Drang* (« poussée ») et *verdrangen* (« refouler »).

auprès d'elle, comme il en avait l'intention. Mais ensuite, il me rapporte un acte manqué singulier qui lui est arrivé. Le mari de son amie, qui, dit-il, avait pris part à la conversation, avait cherché une boîte d'allumettes, qui, c'était sûr et certain, était sur le plateau de la table lorsqu'il était entré. Mon confrère avait lui aussi fouillé dans ses poches, pour voir si, se l'étant par hasard "mise dans la poche", "elle" ne s'y trouvait pas, mais en vain. Un bon moment après, il avait effectivement découvert qu'"elle" y était, à l'occasion de quoi il avait été frappé par le fait qu'il n'y avait qu'une seule allumette dans la boîte. — Quelques jours après, un rêve, qui montrait de façon insistante la symbolique de la boîte et avait pour sujet l'amie d'enfance en question, confirma mon explication, à savoir que, par son acte symptomatique, mon confrère voulait revendiquer des droits de priorité et figurer le caractère exclusif de sa propriété (une seule allumette à l'intérieur de la boîte). »

Du Dr Hanns Sachs : « Notre bonne aime tout particulièrement un certain genre de tarte. Aucun doute n'est possible à ce sujet, car c'est l'unique mets qu'elle prépare toujours bien. Un dimanche, elle nous apporta la tarte en question, la déposa sur la crédence, enleva les assiettes et les couverts utilisés pour le plat précédent et les empila
226 sur le plateau sur lequel elle avait apporté la tarte ; ensuite, au lieu de nous la servir, elle la remit au sommet de cette pile et disparut avec dans la cuisine. Nous pensâmes d'abord qu'elle y avait trouvé telle ou telle chose qu'elle pouvait améliorer, mais comme elle ne reparaissait pas, ma femme sonna et lui demanda : "Betty, qu'est-ce qui est arrivé à la tarte ?" Sur quoi la bonne dit, sans comprendre : "Comment cela ?" Nous dûmes commencer par lui expliquer qu'elle l'avait remportée avec elle ; elle l'avait mise sur le plateau, était sortie avec et

l'avait redéposée quelque part "sans s'en apercevoir". — Le lendemain, lorsque nous nous apprêtâmes à manger ce qui restait de la tarte, ma femme s'aperçut que nous avions devant nous ce que nous avions laissé la veille, et rien de moins, que, donc, la jeune fille avait dédaigné la part de son mets favori qui lui revenait. Lorsque nous lui demandâmes pourquoi elle n'avait pas touché à la tarte, elle répondit, légèrement embarrassée, qu'elle n'en avait pas eu envie. — Le caractère infantile de cette attitude est très net dans les deux cas ; il y a d'abord la démesure propre à l'enfant, qui ne veut partager avec personne l'objet[a] de ses désirs, puis la réaction tout aussi infantile de défi : puisque vous ne voulez pas me le donner, alors vous pouvez le garder pour vous, maintenant je ne veux rien du tout. »

Les actes fortuits ou symptomatiques[b] qui se produisent dans la vie conjugale ont souvent une signification des plus graves et seraient susceptibles d'inciter celui qui ne veut pas s'embarrasser de psychologie de l'inconscient à croire aux présages. On ne saurait dire d'un mariage qu'il a pris un bon départ, lorsque la jeune femme perd son alliance pendant le voyage de noces, mais elle n'a généralement fait que l'égarer et elle est vite retrouvée. — Je connais une dame maintenant divorcée de son mari qui, lorsqu'elle s'occupait à gérer sa fortune, signait fréquemment les documents de son nom de jeune fille, et ce, bien des années avant qu'elle ne le reprenne réellement. — Un jour que j'étais reçu chez un couple marié depuis peu, j'entendis la jeune femme raconter en riant ce qu'elle avait vécu dernièrement : le lendemain de son retour de voyage, elle avait de nouveau rendu visite à 227

a. *Ziel* : « but ».
b. Ce paragraphe fut ajouté en 1907.

sa sœur célibataire, afin d'aller avec elle, comme autrefois, faire des achats, tandis que son époux s'occuperait de ses affaires. Soudain, raconta-t-elle, son attention avait été attirée par un monsieur qui se trouvait de l'autre côté de la rue, et elle avait déclaré à sa sœur en la poussant du coude : « Regarde, mais c'est M. L. » Elle avait oublié que ce monsieur était son époux depuis quelques semaines. J'eus froid dans le dos en entendant ce récit, mais je ne me hasardai pas à en tirer une conclusion. Cette petite histoire ne me revint à l'esprit que des années plus tard, après que ce mariage eut connu une issue des plus malheureuses[a].

J'emprunte aux très intéressants travaux de A. Maeder[1] (Zurich), qui ont été publiés en français, l'observation suivante, qui aurait tout aussi bien mérité d'avoir sa place dans le chapitre consacré à l'oubli :

« *Une dame nous racontait récemment qu'elle avait oublié d'essayer sa robe de noce et s'en souvint la veille du mariage à huit heures du soir, la couturière désespérait de voir sa cliente. Ce détail suffit à montrer que la fiancée ne se sentait pas très heureuse de porter une robe d'épouse, elle cherchait à oublier cette représentation pénible. Elle est aujourd'hui... divorcée*[b]. »

À propos de la grande comédienne Eleonora Duse[c], un ami qui a appris à prêter attention aux signes m'a raconté qu'elle avait introduit dans un de ses rôles un acte symptomatique qui montrait très bien à quelles profondeurs elle allait chercher son jeu. Il s'agit d'un drame

1. [Ajouté en 1910] Alph. Maeder, « Contributions à la psychopathologie de la vie quotidienne », *Archives de Psychologie*, t. VI, 1906.

a. Freud inclura plus tard ces deux derniers exemples ainsi que le suivant à la troisième conférence de l'*Introduction*.

b. En français dans le texte.

c. Ce paragraphe fut ajouté en 1907.

de l'adultère ; elle vient d'avoir une discussion avec son mari et se tient maintenant à l'écart, plongée dans ses pensées, alors que le tentateur ne va pas tarder à s'approcher d'elle. Durant ce bref intervalle, elle joue avec son alliance, l'enlève, pour la remettre ensuite, puis l'enlève à nouveau. Désormais, elle est mûre pour l'autre.

À cela se rattache ce que Th. Reik[a] raconte à propos d'autres actes symptomatiques relatifs à des anneaux.

« Nous connaissons les actes symptomatiques qui, 228
chez certaines personnes mariées, consistent à enlever, puis à remettre leur alliance. Mon confrère M. a produit toute une série d'actes symptomatiques similaires. Une jeune fille qu'il aimait lui avait offert un anneau en cadeau, en faisant observer qu'il n'avait pas le droit de le perdre, car, autrement, elle saurait qu'il ne la chérissait plus. Durant la période qui suivit, il se fit un souci extrême, pensant qu'il pourrait le perdre. Le déposait-il provisoirement quelque part, par ex. pour se laver, alors il l'égarait régulièrement, de sorte qu'il avait souvent besoin de chercher longtemps pour le récupérer. Lorsqu'il jetait une lettre à la boîte, il ne pouvait réprimer la légère angoisse qui le prenait à l'idée qu'il pourrait s'accrocher aux rebords de celle-ci, lesquels l'enlèveraient de son doigt. Un jour, il manœuvra effectivement avec tant de maladresse que l'anneau tomba au fond de la boîte. La lettre qu'il venait d'envoyer à cette occasion était une lettre d'adieu qu'il avait écrite à une de ses anciennes bien-aimées, et il se sentait coupable vis-à-vis d'elle. Simultanément s'éveilla en lui un désir nostalgique pour cette femme, qui entra en conflit avec son penchant pour celle qui était alors l'objet de son amour. » (*Internat. Zeitschrift f. Psychoanalyse*, III, 1915.)

a. Ajouté en 1917.

L'impression qu'on retire de l'étude du thème de l'« anneau »[a], c'est, une fois de plus, celle de la difficulté qu'il y a, pour le psychanalyste, à trouver quelque chose de nouveau, quelque chose qu'un écrivain n'ait pas su avant lui. Dans le roman de Fontane *Vor dem Sturm*, le conseiller à la cour Turgany déclare à l'occasion d'un jeu à gages : « Que vous le croyiez ou non, mesdames, les plus profonds secrets de la nature se révèlent au moment où les gages sont déposés. » Parmi les exemples qu'il apporte à l'appui de son affirmation, il en est un qui mérite tout particulièrement de retenir notre intérêt : « Il me revient en mémoire une femme de professeur arrivée à l'âge où l'on prend de l'embonpoint et qui, plusieurs fois de suite, enleva son alliance pour la mettre en gage. Dispensez-moi de vous décrire le bonheur conjugal qui régnait dans cette maison. » Puis il continue : « Dans la même assemblée se trouvait un monsieur qui ne se lassait
229 jamais de déposer sur les genoux des dames son couteau de poche anglais, dix lames ainsi qu'un tire-bouchon et un briquet, jusqu'au jour où le monstre à lames, après avoir déchiré plusieurs robes de soie, disparut enfin sous les cris d'indignation de toute l'assistance. »

Nous ne nous étonnerons pas qu'un objet qui possède une signification symbolique aussi riche qu'un anneau soit utilisé, même lorsqu'il ne désigne pas, en tant que bague de mariage ou de fiançailles, le lien érotique, pour des actes manqués pleins de sens. Voici un exemple de petit fait de ce genre, que le Dr M. Kardos a mis à ma disposition :

« Il y a plusieurs années, un homme beaucoup plus jeune que moi s'est attaché à moi, il partage mes aspirations intellectuelles et il a avec moi à peu près le rapport

a. Ce paragraphe et les deux suivants furent ajoutés en 1919.

de l'élève à son maître. Je lui ai offert un anneau en une occasion déterminée, et celui-ci lui a déjà fourni à plusieurs reprises l'occasion de faire des actes symptomatiques ou bien des actes manqués, dès que telle ou telle chose dans nos relations avait entraîné sa désapprobation. Il y a peu de temps, il a été à même de me rapporter le cas particulièrement joli et transparent que voici : il n'était pas venu, sous un prétexte quelconque, au rendez-vous hebdomadaire où il avait régulièrement l'habitude de me voir et de me parler, car il avait préféré aller à celui qu'il avait avec une jeune dame. Le lendemain matin, il s'aperçut, mais seulement bien longtemps après avoir quitté la maison, qu'il ne portait pas l'anneau à son doigt. Il ne s'en inquiéta pas outre mesure, car il supposait qu'il l'avait oublié chez lui sur la table de nuit, où il le posait chaque soir, et qu'il l'y retrouverait en rentrant à la maison. La première chose qu'il fit à son retour fut d'ailleurs de le chercher, mais en vain, et il commença alors, avec tout aussi peu de succès, à explorer la chambre. Finalement, il lui vint à l'esprit que l'anneau se trouvait — c'était du reste le cas depuis plus d'un an déjà — sur la table de nuit, à côté d'un petit canif qu'il avait l'habitude de porter dans la poche de son gilet ; c'est 230
ainsi qu'il en vint à supposer qu'il avait pu, “par distraction”, avoir mis l'anneau dans sa poche en même temps que le couteau. Il y mit donc la main et y trouva effectivement l'anneau qu'il cherchait. — “La bague de mariage dans la poche du gilet”, telle est la locution proverbiale qui indique la façon, pour un homme, de conserver son alliance lorsqu'il a l'intention de tromper la femme de qui il l'a reçue. Son sentiment de culpabilité l'a donc d'abord amené à accomplir un acte d'autopunition (“Tu ne mérites plus de porter cette alliance”), en second lieu à faire l'aveu de son infidélité, mais seule-

ment, il est vrai, sous la forme d'un acte manqué qui n'eut pas de témoin. C'est seulement par le biais du compte rendu qu'il en fit — lequel, en vérité, était prévisible — que put avoir lieu l'aveu de la petite "infidélité" qu'il venait de commettre. »

J'ai aussi entendu parler d'un monsieur assez âgé[a] qui avait pris pour épouse une très jeune fille et qui se proposait, au lieu de partir en voyage, de passer sa nuit de noces dans un hôtel de la ville. À peine y était-il arrivé qu'il remarqua avec effroi qu'il n'avait pas son portefeuille, lequel contenait toute la somme destinée au voyage de noces, et qu'il l'avait donc égaré ou perdu. Il réussit tout juste à joindre par téléphone son domestique, lequel découvrit l'objet manquant dans l'habit que le fiancé avait retiré et le porta à l'hôtel à celui qui l'attendait avec impatience et qui, donc, s'était marié sans argent, sans fortune [*ohne Vermögen*]. Il put donc partir en voyage le lendemain matin avec sa jeune femme ; quant à la nuit elle-même, il l'avait passée en restant, comme ses craintes le lui avaient laissé prévoir, « sans [bonne] fortune » [« *unvermögend*[b] »].

Il est consolant de penser que le fait, pour les êtres humains, de « *perdre*[c] » quelque chose constitue, dans une proportion insoupçonnée, un acte symptomatique et, par suite, arrange au moins une intention secrète de celui qui a subi la perte. Ce n'est souvent que l'expression de la piètre estime dans laquelle on tient l'objet perdu ou d'une antipathie secrète à l'égard de celui-ci ou

a. Ce paragraphe et le suivant furent ajoutés en 1907.

b. Cet adjectif veut dire à la fois « impécunieux, sans fortune » et « impuissant [à faire telle chose] », d'où les guillemets.

c. « *Verlieren* ». En mettant ce verbe en italiques et entre guillemets, Freud l'ajoute à la liste des autres verbes en *ver-* (bien que, sur le plan purement linguistique, son processus de formation ne soit pas le même).

de la personne de qui il vient, ou bien la propension à perdre s'est, par une liaison entre pensées à caractère 231 symbolique, transférée sur cet objet à partir d'autres objets, plus importants. L'acte de perdre des choses de valeur sert d'expression à des motions[a] variées, il a, soit à figurer symboliquement une pensée refoulée, donc à répéter une exhortation qu'on aimerait bien ne pas entendre, soit — et ce, avant toute autre chose — à faire un sacrifice[, une offrande] aux obscures puissances du destin, dont le culte, même parmi nous, n'est pas encore éteint[b].

Pour expliquer ces propositions sur l'acte de perdre, je donnerai seulement quelques exemples[c] :

Du Dr B. Dattner : « Un confrère me rapporte, à propos d'un stylo Penkala[d] qu'il possède depuis plus de deux ans déjà et auquel il tient beaucoup en raison de ses qualités, qu'il vient de le perdre de manière inopinée. L'analyse a livré comme résultat l'état de choses suivant : la veille, le confrère avait reçu de son beau-frère une lettre extrêmement désagréable qui se terminait ainsi : "Je n'ai pour l'instant ni l'envie, ni le temps d'encourager ta légèreté et ta paresse." L'affect que fit naître cette lettre fut si puissant que, dès le lendemain, mon confrère sacrifia le stylo, qui était *un cadeau de ce beau-frère*, pour ne pas avoir d'obligations trop pesantes à son égard[e]. »

a. *Regungen.*

b. Une note ajoutée à cet endroit dans l'édition de 1907 et augmentée dans les éditions suivantes contenait une série d'exemples plus courts d'actes symptomatiques. Ils furent insérés dans le corps du texte en 1924 (ils se trouvent plus bas, à la p. 348).

c. Cette dernière phrase, l'exemple de Dattner qui la suit et la phrase de la p. 340 qui se rapporte à l'article de Rank, furent ajoutés en 1912. Les deux paragraphes intercalés à cette page et les suivants furent ajoutés en 1917 et 1920.

d. Il s'agit de la marque d'un stylo d'une forme spéciale.

e. Exemple également cité dans la troisième conférence de l'*Introduction*, où le « stylo Penkala » est simplement appelé « crayon ».

Une dame de ma connaissance s'est, comme on peut le concevoir, abstenue d'aller au théâtre durant le temps qu'elle portait le deuil de sa vieille mère. Il ne reste plus, maintenant, que peu de jours avant que l'année de deuil soit écoulée, et, devant l'insistance de ses amis, elle se laisse persuader de prendre un billet pour une représentation particulièrement intéressante. Arrivée devant le théâtre, elle découvre qu'elle a perdu le billet. Par la suite, elle déclare qu'elle l'a jeté en même temps que le ticket de tramway en descendant de voiture. Cette même dame se vante de ne jamais rien perdre par inadvertance.

On peut donc légitimement admettre par hypothèse qu'un autre cas de perte d'objet qu'elle vécut ne fut pas non plus dépourvu d'une bonne motivation.

232 Arrivée dans une ville d'eaux, elle se décide à faire une visite à une pension où elle a déjà logé une fois dans le passé. Elle y est accueillie comme une vieille connaissance, régalée et, lorsqu'elle veut payer, elle apprend qu'elle doit se considérer comme une invitée, ce qui ne lui convient pas vraiment. On lui accorde seulement la permission de laisser quelque chose pour la jeune fille qui l'a servie, et elle ouvre sa bourse pour déposer sur la table un billet d'un mark. Le soir, le domestique de la pension lui apporte un billet de cinq marks qu'on a trouvé sous la table et qui, selon la propriétaire de la pension, appartenait très probablement à la demoiselle. Elle l'avait donc laissé tomber de sa bourse lorsqu'elle en avait sorti le pourboire pour la servante. Il est probable qu'elle voulait quand même payer son écot.

Dans une assez longue communication[1], Otto Rank a clairement mis au jour, à l'aide d'analyses de rêves,

1. « *Das Verlieren als Symptomhandlung* », *Zentralblatt für Psychoanalyse*, I, 10/11.

l'atmosphère de sacrifice [/d'offrande] qui est à la base de cet acte et les motivations plus profondes de celui-ci[1]. De façon intéressante, il ajoute ensuite que, parfois, ce n'est pas seulement l'acte de perdre des objets, mais aussi celui d'en *trouver* qui apparaît [psychologiquement] déterminé. Une de ses observations, que je reproduis ici, indique dans quel sens il faut comprendre cette proposition. Il est clair que l'objet, lorsqu'on le perd, est déjà donné, et que celui qu'on trouve, on doit commencer par le chercher.

« Une jeune fille qui dépend matériellement de ses parents veut s'acheter un bijou bon marché. Dans le magasin, elle demande le prix de l'objet qui lui plaît, mais apprend avec tristesse que celui-ci coûte plus que le montant de ses économies. Et pourtant, c'est seulement parce que deux couronnes lui manquent que cette petite joie lui est refusée. L'âme abattue, elle rentre chez elle sans hâte, en traversant les rues, animées le soir, de la ville. Sur une des places les plus fréquentées, son attention est brusquement attirée — bien que, d'après les indications qu'elle m'a données, elle ait été plongée dans de profondes pensées — par un petit bout de papier 233
gisant par terre à côté duquel elle vient de passer sans y prendre garde. Elle se retourne, le ramasse et s'aperçoit à son grand étonnement que c'est un billet de deux couronnes plié. Elle se fait cette réflexion : "C'est le destin qui me l'a envoyé, pour que je puisse m'acheter le bijou", et, joyeuse, elle rebrousse chemin pour répondre à ce signe. Mais, au même moment, elle se dit qu'elle n'a quand même pas le droit de faire cela, parce que l'argent

1. [Ajouté en 1917] D'autres communications au contenu identique se trouvent dans les revues *Zentralblatt für Psychoanalyse*, II, 1912, et *Internat. Zeitschrift für Psychoanalyse*, I, 1913. [Le reste de ce paragraphe dans le texte ainsi que l'exemple qui suit furent aussi ajoutés en 1917.]

qu'on trouve, c'est de l'argent qui porte bonheur, qu'on n'a pas le droit de dépenser.

Le petit morceau d'analyse nécessaire à la compréhension de cet "acte fortuit" peut certainement être légitimement déduit des données de la situation, même en l'absence de renseignements d'ordre personnel qu'aurait fournis la jeune fille concernée. Parmi les pensées qui ont occupé son esprit lorsqu'elle est rentrée chez elle, celle de sa pauvreté et des privations qu'elle endure a certainement occupé une place de premier plan, et ce, comme nous pouvons légitimement le supposer, au sens où elle souhaitait mettre un terme à ses conditions de vie accablantes, suppression qui aurait donc été un accomplissement de désir. L'idée du moyen qui lui permettrait d'obtenir le plus facilement cette somme d'argent manquante n'est pas restée étrangère, c'est quasiment certain, à l'intérêt qui était le sien, lequel était tourné vers la satisfaction de son modeste souhait, et lui a suggéré la solution la plus simple, à savoir trouver l'argent. De cette façon, son inconscient (ou son préconscient) était axé[a] sur l'acte de "trouver", et ce, même si la pensée s'y rattachant ne devait pas — parce que son attention était sollicitée ailleurs ("plongée dans ses pensées") — accéder totalement à sa conscience. Bien plus, nous pouvons légitimement, en nous fondant sur des cas similaires que nous avons analysés, aller jusqu'à prétendre que la "disposition *inconsciente* qui porte à chercher quelque chose" est à même de conduire plus vite au succès que l'attention consciemment dirigée. Autrement, d'ailleurs, on ne pourrait guère expliquer comment il se fait que telle personne précisément, parmi des centaines de passants, et, en plus, dans des circonstances particulièrement difficiles

a. *eingestellt.*

(éclairage vespéral défavorable, foule compacte), a pu faire cette trouvaille qui l'a surprise elle-même. Pour montrer à quel haut degré cette disposition inconsciente ou préconsciente était effectivement présente, on peut citer le fait, singulier, que la jeune fille, alors même 234
qu'elle avait fait sa trouvaille, donc que la disposition psychique en question était devenue superflue et avait, à coup sûr, déjà été soustraite à son attention consciente, que cette jeune fille, donc, en continuant son trajet de retour, trouva un mouchoir à un endroit, obscur et solitaire, d'une rue d'une ville de banlieue[1]. »

On peut affirmer[a] que ce sont précisément de tels actes symptomatiques qui permettent souvent le meilleur accès à la connaissance de la vie psychique intime des êtres humains.

Parmi les actes fortuits isolés[b], je voudrais communiquer un exemple pour lequel il a été possible, même sans analyse, de faire une interprétation assez profonde, exemple qui illustre remarquablement bien les conditions dans lesquelles de tels symptômes peuvent être produits en passant parfaitement inaperçus, et qu'on peut utiliser comme point de départ d'une remarque importante sur le plan pratique. Lors d'un voyage que je fis en été, il se trouva que je fus une fois obligé de rester plusieurs jours de suite en un certain lieu, pour attendre l'arrivée de mon compagnon de voyage. Dans l'intervalle, je fis la connaissance d'un jeune homme qui semblait également se sentir seul et qui se joignit à moi de bonne grâce. Comme nous habitions dans le même hôtel, nous en vînmes à prendre tous nos repas en com-

1. *Internat. Zeitschrift für Psychoanalyse*, III, 1915.
a. Ce paragraphe fut ajouté en 1912.
b. Voir p. 319, n. *b*. — Ce paragraphe et le suivant remontent à 1901.

mun et à faire des promenades ensemble. L'après-midi du troisième jour, il me dit brusquement qu'il attendait le soir même sa femme qui devait arriver par l'express. Mon intérêt psychologique fut dès lors en éveil, car, dès le matin, j'avais été frappé par le fait que mon compagnon avait repoussé la proposition que je lui avais faite d'organiser une excursion plus importante et qu'il n'avait pas voulu, lors de notre petite promenade, prendre un certain chemin en disant qu'il était trop escarpé et trop dangereux. Au cours de celle de l'après-midi, il me dit brusquement que je devais certainement avoir faim, qu'il ne fallait pas que je recule l'heure du dîner à cause de lui, qu'il attendrait l'arrivée de sa femme pour manger avec elle. Je compris l'invite et m'assis à table, tandis que lui allait à la gare. Le lendemain matin, nous nous rencontrâmes dans le hall de l'hôtel. Il me présenta à sa
235 femme et ajouta : « Vous prendrez bien le petit déjeuner avec nous, n'est-ce pas ? » J'avais encore comme projet de faire une course dans la rue voisine et lui assurai que je serais bientôt de retour. Lorsque ensuite j'entrai dans la salle à manger, je vis que le couple avait pris place à une petite table près de la fenêtre et que tous deux étaient assis du même côté. En face, il n'y avait qu'une chaise, mais, sur son dossier, retombant de part et d'autre, était posé le grand et lourd manteau de loden de l'homme, qui recouvrait ainsi toute la place. Je compris fort bien le sens de ce geste à coup sûr non intentionnel, mais, pour cette raison, d'autant plus éloquent. Cela voulait dire : « Il n'y a pas de place pour toi ici, tu es maintenant de trop. » L'homme ne se rendit pas compte que je restais debout devant la table sans m'asseoir, à la différence de la dame, qui lui donna aussitôt un coup de coude et lui chuchota : « Mais tu as bloqué la place du monsieur. »

Lorsque je suis parvenu à ce résultat ainsi qu'à d'autres, similaires, je me suis dit que les actes accomplis de manière non intentionnelle sont inévitablement la source de malentendus dans les rapports humains. Leur auteur, qui ignore totalement qu'une intention s'y rattache, ne s'impute pas de telles intentions et ne s'en estime pas responsable. L'autre, par contre, dans la mesure où, de façon régulière, il met aussi à profit de tels actes de son semblable pour en tirer des conclusions sur ses intentions et ses dispositions d'esprit, en découvre plus sur les processus psychiques à l'œuvre chez l'étranger que celui-ci n'est lui-même prêt à l'avouer et ne croit en avoir dit. Ce dernier, quant à lui, s'indigne lorsque les conclusions qu'on a déduites de ses actes symptomatiques lui sont présentées et reprochées, il les déclare dénuées de fondement, puisque aussi bien il n'a pas conscience de l'intention qui fut à l'œuvre lors de leur exécution, et il se plaint d'avoir été mal compris par l'autre. À y bien regarder, un tel malentendu tient au fait qu'on comprend trop et trop finement. Plus deux personnes sont « nerveuses », plus elles se fourniront rapidement l'une à l'autre une occasion de brouille, dont chacune niera la responsabilité pour elle-même avec autant de détermination qu'elle l'estimera certaine pour l'autre. 236
Et c'est certainement là le châtiment de l'insincérité intérieure qui fait que les humains utilisent le prétexte de l'oubli, du geste manqué et de l'acte non intentionnel pour permettre à des motions[a] de s'exprimer, qu'ils feraient mieux de s'avouer à eux-mêmes et aux autres puisqu'ils ne sont pas capables de les dominer. Effectivement, on peut affirmer, d'une façon tout à fait générale, que tout un chacun pratique continuellement l'analyse

a. *Regungen.*

psychique sur ses semblables et qu'en conséquence, il apprend mieux à les connaître que chaque individu pris isolément ne se connaît lui-même. La voie permettant de suivre l'exhortation γνῶθι σεαυτόν[a] passe par l'étude de ses propres actes et omissions fortuits en apparence.

Parmi tous les écrivains[b] qui se sont prononcés, à l'occasion, sur les petits actes symptomatiques et actes manqués ou qui s'en sont servis, nul n'a aussi clairement discerné leur nature secrète ni insufflé aux faits en question un caractère d'étrangeté aussi inquiétant que Strindberg, dont le génie à discerner pareille nature fut, il est vrai, favorisé par une anormalité psychique profonde[c]. Le Dr Karl Weiss (de Vienne) a signalé le passage suivant de l'une de ses œuvres (*Internat. Zeitschrift für Psychoanalyse*, I, 1913, p. 268) :

« Au bout d'un moment, le comte vint effectivement et il s'approcha tranquillement d'Esther, comme s'il lui avait donné rendez-vous.

— As-tu attendu longtemps ? demanda-t-il de sa voix étouffée.

— Six mois, comme tu sais, répondit Esther ; mais tu m'as vue aujourd'hui ?

— Oui, tout à l'heure, dans le tramway ; et je t'ai regardée dans les yeux, à tel point que je croyais te parler.

— Il est "arrivé" beaucoup de choses depuis la dernière fois.

— Oui, et je croyais que tout était fini entre nous.

— Comment cela ?

— Tous les petits cadeaux que j'ai reçus de toi se sont

a. « Connais-toi toi-même », la célèbre inscription du temple d'Apollon à Delphes.

b. Ce paragraphe et le passage de Strindberg furent ajoutés en 1917.

c. La facilité avec laquelle les paranoïaques peuvent interpréter correctement les actes symptomatiques d'autres personnes est signalée plus bas, p. 407.

cassés, et de façon mystérieuse. Mais cela fait bien longtemps que je l'ai constaté.

— Incroyable ! Maintenant, je me rappelle une foule 237
de cas que j'ai considérés comme des effets du hasard. J'ai reçu un jour un lorgnon de ma grand-mère, à l'époque où nous étions bonnes amies. Il était en cristal de roche taillé et me rendait grand service quand je pratiquais des autopsies[a], c'était une véritable merveille dont je prenais grand soin. Un jour, j'ai *rompu*[b] avec la vieille dame, et elle m'en a voulu. Alors, à la première autopsie qui a suivi, les verres sont tombés de leur monture sans raison. J'ai cru qu'il s'agissait d'un accident tout simple ; j'ai donné l'objet à réparer. Mais non, il a continué de ne pas vouloir fonctionner ; je l'ai mis dans un tiroir et je ne sais plus ce qu'il est devenu.

— Incroyable ! Comme il est singulier que tout ce qui concerne les yeux soit ce qu'il y a de plus sensible. J'avais une lorgnette d'opéra que j'avais reçue d'un ami ; elle était si bien adaptée à mes yeux que m'en servir était un vrai plaisir. Cet ami et moi, nous avons un jour cessé d'être amis. Tu sais, ça arrive comme ça, sans raison visible ; on trouve qu'on n'a pas le droit d'être unis. La fois suivante, quand j'ai voulu utiliser la lorgnette, je n'ai pas réussi à y voir clair. La distance entre les verres était trop courte, et je voyais deux images. Je n'ai pas besoin de te dire que la distance en question n'avait pas diminué, ni non plus que l'écartement de mes yeux ne s'était pas accru ! C'est un prodige qui s'accomplit tous les jours et que les mauvais observateurs ne remarquent pas. L'explication ? *La force psychique de la haine est certainement plus grande que nous ne le croyons.* — À propos : la bague que tu m'as donnée a perdu sa pierre... et il est

a. Esther Borg était médecin.
b. *brach.* Ce verbe est employé couramment pour dire « casser ».

impossible de la réparer, impossible. Veux-tu maintenant te séparer de moi ? » (*Die gotischen Zimmer*, p. 258 *sqq.*)

Dans le domaine des actes symptomatiques aussi[a], l'observation psychanalytique doit céder la priorité aux écrivains. Elle ne peut que répéter ce qu'ils ont dit depuis longtemps. M. Wilhelm Stross attire mon attention sur le passage suivant du célèbre roman humoris-
238 tique de Lawrence Sterne *Tristram Shandy* (VIe partie, chap. v) :

« ... et je ne suis pas du tout surpris que Grégoire de Nazianze, en voyant les gestes brusques et désordonnés de Julien, ait prédit qu'un jour il deviendrait apostat ; ou que saint Ambroise ait chassé son Amanuen à cause d'un geste inconvenant de la tête, qu'il remuait de-ci de-là comme un fléau. — Ou que Démocrite ait tout de suite remarqué que Protagoras était un savant, parce qu'il l'avait vu lier un fagot et mettre les brindilles les plus minces à l'intérieur. Il existe mille orifices inaperçus, poursuivit mon père, par lesquels un œil perçant peut découvrir l'âme d'un seul coup ; et j'affirme, ajouta-t-il, qu'un homme sensé ne peut déposer son chapeau quand il entre dans une pièce — ou le mettre quand il en sort — sans laisser échapper quelque chose qui le trahit. »

Je voudrais ajouter une petite collection d'actes symptomatiques variés qui se sont produits chez des gens bien portants et chez des névrosés[b] :

Un confrère plus âgé qui n'aime pas perdre aux cartes a un soir payé une somme assez importante qu'il avait

a. Ce paragraphe et la citation de Sterne furent ajoutés en 1920.

b. Ce qui suit (des deux points à la fin du chapitre) apparut d'abord sous forme de note en bas de page dans l'édition de 1907 (cf. plus haut, p. 339, n. *b*) et fut ajouté aux éditions postérieures. Il fut transféré au texte et à sa place actuelle en 1924. — Sauf indication contraire, les exemples datent de 1907.

perdue, et ce, sans se plaindre, mais dans une humeur singulièrement contenue. Après son départ, on découvre qu'il a laissé, à la place qu'il occupait, à peu près tout ce qu'il porte sur lui : lunettes, étui à cigares et mouchoir de poche. Voici certainement comment il faut traduire cet acte : « Espèces de brigands, vous m'avez bien dépouillé. »

Un homme qui souffre d'impuissance sexuelle occasionnelle, laquelle découle des profondes et étroites relations qu'enfant il avait à sa mère, raconte qu'il a l'habitude d'orner ses manuscrits et ses notes de la lettre S, initiale du nom de sa mère. Il ne supporte pas que le courrier qu'il reçoit de chez lui vienne toucher, sur son bureau, les autres lettres, celles qui ne sont pas sacrées, et il est obligé pour cette raison de conserver celui-ci à part.

Une jeune dame ouvre brusquement la porte de la 239
pièce où s'effectue la cure et où se trouve encore la patiente précédente. Elle s'excuse en parlant d'« étourderie » ; il s'avère bientôt qu'elle a manifesté la même curiosité que celle qui, en son temps, l'avait fait pénétrer dans la chambre à coucher de ses parents.

Les jeunes filles qui sont fières de leurs beaux cheveux savent manier peigne et épingles avec tant d'adresse que leur chevelure se dénoue au beau milieu de la conversation.

Il arrive à bien des hommes, pendant la séance (en position allongée), d'éparpiller de la menue monnaie qu'ils ont sortie de leur poche de pantalon et d'honorer ainsi le travail accompli pendant l'heure de traitement selon l'appréciation qu'ils en font.

Quiconque oublie chez un médecin un objet qu'il a apporté avec lui, comme par ex. un lorgnon, des gants, une pochette, indique par là qu'il ne réussit pas à s'arracher à lui et qu'il aimerait revenir bientôt. E. Jones écrit :

« *One can almost measure the success with which a physician is practising psychotherapy, for instance by the size of the collection of umbrellas, handkerchiefs, purses, and so on, that he could make in a month*[a]. » [« On peut pour ainsi dire mesurer le taux de réussite d'un médecin pratiquant la psychothérapie par l'importance de la collection de parapluies, mouchoirs, porte-monnaies, etc., qu'il a constituée en un mois. »]

Les plus petites opérations effectuées par habitude et avec une attention réduite au minimum, comme le fait de remonter sa montre avant d'aller dormir, d'éteindre la lumière avant de quitter une pièce, etc., sont soumises, à l'occasion, à des perturbations qui démontrent de façon incontestable l'influence exercée par les complexes inconscients sur ce qu'on prétend être les « habitudes » les plus fortes. Maeder raconte, dans la revue *Coenobium*, l'histoire d'un médecin d'hôpital qui, à cause d'une affaire importante à régler, se résolut un soir à aller en ville, alors qu'il était de service et n'aurait pas dû quitter l'hôpital. À son retour, il s'aperçut à son grand étonnement qu'il y avait de la lumière dans sa chambre. Il avait oublié, ce qui ne lui était jamais arrivé auparavant, d'éteindre avant de partir. Mais il ne tarda pas à s'aviser du mobile de cet oubli. En effet, le directeur de l'hôpital,
240 qui habitait le même bâtiment, devait nécessairement, en voyant de la lumière briller dans la chambre de son interne, en déduire que celui-ci était dans la maison.

Un homme accablé de soucis et sujet, à l'occasion, à des dépressions de l'humeur m'a assuré qu'il trouvait régulièrement sa montre arrêtée le matin, lorsque, la veille au soir, la vie lui était apparue bien trop dure et

a. Cette dernière phrase fut ajoutée en 1912 et les deux paragraphes suivants en 1910.

hostile. Par l'omission consistant à ne pas remonter sa montre, il exprime donc symboliquement qu'il lui est totalement indifférent de vivre ou non la journée du lendemain.

Un autre homme[a], que je ne connais pas personnellement, écrit ceci : « Après avoir été frappé par un coup du destin très rude, la vie m'est apparue si dure et hostile que je me suis imaginé que je ne trouverais pas la force suffisante pour vivre jusqu'au bout la journée du lendemain, et je me suis alors aperçu que j'avais oublié presque quotidiennement de remonter ma montre, geste que je n'avais jamais omis de faire auparavant et que, régulièrement, j'exécutais d'une façon presque mécaniquement inconsciente avant d'aller me coucher. Je ne m'étais souvenu de le faire que rarement[b], quand je projetais de faire quelque chose d'important ou de particulièrement captivant le lendemain. Est-ce que cet acte est lui aussi censé être un acte symptomatique ? Je n'ai pas du tout réussi à me l'expliquer. »

Quiconque veut bien se donner la peine, comme Jung (*Ueber die Psychologie der Dementia praecox*, 1907, p. 62) ou Maeder (« Une voie nouvelle en psychologie — Freud et son école », *Coenobium*, Lugano, 1909)[c], de prêter attention aux airs qu'on fredonne pour soi, sans en avoir l'intention, souvent sans le remarquer, pourra régulièrement mettre à découvert, c'est certain, la relation qu'ont les paroles de la chanson à un thème qui occupe l'esprit de la personne en question.

De la même façon[d], le caractère plus finement déterminé de l'expression de la pensée sous la forme orale ou

a. Ce paragraphe fut ajouté en 1912.
b. Dans l'édition de 1912 : « très rarement ».
c. Cette dernière référence fut ajoutée en 1910.
d. Le paragraphe final fut ajouté en 1917.

écrite mériterait d'être étudié avec une minutieuse attention. C'est qu'on croit, en général, avoir le choix des mots avec lesquels on doit habiller ses pensées et de l'image avec laquelle on a à les déguiser. Une observation plus précise montre que d'autres considérations décident de ce choix, et qu'à travers la forme de la pensée perce
241 un sens plus profond, qu'on n'a souvent pas l'intention d'y mettre. Les images et les façons de parler dont une personne se sert de manière préférentielle ne sont généralement pas indifférentes lorsqu'il s'agit de se former un jugement sur elle, et d'autres s'avèrent souvent être une allusion à un thème qui, sur le moment, est maintenu à l'arrière-plan, mais qui a puissamment ému le locuteur. À une certaine époque, j'ai entendu quelqu'un utiliser de façon répétée, lors d'entretiens à caractère théorique, la façon de parler suivante : « Quand quelque chose vous traverse brusquement la tête », mais je savais que, peu de temps auparavant, il avait reçu la nouvelle que son fils, qui combattait sur le front, avait eu le bonnet de campagne qu'il portait sur la tête traversé d'avant en arrière par un projectile russe[a].

a. Comme Freud le rapporte dans une lettre à Lou Andreas-Salomé du 30 juillet 1915, c'était arrivé à son propre fils aîné.

X

Erreurs[a] 242

Les erreurs de mémoire ne se différencient de l'oubli accompagné d'une remémoration manquée[b] que par un trait, à savoir que l'erreur (la remémoration manquée) n'est pas reconnue comme telle, mais trouve créance. Cela étant, l'emploi du terme « erreur » semble tenir à une autre condition encore. Nous disons « errer, faire erreur » au lieu de dire « se remémorer fautivement », lorsque, dans le matériel psychique à reproduire, l'accent doit être mis sur le caractère de réalité objective, donc lorsque doit être remémoré, non pas un fait relevant de notre vie psychique propre, mais bien plutôt une chose susceptible d'être confirmée ou réfutée par le souvenir d'autres personnes. Dans ce sens, l'opposé de l'erreur de mémoire, c'est l'ignorance.

Dans mon livre *L'interprétation des rêves* (1900), je me suis rendu coupable d'une série d'altérations de la vérité portant sur du matériel historique et, d'une façon générale, sur des faits, altérations que j'ai remarquées après la parution du livre et dont j'ai été très étonné[c]. En les

a. Le début de ce chapitre (jusqu'à la p. 358) remonte à 1901.

b. *Fehlerinnern*, Cf. *Fehlleistung*, « acte manqué ».

c. Freud mentionne les deux premières de ces erreurs dans des lettres qu'il envoie à Fliess immédiatement après la publication du livre, les 5 et 11 novembre 1899.

examinant de plus près, j'ai découvert qu'elles n'ont pas résulté de mon ignorance, mais qu'elles ont pour origine des erreurs de mémoire qui peuvent être élucidées par l'analyse.

1) À la p. 266 (de la première édition), j'indique comme étant le lieu de naissance de Schiller la ville de
243 *Marburg* [en Hesse], dont le nom se rencontre aussi en Styrie. Cette erreur se trouve dans l'analyse d'un rêve que je fis pendant un voyage de nuit et dont je sortis, réveillé par le nom de la station, Marburg, que criait le contrôleur. Dans le contenu du rêve figure une question à propos d'un livre de Schiller. Or, Schiller est né, non pas dans la ville universitaire de Marburg, mais dans la ville souabe de *Marbach*. J'affirme d'ailleurs que je l'ai toujours su.

2) À la p. 135, le père d'*Hannibal* est appelé *Hasdrubal*. J'ai trouvé cette erreur particulièrement agaçante, mais c'est elle qui m'a le plus conforté dans la conception que j'ai de telles erreurs. Concernant l'histoire des Barcides, rares sont très probablement ceux, parmi les lecteurs de ce livre, qui la connaissent mieux que son auteur, qui écrivit cette faute et omit de la voir lors de trois corrections d'épreuves. Le *père* d'Hannibal s'appelait *Hamilcar Barca* — Hasdrubal était le nom du *frère* d'Hannibal, et d'ailleurs aussi celui de son beau-frère et prédécesseur au commandement.

3) À la p. 177 et à la p. 370, je prétends que *Zeus* émascule son père *Cronos* et le détrône. Mais cette atrocité, je l'ai, de façon erronée, déplacée d'une génération vers l'avant ; selon la mythologie grecque, c'est Cronos qui la commet sur la personne de son père *Ouranos*[1].

1. L'erreur n'en était pas totalement une ! La version orphique du mythe fait répéter l'émasculation sur la personne de Cronos par son fils Zeus. (Roscher, *Lexikon der Mythologie*.)

Maintenant, comment expliquer que ma mémoire ait, sur ces points, été infidèle, alors qu'elle me livrait d'ordinaire, comme les lecteurs de ce livre peuvent s'en convaincre, le matériel le plus insolite et le plus reculé ? Et, en outre, que, lors de trois corrections d'épreuves effectuées avec soin, je sois passé, comme frappé de cécité, à côté des erreurs en question ?

Goethe a dit à propos de Lichtenberg[a] : « Là où il fait une plaisanterie, un problème est caché. » De façon similaire, concernant les passages de mon livre que je cite ici, on peut affirmer : « Là où il y a une erreur, il y a, caché 244
derrière, un refoulement. » Plus exactement : une insincérité, une déformation, qui, en définitive, repose sur du refoulé. En faisant l'analyse des rêves dont je donne communication dans l'ouvrage en question, j'ai été obligé, par la simple nature des thèmes auxquels se rapportent les pensées du rêve, d'une part d'interrompre l'analyse à un moment donné avant qu'elle soit parachevée, d'autre part d'atténuer la rude précision d'un détail indiscret grâce à une légère déformation. Je n'ai pu faire autrement et n'avais d'ailleurs pas d'autre choix si je voulais, en tout état de cause, fournir des exemples et des preuves ; la situation de contrainte dans laquelle je me trouvais découlait nécessairement de la particularité qu'ont les rêves de fournir un moyen d'expression à du matériel refoulé, c.-à-d. non susceptible de devenir conscient. Malgré cela, il est très probablement resté suffisamment de choses qui ont heurté des âmes quelque peu sensibles. Maintenant, la déformation ou l'omission délibérée[b] de

a. Dans les éditions de 1901 et 1904, seulement ; « On a dit de Lichtenberg ». — La remarque de Goethe est aussi mentionnée dans *Le mot d'esprit*, p. 182, ouvrage dans lequel bien des mots d'esprit de cet auteur sont analysés, ainsi qu'à la fin de la deuxième conférence de l'*Introduction*.

b. *Verschweigung* (*verschweigen* : « passer sous silence »).

la suite des pensées en question, suite dont la connaissance m'était encore accessible, n'a pu s'effectuer sans laisser de trace. Ce que je voulais réprimer s'est souvent ouvert de force, contre ma volonté, l'accès à ce que j'avais retenu pour mon livre et s'y est manifesté sous la forme d'une erreur dont je ne me suis pas aperçu. D'ailleurs, à la base de chacun des trois exemples que j'ai signalés, il y a le même thème ; les erreurs en question sont les rejetons[a] de pensées refoulées qui ont trait à mon défunt père.

1) Quiconque lit jusqu'au bout le rêve analysé à la p. 266 pourra, en partie apprendre de façon non voilée, en partie deviner à partir d'allusions, que j'ai interrompu l'analyse au moment où j'allais mentionner des pensées contenant une critique inamicale à l'égard de mon père. Il se trouve que, dans la suite de ce train de pensées et de souvenirs, figurent une histoire irritante dans laquelle des livres jouent un certain rôle, et un associé et ami de mon père qui porte le nom de *Marburg*, le même que celui dont l'appel dans la station de chemin de fer de la Südbahn[b] m'avait tiré du sommeil. Ce M. Marburg, je voulus, lors de l'analyse que je faisais, le dissimuler, et à moi-même et aux lecteurs ; il se vengea en ceci qu'il s'immisça
245 à un endroit où il n'était pas à sa place et modifia le nom de la ville natale de Schiller, le faisant passer de *Marbach* à *Marburg*.

2) L'erreur consistant à écrire *Hasdrubal* au lieu d'*Hamilcar*, c.-à-d. le nom du frère au lieu de celui du père, se produisit précisément dans un contexte qui traite

a. *Abkömmlinge*. Dans sa préface, écrite en 1908, à la deuxième édition de *L'interprétation des rêves*, Freud remarqua qu'après qu'il eut complété l'ouvrage, celui-ci s'était révélé être « un morceau de son auto-analyse, sa réaction à la mort de son père ».

b. Nom adopté en 1861 par une des sociétés qui géraient les lignes de chemin de fer situées au sud de Vienne.

des fantasmes concernant Hannibal que j'avais eus pendant mes années de lycée et de l'insatisfaction que j'éprouvais quant au comportement de mon père envers les « ennemis de notre peuple[a] ». J'aurais pu continuer et raconter comment mon rapport à mon père fut modifié à la suite d'une visite en Angleterre qui me fit faire la connaissance de mon demi-frère, lequel était issu d'un précédent mariage de mon père et vivait là-bas. Mon frère a un fils aîné du même âge que moi ; les fantasmes portant sur la tournure différente que les choses auraient prise si je n'étais pas né fils de mon père, mais fils de mon frère, ne voyaient donc aucun obstacle dans les rapports d'âge. Ces fantasmes réprimés, donc, altérèrent à l'endroit où je m'étais interrompu dans mon analyse le texte de mon livre, en ceci qu'ils m'obligèrent à mettre le nom de mon frère à la place de celui de mon père.

3) J'attribue à l'influence du souvenir que j'avais de ce même frère le fait que j'aie déplacé d'une génération vers l'avant les atrocités mythologiques du monde des dieux grecs. Parmi les exhortations de mon frère, il en est une qui m'est longtemps restée en mémoire : « En ce qui concerne la façon de conduire ta vie, m'avait-il dit, il est une chose que tu ne dois pas oublier, c'est que tu n'appartiens pas à la deuxième, mais à proprement parler à la troisième génération depuis notre père. » Notre père s'était remarié sur le tard et, ainsi, il était beaucoup plus âgé que les enfants de son deuxième mariage. Je commets l'erreur dont j'ai parlé à l'endroit précis du livre où je traite de la piété entre parents et enfants.

Il est aussi arrivé plusieurs fois que des amis et des patients dont je rapportais les rêves ou auxquels je faisais allusion dans mes analyses de rêves, me fassent remarquer

a. Cf. *L'interprétation des rêves*, IV, p. 174 *sqq*.

que j'avais raconté de façon inexacte les circonstances des
246 événements que nous avions vécus en commun. Ce seraient donc là, une fois encore, des erreurs à caractère historique. Après cette rectification, j'ai vérifié chacun des cas en particulier et me suis également convaincu de ce que ma mémoire des faits concrets n'avait été infidèle que là où, dans l'analyse, j'avais intentionnellement déformé ou dissimulé quelque chose. On a de nouveau affaire, ici aussi, à une *erreur passée inaperçue venant comme substitut d'une omission intentionnelle ou d'un refoulement*[a].

Si ces erreurs proviennent du refoulement, il faut en distinguer nettement d'autres, qui reposent sur une ignorance réelle. Ainsi, par ex., c'était de l'ignorance quand, lors d'une excursion dans la Wachau, j'ai cru me trouver dans la localité où avait séjourné le révolutionnaire Fischhof. Les deux endroits n'ont de commun que leur nom ; le Emmersdorf de Fischhof se trouve en Carinthie. Mais je ne le savais pas.

4)[b] Voici un autre cas d'erreur qui vous rend honteux et qui est instructif, c'est un exemple, si l'on peut dire, d'ignorance temporaire. Un patient me rappela un jour que je devais lui donner, comme promis, les deux livres sur Venise qu'il voulait consulter avant de partir en voyage pour les vacances de Pâques. « Je les ai préparés », répondis-je, et allai les chercher dans la bibliothèque. Mais à la vérité, j'avais oublié de les sortir, car je voyais dans le voyage de mon patient une inutile perturbation de la cure et un préjudice matériel pour le médecin, et je n'étais pas vraiment d'accord pour qu'il le fasse. Je jette donc un rapide coup d'œil dans ma bibliothèque pour

a. On peut éventuellement trouver d'autres illustrations de ce processus dans l'appendice A des *Études sur l'hystérie* et dans la section IV de l'essai intitulé *Une névrose diabolique au XVIIe siècle*.

b. Ce qui suit (jusqu'à la fin de l'exemple 5) fut ajouté en 1907.

trouver les deux livres que je me propose de lui prêter. L'un des deux s'intitule *Venise, centre artistique* ; mais je possède aussi, j'en suis à peu près sûr, un autre ouvrage historique dans une collection similaire. Exact, le voilà : *Les Médicis*, je le prends et l'apporte à celui qui attend, pour ensuite, tout honteux, avouer mon erreur. Je sais quand même bien que les Médicis n'ont rien à voir avec Venise, mais, pendant un bref instant, cela ne m'est nullement apparu inexact. Maintenant, il faut que j'exerce la justice ; comme j'ai très fréquemment représenté[a] à mon patient ses propres actes symptomatiques, je ne peux sau- 247
ver mon autorité à ses yeux qu'en ayant l'honnêteté de porter à sa connaissance les mobiles, tenus secrets, de ma répugnance à le voir entreprendre ce voyage.

D'une façon tout à fait générale, on peut légitimement être étonné de ce que le profond besoin qui pousse les hommes à dire la vérité[b] soit à ce point plus puissant qu'on ne l'estime habituellement. Peut-être faut-il d'ailleurs voir dans le fait que je ne sois plus guère capable de mentir une conséquence de mon activité de psychanalyste. Toutes les fois que j'essaie de déformer quelque chose, je fais une erreur ou un autre acte manqué par lequel mon insincérité se trahit, comme c'est le cas dans cet exemple ainsi que dans ceux qui précèdent.

Le mécanisme de l'erreur semble être le plus laxe[c] parmi ceux de tous les actes manqués, en d'autres termes, le fait qu'il y ait eu erreur indique d'une façon très générale que l'activité psychique en question a eu à lutter avec telle ou telle influence perturbatrice, sans que le type

a. *vorgehalten* (« remontré »).

b. *Wahrheitsdrang.* Rappelons que la racine *drang-* exprime l'idée de « pousser qqn à » et qu'elle a servi, entre autres, à former le terme *Verdrängung* (« refoulement »).

c. *locker.*

d'erreur soit déterminé par la qualité de l'idée perturbatrice restée dans l'ombre. Nous voudrions cependant ajouter, à cet endroit de notre analyse, que, dans bien des cas simples de lapsus verbaux et de lapsus d'écriture, on doit admettre qu'il s'agit du même état de choses. Chaque fois que nous faisons un lapsus verbal ou un lapsus d'écriture, nous pouvons légitimement en déduire l'existence d'une perturbation due à des processus psychiques situés à l'extérieur de l'intention, mais il faut avouer que le lapsus verbal et le lapsus d'écriture suivent souvent les lois de la similitude, de la commodité ou de la tendance à l'accélération, sans que l'élément perturbateur réussisse à imposer, dans la faute résultant du lapsus verbal ou du lapsus d'écriture, une part de son caractère propre. Seule la forme plus ou moins propice du matériel langagier[a] permet la détermination plus précise de la faute et lui fixe d'ailleurs aussi ses limites.

Afin de ne pas citer exclusivement mes propres erreurs, je vais communiquer encore quelques exemples, lesquels, il est vrai, auraient tout aussi bien pu être classés dans le groupe des lapsus et des gestes manqués, encore qu'il faille dire que ce classement, dans la mesure où toutes ces sortes d'actes manqués sont équivalentes, est dépourvu de signification.

18 5) J'ai fortement déconseillé à un patient de téléphoner à sa bien-aimée, avec laquelle lui-même aimerait rompre, étant donné que chacune des conversations

a. Cf. aussi plus bas, p. 434. Freud souligne à d'autres endroits ce caractère « malléable » du langage. Dans *L'interprétation des rêves*, il écrit à propos de la condensation : « Le mot [...] est en quelque sorte prédestiné aux sens multiples » (p. 293). Dans *Le mot d'esprit*, p. 87, il qualifie les mots de « matériau plastique avec lequel on peut faire toutes sortes de choses ». Dans la *Gradiva* (1907a), il dit que l'ambiguïté est rendue possible par la « souplesse du matériel verbal » (Gallimard, p. 235).

ranime le combat qu'il mène pour se désaccoutumer d'elle. Il est prévu qu'il lui écrive une fois pour toutes l'opinion qu'il a d'elle, et ce, en dépit des difficultés qu'il a à lui faire parvenir des lettres. Or donc, il me rend visite à 1 heure pour me dire qu'il a trouvé un moyen lui permettant de tourner ces difficultés, et me demande également, entre autres choses, s'il peut invoquer mon autorité de médecin. À 2 heures, occupé à rédiger la lettre de rupture, il s'interrompt brusquement et dit à sa mère qui est présente : « Voilà que j'ai oublié de demander au professeur s'il m'autorise à citer son nom dans la lettre », court au téléphone, demande à être mis en communication et, parlant dans le combiné, demande : « S'il vous plaît, est-il possible de parler à monsieur le professeur dès qu'il aura pris son repas ? » En réponse, il entend à l'autre bout du fil une voix étonnée lui dire : « Adolf, est-ce que tu es devenu fou ? », cette voix étant la même que celle que, s'il avait suivi ma recommandation, il n'aurait plus jamais dû entendre. Il n'avait fait que se « tromper » et, au lieu du numéro du médecin, avait indiqué celui de sa bien-aimée.

6)[a] Une jeune dame doit rendre visite à une amie qui vient de se marier et qui habite dans la *Habsburger*gasse. Elle en parle à table avec sa famille, mais dit par erreur qu'elle doit aller dans la *Babenberger*gasse. D'autres commensaux lui font remarquer en riant son erreur (ou, si l'on préfère, son lapsus), dont elle ne s'est pas aperçue. Deux jours avant, en effet, la république a été proclamée à Vienne, le drapeau noir et jaune d'or a disparu et a cédé la place aux couleurs de la vieille Marche de l'Est (rouge-blanc-rouge), les Habsbourg appartiennent désormais au passé ; la locutrice a incorporé cette substitution dans

a. Ajouté en 1919.

l'adresse de son amie[a]. Il existe d'ailleurs à Vienne une *rue* très célèbre, la Babenbergerstrasse, mais il ne viendrait à l'idée d'aucun Viennois d'en parler comme d'une « ruelle ».

7)[b] Dans un lieu de villégiature, le maître d'école, un jeune homme très pauvre, mais de belle prestance, a fait
249 la cour à la fille d'un propriétaire de villa venant de la ville, jusqu'à tant que la jeune fille tombe passionnément amoureuse de lui et amène aussi sa famille à consentir à ce mariage en dépit des différences de classe et de race qui existent entre eux. L'instituteur écrit alors un jour à son frère une lettre où il lui dit ceci : « Certes, on ne peut vraiment pas dire que la fille soit belle, mais elle est bien gentille, et ça, ça pourrait me convenir. Mais vais-je pouvoir me décider à épouser une Juive ? Ça, je ne peux pas encore te le dire. » Cette lettre tombe entre les mains de la fiancée et met un terme aux fiançailles, tandis que, dans le même temps, le frère ne peut que s'étonner des protestations d'amour qui lui sont adressées. Mon informateur m'a assuré qu'il s'agissait ici d'une erreur et non pas d'une astucieuse mise en scène. J'ai moi-même eu connaissance d'un autre cas, celui dans lequel une dame qui, insatisfaite de son vieux médecin, mais n'osant quand même pas le lui dire ouvertement, avait atteint cette même fin au moyen d'une méprise portant sur deux lettres, et au moins ici, je puis me porter garant de ce que c'est l'erreur, et non pas la ruse consciente, qui s'est servie du célèbre motif de comédie.

8)[c] Brill raconte l'histoire d'une dame qui, un jour

a. À Vienne, le terme de *Gasse* sert à désigner les petites rues, celui de *Strasse* les artères importantes. À la famille des Babenberg, qui s'était vu attribuer la Marche de l'Est créée par Charlemagne, succéda celle des Habsbourg.

b. Ajouté en 1907.

c. Ajouté en 1912 ; également mentionné dans la troisième conférence de l'*Introduction*.

qu'elle était chez lui, s'enquit de la santé d'une connaissance commune, à l'occasion de quoi elle appela par erreur la dame en question par son nom de jeune fille. Lorsqu'il le lui fit remarquer, elle fut obligée d'avouer qu'elle n'aimait pas le mari de celle-ci et que leur mariage l'avait beaucoup mécontentée.

9)[a] Voici un cas d'erreur qu'on peut aussi décrire comme un « lapsus » : un jeune père se rend au bureau de l'état civil pour y déclarer la naissance de sa deuxième fille. Quand l'officier lui demande comment il veut appeler cette enfant, il répond « Hanna », mais s'entend dire : « Mais vous en avez déjà une qui porte ce prénom. » Nous en tirerons comme conclusion que cette deuxième fille n'était pas tout à fait autant la bienvenue que l'avait été en son temps la première.

10)[b] J'ajouterai ici quelques autres observations sur des cas de confusion de noms, lesquels auraient bien sûr pu tout aussi légitimement être rangés dans d'autres chapitres de ce livre.

Une dame est la mère de trois filles dont deux sont 250
déjà mariées depuis longtemps, alors que la plus jeune ignore encore ce que sera son destin. Lors des deux mariages, une de ses amies a fait le même cadeau, un service à thé en argent de grande valeur. Maintenant, chaque fois qu'il est question de cet ensemble, la mère cite par erreur le nom de sa troisième fille comme étant celui de sa propriétaire. Il est manifeste que cette erreur exprime le désir de la mère de savoir sa dernière fille mariée elle aussi. Ce faisant, elle présuppose qu'alors elle recevrait le même cadeau de noces.

Tout aussi faciles à interpréter sont les cas, fréquents,

a. Ajouté en 1907.
b. Les exemples 10 et 11 furent ajoutés en 1920.

où une mère confond les noms de ses filles, fils ou gendres.

11) Voici un bel exemple d'opiniâtre confusion de noms, qui s'explique facilement et que j'emprunte à une auto-observation faite par un certain M. J.G. pendant son séjour dans une maison de santé :

« Ayant un jour, à la table d'hôte (du sanatorium), une conversation avec ma voisine de table qui m'intéresse peu et dont le ton est tout à fait conventionnel, je prononce à un moment une phrase particulièrement aimable. La demoiselle, qui a un certain âge, ne peut s'empêcher de faire remarquer que ce n'est d'ordinaire pas mon genre d'être aussi aimable et galant avec elle — cette réplique contenant d'une part un certain regret, mais, plus encore, une évidente pique à l'endroit d'une certaine demoiselle que nous connaissons tous deux et à laquelle je prête d'ordinaire une plus grande attention. Je comprends bien sûr instantanément. Durant la suite de notre conversation, il arriva — chose extrêmement gênante pour moi — que ma voisine me fit remarquer de façon répétée que je lui avais adressé la parole en lui donnant le nom de la demoiselle qu'elle considérait, non sans raison, comme sa rivale plus heureuse. »

12)[a] Je voudrais aussi présenter comme « erreur » un fait dont l'arrière-plan est plein de gravité et que m'a rapporté un témoin qui y a été mêlé de près. Une dame
251 vient de passer la soirée en plein air avec son mari et en compagnie de deux étrangers. L'un d'eux est son ami intime, ce que les autres ignorent totalement ou doivent totalement ignorer. Les amis raccompagnent le couple jusque devant la porte de la maison. En attendant que celle-ci soit ouverte, on prend congé. La dame s'incline

a. Ajouté en 1917.

devant l'étranger, lui tend la main et lui dit quelques mots aimables. Puis elle prend le bras de son amant secret, se tourne vers son mari et veut prendre congé de lui de la même façon. Le mari se prête à la situation, donne un coup de chapeau et dit sur un ton exagérément poli : « Au revoir, très chère madame. » L'épouse effrayée lâche le bras de son amant et a tout juste le temps, avant que le maître d'hôtel n'apparaisse, de soupirer : « Vraiment, il peut vous arriver de ces choses ! » Le mari était de cette sorte d'époux qui excluent radicalement toute possibilité d'infidélité de la part de leur épouse. Il avait juré de façon répétée que, si pareil cas se présentait, plus d'une vie serait en danger. Ainsi donc, il avait des barrières intérieures extrêmement fortes qui l'avaient retenu de remarquer le défi qui résidait dans cette erreur.

13)[a] Voici une erreur qu'a commise l'un de mes patients et qui, parce qu'elle s'est répétée sous la forme opposée[b], est particulièrement instructive : le jeune homme, un être excessivement scrupuleux, est parvenu, après des luttes intérieures de longue haleine, à promettre le mariage à la jeune fille qui l'aime et est aimée de lui depuis longtemps. Il raccompagne chez elle celle qui est fiancée avec lui, prend congé, monte, excessivement heureux, dans un tramway et demande à la receveuse... *deux* billets. Environ six mois plus tard, il est déjà marié, mais ne réussit pas encore vraiment à s'accommoder de son bonheur conjugal. Il doute d'avoir bien fait de se marier, regrette les relations qu'il avait autrefois avec ses amis, a toutes sortes de choses à reprocher à ses beaux-parents. Un soir, il va chercher sa jeune femme chez les parents de

a. Ajouté en 1919.
b. *Wiederholung zum Gegensinn.*

celle-ci, monte avec elle dans un tramway et se contente de demander un seul billet à la receveuse.

252 14)[a] Voici un joli exemple, cité par Maeder, qui montre comment on peut satisfaire au moyen d'une « erreur » un désir réprimé à contrecœur. Un de ses collègues voudrait disposer d'une journée de liberté qu'il aimerait pouvoir passer sans être dérangé ; mais il doit faire une visite à Lucerne, ce dont il ne se réjouit pas, et il décide, après avoir réfléchi pendant assez longtemps, d'y aller quand même. Pour se distraire, il lit les quotidiens durant le trajet Zurich - Arth Goldau, change de train à cette dernière station et continue sa lecture. Ensuite, le contrôleur lui révèle qu'il est monté dans le mauvais train, à savoir celui qui fait le chemin inverse (de Goldau à Zurich), alors qu'il a pris un billet pour Lucerne. (« Nouvelles contributions, etc. », *Arch. de Psych.*, VI, 1908.)

15)[b] Voici une tentative analogue, quoique pas totalement couronnée de succès, qui a consisté à aider un désir réprimé à s'exprimer par le même mécanisme de l'erreur. Le Dr V. Tausk en a fait le compte rendu sous le titre « *Un voyage dans la fausse direction* » :

« À l'époque où j'étais au front, je suis un jour allé en permission à Vienne. Un ancien patient, ayant appris ma présence, me fit prier de le visiter, parce que, malade, il gardait le lit. J'acquiesçai à sa demande et passai deux heures à son chevet. Lorsque je pris congé, le malade me demanda ce qu'il me devait. "Je suis ici en permission et ne donne pas de consultation en ce moment, répondis-je. Considérez ma visite comme un service que je vous rends à titre d'ami." Le malade fut très surpris, sans doute parce

a. Ajouté en 1910.
b. Ajouté en 1919.

qu'il avait la sensation qu'il n'avait pas le droit de prétendre à ce qu'une prestation professionnelle lui soit fournie comme un service amical rendu à titre gracieux. Mais il finit par accepter ma réponse, ayant acquis l'opinion, pleine de respect et dictée par le plaisir que lui procurait l'économie d'argent, que je devais à coup sûr, en tant que psychanalyste, savoir ce que je faisais. — En ce qui me concerne, je commençai moi-même, au bout d'à peine quelques instants, à sentir naître en moi des réserves quant à la sincérité de ma générosité et, rempli de doutes — dont la levée ne laissait plus guère subsister l'équivoque —, je montai dans un tramway électrique de
la ligne X. Après un bref trajet, je devais prendre la 253
ligne Y. Pendant que j'attendais la correspondance, j'oubliai cette affaire d'honoraires et me préoccupai des symptômes de la maladie de mon patient. Dans l'intervalle, la voiture que j'attendais était arrivée et j'y montai. Mais, à l'arrêt suivant, je dus redescendre. En effet, au lieu de monter dans une voiture de la ligne Y, j'avais, par mégarde et sans m'en rendre compte, pris la ligne X et étais en train de repartir dans la direction d'où je venais d'arriver, celle du domicile du patient dont je n'avais pas voulu accepter d'honoraires. *Mais mon inconscient, lui, voulait aller chercher ses honoraires.* » (*Internat. Zeitschrift f. Psychoanalyse* IV, 1916-1917.)

16) J'ai moi-même un jour[a] réussi un tour de force très similaire à celui de l'exemple 14. J'avais promis à mon frère aîné, un homme très sévère, de lui rendre visite pendant l'été dans une station balnéaire anglaise, chose que je devais faire depuis longtemps, et je m'étais engagé, comme le temps pressait, à suivre l'itinéraire le plus court

a. Dans l'édition de 1910 : « il y a peu ». Cet exemple fut ajouté en 1910.

sans m'arrêter. J'avais demandé un jour de sursis que je voulais passer en Hollande, mais il avait été d'avis que je pouvais le réserver pour le voyage de retour. Je devais donc partir de Munich, passer par Cologne et aller à Rotterdam - Hoek van Holland, d'où le bateau assure à minuit la liaison avec Harwich. À Cologne, il me fallut changer de train ; je quittai celui que j'avais pris pour monter dans l'express de Rotterdam, mais celui-ci demeura introuvable. J'interrogeai divers employés des chemins de fer, fus renvoyé d'un quai à l'autre, sombrai dans un désespoir excessif et pus bientôt calculer que, pendant ces vaines recherches, j'avais très probablement manqué ma correspondance. Après que cela m'eut été confirmé, je réfléchis et me demandai si je devais passer la nuit à Cologne, solution en faveur de laquelle parlait, entre autres, la piété, puisque aussi bien mes ancêtres, selon une vieille tradition familiale, avaient autrefois fui cette ville lors d'une persécution subie par les Juifs[a]. Mais j'en décidai autrement, pris un des trains suivants pour
254 Rotterdam, où j'arrivai au plus profond de la nuit, et fus alors obligé de passer un jour en Hollande. Ce jour me permit d'accomplir un désir que je formais depuis longtemps ; je pus voir les magnifiques tableaux de Rembrandt à La Haye et au Rijksmuseum d'Amsterdam. C'est seulement le lendemain matin, lorsque, durant le voyage en chemin de fer en Angleterre, je fus en mesure de rassembler mes impressions, qu'émergea en moi un souvenir indubitable, à savoir qu'à la gare de Cologne, à quelques pas de l'endroit où j'étais descendu du train, j'avais vu sur le même quai un grand panneau où était écrit Rotterdam - Hoek van Holland. C'est là qu'atten-

a. Cf. *Sigmund Freud présenté par lui-même*, Gallimard, p. 14-15. On peut trouver le récit détaillé de ce voyage dans Jones.

dait le train dans lequel j'aurais dû poursuivre mon voyage. On serait bien obligé de qualifier d'incompréhensible « aveuglement » le fait qu'en dépit de cette bonne indication, je me sois rapidement éloigné et que j'aie cherché le train ailleurs, sauf si l'on voulait bien admettre que c'était précisément mon projet d'aller, en contrevenant aux prescriptions de mon frère, admirer les tableaux de Rembrandt dès l'aller. Tout le reste, ma perplexité, qui était bien jouée, l'émergence de l'intention pleine de piété, à savoir de passer la nuit à Cologne, n'était qu'une mise en scène destinée à cacher mon projet aussi longtemps qu'il ne se serait pas parfaitement imposé.

17) [a] Voici une mise en scène exactement similaire, fondée sur le fait qu'on a été « oublieux » et visant à accomplir un désir auquel on a prétendument renoncé ; elle est rapportée par J. Stärcke et concerne sa propre personne (*ibid.*) :

« Je devais un jour faire dans un village une conférence accompagnée d'une projection de vues. Mais elle avait été reculée d'une semaine. J'avais répondu à la lettre mentionnant le changement de date et noté celui-ci dans mon agenda. J'aurais bien aimé aller dans ce village dès l'après-midi, pour avoir le temps de rendre visite à un écrivain de ma connaissance qui y habite. Mais, à mon grand regret, je ne pus, durant cette période, me libérer l'après-midi. Ce n'est qu'à contrecœur que je renonçai à cette visite.

Maintenant, lorsque arriva le soir de la conférence, je me rendis en toute hâte à la gare, avec un sac rempli de vues pour lanterne. Je fus obligé de prendre un taxi, pour attraper à temps le train (il m'arrive assez souvent d'hési- 255
ter si longtemps que je dois prendre un taxi pour ne pas manquer le train !). Arrivé sur place, je fus quelque peu

a. Ajouté en 1917.

étonné de voir que personne n'était venu me chercher à la gare (comme cela se fait habituellement dans les petites localités lorsqu'on accueille un conférencier). Brusquement, il me vint à l'esprit que la conférence avait été reculée d'une semaine et que, m'étant présenté à la date fixée à l'origine, j'avais donc entrepris le voyage en vain. Après avoir maudit de tout cœur ma propension à l'oubli, je réfléchis et me demandai si je ne devais pas retourner chez moi par le premier train. Mais, en y regardant de plus près, je pensai que j'avais maintenant là une belle occasion de faire la visite souhaitée, ce que je fis d'ailleurs. C'est seulement en chemin que l'idée me vint à l'esprit que mon désir non accompli, à savoir d'avoir le temps qu'il faut pour la visite, avait joliment préparé le complot. Le fait d'avoir à traîner le lourd sac rempli de vues pour lanterne et la hâte que j'avais mise à attraper le train à temps avaient pu servir, et ce, de façon remarquable, à cacher d'autant mieux l'intention inconsciente. »

On ne sera peut-être pas enclin à considérer la catégorie d'erreurs sur laquelle j'apporte ici les éclaircissements nécessaires[a] comme très abondante ou particulièrement importante. Mais j'aimerais qu'on se pose la question de savoir si on n'a pas des raisons d'étendre aussi ces mêmes points de vue à l'appréciation qu'on a de celle, incomparablement plus importante, des *erreurs de jugement* que les hommes font dans la vie et dans le domaine de la science. Seuls les esprits les plus éminents et les plus équilibrés sont, semble-t-il, en mesure de préserver l'image de la réalité extérieure qu'ils perçoivent de la déformation qu'autrement elle subit lorsqu'elle passe par l'individualité psychique de celui qui la perçoit.

a. Ce paragraphe remonte à 1901.

XI

Actes manqués combinés[a] 256

Deux des exemples mentionnés en dernier, à savoir l'erreur que j'ai commise en situant les Médicis à Venise et celle du jeune homme qui, bravant l'interdiction qui lui a été faite, parvient à entrer en conversation téléphonique avec sa bien-aimée, ont, à vrai dire, été décrits de façon imprécise et ils se présentent, lorsqu'on les considère avec soin, comme la combinaison d'un oubli avec une erreur. Cette même combinaison, je peux la mettre encore plus nettement en évidence sur quelques autres exemples[b].

1) Un ami me communique l'expérience suivante qu'il a vécue : « Il y a quelques années, j'ai accepté d'être nommé au comité d'une certaine association littéraire, parce que je supposais que, avec l'aide de la société en question, je pourrais un jour réussir à faire monter mon drame, et j'ai régulièrement pris part, bien que ne ressentant pas grand intérêt pour elles, aux séances qui se

a. Ce chapitre apparut pour la première fois dans l'édition de 1907. Il se composait alors uniquement des quatre premiers paragraphes ainsi que du dernier. Les autres exemples furent ajoutés lors des éditions suivantes.

b. Les trois exemples qui suivent apparaissent également dans la troisième conférence de l'*Introduction.* Le second exemple y est attribué à R. Reitler.

tenaient chaque vendredi. Or, il y a quelques mois, j'ai reçu l'assurance que ma pièce serait représentée au théâtre de F., et, depuis, il m'est régulièrement arrivé d'*oublier* les séances de cette association. Lorsque j'ai lu l'ouvrage que vous avez écrit sur ce genre de choses, j'ai eu honte de mon oubli, je me suis fait des reproches, en me disant qu'il y avait quand même de la bassesse, maintenant que je n'avais plus besoin de ces gens, à ne plus y aller, et j'ai pris la décision de n'oublier en aucun cas le vendredi suivant. Je n'ai cessé de me remémorer cette résolution jusqu'au moment où je l'ai mise à exécution et me suis trouvé devant la porte de la salle. À mon
257 grand étonnement, elle était fermée, la séance était déjà terminée ; je m'étais en effet trompé de jour ; on était déjà samedi ! »

2) L'exemple suivant est la combinaison d'un acte symptomatique avec celui qui consiste à égarer un objet ; il est parvenu jusqu'à moi par des voies détournées quelque peu éloignées, mais je le tiens de bonne source.

Une dame fait un voyage à Rome en compagnie de son beau-frère, qui est un artiste célèbre. Le visiteur est grandement fêté par les Allemands vivant là-bas et il reçoit, entre autres cadeaux, une médaille en or d'origine antique. La dame est chagrinée de ce que son beau-frère ne sait pas suffisamment apprécier la belle pièce. Lorsqu'une fois relayée par sa sœur, elle est de retour chez elle, elle découvre en défaisant ses bagages qu'elle a — elle ne sait pas comment — emporté la médaille avec elle. Elle en fait aussitôt part à son beau-frère par lettre et lui annonce qu'elle renverra le lendemain à Rome ce qu'elle a emporté. Mais, le lendemain, il apparaît que la médaille a été égarée avec tant d'adresse qu'elle est introuvable et ne peut être expédiée, et alors la dame commence à comprendre ce que sa « distraction » signifie, à savoir qu'elle veut garder la pièce pour elle-même.

3)[a] Voici quelques cas où l'acte manqué se répète avec opiniâtreté et, ce faisant, change aussi de moyens :

Jone (*op. cit.*, p. 483) : pour des mobiles qui lui sont inconnus, il avait une fois laissé plusieurs jours une lettre sur son bureau sans la poster. Il finit par s'y décider, mais elle lui fut retournée par le *Dead letter office*, car il avait oublié d'écrire l'adresse. Après avoir rempli celle-ci, il la porta de nouveau à la poste, mais cette fois sans timbre. Il ne pouvait plus alors omettre de voir la répugnance qu'en tout état de cause, il avait à envoyer la lettre.

4) Voici la très impressionnante description des vains efforts qui furent entrepris pour imposer un acte à l'encontre d'une résistance d'ordre intérieur ; on peut la trouver dans une brève communication du Dr Karl Weiss (Vienne) :

« Le petit fait suivant indique avec quelle opiniâtreté 258
conséquente[b] l'inconscient réussit à s'imposer quand il a un mobile pour empêcher qu'un projet soit mis à exécution, et combien il est difficile de se garantir contre cette tendance. Un homme de ma connaissance me sollicite de lui prêter un livre et de le lui apporter le lendemain. J'accepte aussitôt, mais éprouve un vif sentiment de déplaisir, que je ne peux tout d'abord m'expliquer. Par la suite, les choses deviennent claires : l'homme en question me doit depuis des années une certaine somme d'argent qu'il ne songe apparemment pas à me rembourser. Je cesse de penser à la chose, mais lorsqu'elle me revient en mémoire le lendemain matin et que j'éprouve le même sentiment de déplaisir, je me dis aussitôt : "Ton inconscient va travailler à ce que tu oublies le livre. Tu ne veux toutefois pas être désobligeant, et c'est pour cela

a. Les exemples 3, 4 et 5 furent ajoutés en 1912.
b. *konsequent*. Cf. aussi p. 374, n. *a*.

que tu vas tout faire pour ne pas oublier." Je rentre chez moi, enveloppe le livre dans du papier et le pose à côté de moi sur le bureau où j'écris des lettres. Après un certain temps, je m'en vais ; au bout de quelques pas à peine, je me souviens que j'ai laissé sur le bureau les lettres que je voulais emporter à la poste. (Soit dit en passant, parmi elles il y en avait une où j'avais été dans l'obligation d'écrire quelque chose de désagréable à une personne qui devait me ménager son appui dans une affaire déterminée.) Je rebrousse chemin, vais chercher les lettres et repars. Dans le tramway, il me vient à l'esprit que j'ai promis à ma femme de faire un achat pour elle, et je suis tout à fait satisfait à la pensée que ce ne sera qu'un petit paquet. Ici s'établit brusquement l'association "petit paquet — livre", et je m'aperçois à présent que je n'ai pas le livre sur moi. Ainsi donc, non seulement je l'avais oublié la première fois que j'étais parti, mais j'avais aussi, avec beaucoup de suite dans les idées[a], omis de le voir lorsque j'étais allé chercher les lettres à côté desquelles il était posé. »

5) On trouve la même chose dans une observation que rapporte Otto Rank et qu'il analyse dans le détail :

« Un homme fâcheusement ordonné et minutieux jusqu'au scrupule relate l'expérience suivante qu'il a vécue et qui, pour lui, a été tout à fait extraordinaire.
259 Étant un après-midi dans la rue et voulant regarder l'heure, il se rend compte qu'il a oublié sa montre chez lui, ce qui, si l'on en croit sa mémoire, ne s'est encore jamais produit. Comme il a le soir un rendez-vous auquel il doit être ponctuel et qu'il n'a plus le temps d'aller la chercher avant, il met à profit la visite qu'il fait

a. *konsequent*. Autre traduction possible : « esprit de suite, conséquence ».

à une dame de ses amies pour lui emprunter la sienne pour la soirée ; cela convient d'autant mieux qu'à la suite d'un rendez-vous qu'il a pris précédemment il doit lui rendre visite le matin suivant, et qu'il lui promet de la lui restituer à cette occasion. Mais il remarque à son grand étonnement lorsque, le lendemain, il veut remettre la montre empruntée à sa propriétaire, qu'il l'a oubliée chez lui ; cette fois, c'est la sienne propre qu'il a mise dans sa poche. Il prend alors la ferme résolution de rendre celle de la dame dès l'après-midi et la met effectivement à exécution. Mais, lorsque en partant il veut regarder l'heure, il constate à son immense étonnement et à son immense agacement qu'il a encore oublié la sienne propre. La répétition de cet acte manqué apparut à cet homme d'ordinaire si amoureux d'ordre à ce point pathologique qu'il aurait bien aimé connaître sa motivation psychologique, laquelle fut d'ailleurs promptement obtenue grâce à une question de nature psychanalytique qui lui fut posée, à savoir si, le jour critique du premier oubli, il avait vécu telle ou telle chose désagréable, et dans quel contexte cela s'était produit. Il raconte, aussitôt après, qu'une fois son repas pris, peu de temps avant qu'il sorte en oubliant l'objet, il avait eu une conversation avec sa mère, laquelle lui avait raconté qu'un parent à lui, homme désinvolte qui lui avait déjà causé beaucoup de difficultés et fait faire de nombreux sacrifices d'argent, avait mis sa montre en gage et qu'étant donné qu'il en avait besoin chez lui il le priait de lui donner l'argent qui permettrait de la dégager. Cette façon d'emprunter de l'argent quasiment sous la contrainte avait très désagréablement affecté notre homme et avait fait revenir à sa mémoire tous les ennuis que ce parent lui avait occasionnés depuis de nombreuses années. Son acte symptomatique s'avère par conséquent avoir une détermination

260 multiple : premièrement, elle permet que s'exprime un cheminement de pensée qui dit à peu près : "Je n'accepte pas qu'on me soutire de l'argent de cette manière, et quand on a besoin d'une montre, eh bien, je laisse la mienne propre à la maison" ; mais comme il en a quand même besoin le soir pour être à l'heure à un rendez-vous avec une femme, cette intention ne peut s'imposer que par une voie inconsciente, sous la forme d'un acte symptomatique ; deuxièmement, cet oubli veut dire à peu près ceci : "Ces éternels sacrifices d'argent que je fais pour ce bon à rien vont finir par me ruiner complètement, de sorte que je serai obligé de tout lui abandonner." Maintenant, bien que l'irritation de cet homme à propos de ce que lui a communiqué sa mère n'ait été, d'après ce qu'il en a dit, que passagère, la répétition du même acte symptomatique indique quand même qu'elle continue d'agir avec intensité dans son inconscient, un peu comme si sa conscience disait : "Cette histoire ne me sort pas de la tête[1]." Qu'ensuite le même destin frappe aussi la montre de dame empruntée, ne nous étonnera pas, étant donné cette disposition de son inconscient. Pourtant, peut-être des mobiles spéciaux favorisent-ils ce transfert sur l'"innocente[a]" montre de dame. Le mobile qui vient à l'esprit en premier est probablement que notre homme aurait bien aimé la garder en remplacement, comme substitut de la sienne propre, qui a été sacrifiée, et que c'est pour cela qu'il a oublié de la restituer le lendemain ; il aurait peut-être aussi aimé la posséder en souvenir de la dame. En outre, cet oubli lui four-

1. Le fait qu'un sentiment continue ainsi d'agir dans l'inconscient se manifeste une première fois sous la forme d'un rêve qui suit l'acte manqué, une autre fois dans la répétition de ce même acte manqué ou dans celui qui consiste à s'abstenir de faire une correction.

a. « *unschuldig* ».

nit l'occasion de rendre une deuxième fois visite à celle qu'il révère ; aussi bien a-t-il dû le faire le matin à cause d'une autre chose et, par cet oubli, il semble en quelque sorte indiquer de façon allusive qu'il trouve trop dommage que cette visite prévue depuis déjà assez longtemps soit utilisée pour restituer la montre. D'ailleurs, le deuxième oubli, celui de la sienne propre, et l'acte qu'il a rendu possible, à savoir restituer la montre étrangère, parle en faveur de l'idée selon laquelle notre homme cherche inconsciemment à éviter de les porter toutes les 261
deux en même temps. Il s'efforce manifestement d'éviter de donner une apparence de superflu qui formerait un contraste trop frappant avec le manque d'argent de son parent ; mais, d'un autre côté, il s'entend par là à aborder les intentions de mariage qu'il a apparemment vis-à-vis de la dame en s'adressant une auto-exhortation, à savoir en se disant qu'il a des obligations indissolubles vis-à-vis de sa famille (de sa mère). Enfin, on peut trouver une raison supplémentaire de faire un oubli concernant une montre de dame dans le fait que, la veille au soir, il avait été gêné, lui qui était célibataire, d'y lire l'heure devant des gens qu'il connaissait, ce qu'il n'avait fait qu'à la dérobée, et que, pour éviter la répétition de cette situation gênante, il n'avait plus eu envie de mettre à nouveau l'objet dans sa poche. Mais comme, d'un autre côté, il devait le restituer, alors en avait ici aussi résulté un acte symptomatique accompli inconsciemment, qui s'avère être une formation de compromis entre des motions de sentiment[a] en conflit les unes avec les autres et comme la victoire, chèrement payée, de l'instance inconsciente. » (*Zentralblatt f. Psychoanalyse*, II, 5.)

Voici trois observations de J. Stärcke[b] (*ibid.*) :

a. *Gefühlsregungen.*
b. Les exemples 6, 7 et 8 furent ajoutés en 1917.

6) *L'acte d'égarer un objet, de le casser, de l'oublier — comme expression d'une volonté opposée réprimée*[a] : « Parmi les illustrations d'une collection que je destinais à un travail scientifique, je devais un jour en prêter quelques-unes à mon frère, qui voulait les utiliser comme vues qu'il projetterait lors d'une conférence. Bien que j'eusse préféré — telle est la pensée que je ressentis un instant — que les reproductions que j'avais eu beaucoup de peine à rassembler ne fussent en aucune manière présentées au public ou publiées avant que je ne pusse le faire moi-même, je lui promis de chercher les négatifs des clichés qu'il souhaitait et de fabriquer à partir d'eux des vues pour lanterne. — Mais je ne réussis pas à les trouver. Je passai en revue toute la pile de boîtes remplies de négatifs se rapportant à l'objet d'études en question, je pris en main au moins deux cents négatifs l'un après l'autre, mais ceux que je cherchais n'y étaient pas. J'ai probablement soupçonné qu'au fond, je ne paraissais pas
262 vouloir faire à mon frère le plaisir de les lui donner. Après m'être rendu conscient de cette pensée défavorable et l'avoir contestée, je m'aperçus que j'avais mis à l'écart la boîte qui se trouvait sur le haut de la pile et que je ne l'avais pas explorée, et cette boîte renfermait les négatifs que je cherchais. Sur le couvercle figurait une brève indication de son contenu, et il est probable que j'avais pu le constater en jetant un coup d'œil rapide sur ce couvercle avant de mettre la boîte à l'écart. Cependant, la pensée défavorable ne semblait pas encore être complètement vaincue, car il se produisit encore toutes sortes de choses avant que les vues ne soient expédiées. Je démolis l'une des plaques en appuyant trop fort dessus, alors que, la tenant à la main, je nettoyais le verre qui se trouve sur le

a. *Gegenwille* : « contre-volonté ».

côté (d'ordinaire, je ne casse jamais de plaque de cette façon). Lorsque j'eus confectionné un nouvel exemplaire de cette plaque, il me tomba des mains, et c'est seulement parce que je tendis le pied en avant et l'attrapai au vol qu'elle ne se brisa pas. Quand je montai les plaques, toute la pile tomba encore une fois par terre, heureusement sans que rien ne se casse à cette occasion. Enfin plusieurs jours passèrent avant que je les emballe et les expédie effectivement, parce que je prenais à nouveau chaque jour la résolution de le faire et qu'à chaque fois j'oubliais encore ladite résolution. »

7) *Oubli répété — geste manqué lors de l'exécution finale* : « Bien que devant envoyer une carte postale à quelqu'un de ma connaissance, je n'ai cessé, durant plusieurs jours, de remettre cet envoi à plus tard, à l'occasion de quoi j'ai eu la forte présomption que la cause en était la suivante : dans une lettre, la personne en question m'avait annoncé que, dans le courant de la semaine à venir, j'allais recevoir la visite de quelqu'un que je n'étais guère enchanté de voir. Lorsque cette semaine fut écoulée et que la perspective de la visite non désirée fut devenue très mince, je finis par écrire la carte postale, en y indiquant la date à laquelle il serait possible de me parler. Au moment où je le fis, je voulais au début ajouter que j'avais été empêché d'écrire par le *druk werk* (= [en néerlandais] travail assidu, exigeant de la concentration, ou surcharge de travail), mais je ne l'écrivis finalement 263
pas, parce que cette échappatoire habituelle ne trouve plus créance chez aucune personne de bon sens. Je ne sais si cette petite entorse à la vérité devait forcément quand même se manifester, mais lorsque je jetai la carte postale dans la boîte aux lettres, je la mis par erreur dans la fente du bas, là où était écrit : "*Drukwerk*" [= Imprimés]. »

8) *Oubli et erreur*: « Un matin qu'il fait très beau, une jeune fille se rend au Rijksmuseum pour y dessiner des moulages en plâtre. Bien qu'elle eût préféré, étant donné le beau temps, aller se promener, elle a décidé de faire malgré tout preuve d'assiduité au travail et de dessiner. Il faut d'abord qu'elle achète du papier à dessin. Elle se rend au magasin (qui est situé à environ dix minutes du musée), achète des crayons et d'autres instruments de dessin, mais oublie, justement, de faire de même pour le papier, va ensuite au musée, et, alors qu'une fois assise sur son petit siège, elle est prête à commencer, elle s'aperçoit qu'elle n'a toujours pas de papier, de sorte qu'il lui faut retourner au magasin. Après être allée en chercher, elle commence vraiment à dessiner, avance bien dans son travail et entend au bout d'un certain temps, venant de la tour du musée, un grand nombre de coups de cloche. Elle pense : "Il est sûrement déjà midi", continue encore à travailler jusqu'à ce que la cloche de la tour sonne le quart ("Il est midi et quart", pense-t-elle), emballe à présent ses affaires de dessin et décide d'aller à la maison de sa sœur, en se promenant à travers le Vondelpark, pour y prendre le café (= deuxième repas en Hollande). Arrivée à la hauteur du musée Suasso, elle voit à son grand étonnement qu'au lieu de midi et demi, il n'est que midi ! — L'attrait du beau temps avait abusé son zèle et, de ce fait, elle n'avait pas pensé, lorsque la cloche de la tour avait sonné douze coups à onze heures et demie, que la cloche d'une tour annonce aussi l'heure entière dès la demi-heure qui la précède. »

9)[a] Comme l'ont déjà montré quelques-unes des observations qui précèdent, la tendance inconsciemment perturbatrice peut aussi atteindre son intention en répé-

a. Ajouté en 1919.

tant avec opiniâtreté la même sorte d'acte manqué. J'emprunte, à ce sujet, un amusant exemple à un petit 264
livre intitulé *Frank Wedekind und das Theater* qui a paru chez l'éditeur munichois *Drei Masken*, mais je ne peux que laisser à l'auteur du livre la responsabilité de cette petite histoire qu'il raconte à la manière de Mark Twain.

« Dans la pièce en un acte de Wedekind *Die Zensur*, on rencontre à l'un des endroits les plus graves de l'ouvrage la sentence suivante : "*Die Furcht vor dem Tode ist ein Denkfehler.*" ["La crainte de la mort est une *faute de pensée.*"] L'auteur, à qui ce passage tenait à cœur, demanda au comédien, pendant la répétition, de faire une courte pause avant de prononcer le mot "*Denkfehler*". Le soir, le comédien, totalement pris par son rôle, observa effectivement la pause avec exactitude, mais dit involontairement sur un ton des plus solennels : "*Die Furcht vor dem Tode ist ein Druckfehler.*" ["La crainte de la mort est une *faute d'impression.*"] Après la fin de la représentation, l'auteur assura l'artiste, qui lui demandait son avis, de ce qu'il n'avait absolument rien à redire à son interprétation, mais qu'à l'endroit en question, il était écrit non pas : "*Die Furcht vor dem Tode ist ein Druckfehler*", mais "*ein Denkfehler*". — Lorsque, le lendemain soir, la représentation de *Die Zensur* se répéta, le comédien dit à l'endroit déjà mentionné, et à nouveau sur un ton des plus solennels : "*Die Furcht vor dem Tode ist ein... Denkzettel.* [une *fiche pense-bête*]." Wedekind couvrit à nouveau l'acteur d'éloges, observa toutefois, mais seulement en passant, qu'il était écrit que la crainte de la mort était, non pas une fiche pense-bête, mais une faute de pensée. — Le lendemain soir, *Die Zensur* fut à nouveau jouée, et le comédien, avec lequel l'auteur s'était entre-temps lié d'amitié et avec qui il avait échangé des vues sur l'art, se mit à dire, lorsque arriva le fameux passage, avec la mine la plus solennelle du monde : "*Die Furcht vor dem Tode ist ein... Druckzettel* [une *fiche d'impression*[a]]." L'artiste reçut de l'auteur une approbation sans réserve, la pièce fut d'ailleurs encore souvent reprise, mais, pour lors, l'auteur considéra une fois pour toutes le concept de "*Denkfehler*" comme définitivement liquidé. »

Rank[b] a lui aussi prêté attention aux très intéressantes
265 relations entre « Acte manqué et rêve » (*Zentralbl. f. Psychoanalyse*, II, p. 266, et *Internat. Zeitschr. f. Psychoanalyse*, III, p. 158), relations qu'on ne peut toutefois pas suivre sans une analyse approfondie du rêve qui se rattache à l'acte manqué. J'ai un jour rêvé, dans un contexte assez long, que j'avais perdu mon porte-monnaie. Le matin, je remarquai effectivement son absence lorsque je m'habillai ; j'avais oublié de le sortir de la poche de mon pantalon en me déshabillant avant la nuit du rêve et de le mettre à sa place habituelle. Cet oubli ne m'était donc pas inconnu, il était probablement censé fournir une expression à une pensée inconsciente qui était prête pour apparaître dans le contenu du rêve[1].

1. [Ajouté en 1924] Le fait qu'un acte manqué comme l'acte de perdre ou d'égarer quelque chose soit annulé rétroactivement par un rêve, en ceci que l'on apprend en rêve l'endroit où l'on peut trouver l'objet dont on a constaté l'absence, ne se produit pas si rarement, mais ne présente rien non plus de la nature de l'occulte, tant que le rêveur et celui qui a subi la perte sont la même personne. Voici ce qu'écrit une jeune dame : « Il y a environ quatre mois, j'ai perdu une très belle bague — je l'ai signalé à la banque. J'ai exploré le moindre recoin de ma chambre, mais je ne l'ai pas trouvée. Il y a une semaine, j'ai rêvé qu'elle était à côté de l'armoire dans l'appareil de chauffage. Ce rêve ne m'a naturellement pas laissée en repos, et le lendemain matin, je l'ai effectivement retrouvée à l'endroit en question. » Elle s'étonne de ce petit incident, affirme qu'il arrive souvent que ses pensées et ses souhaits s'accomplissent de cette manière, mais s'abstient de se demander quel changement s'est produit dans sa vie entre l'acte de perdre et celui de retrouver la bague.

a. Ce mot n'existe pas en allemand.

b. Ce paragraphe fut ajouté en 1912 ; le renvoi au second article de Rank fut inséré en 1917.

Je n'affirmerai pas que de tels cas d'actes manqués combinés sont susceptibles de nous enseigner quelque chose de nouveau qu'on ne pourrait pas déjà déduire des cas individuels simples, mais le fait que l'acte manqué change ainsi de forme tout en obtenant le même résultat donne quand même l'impression, plastique, d'une volonté qui tend vers un but déterminé, et il contredit d'une façon incomparablement plus énergique la conception selon laquelle un acte manqué serait quelque chose de fortuit et qu'il n'aurait pas besoin d'être interprété. Nous sommes également frappés, et nous pouvons légitimement l'être, par le fait que, dans ces exemples, un projet conscient connaît un échec aussi radical dans ses efforts pour empêcher le succès de l'acte manqué. En effet, mon ami ne parvient malgré tout pas à se rendre à la séance de l'association en question, et la dame n'est nullement en mesure de se séparer de la médaille. L'élément inconnu qui se rebelle contre ces projets trouve 266
une autre issue, maintenant que la première voie lui est barrée. En effet, pour venir à bout du mobile inconnu, il faut encore autre chose que le projet opposé[a] conscient ; il serait nécessaire d'effectuer un travail psychique permettant que l'élément inconnu soit porté à la connaissance de la conscience.

a. *Gegenvorsatz* : « contre-projet ». À rapprocher de *Gegenwille* : « contre-volonté ».

XII

267 *Déterminisme Croyance au hasard et croyance superstitieuse Points de vue*[a]

La conclusion générale qui se dégage des analyses particulières qui précèdent peut être formulée ainsi : *certaines insuffisances de nos opérations psychiques* — dont le caractère commun va devoir être déterminé plus précisément dans les lignes qui suivent — *et certains actes apparemment non intentionnels s'avèrent, si on leur applique le procédé de l'investigation psychanalytique, avoir bel et bien une motivation et être déterminés par des mobiles inconnus de la conscience.*

Pour pouvoir être rangé dans la catégorie des phénomènes susceptibles d'une telle explication, un acte manqué psychique doit impérativement satisfaire aux conditions suivantes :

a) Il ne peut légitimement dépasser une certaine mesure, appréciée et fixée par notre jugement et définie par l'expression « dans les limites de la normale ».

b) Il doit nécessairement présenter le caractère d'un trouble momentané et passager. Nous devons nécessairement avoir effectué auparavant la même opération de façon plus correcte ou nous estimer capables de l'effectuer

a. Sauf indication contraire, le début de ce chapitre (jusqu'à la p. 390) remonte à 1901.

à tout instant de façon plus correcte. Lorsque quelqu'un nous corrige, nous devons impérativement reconnaître aussitôt la justesse de la correction et le manque de justesse de notre propre processus psychique.

c) Pour autant que nous nous sommes aperçus de notre 268
acte manqué, il est exclu que nous sentions en nous quoi que ce soit de ce qui serait une motivation, au contraire nous devons impérativement être tentés de l'expliquer par l'« inattention » ou de la présenter comme un « hasard ».

Ainsi donc restent dans ce groupe les cas d'oubli et les erreurs ne reposant pas sur l'ignorance, les lapsus verbaux, les lapsus de lecture, d'écriture, les gestes manqués et ce qu'il est convenu d'appeler les actes fortuits.

La composition semblable des mots désignant ces phénomènes (préfixe *ver*[a]) est l'indication linguistique de ce que la plupart de ceux-ci présentent une similarité intérieure. Mais à l'élucidation de ces processus psychiques ainsi déterminés se rattache une série de remarques qui, pour une part, peuvent légitimement éveiller un intérêt supplémentaire.

A) Dès lors qu'estimant une partie de nos opérations psychiques impossible à expliquer par des représentations-buts, nous les sacrifions, nous méconnaissons l'ampleur du phénomène de détermination dans la vie psychique. Cette détermination va plus loin, ici et dans d'autres domaines encore, que nous ne le soupçonnons. En 1900, j'ai trouvé dans un article publié par l'historien de la littérature R.M. Meyer dans *Die Zeit*[b] l'idée, exposée dans le détail et expliquée par des exemples, qu'il est impossible de pro-

a. Cf. la notice terminologique.
b. Quotidien viennois.

duire un non-sens de façon intentionnelle et arbitraire[a]. Depuis assez longtemps, je sais qu'on ne peut réussir à faire librement venir à son esprit un nombre, pareille chose étant tout aussi peu possible que, par exemple, pour un nom. Si l'on examine le nombre en question, qui a été formé de façon arbitraire en apparence, qui peut, le cas échéant, avoir plusieurs chiffres et qui a été dit comme pour plaisanter ou par exubérance, alors il s'avère qu'il est soumis à une détermination rigoureuse, qu'on n'aurait vraiment pas considérée comme possible. Maintenant, je vais d'abord analyser brièvement un exemple de prénom choisi arbitrairement, puis, de façon plus détaillée, un exemple analogue, celui d'un nombre « lancé sans penser à rien ».

1) Sur le point de préparer en vue de la publication l'histoire de la maladie d'une de mes patientes[b], je réfléchis
269 pour savoir quel prénom je dois lui donner dans mon étude. Le choix semble très grand ; à coup sûr, quelques noms sont d'emblée à exclure, en premier lieu le vrai nom, ensuite ceux des membres de ma propre famille, dont l'emploi me choquerait, ou encore d'autres prénoms féminins à la sonorité particulièrement insolite ; mais, d'ailleurs, le choix d'un tel prénom ne devrait pas me mettre dans l'embarras. On devrait s'attendre et je m'attends moi-même à ce que se présente à moi toute une foule de prénoms féminins. Au lieu de cela, émerge un prénom isolé[c],

a. *willkürlich.* Le substantif *Willkür* désigne la faculté d'agir comme bon nous semble, c'est-à-dire, étymologiquement parlant, selon le « [libre] choix de notre volonté ». Il a pour équivalents français à la fois le libre arbitre et l'arbitraire.

b. Il s'agit du *Fragment d'une analyse d'hystérie* (le « cas Dora »). Bien que la majeure partie en ait été rédigée en janvier 1901, *i.e.* avant la parution du présent ouvrage, Freud ne le publia pas avant l'automne 1905.

c. *einzeln.* Cet adjectif désigne le fait d'apparaître isolément (et non pas avec d'autres, dans un rapport de type par exemple associatif).

que nul autre accompagne, le prénom *Dora*. Je m'interroge sur ce qui l'avait déterminé. Qui d'autre peut donc bien s'appeler Dora ? Incrédule, j'aimerais repousser la première pensée qui me vient, à savoir que la bonne d'enfants de ma sœur s'appelle ainsi. Mais je possède tant de sens de l'autodiscipline ou de pratique de l'analyse que je retiens l'idée qui m'est venue et que je continue à m'y attacher. Et d'ailleurs, il me vient alors aussitôt à l'esprit un petit événement qui s'est produit la veille au soir et qui fournit la détermination recherchée. J'avais vu, posée sur la table de la salle à manger de ma sœur, une lettre portant comme adresse : « À Mademoiselle Rosa W. ». Étonné, je demande qui s'appelle ainsi, et j'apprends que la prétendue Dora s'appelle à proprement parler Rosa et qu'elle a dû abandonner ce prénom qui est le sien en entrant dans la maison, parce que ma sœur, lorsqu'elle entend appeler « Rosa », peut aussi appliquer ce prénom à elle-même. Je me mis à dire, déplorant le fait : « Les pauvres gens, ils ne peuvent même pas garder leur nom ! » Je me rappelle maintenant que je restai ensuite un moment silencieux et commençai à penser à toutes sortes de choses graves, qui se perdirent dans le vague, mais dont je pourrais maintenant facilement me rendre conscient. Lorsque ensuite, le lendemain, je cherchai un nom pour une personne *qui n'avait pas eu le droit de garder le sien propre*, ce fut « Dora », et nul autre, qui me vint à l'esprit. Ce caractère d'exclusivité repose ici sur un réseau solide de connexions relevant du contenu, car, dans l'histoire de ma patiente, une influence qui avait aussi été décisive pour le déroulement de la cure émanait de la personne qui est en service dans une maison étrangère, de la gouvernante.

Ce petit événement connut, plusieurs années après, une 270
suite inattendue[a]. Lorsqu'un jour, lors de ma conférence,

a. Ce paragraphe fut ajouté en 1907.

je parlai de l'histoire de la maladie, publiée depuis longtemps, de la jeune fille qu'au bout du compte j'avais nommée Dora, il me vint à l'esprit qu'une de mes deux auditrices portait ce même prénom, Dora, que j'avais eu l'occasion de prononcer si souvent en connexion avec les choses les plus diverses, et je me tournai vers ma jeune collègue, que je connaissais aussi personnellement, pour lui dire en m'excusant que je n'avais vraiment pas pensé qu'elle aussi s'appelait ainsi, mais que j'étais tout disposé à remplacer ce nom par un autre lors de ma conférence. J'avais désormais pour tâche d'en choisir rapidement un autre et je réfléchis que, maintenant, je n'avais surtout pas le droit de songer à celui de l'autre auditrice et de donner ainsi un mauvais exemple à des collègues qui avaient déjà reçu une formation psychanalytique. Je fus donc très satisfait lorsque en remplacement de *Dora* me vint à l'esprit le nom *Erna*, dont je me servis ensuite durant ma conférence. Celle-ci terminée, je me demandai d'où ce nom pouvait bien provenir, et je ne pus m'empêcher de rire lorsque je remarquai que, lors du choix du nom de substitution, l'éventualité que je redoutais était quand même parvenue, du moins en partie, à s'imposer. Le nom de jeune fille de l'autre dame était *Lucerna*, dont *Erna* est une partie.

2) Dans une lettre à un ami[a], je lui annonce que je viens de terminer la correction des épreuves de *L'interprétation des rêves* et que je ne veux plus rien changer à l'ouvrage, « même s'il devait comporter *2 467* fautes ». Je tente aussitôt de m'expliquer ce nombre et j'ajoute la petite analyse comme post-scriptum à la lettre. Le mieux, c'est que je la cite maintenant telle que je l'ai notée alors, lorsque je me suis pris sur le fait :

a. En 1901 : « à mon ami de B. ». L'ami en question était W. Fliess, et la lettre celle du 27 août 1899.

« Voici encore, en vitesse, une contribution à la psychopathologie de la vie quotidienne. Dans ma lettre, tu as trouvé le nombre 2 467, estimation arbitraire pleine d'exubérance de la quantité de fautes qui se rencontrera dans mon livre sur le rêve. Ce que je voulais dire, c'était : n'importe quel nombre élevé, et voilà que celui-ci se présente. Or il n'y a rien d'arbitraire, d'indéterminé dans le domaine psychique. C'est aussi pourquoi tu t'attendras à 271
bon droit à ce que l'inconscient se soit dépêché de déterminer le nombre, qui avait été laissé libre par le conscient[a]. Il se trouve que, juste avant, je venais de lire dans le journal qu'un certain général E.M. était parti en retraite avec le grade de maréchal. Tu sais très certainement que cet homme m'intéresse. Quand je faisais mon service en tant qu'élève médecin militaire, il vint un jour à l'hôpital — il était alors colonel — et dit au médecin : “Il faut absolument que vous me guérissiez en huit jours, car j'ai à faire un travail que l'Empereur attend.” À cette époque, j'avais formé le projet de suivre la carrière de cet homme, et tiens, aujourd'hui (en 1899), il en a atteint le bout, il est maréchal et déjà en retraite. Je voulus calculer en combien de temps il avait effectué ce parcours, et admis par hypothèse que je l'avais vu à l'hôpital en 1882. Cela ferait donc *17* ans. J'en parle à ma femme, et elle fait cette remarque : “Alors, tu devrais toi aussi être déjà en retraite ?” Je proteste : “Dieu m'en préserve !” Après cette conversation, je m'assieds à la table pour t'écrire. Mais le cheminement de pensée précédent se poursuit, et ce, à bon droit. Le calcul avait été faux ; j'ai, pour cela, un point de repère solide dans ma mémoire. Ma majorité, c'est-à-dire mon *24*^e^ anniversaire, je l'ai fêté en étant aux arrêts (parce que je m'étais

a. Freud fait ici allusion à la théorie de la détermination des nombres qu'il expose dans *L'interprétation des rêves*, VII, A, début du chapitre.

absenté sans autorisation). C'était donc en 1880 ; il y a, par conséquent, 19 ans de cela. Tu as là le nombre *24* qu'on trouve dans 2 467 ! Prends maintenant mon âge, 43 ans, et ajoutes-y 24 ans, alors tu obtiens *67* ! Cela signifie qu'à la question de savoir si je voulais moi aussi partir en retraite, j'ai répondu en ajoutant, au niveau de mon désir[a], encore 24 années de travail. Visiblement, je suis vexé de ce que, dans l'intervalle de temps durant lequel j'ai suivi la carrière du colonel M., je n'ai moi-même pas progressé bien loin, et pourtant j'éprouve aussi une sorte de triomphe quant au fait que lui en a maintenant déjà terminé, tandis que moi, j'ai encore tout le temps devant moi. Alors, on peut dire à bon droit que même le nombre 2 467, qui a été lancé sans intention aucune, n'est pas dépourvu d'une détermination émanant de l'inconscient. »

272 3)[b] Depuis ce premier exemple d'élucidation d'un nombre choisi de façon arbitraire en apparence, j'ai de nombreuses fois répété la même tentative avec le même succès ; mais la plupart des cas ont un contenu si intime qu'ils ne sauraient être communiqués.

Mais c'est précisément pour cette raison que je ne veux pas manquer d'ajouter ici une très intéressante analyse d'« idée de nombre qui vient à l'esprit » que le Dr Alfred Adler (Vienne) a reçue d'un informateur « parfaitement sain » qu'il connaît[1]. « Hier soir — raconte cet informateur — je me suis attaqué à *La psychopathologie de la vie quotidienne* et j'aurais lu le livre jusqu'au bout si un curieux incident ne m'en avait empêché. En effet, lorsque

1. *Psych.-Neur. Wochenschr.*, n° 28, 1905.

a. *im Wunsche.* Cette expression doit être rapprochée de *im Gedanken* (« en pensée ») et *in der Phantasie* (« en imagination »).

b. Excepté sa première phrase, qui remonte à 1901, l'exemple 3 fut ajouté en 1907.

j'ai lu que tout nombre que, d'une façon totalement arbitraire en apparence, nous appelons à la conscience, a un sens déterminé, j'ai décidé de faire un essai. Il me vint à l'esprit le nombre 1 734. *Puis se précipitèrent les idées subites suivantes* : 1 734 ÷ 17 = 102 ; 102 ÷ 17 = 6. Puis je coupe le nombre en 17 et 34. J'ai 34 ans. Je considère, comme, je pense, je vous l'ai déjà dit une fois, la 34e année comme la dernière année de la jeunesse, et c'est pour cela que je me suis senti très minable à mon dernier anniversaire. À la fin de ma dix-septième année commença pour moi une très belle et intéressante période de mon évolution. Je divise ma vie en deux périodes de 17 ans. Maintenant, que signifient ces divisions ? À propos du nombre 102, il me vient à l'esprit que le numéro 102 de la collection *Universalbibliothek* de chez Reclam[a] contient la pièce de Kotzebue *Menschenhass und Reue* [*Misanthropie et repentir*].

Mon état psychique présent est la misanthropie et le repentir. Le n° 6 de la U.-B. (je sais par cœur une grande quantité de numéros) est l'œuvre de Müllner intitulée *Schuld* [*Culpabilité*]. Je suis constamment tourmenté par la pensée que, par ma faute, je ne suis pas devenu ce qu'étant donné mes capacités j'aurais pu devenir. En outre, il me 273
vient à l'esprit que le n° 34 de la U.-B. contient un récit du même Müllner intitulé *Der Kaliber*. Je coupe le mot en "Ka" et "liber" ; en outre, il me vient à l'esprit qu'il contient les mots "Ali" et "Kali" ["potassium"]. Cela me rappelle qu'un jour, j'ai fait des rimes avec mon fils Ali (alors âgé de 6 ans). Je l'ai invité à chercher une rime en -ali. Il ne lui en est venue aucune à l'esprit, et lorsqu'il a

a. L'éditeur allemand Reclam avait été rendu mondialement célèbre par cette collection populaire (U.-B.) aux titres très nombreux qu'il avait créée en 1867.

voulu en entendre une de mon cru, je lui ai dit : "*Ali reinigt den Mund mit hypermangansaurem Kali*" ["Ali nettoie sa bouche avec de l'hypermanganate de potassium"]. Cela nous a fait beaucoup rire, et Ali fut très gentil [*Ali war sehr lieb*]. Ces derniers jours, j'ai été forcé de constater avec irritation qu'il n'était pas un "gentil Ali" ["*ka (kein) lieber Ali*"].

Je me suis ensuite demandé : "Quel est le n° 17 de la U.-B. ?", mais je n'ai pas pu le trouver. Je suis certain de l'avoir su auparavant, je suppose donc que je voulais oublier ce nombre. Toutes mes réflexions restèrent vaines. Je voulus poursuivre ma lecture, mais je lus seulement de façon machinale, sans comprendre un mot, puisque j'étais tourmenté par ce n° 17. J'éteignis la lumière et continuai à chercher. Finalement, il me vint à l'esprit que le n° 17 devait être une pièce de Shakespeare. Mais laquelle ? Cela me revient : *Hero et Léandre.* C'est là, visiblement, une tentative stupide de ma volonté pour détourner mon attention. Je finis par me lever et vais chercher le catalogue de la U.-B. Le n° 17 est *Macbeth.* À ma grande stupéfaction, je dois constater que je ne sais à peu près rien de cette pièce, bien que je n'y aie pas moins réfléchi qu'à d'autres drames de Shakespeare. Il me vient seulement à l'esprit ceci : meurtrier, Lady Macbeth, sorcières, "Le beau, c'est le laid", et le fait qu'en son temps, j'avais trouvé très belle l'adaptation que Schiller a faite de *Macbeth.* Sans aucun doute, j'ai donc voulu oublier la pièce elle-même. Il me vient encore à l'esprit l'idée que 17 et 34 divisés par 17 donnent 1 et 2. Le n° 1 et le n° 2 de la U.-B. correspondent au *Faust* de Gœthe. J'ai autrefois découvert en moi beaucoup d'éléments faustiens. »

Nous ne pouvons que regretter que la discrétion du médecin ne nous ait pas permis d'acquérir des lumières sur la signification de cette série d'idées qui sont venues à l'homme en question. Adler fait observer que celui-ci n'a pas réussi à faire la synthèse de ses remarques. Ces dernières, d'ailleurs, ne nous auraient guère semblé dignes d'être communiquées, si un élément de la suite ne nous avait fourni la clé permettant de comprendre le nombre 1 734 et toute la série d'idées qui lui sont venues à l'esprit.

« Ce matin, j'ai vécu une expérience qui, à la vérité, plaide beaucoup en faveur de la justesse de la conception freudienne. Ma femme, que j'avais réveillée la nuit en me levant, m'a demandé ce que j'avais voulu faire en allant chercher le catalogue de l'U.-B. Je lui ai raconté l'histoire. Elle a déclaré qu'elle trouvait que tout cela, c'était du coupage de cheveux en quatre, et n'a accepté — chose très intéressante — que *Macbeth*, contre lequel je m'étais tant défendu. Elle m'a dit qu'il ne lui venait absolument rien à l'esprit quand elle pensait à un nombre. J'ai répondu : "Faisons un essai." Elle a cité le nombre 117. Sur quoi j'ai aussitôt répliqué : "17 a un rapport avec ce que je viens de te raconter ; en outre, je t'ai dit hier : si une femme est âgée de 82 ans et un homme de 35, alors il y a là une grave disparité." Depuis quelques jours, je taquine ma femme en prétendant qu'elle est une petite vieille de 82 ans. 82 + 35 = 117. »

L'homme en question, qui n'avait pas été en mesure de déterminer le nombre qu'il avait lui-même énoncé, a donc trouvé aussitôt la solution lorsque sa femme lui a cité un nombre choisi de façon prétendument arbitraire. En réalité, celle-ci avait très bien saisi de quel complexe le nombre de son mari était issu et elle avait tiré le sien propre du même complexe, lequel, à coup sûr, était commun à ces deux personnes, puisqu'il s'agissait de leurs âges relatifs. Il nous est dès lors facile de traduire l'idée de nombre qui est venue au mari. Elle exprime, comme l'indique Adler, un désir réprimé de l'homme qui, pleinement développé, s'énoncerait ainsi : « Pour un homme qui, comme moi, a 34 ans, seule convient une femme de 17 ans. »

Pour éviter qu'on ne tienne trop de tels « petits jeux » en piètre estime, je voudrais ajouter quelque chose que m'a
275 récemment appris le Dr Adler, à savoir qu'un an après la publication de cette analyse, l'homme en question avait divorcé d'avec sa femme[1].

4) Similaires sont les explications qu'Adler donne de la naissance de nombres obsédants[a]. De même, le choix de ce qu'on appelle les « nombres favoris » n'est pas sans rapport avec la vie de la personne en question et ne manque pas d'un certain intérêt psychologique. Un homme qui avouait avoir une prédilection particulière pour les nombres *17* et *19* fut en mesure, après avoir réfléchi brièvement, d'indiquer qu'à 17 ans, il avait conquis, en allant à l'université, la liberté estudiantine qu'il désirait ardemment connaître depuis longtemps, et qu'à 19 ans, il avait fait son premier grand voyage et, peu de temps après, sa première découverte scientifique. Mais la fixation de cette prédilection se produisit deux lustres plus tard, lorsque ces mêmes nombres acquirent de l'importance pour sa vie amoureuse. — Bien plus, même dans le cas de nombres qu'on utilise avec une particulière fréquence dans un certain contexte de façon apparemment arbitraire, on peut, grâce à l'analyse, remonter jusqu'à un sens inattendu. C'est

1. Pour élucider *Macbeth*, le n° 17 du l'U.-B., Adler me communique que l'homme en question avait adhéré à 17 ans à une société anarchiste qui s'était fixé le régicide pour but. C'est certainement pour cela que le contenu de *Macbeth* avait sombré dans l'oubli. À cette époque, cette même personne avait inventé une écriture secrète dans laquelle les lettres étaient remplacées par des nombres.

a. Ajouté en 1910.

ainsi qu'un jour, il vint à l'esprit de l'un de mes patients l'idée que d'ordinaire, lorsqu'il était mécontent, il aimait tout particulièrement dire : « Cela, je te l'ai déjà dit de 17 à 36 fois », et il se demanda si, pour cela aussi, il y avait une motivation. Il lui vint sur-le-champ à l'esprit l'idée qu'il était né un 27, que son frère cadet, par contre, était né un 26, et qu'il avait des raisons de se plaindre de ce que le Destin lui avait pris beaucoup des bonnes choses qu'offre la vie pour les donner à ce frère cadet. Ainsi, il figurait cette partialité du Destin en retranchant dix de sa date de naissance et en les ajoutant à celle de son frère. « Je suis l'aîné, et pourtant, on m'a tant rogné. »

5)[a] Je voudrais m'attarder encore sur les analyses d'idées de nombre qui viennent à l'esprit, car je ne connais pas d'autres observations séparées qui puissent prouver de 276
façon aussi éclatante l'existence de processus de pensée hautement élaborés[b], dont pourtant la conscience n'a nulle connaissance, et, d'un autre côté, je ne connais pas de meilleur exemple d'analyses lors desquelles la collaboration, fréquemment incriminée, du médecin (la suggestion) doive de façon aussi certaine ne pas être prise en compte. C'est pourquoi je vais communiquer ici (avec son accord) l'analyse d'une idée de nombre qui est venue à l'esprit de l'un de mes patients, patient dont j'ai seulement besoin de dire qu'il est le plus jeune d'une longue série d'enfants et qu'il a perdu de bonne heure son père qu'il admirait. Un jour qu'il est dans une humeur particulièrement enjouée, il fait venir à son esprit le nombre *426 718* et se pose la question : « Bon, qu'est-ce qui me vient à l'esprit à ce propos ? D'abord un mot d'esprit que j'ai entendu raconter : "Quand on fait soigner un rhume de cerveau par le méde-

a. Ajouté en 1912.
b. *hoch zusammengesetzt* : « hautement composés ».

cin, il dure 42 jours, et quand on ne le fait pas soigner, ... 6 semaines." » Cela correspond aux premiers chiffres du nombre *42* = *6* × *7*. Lors de l'hésitation qui se produit lorsqu'il trouve cette première solution, j'attire son attention sur le fait que le nombre à six chiffres choisi par lui contient tous les premiers chiffres, à l'exception de 3 et de 5. Alors, il trouve aussitôt la suite de l'interprétation. « Nous sommes 7 frères et sœurs, je suis le plus jeune. 3 correspond dans l'ordre de la naissance à ma sœur A., 5 à mon frère L., c'étaient mes deux ennemis. J'avais l'habitude, étant enfant, de demander tous les soirs à Dieu pendant ma prière de rappeler à lui mes deux tourmenteurs. Maintenant, il me semble que j'ai exaucé moi-même ici ce vœu ; 3 et 5, le méchant frère et la sœur détestée, ont été sautés. — Si le nombre en question signifie la série de vos frères et sœurs, qu'en est-il du *18* à la fin ? Vous n'étiez bien que 7. — J'ai souvent pensé que si mon père avait vécu plus longtemps, je ne serais pas resté le plus jeune des enfants. S'il en était né encore 1, nous aurions été *8*, et j'aurais eu derrière moi un enfant plus petit, face auquel j'aurais joué le rôle d'aîné. »

Ainsi donc, le nombre était élucidé, mais il nous incombait encore d'établir la corrélation entre la première
277 partie de l'interprétation et les suivantes. Il fut très facile d'obtenir ce résultat à partir de la condition requise par les derniers nombres, à savoir « si son père avait vécu plus longtemps ». « 42 = 6 × 7 » signifiait le mépris pour les médecins, qui n'avaient pas été capables de sauver son père ; sous cette forme s'exprimait donc son désir que son père continue à vivre. L'intégralité du nombre correspondait, à proprement parler, à l'accomplissement de ses deux désirs infantiles concernant le cercle de sa famille, à savoir que les deux méchants parmi ses frères et sœurs meurent et qu'un petit nouveau naisse après eux, ou bien, pour dire

les choses avec le maximum de concision : « Ah, si seulement c'était plutôt ces deux-là qui étaient morts, au lieu du père bien-aimé[1] ! »

6)[a] Voici un petit exemple tiré du courrier que je reçois. Le receveur de l'administration des télégraphes de L. m'écrit que son fils de 18 ans et demi, qui veut faire des études de médecine, s'occupe dès à présent de psychopathologie de la vie quotidienne et cherche à convaincre ses parents de la justesse de mes théories. Je vais rapporter ici une des expériences qu'il a tentées, sans m'exprimer sur la discussion qui s'y est rattachée.

« Mon fils a une conversation avec ma femme sur ce qu'on appelle le hasard et il lui explique qu'elle ne peut citer aucune chanson, aucun nombre, qui ne lui soient réellement venus à l'esprit que "par hasard". Et le dialogue suivant s'engage. Le fils : "Dis-moi n'importe quel nombre." La mère : "79." Le fils : "Qu'est-ce qui te vient à l'esprit à ce propos ?" La mère : "Je pense au beau chapeau que j'ai regardé hier." Le fils : "Combien coûtait-il ?" La mère : "158 marks." Le fils : "Nous y sommes : 158 ÷ 2 = 79. Tu as trouvé le chapeau trop cher et tu as très certainement pensé : S'il coûtait moitié moins cher, je l'achèterais."

À ces explications de mon fils, j'opposai d'abord cette objection qu'en général les dames ne savent pas spécialement bien compter et qu'à coup sûr sa mère non plus ne s'était pas rendu compte que 79 était la moitié de 158. 278
Donc, sa théorie présupposait le fait, assez improbable, que le subconscient calculerait mieux que la conscience normale. "Absolument pas, obtins-je en réponse ; c'est

1. Pour simplifier, j'ai laissé de côté quelques idées intermédiaires qui sont venues à l'esprit du patient et qui auraient tout aussi bien convenu à notre propos.

a. Ajouté en 1920.

entendu, Maman n'a pas fait le calcul 158 ÷ 2 = 79, mais elle peut fort bien avoir vu cette équation à l'occasion ; bien plus, il se peut qu'en rêve, elle se soit préoccupée du chapeau et que, ce faisant, elle se soit rendu compte du prix qu'il aurait s'il coûtait la moitié." »

7)[a] Voici une autre analyse de nombre, que j'emprunte à Jones (*op. cit.*, p. 478). Un monsieur de sa connaissance fit un jour venir à son esprit le nombre *986* et défia ensuite Jones de mettre celui-ci en relation avec telle ou telle chose à laquelle il penserait. « La première association du sujet expérimental fut le souvenir d'une plaisanterie oubliée depuis longtemps. Six ans auparavant, pendant le jour le plus chaud de l'année, un journal avait annoncé que le thermomètre marquait 986° Fahrenheit, ce qui était manifestement une exagération grotesque de la température réelle, 98° 6 [31,5 ° C] ! Pendant cette conversation, nous étions assis devant la cheminée, où brûlait un feu vif ; il s'en écarta et fit observer, probablement avec raison, que la grande chaleur lui avait fait se remémorer ce souvenir. Quant à moi, je ne me satisfis pas aussi facilement de cette explication et voulus savoir comment il se faisait que ce souvenir, précisément, se soit aussi solidement fixé[b] en lui. Il raconta que cette plaisanterie l'avait énormément fait rire et qu'il s'en amusait de nouveau à chaque fois qu'elle lui revenait à l'esprit. Mais comme, moi, je ne la trouvais pas particulièrement bonne, mon attente quant à un sens caché qui se trouverait derrière elle ne s'en trouva que renforcée. Sa pensée suivante fut que la représentation de la chaleur avait toujours signifié beaucoup de choses pour lui. La chaleur, déclara-t-il, était la chose la plus importante du monde, la source de toute vie, etc. Un tel enthousiasme

a. Ajouté en 1912.
b. *gehaftet*. Ce terme contient l'idée d'adhérence.

exalté chez un jeune homme d'ordinaire fort prosaïque ne pouvait qu'inciter à la réflexion ; je lui demandai de continuer ses associations. L'idée suivante qui lui vint à l'esprit concernait la cheminée d'usine qu'il pouvait voir de sa chambre à coucher. Il avait souvent l'habitude, le soir, de 279
garder le regard fixé sur la fumée et le feu qui en sortaient et de réfléchir, ce faisant, sur le déplorable gaspillage d'énergie. La chaleur, le feu, la source de toute vie, le gaspillage d'une énergie sortant d'un haut tuyau creux — il ne fut pas difficile de deviner en partant de ces associations que la représentation "chaleur et feu" était reliée chez lui à la représentation de l'amour, comme c'est habituel dans la pensée symbolique, et que c'est un puissant complexe de masturbation qui avait motivé l'idée de nombre qui lui était venue à l'esprit. Il ne lui resta plus qu'à confirmer ma supposition. »

Quiconque veut se faire une bonne idée[a] de la façon dont le matériel constitué par les nombres fait l'objet d'une élaboration dans la pensée inconsciente peut se reporter à l'article de C. G. Jung « *Ein Beitrag zur Kenntnis des Zahlentraumes* » (*Zentralbl. für Psychoanalyse*, I, 1911) et à un autre, écrit par E. Jones (« *Unconscious manipulations of numbers* », *ibid.*, II, 5, 1912).

Dans mes propres analyses de ce genre, j'ai été particulièrement frappé par deux sortes de choses : en premier lieu, par la sûreté quasi somnambulique[b] avec laquelle je me dirige vers le but inconnu de moi, me plonge dans une démarche mentale de type arithmétique, qui, ensuite, aboutit brusquement au nombre recherché, et par la rapidité avec laquelle s'accomplit tout le travail ultérieur ; mais

a. Ce paragraphe fut également ajouté en 1912 ; le suivant remonte à 1901.

b. Cf. p. 241, 243 et p. 280.

aussi, en deuxième lieu, par le fait que les nombres sont à ce point disponibles pour ma pensée inconsciente, alors même que je calcule mal et éprouve les plus grandes difficultés à retenir de façon consciente les dates, les numéros des maisons, et autres choses similaires. Je trouve d'ailleurs, dans ces opérations mentales inconscientes sur des nombres, une tendance à la croyance superstitieuse dont l'origine m'est longtemps restée étrangère[a] [1].

a. Dans les éditions de 1901 et de 1904 : « ... m'est encore inconnue ». Le paragraphe continuait ainsi : « La plupart du temps, je tombe sur des spéculations concernant la durée de ma propre vie et de celle des personnes qui me sont chères, et ce qui a exercé une action de détermination sur ces petits jeux inconscients, c'est, très certainement, le fait que mon ami de B[erlin] a pris les périodes de la vie des êtres humains comme objet de ses calculs, lesquels sont fondés sur des unités biologiques. Or, je ne suis pas d'accord avec l'un des présupposés dont il part à cette occasion, aimerais bien avoir raison contre lui pour des motifs extrêmement égoïstes et parais donc imiter ces calculs à ma manière. » Freud fait allusion à son analyse du nombre 2 467, qui, en 1901 et 1904, précédait immédiatement cet ajout. L'hypothèse de Fliess qui lui déplaît était le fait que son ami avait prédit sa mort à l'âge de 51 ans en 1907, année lors de laquelle ce passage fut supprimé. Cf. *L'interprétation des rêves*, p. 373 et 436-437.

1. [Ajouté en 1920] M. Rudolf Schneider, de Munich, a soulevé une intéressante objection contre la force probante de telles analyses de nombres (« *Zu Freuds analytischer Untersuchung des Zahleneinfalls* », *Internat. Zeitschr. für Psychoanalyse*, 1920, n° 1). Il a pris des nombres donnés, par ex. le premier qui lui soit tombé sous les yeux dans un ouvrage d'histoire qu'il avait ouvert, ou bien il a soumis à une autre personne un nombre choisi par lui et a alors regardé si, pour ce nombre imposé aussi, des idées apparemment déterminantes venaient à l'esprit de celle-ci. Or ce fut effectivement le cas ; dans un des exemples qu'il communique et qui le concernait lui-même, les idées en question fournirent une détermination aussi abondante et ayant autant de sens que dans le cas de nos analyses de nombres surgis spontanément, alors même que le nombre utilisé dans l'expérience de Schneider, donné de l'extérieur, n'avait pas besoin de détermination. Dans une deuxième expérience, tentée sur une autre personne que lui, il se facilita manifestement trop la tâche, car il lui proposa le nombre 2, pour lequel tout un chacun ne peut que réussir à trouver n'importe quel matériel susceptible de le déterminer. — Maintenant, R. Schneider déduit de ses expériences deux sortes de conclusions, premièrement que « le psychique possède les mêmes possibilités d'établir des associations avec des nombres que celles qu'il a pour les concepts », deuxiè-

Nous ne serons pas surpris de découvrir[a] que, non 280
seulement les nombres, mais aussi les idées de mots d'une autre sorte qui viennent à l'esprit s'avèrent régulièrement être bien déterminés, dès lors qu'on les soumet à l'investigation analytique.

---

mement que le fait que des idées déterminantes viennent à l'esprit de quelqu'un à propos d'idées spontanées de nombres ne prouve en rien la thèse selon laquelle ces nombres tireraient leur origine des pensées découvertes lors de l'« analyse » à laquelle ils ont été soumis. La première des deux déductions est indubitablement juste. Il est tout aussi facile d'associer à un nombre donné qu'à un mot prononcé par autrui quelque chose qui s'accorde avec lui, c'est peut-être même encore plus facile, puisque la faculté pour les chiffres, qui sont peu nombreux, de se connecter est particulièrement grande. On se trouve alors tout simplement dans la situation de ce qu'on appelle l'expérience d'association, qui a été étudiée par l'école de Bleuler-Jung sous les angles les plus divers. Dans une telle situation, l'idée qui vient à la personne (réaction) se trouve déterminée par le mot qui a été donné (mot-stimulus). Mais cette réaction pourrait aussi être d'un genre très différent, et les expériences de Jung ont montré que la suite de la distinction n'est elle-même pas laissée au « hasard », mais que des « complexes » inconscients prennent part à la détermination, lorsqu'ils ont été touchés par le mot-stimulus. — La deuxième déduction de Schneider va trop loin. Le fait qu'à propos de nombres (ou de mots) donnés, des idées s'accordant avec eux viennent à l'esprit de la personne en question ne nous fournit rien, concernant l'origine dont on pourrait faire découler des nombres (et des mots) surgissant spontanément, qui n'ait déjà dû être pris en compte avant que ce fait ait été connu. Ces idées (mots ou nombres) qui lui viennent à l'esprit pourraient être indéterminées, ou déterminées par les pensées qui sont livrées par l'analyse, ou par d'autres pensées qui ne se sont pas trahies, révélées lors de l'analyse, auquel cas cette dernière nous aurait induits en erreur. On doit seulement se débarrasser d'une impression qu'on a, à savoir que ce problème se poserait autrement pour les nombres que pour les idées de mots qui vous viennent à l'esprit. Il n'entre pas dans le propos de ce livre de faire un examen critique de ce problème et, par là, de justifier la technique psychanalytique de l'idée subite. Dans la pratique analytique, on part de la présupposition selon laquelle la deuxième des possibilités mentionnées correspond à la réalité et est utilisable dans la majorité des cas. Les investigations d'un psychologue expérimental ont enseigné qu'elle est de loin la plus probable (Poppelreuter). (Cf., d'ailleurs, sur ce point, les intéressants développements de Bleuler dans son livre *Das autistisch-undisziplinierte Denken*, 1919, chap. 9 : *Von den Wahrcheinlichkeiten der psychologischen Erkenntnis.*)

a. Cette phrase ainsi que les exemples 8 et 9 furent ajoutés en 1912.

8) Voici un bel exemple de la façon dont on peut remonter à l'origine d'un mot obsédant, c.-à-d. qui [vous] poursuit ; on le trouve chez Jung (*Diagnost. Assoziationsstudien*, IV, p. 215). « Une dame m'a raconté que, depuis quelques jours, le mot "*Taganrog*" lui venait
281 constamment aux lèvres, sans qu'elle ait idée d'où cela pouvait venir. Je lui ai posé des questions sur les événements empreints d'affect et les désirs refoulés de son passé le plus récent. Après une certaine hésitation, elle m'a raconté qu'elle aimerait beaucoup avoir un peignoir [*Morgenrock*], mais que son mari, lui, n'y portait pas l'intérêt qu'elle aurait souhaité. "*Morgenrock* ['habit du matin'] : *Tag-an-rock*[a]" ["habit de jour"], on voit la similitude partielle sur le plan du sens et de la sonorité. La forme russe a été déterminée par le fait qu'à peu près à la même époque, la dame avait fait la connaissance d'une personne originaire de Taganrog. »

9) Je suis redevable au Dr E. Hitschmann de m'avoir fourni la solution d'un autre cas, dans lequel un vers s'est imposé de façon répétée, sous la forme d'une idée qui est venue à l'esprit de la personne intéressée dans une localité déterminée, sans qu'elle ait pu en découvrir l'origine et les rapports avec le lieu en question.

« Récit du docteur en droit E. : il y a six ans, j'ai fait un voyage de Biarritz à San Sebastián. La ligne de chemin de fer passe au-dessus de la Bidassoa, qui forme ici la frontière entre la France et l'Espagne. Sur le pont, on a une belle vue, qui, d'un côté, donne sur une large vallée et sur les Pyrénées, de l'autre, porte loin et s'étend jusqu'à la mer. C'était par une belle et claire journée d'été, tout était inondé de soleil et de lumière, j'étais en vacances, je faisais un voyage, je me réjouissais d'aller en

a. *Taganrog* se prononce en allemand *Taganrock*.

Espagne... c'est alors que me vinrent à l'esprit les vers suivants : "*Aber frei ist schon die Seele, schwebet in dem Meer von Licht.*" ["Mais l'âme est déjà libre, elle flotte dans l'océan de lumière."]

Je me souviens que j'ai alors réfléchi et me suis demandé d'où ces vers étaient tirés et que je n'ai pas pu me le rappeler ; étant donné le rythme, la phrase devait être empruntée à un poème, mais son titre m'échappait complètement. Je crois que, plus tard, comme les vers en question me venaient à l'esprit de façon répétée, j'ai encore interrogé plusieurs personnes à ce sujet, mais sans pouvoir apprendre quoi que ce soit.

L'an dernier, de retour d'un voyage en Espagne, j'ai emprunté la même ligne de chemin de fer. Il faisait nuit noire et il pleuvait. J'ai regardé par la fenêtre pour voir si nous arrivions déjà au poste-frontière et me suis aperçu 282
que nous étions sur le pont de la Bidassoa. Aussitôt les vers cités plus haut me sont à nouveau venus en mémoire, et à nouveau je n'ai pu me souvenir de leur origine.

Plusieurs mois après, alors que j'étais chez moi, les poèmes d'Uhland me sont tombés sous la main. J'ai ouvert le volume, et mon regard est tombé sur ces vers : "*Aber frei ist schon die Seele, schwebet in dem Meer von Licht*", qui forment la conclusion du poème "*Der Waller*" ["Le pèlerin"]. J'ai lu celui-ci et me suis alors souvenu très vaguement qu'il m'avait un jour été familier, des années auparavant. L'action a pour théâtre l'Espagne, et cet élément me sembla constituer le seul rapport existant entre les vers cités et l'endroit de la ligne de chemin de fer que j'ai décrit. Je ne fus qu'à moitié satisfait de ma découverte et continuai à feuilleter machinalement le livre. Les vers "*Aber frei ist schon*, etc." figuraient en dernier au bas d'une page. En tournant celle-ci, je trouvai un poème intitulé "*Die Bidassoabrücke*" ["*Le pont de la Bidassoa*"].

Je voudrais encore ajouter que le contenu de ce dernier poème me parut presque encore moins familier que celui du premier et qu'il commence ainsi : "*Auf der Bidassoabrücke steht ein Heiliger altersgrau, segnet rechts die span'schen Berge, segnet links den fränk'schen Gau.*" ["Sur le pont de la Bidassoa, se tient un saint, grisonnant, il bénit à droite les monts espagnols, il bénit à gauche le pays françois."] »

B)[a] Ces lumières que nous avons acquises sur le caractère déterminé de noms et de nombres choisis de façon arbitraire en apparence peuvent peut-être contribuer à l'élucidation d'un autre problème. Contre l'hypothèse d'un déterminisme psychique continu, beaucoup de personnes invoquent, comme on sait, un sentiment particulier de conviction, à savoir la conviction intime qu'ils ont de l'existence d'un libre arbitre[b]. Ce sentiment de conviction existe et il ne cède pas même pas devant la croyance au déterminisme. Comme tous les sentiments normaux, il doit forcément être justifié par quelque chose. Mais il ne se manifeste pas, pour autant que je puisse l'observer, lors des grandes et importantes déci-
283 sions que prend la volonté ; dans ces occasions, on a plutôt la sensation d'une compulsion psychique[c] et on

a. Sauf indication contraire, les sections B et C remontent à 1901.

b. *freier Wille* : « volonté libre ». On peut trouver de brèves références à ce concept dans *L'inquiétante étrangeté*, Gallimard, p. 238, et dans la troisième et la sixième conférence de l'*Introduction*.

c. *psychischer Zwang*. Ce nom, qu'on peut aussi traduire par « contrainte », est à la base de nombreux concepts freudiens, notamment de la « névrose obsessionnelle » (*Zwangsneurose*).

l'invoque volontiers (« *Hier stehe ich, ich kann nicht anders*[a] » [« C'est ici le point où je me trouve, je ne peux faire autrement »]). On aimerait par contre, dans le cas, précisément, de décisions peu importantes, ne tirant pas à conséquence, assurer qu'on aurait tout aussi bien pu agir autrement, qu'on a agi de sa propre et libre volonté, non déterminée par une motivation. Maintenant, il ressort de nos analyses qu'il n'est pas nécessaire de contester son bon droit à la conviction intime que le libre arbitre existe. Si l'on introduit une distinction entre la motivation émanant du conscient et la motivation émanant de l'inconscient, alors le sentiment de conviction que nous éprouvons nous informe que la motivation consciente ne s'étend pas à toutes nos décisions à caractère moteur. *Minima non curat praetor*[b] [« Le préteur ne s'occupe pas de petites affaires »]. Mais ce qui, de cette façon, a été laissé libre par l'un des deux côtés, reçoit sa motivation de l'autre côté, de l'inconscient, et c'est ainsi que le phénomène de détermination, dans le domaine psychique, ne présente quand même pas de lacunes[1].

1. [Ajouté en 1907] Ces vues sur la détermination rigoureuse d'actes psychiques apparemment arbitraires ont déjà été très fructueuses pour la psychologie — peut-être aussi pour l'administration de la justice. C'est dans ce sens que Bleuler et Jung ont expliqué les réactions qui se produisent au cours de l'expérience dite « d'association », lors de laquelle la personne soumise à l'investigation répond à un mot qu'on lui dit par un mot qui lui vient à l'esprit à son propos (mot-stimulus — réaction) et pendant laquelle on mesure le temps écoulé à cette occasion (temps de réaction). Dans son livre intitulé *Diagnostische Assoziationsstudien* (1906), Jung a montré à quel point nous possédons, avec l'expérience d'association ainsi interprétée, un réactif sensible permettant d'analyser les états psychiques. Deux élèves du professeur de droit pénal H. Gross, de Prague, Wertheimer et Klein, ont développé, à partir de ces expériences, une technique permettant l'« établissement des faits par voie diagnostique » dans des affaires pénales, technique qui est actuellement examinée par les psychologues et les juristes.

a. Phrase très célèbre prononcée par Luther à la Diète de Worms.

b. Célèbre proverbe latin attribué à Sophista Callistratus (v. 200 apr. J.-C.).

C) Même si, étant donné tout cet état de choses, la pensée consciente ne peut forcément avoir connaissance de la motivation des actes manqués dont nous avons parlé, il serait pourtant souhaitable de découvrir une preuve psychologique de son existence ; bien plus, pour des raisons qui apparaissent lorsqu'on a une connaissance assez précise de l'inconscient, il est probable que de telles preuves peuvent être découvertes quelque part. Effectivement, il est possible d'établir dans deux domaines l'existence de phénomènes qui semblent correspondre à une connaissance inconsciente et, partant, déplacée de cette motivation :

284 *a)* Il existe, dans le comportement des paranoïaques, un trait frappant et universellement constaté, à savoir qu'ils attachent la plus grande importance aux petits détails de la conduite des autres, détails que nous-mêmes aurions négligés, qu'ils les interprètent et en font le fondement de déductions qui vont loin. Par ex., le dernier paranoïaque que j'ai vu en a conclu à l'existence d'un accord entre tous les membres de son entourage, parce que ceux qui étaient présents à la gare lors de son départ avaient fait un certain geste de l'une des deux mains. Un autre a noté la façon dont les gens marchent dans la rue, font des moulinets avec leur canne, etc.[1].

La catégorie du fortuit, celle des choses qui n'ont pas besoin de motivation, catégorie dont l'homme normal admet la validité pour une partie de ses propres actes psychiques et actes psychiques manqués, est donc rejetée

1. En partant d'autres points de vue, on a rangé cette façon de juger les manifestations psychiques inessentielles et fortuites des autres dans la catégorie du « délire de mise en relation ».

par le paranoïaque lorsqu'il l'applique aux manifestations psychiques des autres. Tout ce qu'il remarque chez les autres est plein de sens, tout est interprétable. Mais comment en vient-il donc à avoir cette position ? Ici comme dans tant d'autres cas similaires, il projette probablement dans la vie psychique des autres ce qui est présent de façon inconsciente dans la sienne propre. Dans la paranoïa, toutes sortes de choses se fraient un passage jusqu'à la conscience, tout autant que celles qui existent chez les gens normaux et les névrosés, mais dont nous ne prouvons la présence dans l'inconscient qu'après en être passés par la psychanalyse[1]. En cela, le paranoïaque a donc en un certain sens raison, il découvre quelque chose qui échappe à l'homme normal, sa vision des choses a une plus grande acuité que la faculté de penser normale, mais le fait qu'il déplace sur d'autres l'état de choses qu'il a ainsi découvert enlève sa valeur à cette découverte. Aussi n'attendra-t-on pas de moi, je l'espère, que je justifie chacune des interprétations paranoïaques. Toutefois, la part de bien-fondé que nous concédons à la paranoïa dans cette manière de concevoir les actes fortuits va nous 285
faciliter la compréhension psychologique de la conviction qui, chez le paranoïaque, s'attache à toutes ces interprétations. *C'est qu'il y a du vrai dans tout cela*[a] ; nos

1. Les fantasmes qu'ont, par ex., les hystériques à propos de sévices à caractère sexuel et pleins de cruauté, fantasmes qui doivent être rendus conscients par l'analyse, coïncident à l'occasion jusque dans les moindres détails avec les plaintes des paranoïaques qui se sentent persécutés. Il est intéressant, mais pas incompréhensible, que nous rencontrions aussi ce même contenu précisément, en tant que réalité, dans les mises en scène que les pervers organisent pour satisfaire leurs appétits. [Cf. la discussion de ces idées dans le *Fragment d'une analyse d'hystérie* (cas « Dora »), chapitre I, qui a été rédigé avant la publication du présent ouvrage, mais n'a paru que quatre ans après. On trouve une note infrapaginale similaire dans le premier des *Trois essais*, IV, p. 80.]

a. Cette notion — le fond de vérité qu'il y a dans les illusions et les délires des paranoïaques — se retrouve tout au long des écrits de Freud.

erreurs de jugement elles aussi, lorsqu'elles ne peuvent être qualifiées de pathologiques, acquièrent le sentiment de conviction qui va avec elles d'une façon qui n'est pas différente. Ce sentiment est justifié pour une certaine partie du cheminement de pensée erroné ou pour la source dont il est issu, et nous l'étendons ensuite à l'ensemble du contexte restant.

b) Il existe un autre indice de la connaissance inconsciente et déplacée qu'on a de la motivation dans le cas des actes fortuits et des actes manqués ; il est présent dans le phénomène de la croyance superstitieuse. Je voudrais préciser mon opinion en discutant d'une petite expérience que j'ai vécue et qui a été pour moi le point de départ de ces réflexions.

De retour de vacances, mes pensées se tournent aussitôt vers les malades dont je vais avoir à m'occuper au cours de cette nouvelle année de travail qui commence. Ma première visite est pour une dame très âgée à laquelle je fais subir depuis des années les mêmes manipulations médicales deux fois par jour (voir plus haut, p. 275 et p. 295). À cause de la monotonie de cette besogne, des pensées inconscientes ont très fréquemment réussi à s'exprimer sur le chemin qui me mène chez la malade et pendant que je m'occupe d'elle. Elle a

---

Elle est déjà apparue, sous une forme assez différente, à la fin de ses *Nouvelles remarques sur les psychonévroses de défense*. Parmi les œuvres publiées par la suite, on peut mentionner la *Gradiva* et *Sur quelques mécanismes névrotiques*, qui semble se rattacher de près à certaines des présentes considérations. Dans ses derniers écrits, Freud donne à cette idée une extension plus grande. Il y applique la notion de fond historique de vérité, premièrement aux mythes, dans *La conquête du feu*, et puis à la religion, dans *L'homme Moïse* (chap. III, 1re partie, section D, et 2e partie, section G). Ce sujet est aussi traité, sous un angle plus clinique, dans *Constructions dans l'analyse* (section III). Dans ces dernières discussions, Freud opère une distinction entre vérité « matérielle » et vérité « historique ».

quatre-vingt-dix ans passés ; aussi suis-je amené à me demander, au début de chaque année, combien de temps il lui reste probablement à vivre. Le jour dont je parle, je suis pressé et je prends donc une voiture qui doit me déposer devant sa maison. Tous les cochers de la station de fiacres qui se trouve devant la mienne connaissent l'adresse de la vieille dame, car chacun d'eux m'y a déjà souvent conduit. Or, ce jour-là, il arrive que le cocher s'arrête, non pas devant sa maison, mais devant la maison portant le même numéro qui est située dans une rue parallèle adjacente et ressemblant réellement beaucoup à l'autre. Je m'aperçois de l'erreur et la reproche au cocher, qui s'excuse. Maintenant, le fait que l'on me conduise 286
devant une maison où je ne trouve pas la dame âgée signifie-t-il quelque chose ? Pour moi non, c'est certain, mais si j'étais *superstitieux*, je verrais dans ce petit événement un présage, un avertissement du destin, m'annonçant que, pour la vieille dame, cette année sera la dernière. Un très grand nombre des présages que l'histoire a conservés avaient leur fondement dans une symbolique qui n'était pas meilleure que celle-ci. Mais quant à moi, je déclare qu'il s'agit d'un incident fortuit sans signification particulière.

Tout autre aurait été le cas si j'avais fait le chemin à pied et si ensuite, plongé dans mes « pensées », par « distraction », j'étais arrivé devant la maison de la rue parallèle au lieu d'arriver devant la bonne. Alors, je déclarerais qu'il s'agit, non pas d'un hasard, mais d'un acte accompli avec une intention inconsciente et nécessitant d'être interprété. Si j'interprétais cet « acheminement manqué[a] », je devrais probablement dire que je m'atten-

a. *Vergehen*. Ce mot, qui existe, mais habituellement pas dans le sens donné par Freud (d'où les guillemets), est à rapprocher de *verstiegen* (« gravissement manqué ») (cf. p. 276, n. *a*). Sur les substantifs verbaux désignant des actes manqués, voir aussi la notice terminologique.

dais à ne plus trouver la vieille dame en vie dans un avenir proche.

Je me différencie donc d'un homme superstitieux par la chose suivante :

Je ne crois pas qu'un événement à la survenue duquel ma vie psychique n'a pas participé puisse m'apprendre quelque chose de caché concernant la configuration future de la réalité ; je crois par contre qu'une manifestation non intentionnelle de ma propre activité psychique me révèle assurément quelque chose de caché qui, à son tour, n'appartient qu'à ma vie psychique ; je crois certes à un hasard extérieur (réel), mais pas à un hasard intérieur (psychique). Pour l'homme superstitieux, c'est l'inverse : il ignore tout du caractère motivé de ses actes fortuits et de ses actes manqués, il croit qu'il existe des hasards psychiques ; en revanche, il est enclin à attribuer au hasard extérieur une signification qui se manifestera dans les événements de la réalité[a], à voir dans le hasard un moyen par lequel s'exprime quelque chose qui, dans le monde extérieur, lui est caché. Il y a deux différences entre l'homme superstitieux et moi : premièrement, il projette vers l'extérieur une motivation que je cherche à l'intérieur ; deuxièmement, il interprète grâce à un évé-
287 nement le hasard que, moi, je fais découler d'une pensée. Cela dit, ce qui chez lui est la chose cachée correspond chez moi à l'inconscient, et la force interne contraignante qui nous pousse[b] à ne pas reconnaître le hasard en tant que hasard, mais à l'interpréter, nous est commune à tous les deux[1].

a. *reales Geschehen.*

b. *Zwang.* Autres traductions possibles : « compulsion », « contrainte ». Cf. p. 404, n. *c.*

1. [Ajouté en 1924] Sur ce point, je voudrais citer un bel exemple grâce auquel N. Ossipow traite de la différence entre la façon de voir les

Maintenant, j'émets comme hypothèse que cette non-connaissance consciente et connaissance inconsciente du caractère motivé des événements psychiques fortuits est une des racines psychiques de la superstition. C'est *parce que* l'homme superstitieux ignore totalement que ses propres actes fortuits sont motivés, et parce que le fait constitué par cette motivation fait pression pour qu'il lui accorde une place et la reconnaisse en tant que telle, qu'il est forcé de la situer, en la déplaçant, dans le monde extérieur. Si une telle corrélation existe, alors il n'est guère pensable qu'elle se limite à ce cas isolé. Je crois effectivement qu'une large part de la conception mythologique du monde, qui s'étend très loin, jusques et y compris les religions les plus modernes, n'est rien d'autre que *de la psychologie projetée vers le monde extérieur.* L'obscure connaissance[a]

---

choses superstitieuse, psychanalytique et mystique (« *Psychoanalyse und Aberglauben* », *Internationale Zeitschrift für Psychoanalyse,* VIII, 1922). Il s'était marié dans une petite ville de province de Russie et était parti pour Moscou avec sa jeune femme immédiatement après. Lors d'un arrêt, deux heures avant d'atteindre le but, le désir lui était venu d'aller vers la sortie de la gare et de jeter un coup d'œil sur la ville ; il s'attendait à ce que le train attende suffisamment longtemps, mais lorsqu'il était revenu peu de temps après, celui-ci était déjà reparti avec sa jeune épouse. Quand, à la maison, sa vieille niania avait appris cet événement fortuit, elle avait déclaré en hochant la tête : « Il ne sortira rien de bon de ce mariage-là. » À l'époque, Ossipow avait ri de cette prophétie. Mais comme, cinq mois plus tard, il avait divorcé d'avec sa femme, il fut bien obligé de comprendre après coup le fait qu'il ait quitté le train comme une « protestation inconsciente » contre son mariage. La ville où cet acte manqué lui était arrivé acquit, des années après, une grande importance pour lui, car là-bas vivait une personne à laquelle le destin devait ultérieurement l'unir étroitement. À cette époque, la personne en question, bien plus, le fait même de son existence, lui était totalement inconnue. Mais l'explication mystique de son comportement serait qu'il avait quitté dans cette ville le train pour Moscou et sa femme parce que le destin qui lui était préparé sous la forme de la future relation à cette femme avait voulu s'annoncer.

a. Qui, naturellement, ne présente en rien le caractère d'une connaissance [vraie].

(la perception pour ainsi dire endopsychique[a]) de l'existence de facteurs et de faits psychiques propres à l'inconscient se reflète — il est difficile de le dire autrement, il faut impérativement s'aider ici de l'analogie
288 avec la paranoïa — dans la construction d'une *réalité suprasensible*, que la science a pour tâche de retransformer en *psychologie de l'inconscient*. On pourrait se risquer à résoudre d'une telle manière les mythes du paradis et du péché originel, de Dieu, du Bien et du Mal, de l'immortalité, etc., à transformer la *métaphysique* en *métapsychologie*[b]. Le fossé qui sépare le déplacement opéré par le paranoïaque de celui du superstitieux est moins grand qu'il n'y paraît à première vue. Lorsque les hommes ont commencé à penser, ils ont été obligés, on le sait, de résoudre le mystère du monde extérieur de manière anthropomorphique en décomposant celui-ci en une multiplicité de personnalités faites à leur image ; les événements fortuits, qu'ils interprétaient de façon superstitieuse, étaient donc pour eux les actes, les manifestations de personnes, et, par conséquent, eux-mêmes se comportaient exactement comme les paranoïaques, qui tirent des conclusions des signes anodins fournis par les autres, et comme les gens bien portants, qui, tous, se fondent à bon droit sur les actes fortuits et non intentionnels de leurs semblables pour porter une appréciation sur leur caractère. La superstition n'apparaît à ce point déplacée que dans notre conception moderne du monde,

a. Les mots entre parenthèses furent ajoutés en 1907. Freud se réfère à ce passage dans la section théorique de *L'homme aux rats*. Il fait une suggestion similaire dans la lettre à Fliess du 12 décembre 1897.

b. C'est la première occurrence du mot dans une œuvre publiée. Freud ne le reprendra que quatorze ans après, dans *L'inconscient*. Cela dit, il l'a créé et déjà utilisé dans la lettre à Fliess du 13 février 1896.

laquelle est fondée sur les sciences de la nature, mais est encore loin d'avoir été parachevée ; dans la conception du monde des temps et des peuples préscientifiques, elle était justifiée et cohérente avec les autres éléments de cette conception[a].

Le Romain qui renonçait à s'engager dans une entreprise importante parce qu'il avait rencontré un vol d'oiseaux défavorable avait donc relativement raison ; il agissait en cohérence avec ses présupposés. Mais lorsqu'il renonçait à son entreprise parce qu'il avait trébuché sur le seuil de sa porte (« *un Romain retournerait*[b] »), alors il nous était aussi supérieur de façon absolue, à nous autres incrédules, il apparaissait comme un meilleur connaisseur de l'âme humaine que ceux que nous nous efforçons d'être. Car ce trébuchement devait nécessairement lui avoir prouvé l'existence d'un doute, d'un courant opposé[c] à l'intérieur de lui, dont la force [l'énergie] avait pu, au moment de l'exécution du geste, se retrancher de celle nécessitée par son intention. En effet, on n'est sûr 289
d'obtenir un succès complet que lorsque toutes les forces psychiques tendent unanimement vers le but désiré. Quelle réponse le Guillaume Tell de Schiller, qui a hésité si longtemps avant de tirer sur la pomme placée sur la tête de son petit garçon pour la faire tomber, fait-il au bailli qui lui demande dans quel but il a caché sur lui l'autre flèche ?

a. Les idées de Freud sur le rôle joué par la projection dans la superstition, la paranoïa et l'origine de la religion sont développées dans *L'homme aux rats*, *Le président Schreber* et *Totem et tabou*.

b. En français dans le texte. En fait, Malesherbes allant à l'échafaud avait déclaré : « Un Romain à ma place serait rentré. »

c. *Gegenströmung* : « contre-courant ». À rapprocher de « contre-volonté », « contre-projet », « contre-impulsion », etc.

Avec cette flèche, c'est... vous que j'aurais transpercé
Si j'avais atteint mon cher enfant,
Et *vous*, c'est certain, je ne vous aurais *pas* manqué.

D)[a] Quiconque a eu l'occasion d'étudier les motions psychiques cachées[b] des êtres humains en utilisant le moyen de la psychanalyse est aussi en mesure de dire un certain nombre de choses nouvelles sur la qualité des mobiles inconscients qui s'expriment dans la superstition. C'est chez les personnes nerveuses affligées d'une pensée à caractère obsessionnel et souffrant d'états obsessionnels[c], personnes souvent très intelligentes, qu'on découvre avec le plus de netteté que la superstition découle de motions hostiles et cruelles réprimées[d]. La superstition, c'est, pour une grande part, l'attente d'un malheur, et celui qui a fréquemment souhaité du mal à d'autres, mais qui, à la suite de l'éducation au Bien qu'il a reçue, a refoulé pareils désirs dans son inconscient, sera tout particulièrement porté à s'attendre à recevoir le châtiment d'un tel mal souhaité inconsciemment, châtiment qui viendrait de l'extérieur sous la forme d'un malheur le menaçant.

Tout en admettant qu'avec ces remarques nous n'avons nullement épuisé la psychologie de la superstition, nous allons devoir, d'un autre côté, au moins effleurer la question de savoir si on peut tout à fait

a. La section D apparut pour la première fois en 1907 et fut augmentée lors des éditions suivantes. Les six premiers paragraphes remontent à 1907.

b. *psychische Regungen.*

c. *Zwangsdenken und Zwangszustande.* Cf. p. 404, n. *c.*

d. Cf., par ex., *L'homme aux rats*, p. 251-252.

contester qu'il y ait des racines réelles à la superstition, s'il est bien certain que les pressentiments, les rêves prophétiques, les expériences télépathiques, les manifestations de forces suprasensibles, etc., n'existent pas. Je suis, en ce qui me concerne, bien loin de vouloir condamner partout définitivement, sans autre forme de procès, ces phénomènes sur lesquels existent tant d'observations détaillées, provenant même d'hommes éminents sur le plan intellectuel, et dont le mieux serait qu'ils deviennent l'objet de recherches plus poussées. Et il est même permis d'espérer que les lumières que nous avons 290
commencé à acquérir sur les processus psychiques inconscients permettront d'élucider une partie de ces observations, sans que nous soyons obligés de procéder à un bouleversement fondamental de nos conceptions actuelles[1]. S'il devait y avoir encore d'autres phénomènes pouvant être prouvés, comme par ex. ceux dont les spiritistes affirment l'existence, alors nous procéderions aux modifications de nos « lois » rendues nécessaires par l'expérience nouvellement acquise, sans que nous commencions pour autant à ne plus savoir que penser de la cohérence des choses dans le monde.

Dans le cadre des présentes réflexions, je ne puis donner aux questions soulevées plus haut d'autre réponse que subjective, c.-à-d. fondée sur mon expérience personnelle. Je suis malheureusement forcé d'avouer que je fais partie de cette catégorie d'individus indignes en présence desquels les esprits suspendent leur activité et le suprasensible s'échappe, de sorte que je ne me suis jamais trouvé en situation de vivre moi-même quelque chose

1. [Ajouté en 1924] E. Hitschmann, « *Zur Kritik des Hellsehens* », « *Wiener Klinische Rundschau* », 1910, n° 6, et « *Ein Dichter und sein Vater, Beitrag zur Psychologie religiöser Bekehrung und telepathischer Phänomene* », *Imago*, IV, 1915-1916.

qui suscite chez moi la croyance aux prodiges[a]. Comme tous les êtres humains, j'ai eu des pressentiments et j'ai éprouvé des malheurs, mais les uns et les autres ont évité de coïncider, de sorte que les pressentiments n'étaient suivis par rien et que le malheur s'abattait sur moi sans s'être annoncé. À l'époque où, jeune homme, je vivais seul dans une ville étrangère[b], j'ai très souvent entendu subitement prononcer mon nom par une voix indéniablement connue et chère et noté ensuite l'heure à laquelle s'était produite l'hallucination, pour demander, plein d'inquiétude, à ceux qui étaient restés au pays ce qui s'était produit au moment en question. Il ne s'était rien passé. En revanche, il m'est arrivé plus tard de travailler avec mes malades sans que me vienne aucune émotion particulière et sans rien pressentir, alors que mon enfant était sur le point de mourir d'une hémorragie. De même, aucun des pressentiments dont m'ont fait part des patients n'a pu réussir à ce que je lui reconnaisse la valeur d'un phénomène réel. Pourtant, je suis forcé d'avouer que, ces dernières années, j'ai fait quelques
291 expériences singulières qui auraient facilement pu être élucidées si j'avais admis l'existence de la transmission de pensée télépathique[c].

La croyance aux rêves prophétiques compte beaucoup de partisans, parce qu'elle peut s'appuyer sur le fait que

a. *Wunderglaube.* Autre traduction possible : « croyance aux miracles ». De même, l'adjectif *wunderbar* est traduit, soit par « prodigieux, qui tient du prodige », soit par « miraculeux ».

b. Freud se réfère à son séjour à Paris (octobre 1885-février 1886), qui fut aussi l'époque de ses fiançailles.

c. La dernière phrase fut ajoutée en 1924. — À cette époque, Freud écrivit beaucoup de choses sur la télépathie : l'article posthume « Psychanalyse et télépathie » (1941 [1921]), « La signification occulte du rêve » et le chapitre sur le « Rêve et l'occultisme », qui, dans les *Nouvelles conférences* (1933), forme un additif au texte qu'il mentionne dans la note suivante.

bien des choses revêtent effectivement dans le futur la configuration que le désir, dans le rêve, a construite antérieurement[1]. Seulement, il n'y a là rien qui tienne du prodige, et on peut, en règle générale, mettre en évidence des écarts importants entre le rêve et son accomplissement, que la crédulité des rêveurs aime à négliger. Un bel exemple de rêve que l'on peut à bon droit qualifier de prophétique m'a un jour été fourni par une patiente intelligente et aimant la vérité, pour qu'il fasse l'objet d'une analyse précise. Elle me raconta qu'elle avait un jour rêvé qu'elle rencontrait son ancien ami et médecin de famille devant un magasin déterminé d'une certaine rue, et que, lorsque, le lendemain matin, elle était allée dans la Vieille Ville, elle l'avait effectivement rencontré à l'endroit indiqué dans le rêve. Je voudrais faire remarquer que cette coïncidence[a] qui tient du prodige ne tira sa signification d'aucune expérience ultérieure que la dame aurait vécue, qu'elle ne pouvait donc être justifiée par une chose qui serait advenue dans le futur.

Un examen minutieux permit de constater qu'il n'existait aucune preuve de ce que la dame s'était remémoré le rêve dès le matin ayant suivi la nuit du rêve, donc avant la promenade et la rencontre. Elle ne put rien objecter contre une présentation des faits qui privait l'événement de tout caractère miraculeux et ne laissait subsister qu'un problème psychologique intéressant. Un matin, elle était allée dans la rue en question, avait rencontré devant l'un des magasins son vieux médecin de famille et avait alors acquis en le voyant la conviction que, la nuit précédente, elle avait rêvé de cette rencontre

1. [Ajouté en 1924] Cf. Freud, « *Traum und Telepathie* », *Imago*, VIII, 1922.

a. *Zusammentreffen*. Ce mot signifie à la fois « rencontre » et « coïncidence ».

au même endroit. L'analyse permit ensuite d'indiquer avec une grande probabilité comment elle en était arrivée à avoir cette conviction, à laquelle, si l'on s'en tient aux règles généralement admises, on ne peut légitimement
292 pas, bien entendu, refuser le droit à une certaine crédibilité. Une rencontre à l'endroit déterminé après une attente préalable, ce sont assurément là les éléments constitutifs de ce qu'on appelle un rendez-vous amoureux. Le vieux médecin de famille avait réveillé en elle le souvenir du temps jadis, lorsque les rencontres avec une *tierce* personne, également amie du médecin, avaient été importantes pour elle. Depuis cette époque, elle était restée en rapport avec ce monsieur et l'avait attendu en vain le jour précédant la nuit du prétendu rêve. Si je pouvais communiquer de façon plus détaillée le contexte de la situation en question, il me serait facile de montrer que l'illusion du rêve prophétique née à la vue de l'ami des temps anciens est à peu près équivalente au propos suivant : « Ah, docteur, voilà que vous me rappelez maintenant le temps passé, lorsque je n'avais jamais besoin d'attendre en vain N. quand nous avions fixé un rendez-vous[a]. »

Concernant le phénomène bien connu qu'on appelle « curieuse coïncidence », à savoir qu'on rencontre une personne à laquelle on vient justement de penser, j'ai observé sur moi-même un exemple simple et facile à interpréter qui est probablement un bon modèle pour des petits faits similaires. Quelques jours après que le titre de professeur d'université m'eut été décerné[b], titre qui, dans les États monarchiques, confère par lui-même

a. Cette anecdote est relatée avec beaucoup plus de détails dans « *Eine erfüllte Traumahnung* » (1941), dont le manuscrit est daté du 10 novembre 1899.

b. En mars 1902.

beaucoup d'autorité, mes pensées se tournèrent subitement, alors que je faisais une promenade dans la Vieille Ville, vers un puéril fantasme de vengeance qui était dirigé contre un certain couple de parents. Ceux-ci m'avaient appelé quelques mois auparavant pour que j'examine leur petite fille, chez qui s'était produit un intéressant phénomène obsessionnel à la suite d'un rêve. Ce cas, dont je croyais avoir percé à jour la genèse, suscitait chez moi un grand intérêt ; mais le traitement que j'avais proposé avait été refusé par les parents, et on m'avait fait comprendre que l'on songeait à s'adresser à une autorité étrangère qui guérissait au moyen de l'hypnotisme. Je commençai alors à fantasmer, me disant que les parents, après l'insuccès complet de cette tentative, me demandaient de commencer mon traitement, m'assurant qu'ils avaient maintenant totale confiance en 293
moi, etc. Mais moi, je répondais : « Tiens, tiens, maintenant que moi aussi, je suis devenu professeur, vous avez confiance. Le titre qu'on m'a conféré n'a rien apporté de plus à mes capacités ; puisque vous n'aviez que faire de moi quand j'étais *Dozent*, alors vous pouvez aussi vous passer de mes services, maintenant que je suis professeur. » — À cet endroit, mon fantasme fut interrompu par ce salut, lancé à haute voix : « Bonjour, monsieur le professeur », et lorsque je levai les yeux, je vis passer à côté de moi ce même couple dont je venais de me venger en repoussant son offre. La réflexion suivante que je me fis détruisit l'apparence de prodige. J'allais, dans une rue droite et large, presque déserte, dans la direction du couple en question, et j'avais, en levant rapidement les yeux et alors que je me trouvais peut-être à vingt pas de distance, aperçu et reconnu leurs personnes imposantes, mais cette perception, je l'avais éliminée — sur le modèle de l'hallucination négative — pour des motifs

d'ordre affectif qui, ensuite, s'étaient manifestés dans le fantasme surgi de manière apparemment spontanée[a].

Voici un autre cas de « résolution d'un prétendu pressentiment », que je rapporte d'après Otto Rank[b] :

« Il y a quelque temps, j'ai moi-même fait l'expérience d'une variante singulière de cette "curieuse coïncidence" lors de laquelle on rencontre une personne à laquelle on venait justement de penser. Juste avant Noël, je vais à la Banque Austro-Hongroise pour y changer un billet contre dix pièces d'une couronne nouvelle en argent, que je vais employer à acheter des cadeaux. Plongé dans des fantasmes d'ambition liés à l'opposition qui existe entre ma modeste somme liquide et les masses d'argent entassées dans le bâtiment de la banque, je tourne dans la rue étroite où est situé celui-ci. Devant le portail, je vois une automobile à l'arrêt et beaucoup de gens qui sortent et entrent. Je me dis que les employés trouveront bien le temps de s'occuper de mes quelques couronnes ; quoi qu'il en soit, je ferai vite, je déposerai le billet à changer
294 et je dirai : "S'il vous plaît, donnez-moi de l'*or* [*Gold*] !" Je m'aperçois aussitôt de mon erreur — c'est bien entendu de l'*argent* blanc[c] que j'étais censé demander — et je sors de mes fantasmes. Je ne suis plus qu'à quelques pas de l'entrée et vois venir au-devant de moi un jeune homme que j'ai l'impression de connaître, mais qu'à cause de ma myopie, je ne peux pas encore identifier avec certitude. Au moment où il s'approche davantage, je reconnais en lui un camarade d'école de mon *frère*, du nom de *Gold*, *frère* lui-même d'un écrivain connu dont j'avais attendu, au début de ma carrière littéraire, qu'il

a. On trouve des faits similaires dans *L'homme aux rats.*

b. Ajouté en 1912.

c. *Silber* : mot qui désigne le métal, et non la monnaie.

m'apporte largement son appui. Toutefois, cet appui ne me fut pas accordé, ni non plus, avec lui, la réussite matérielle espérée, sujet qui avait occupé mon imagination[a] pendant que j'allais à la banque. Plongé dans mes fantasmes, j'ai très probablement dû avoir la perception inconsciente de M. Gold en train d'approcher, ce qui, pour ma conscience rêvant de succès matériels, fut figuré sous la forme suivante : je décidai de demander de l'or au caissier — au lieu de lui demander de l'argent, métal de moindre valeur. Mais, d'un autre côté, le fait paradoxal que mon inconscient soit en mesure de percevoir un objet qui ne devient identifiable par mon œil que plus tard peut aussi, semble-t-il, s'expliquer en partie par ce que Bleuler appelle la disposition au complexe[b], disposition qui, on le sait, était dans mon cas axée sur les choses matérielles et qui, au contraire de ce qu'elle savait, avait depuis le début dirigé mes pas vers le bâtiment où s'effectuait seulement le change de l'or et du papier-monnaie. » (*Zentralblatt für Psychoanalyse*, II, 5.)

De la catégorie du miraculeux et de l'inquiétante étrangeté[c] relève aussi cette sensation particulière qu'on éprouve à bien des moments et dans bien des situations, lors desquels c'est comme si on avait déjà vécu une fois exactement la même chose, comme si on s'était déjà trouvé une fois dans la même situation, sans que jamais nos efforts réussissent à faire nettement revenir à la mémoire le fait antérieur qui s'annonce ainsi. Je sais que je me contente de suivre un usage peu strict de la langue lorsque j'appelle sensation ce qui se met en mouvement[d]

a. *Phantasie* : mot qui désigne tantôt l'imagination, la « fantaisie », tantôt — avec l'article indéfini — un fantasme.

b. *Komplexbereitschaft.*

c. La partie du texte qui va de ce paragraphe aux mots « désir d'améliorer ma situation » (p. 425) date de 1907.

d. *sich regen.* Ce verbe, qu'on aurait aussi pu traduire ici par « s'ébran-

dans un individu dans de tels moments ; il s'agit plutôt
295 d'un jugement, et d'un jugement de reconnaissance[a], mais ces cas ont quand même un caractère tout à fait particulier, et on ne peut légitimement omettre de prendre en considération le fait qu'on ne se souvient jamais de ce qu'on cherche. J'ignore si l'on a sérieusement fait appel à ce phénomène de « *déjà vu*[b] » pour apporter la preuve d'une existence psychique antérieure de l'être individuel ; par contre, les psychologues se sont intéressés à lui et ont cherché la solution de l'énigme en empruntant les voies spéculatives les plus variées. Aucune des tentatives d'explication proposées ne me semble juste, parce que toutes ne font entrer en ligne de compte que les circonstances qui ont accompagné le phénomène et les conditions qui l'ont favorisé. Aussi bien les processus psychiques qui, d'après mes observations, sont seuls susceptibles de fournir l'explication du phénomène de « *déjà vu* », à savoir les fantasmes inconscients, sont d'une façon générale encore négligés aujourd'hui par les psychologues.

Je suis d'avis qu'on a tort de qualifier d'illusion la sensation qu'on éprouve d'avoir déjà vécu quelque chose une fois. On doit plutôt dire qu'en de tels moments, on touche réellement à quelque chose qu'on a déjà vécu une fois ; seulement, ce quelque chose ne peut être remémoré de façon consciente, parce qu'il n'a jamais été conscient. La sensation de « *déjà vu* » correspond, pour dire les choses brièvement, au souvenir qu'on a d'un fantasme inconscient. Il y a des fantasmes (ou des rêves diurnes)

---

ler », a la même racine que le substantif *Regung*, que, faute de mieux, on traduit habituellement par « motion ».

a. *Erkennungsurteil.* Formé sur le verbe *erkennen* (« discerner, identifier, reconnaître »), ce mot est une création de Freud. Cf. le *Projet de psychologie scientifique* de 1895.

b. En français dans le texte (ici comme dans les occurrences suivantes).

inconscients comme il y a des créations conscientes similaires que tout un chacun connaît par sa propre expérience.

Je sais que ce sujet mériterait un traitement extrêmement approfondi, mais je ne vais mentionner ici que l'analyse d'un unique cas de « *déjà vu* », dans lequel la sensation s'est caractérisée par une intensité et une persistance particulières. Une dame maintenant âgée de trente-sept ans affirme qu'elle se souvient de la façon la plus nette qu'à l'âge de douze ans et demi, elle avait rendu sa première visite à des amies d'école habitant la campagne et qu'en entrant dans le jardin, elle avait aussitôt eu la sensation de s'y être déjà trouvée une fois ; cette sensation, dit-elle, s'était répétée lorsqu'elle était entrée 296
dans les pièces de la maison, de sorte qu'elle avait cru savoir d'avance quelle serait la pièce suivante, quelle vue on en aurait, etc. Toutefois, l'éventualité selon laquelle ce sentiment qu'elle avait d'être en présence de quelque chose de connu[a] pourrait avoir sa source dans une visite antérieure qu'elle aurait faite dans cette maison et ce jardin, par ex. dans sa prime enfance, est totalement exclue et infirmée par les renseignements pris par elle auprès de ses parents. La dame qui relatait cela ne chercha pas d'explication psychologique, mais vit au contraire dans la survenue de cette sensation un signe prophétique indiquant l'importance que ces deux amies, précisément, avaient acquise ultérieurement pour sa vie sentimentale. Mais la prise en considération des circonstances dans lesquelles le phénomène en question s'était produit chez elle nous montre la voie conduisant à une autre manière de concevoir les choses. Lorsqu'elle avait fait sa visite, elle savait que ces jeunes filles avaient un frère unique

a. *Bekanntheitsgefühl* : « sentiment de connu ».

qui était gravement malade. Elle avait d'ailleurs eu l'occasion de le voir lors de sa visite, lui avait trouvé très mauvaise mine et s'était dit qu'il allait bientôt mourir. Or son propre et unique frère avait été gravement atteint par la diphtérie quelques mois auparavant ; pendant sa maladie, elle avait été éloignée de la maison familiale et avait habité pendant des semaines chez une parente. Elle croit que son frère avait pris part à cette visite à la campagne, elle est même d'avis que c'était sa première sortie importante après sa maladie ; pourtant, sa mémoire est sur ces points d'une singulière imprécision, alors qu'elle a tous les autres détails, et tout particulièrement la robe qu'elle portait ce jour-là, extrêmement nets devant les yeux[a]. Les personnes averties n'auront pas de mal à déduire de ces indices que l'espoir qu'elle avait eu que son frère meure avait alors joué un grand rôle chez la jeune fille qu'elle était et que cette attente, soit n'était jamais devenue consciente, soit avait été soumise, après que la maladie eut connu une issue heureuse, à un refoulement énergique. Dans le cas contraire, elle aurait été obligée de porter une autre robe, une robe de deuil. Maintenant, chez ses amies, elle avait rencontré la situation analogue, celle d'un frère unique courant le danger de mourir bientôt, ce qui était d'ailleurs effectivement
297 arrivé peu après. Elle aurait dû se remémorer de façon consciente qu'elle avait eu elle-même à vivre cette dure situation à peine quelques mois auparavant ; au lieu de se remémorer cet élément, que le refoulement empêchait d'émerger, elle transféra son sentiment de remémoration[b] aux lieux (le jardin et la maison) où elle se trouvait,

a. Cf. p. 52, n. 1.

b. *Erinnerungsgefühl.* Autre traduction possible : « sentiment de réminiscence ». Comme dans *Bekanntheitsgefühl*, le terme *Gefühl* (« sentiment ») est ici très proche de l'autre terme utilisé par Freud, *Empfindung* (« sensation »).

et fut victime de « *fausse reconnaissance*[a] », impression qui lui fit croire qu'elle avait déjà vu une fois tout cela exactement. Nous pouvons légitimement déduire du fait constitué par le refoulement que l'attente qu'elle avait eu en son temps, à savoir que son frère meure, n'était pas loin de présenter le caractère d'un fantasme de désir. En ce cas, elle serait restée l'enfant unique. Durant sa névrose ultérieure, elle souffrit de la façon la plus intense de l'angoisse de perdre ses parents, angoisse derrière laquelle l'analyse put, comme d'habitude, mettre à découvert un désir inconscient ayant le même contenu.

Les expériences de « *déjà vu* » que j'ai moi-même vécues de façon fugitive, j'ai pu les faire découler similairement de la constellation affective du moment. « Ce serait là à nouveau l'occasion de réveiller le fantasme (inconscient et inconnu) qui s'est alors formé en moi, et qui avait alors la forme d'un désir d'améliorer ma situation. » Cette explication de la sensation de « *déjà vu* »[b] n'a jusqu'ici été jugée digne d'intérêt que par un unique observateur. Le Dr Ferenczi, auquel la troisième édition de ce livre doit tant de précieuses contributions, m'écrit à ce propos : « Je me suis convaincu, aussi bien chez moi que chez d'autres, de ce que, pour rendre compte de l'inexplicable sentiment qu'on a d'être en présence de quelque chose de connu[c], on doit remonter à des fantasmes inconscients dont on se souvient de manière inconsciente dans une situation actuelle. Chez un de mes patients, les choses se passaient en apparence autrement, mais en réalité de façon tout à fait analogue. Ce senti-

a. En français dans le texte.

b. Le reste de ce paragraphe fut ajouté en 1910 sous la forme d'une note en bas de page, et le paragraphe suivant en 1917 sous la même forme. Ces deux notes furent intégrées au texte en 1924.

c. Cf. p. 423, n. *a*.

ment faisait très souvent retour chez lui, mais s'avérait régulièrement provenir d'un *morceau oublié (refoulé) du rêve* qu'il avait fait la nuit précédente. Il semble donc que la sensation de "*déjà vu*" puisse provenir, non seulement de rêves diurnes, mais aussi de rêves nocturnes. »

J'ai appris plus tard que Grasset a donné en 1904 une explication du phénomène qui se rapproche beaucoup de la mienne[a].

298 En 1913, j'ai décrit dans un petit traité[1] un autre phénomène qui est très proche de celui du « *déjà vu* ». C'est celui du « *déjà raconté* », c.-à-d. l'illusion qu'on a d'avoir déjà fait part à quelqu'un de quelque chose, illusion particulièrement intéressante quand elle se produit pendant la cure analytique. Le patient affirme alors avec tous les signes de la certitude subjective qu'il a déjà raconté il y a longtemps un souvenir déterminé. Mais le médecin, lui, est certain du contraire et réussit, en règle générale, à convaincre le patient de son erreur. Cet intéressant acte manqué s'explique probablement par le fait que le patient a eu l'impulsion et le projet de communiquer la chose en question, mais qu'il a omis de les mettre à exécution et qu'il prend maintenant le souvenir des uns comme substitut de l'autre, à savoir l'exécution du projet.

C'est un état de choses similaire, et probablement aussi le même mécanisme, que celui que montrent ce que Ferenczi a appelé les « prétendus actes manqués[2] ».

1. « *Ueber fausse reconnaissance ("déjà raconté") während der psychoanalytischen Arbeit* », *Internationale Zeitschrift für Psychoanalyse*, I, 1913. [Les deux derniers paragraphes de cette section furent ajoutés en 1924.]

2. *Internationale Zeitschrift für Psychoanalyse*, III, 1915.

a. On peut trouver un cas particulier de « déjà vu », expliqué de façon totalement différente, dans un passage ajouté en 1909 à *L'interprétation des rêves*, p. 342-343. Mentionnons aussi l'analyse que fait Freud d'un phénomène apparenté, celui de « dépersonnalisation », dans « Un trouble de mémoire sur l'Acropole » (1936 *a*).

On croit avoir oublié, égaré, perdu[a] quelque chose — un objet — et on est ensuite en mesure de s'assurer qu'on n'a rien fait de semblable, que tout est en ordre. Une patiente revient par ex. dans la pièce où se trouve le médecin, en donnant comme motif qu'elle vient chercher le parapluie qu'elle y a laissé, mais le médecin lui fait remarquer qu'elle... le tient à la main[b]. Ainsi, il existait chez elle l'impulsion à faire un tel acte manqué et celle-ci a été suffisante pour servir de substitut à son accomplissement. À cette différence près, le prétendu acte manqué peut être assimilé à l'acte manqué réel. Mais on l'obtient pour ainsi dire à meilleur compte.

E)[c] Lorsque j'ai eu l'occasion, il y a peu de temps, d'exposer à un confrère ayant reçu une formation philosophique quelques exemples d'oubli de nom accompa- 299
gnés de leur analyse, il s'est empressé de rétorquer : « Tout cela est très beau, mais chez moi, l'oubli de noms se produit autrement. » Se simplifier la tâche à ce point n'est, semble-t-il, pas légitime ; je ne crois pas que mon confrère ait jamais pensé auparavant à procéder à une analyse dans le cas d'un oubli de nom ; il n'a d'ailleurs pas pu dire en quoi les choses se passaient autrement chez lui. Sa remarque touche néanmoins à un problème que bien des gens seront enclins à mettre au premier plan. Le mode de résolution des actes manqués et des actes fortuits que j'ai fourni ici a-t-il une valeur générale ou ne s'applique-t-il qu'à des cas isolés et, alors, quelles sont les conditions dans lesquelles on peut légitimement

a. *vergessen, verlegt, verloren.* Cf. p. 338, n. *c*, et p. 409, n. *a*.
b. Exemple emprunté à l'article de Ferenczi.
c. Les deux premiers paragraphes de cette section remontent à 1901.

y recourir pour expliquer aussi les phénomènes qui ont été rendus possibles d'une autre façon ? Au moment où je dois répondre à cette question, les expériences que j'ai faites me font faux bond. Je ne peux que mettre en garde les lecteurs contre la tentation de considérer, face aux réseaux de relations qui ont été mis en évidence, qu'il s'agit là de quelque chose de rare, car aussi souvent que j'ai fait l'essai sur moi-même et mes patients, il a été possible, comme dans les exemples que j'ai communiqués, d'établir leur existence avec certitude, ou du moins sont apparues de bonnes raisons de la supposer. Il n'y a rien d'extraordinaire à ce qu'on ne réussisse pas chaque fois à trouver le sens caché de l'acte symptomatique, puisque l'ampleur des résistances intérieures qui s'opposent à sa résolution intervient comme facteur décisif. On n'est pas non plus à même d'interpréter, chez soi et chez ses patients, chaque rêve en particulier ; il suffit, pour confirmer la valeur universelle de la théorie, qu'on soit en mesure de pénétrer, ne serait-ce qu'un peu, dans le réseau de relations cachées. Le rêve qui, lorsqu'on tente de le résoudre le jour d'après, se montre réfractaire, se laisse souvent arracher son secret une semaine ou un mois plus tard, lorsqu'un changement survenu entretemps dans la réalité a diminué les valeurs psychiques en conflit les unes avec les autres[a]. La même chose vaut pour la résolution des actes manqués et des actes symptomatiques ; l'exemple de lapsus de lecture de la page 191 (« En tonneau à travers l'Europe ») m'a donné l'occasion de montrer comment un symptôme initiale-
300 ment insoluble devient accessible à l'analyse lorsque

a. Cf. plusieurs remarques de Freud dans *L'interprétation des rêves* (p. 447) et dans deux articles postérieurs sur le même sujet, « Le maniement de l'interprétation des rêves en psychanalyse » (1911) et « Quelques additifs à l'ensemble de l'interprétation des rêves » (section A).

l'*intérêt réel* qu'on porte aux pensées refoulées a baissé d'intensité[1]. Tant qu'existait la possibilité que mon frère reçoive avant moi le titre convoité, le lapsus de lecture en question résista à tous les efforts d'analyse répétés que je fis ; après que l'éventualité selon laquelle la préférence lui serait donnée se fut avérée improbable, le chemin qui conduisait à la résolution de celui-ci m'apparut soudain avec clarté. Il serait donc inexact d'affirmer à propos de tous les cas qui résistent à l'analyse qu'ils doivent leur naissance à un autre mécanisme que celui qui a été mis à découvert ici ; il serait nécessaire, pour faire cette hypothèse, d'apporter d'autres preuves que des preuves négatives. De même, la disposition à croire à une autre explication des actes manqués et des actes symptomatiques, disposition qui, probablement, est généralement présente chez les gens bien portants, est dépourvue de la moindre force probante ; elle constitue, cela va de soi, une manifestation de ces mêmes forces psychiques qui ont produit le secret et qui, pour cette raison, s'emploient aussi à ce qu'il soit gardé et s'opposent à ce qu'il soit élucidé.

D'un autre côté, nous ne devons pas omettre de voir que ce n'est bien sûr pas de manière autonome que les pensées et motions refoulées trouvent leur expression dans des actes symptomatiques et des actes manqués. La

1. [Ajouté en 1924] À cette remarque se rattachent de très intéressants problèmes de nature économique, des questions qui prennent en considération le fait que le but visé par les processus psychiques est le gain de plaisir et la suppression de déplaisir. On peut déjà parler de problème économique lorsqu'il s'agit de savoir comment il devient possible de faire en sorte qu'un nom oublié par le fait d'un mobile relevant du déplaisir soit retrouvé au moyen d'associations de substitution. Un bel article de Tausk (« *Entwertung des Verdrängungsmotivs durch Rekompense* », *Internationale Zeitschrift für Psychoanalyse*, I, 1913) montre, grâce à de bons exemples, comment le nom oublié redevient accessible lorsqu'on a réussi à l'inclure dans une association empreinte de plaisir qui est à même de contrebalancer le déplaisir auquel on peut s'attendre lors de la reproduction.

possibilité technique d'un tel dérapage[a] des innervations doit être donnée indépendamment d'eux ; celle-ci se trouve alors bien volontiers utilisée par l'intention qu'a l'inconscient de manifester son existence de façon consciente. Quelles sont les relations structurelles et fonctionnelles qui se mettent à la disposition d'une telle intention ? C'est ce que se sont efforcés de constater,
301 pour le cas de l'acte manqué de nature langagière, philosophes et philologues, lesquels ont consacré à ce problème des investigations poussées. Même si nous distinguons ainsi, dans le domaine des conditions propres à l'acte manqué et à l'acte symptomatique, entre le mobile inconscient et les relations physiologiques et psychophysiques qui le favorisent, une question demeure posée, celle de savoir si l'on peut trouver, en restant dans les limites des comportements sains, d'autres facteurs qui, comme le mobile inconscient et à sa place, sont capables de produire les actes manqués et les actes symptomatiques au moyen de ces relations. Il n'entre pas dans mon propos de répondre à cette question.

Mon intention n'est d'ailleurs pas non plus[b], face aux différences, déjà assez grandes, qui existent entre la conception psychanalytique et la conception courante des actes manqués, de m'employer à les exagérer. J'aimerais bien plutôt signaler des cas dans lesquels ces différences perdent beaucoup de leur netteté. Pour ce qui est des cas de lapsus verbaux et de lapsus d'écriture les plus simples et passant le plus inaperçus, ceux où, par exemple, il y a seulement contraction de mots ou omission de mots ou de lettres, les interprétations compli-

a. *Ausgleiten.* L'équivalent français de ce terme (« glissement ») est aussi une des traductions habituelles du mot latin *lapsus.*

b. Paragraphe ajouté en 1917.

quées n'entrent pas en ligne de compte. Si l'on se place du point de vue de la psychanalyse, on est obligé d'affirmer que, dans ces cas, telle ou telle perturbation de l'intention s'est signalée, mais on ne peut indiquer d'où provient la perturbation et quelle est sa visée. C'est qu'elle n'est parvenu à rien d'autre qu'à manifester son existence. Dans ces mêmes cas, on voit alors aussi devenir efficients les facteurs favorisant l'acte manqué, facteurs dont nous n'avons jamais contesté l'existence, à savoir le rapport entre les valeurs phonétiques de certains sons ainsi que des associations psychologiques faciles à concevoir. Mais c'est une exigence scientifique légitime que de demander que de tels cas rudimentaires de lapsus verbaux ou de lapsus d'écriture soient jugés d'après les cas plus nettement marqués, dont l'examen fournit des éclaircissements aussi peu équivoques sur les causes des actes manqués.

F)[a] Depuis les analyses que nous avons faites sur le lapsus, nous nous sommes contenté de prouver que les actes manqués avaient une motivation cachée, et, aidés 302
par les moyens que nous offre la psychanalyse, nous avons frayé la voie qui mène à la connaissance de cette motivation. Nous n'avons jusqu'ici presque pas pris en considération la nature générale et les particularités des facteurs psychiques qui s'expriment dans les actes manqués, du moins n'avons-nous pas encore tenté de les déterminer avec plus de précision ni d'examiner s'ils obéissent à des lois. Nous n'allons d'ailleurs pas non plus chercher maintenant à épuiser ce sujet, car les premiers pas que nous ferons dans cette direction nous enseigne-

a. Excepté les notes des p. 432 et 435, le reste du chapitre remonte à 1901.

ront vite qu'on est mieux en mesure de pénétrer dans ce domaine lorsqu'on l'aborde sous une autre face[1]. On peut se proposer ici de soulever plusieurs questions, que je veux au moins formuler et circonscrire. 1) Quel est le contenu et quelle est l'origine des pensées et motions qui se signalent par les actes manqués et les actes fortuits ? 2) Quelles sont les conditions nécessaires pour qu'une pensée ou une motion soit obligée et mise en état de se servir de ces incidents comme moyens d'expression ? 3) Est-il possible d'établir qu'il y a des relations constantes et sans équivoque entre la catégorie des actes manqués et les qualités de ce qui a été exprimé par eux ?

Je commencerai par rassembler un peu de matériel permettant de répondre à cette dernière question. Lors de l'analyse des exemples de lapsus que nous avons faite, nous avons jugé nécessaire d'aller au-delà du contenu du discours que le locuteur avait l'intention de tenir et nous avons été obligé de chercher à l'extérieur de l'intention la cause de la perturbation apportée au discours. Dans toute une série de cas, celle-ci était facile à concevoir et connue de la conscience du locuteur. Dans les exemples les plus simples et les plus transparents en apparence, c'était une autre version, tout aussi justifiée sur le plan phonétique, de la même pensée qui avait perturbé l'expression de celle-ci, sans qu'on ait pu indiquer pourquoi l'une avait eu le dessous et l'autre s'était imposée
303 (contaminations de Meringer et Meyer). Dans un deuxième groupe de cas, la défaite de l'une des deux versions était motivée par une considération, laquelle ne

1. [Ajouté en 1924] Le présent ouvrage, tout à fait accessible à un large public, entend seulement, en accumulant les exemples, aplanir la voie menant à la nécessaire hypothèse que nous faisons de l'existence de processus psychiques inconscients et pourtant efficients, et il évite toutes les considérations théoriques sur la nature de cet inconscient.

s'était toutefois pas avérée assez puissante pour obtenir une rétention complète (« *zum Vorschwein gekommen* »). Le locuteur avait aussi clairement conscience de la version qu'il avait réprimée[a]. C'est seulement lorsqu'on aborde le troisième groupe qu'on peut affirmer sans restriction qu'ici la pensée perturbatrice était différente de celle qu'on avait l'intention d'exprimer, et établir une distinction, semble-t-il, essentielle. La pensée perturbatrice est, soit liée à la pensée perturbée par des associations de pensées (perturbation par contradiction interne), soit elle lui est foncièrement étrangère, et, du fait d'une association *extérieure* déconcertante par son étrangeté, le mot victime de la perturbation, précisément, est connecté à la pensée perturbatrice, laquelle est *souvent* inconsciente. Dans les exemples que j'ai empruntés à mes psychanalyses, tout le discours est sous l'influence de pensées devenues actives en même temps, mais complètement inconscientes qui, soit se trahissent par la perturbation elle-même (*Klapper*schlange — *Kleopatra*), soit manifestent l'existence d'une influence indirecte en permettant que les différentes parties du discours que le locuteur a consciemment l'intention de tenir se perturbent les unes les autres (*Ase natmen*, avec, cachés derrière, *Hasenauer*strasse et des réminiscences relatives à une Française). Les pensées réprimées[a] ou inconscientes qui sont le point de départ du trouble affectant le discours ont les origines les plus diverses. Cette vue d'ensemble ne nous révèle donc pas l'existence d'un trait général, quelle que soit la direction vers laquelle nous nous tournons.

L'examen comparatif des exemples de lapsus de lecture et de lapsus d'écriture conduit aux mêmes résultats.

a. *zurückgehalten* : « retenue » (*Zurückhaltung* : « rétention »).

Des cas isolés semblent, comme pour le lapsus verbal, devoir leur naissance à un travail de condensation sans motivation particulière (par ex. : der *Apfe*). Mais on aimerait bien apprendre si des conditions particulières ne devraient quand même pas être remplies pour que se produise une telle condensation, qui est de règle dans le travail du rêve, mais qui, dans notre pensée vigile, est un défaut, et on n'obtient des exemples eux-mêmes aucun éclaircissement à ce propos. Mais je me refuserais à en
304 tirer la conclusion qu'à part peut-être le relâchement de l'attention consciente, de telles conditions n'existeraient pas, puisque aussi bien je sais d'une autre source que les opérations automatiques se distinguent, précisément, par la correction et la sûreté de leur exécution[a]. J'aimerais bien plutôt souligner le fait qu'ici, comme c'est si fréquemment le cas en biologie, les conditions normales ou se rapprochant de la normale sont, pour la recherche, des objets moins favorables que les conditions pathologiques. Ce qui reste obscur lors de l'élucidation de ces troubles extrêmement légers s'éclairera, comme je m'y attends, grâce à celle de troubles plus graves.

De la même façon, dans le cas des lapsus de lecture et d'écriture, il ne manque pas d'exemples permettant de discerner l'existence d'une motivation plus éloignée et plus compliquée. « En tonneau à travers l'Europe » est un trouble de la lecture s'expliquant par l'influence d'une pensée éloignée, foncièrement étrangère, qui provient d'une motion[b] de jalousie et d'ambition refoulée et qui utilise l'« aiguillage[c] » du mot « *Beförderung* » [« loco-

a. Il s'agit des activités ne requérant pas l'attention consciente. Cf. p. 228.

b. *Regung*.

c. « *Wechsel* ». Ce terme, employé ici dans un sens surtout usité en Autriche, apparaît deux ou trois fois dans un ouvrage de la même époque, *Fragments d'une analyse d'hystérie* (in *Cinq Psychanalyses*, p. 47 *sqq.*). Freud a aussi utilisé plus haut ceux de « pont associatif » (par ex., p. 193) ou de

motion », mais aussi « promotion »] pour établir une connexion avec le thème indifférent et anodin de ce qui a été lu. Dans le cas de « *Burckhard* », c'est le nom lui-même qui constitue un tel « aiguillage ».

Il est difficile de ne pas voir que les perturbations causées aux fonctions langagières se produisent plus facilement et ont moins d'exigences à l'égard des forces perturbatrices que celles qui affectent d'autres activités psychiques.

C'est sur un autre terrain qu'on se trouve lorsqu'on examine l'oubli au sens propre du terme, c.-à-d. l'oubli d'expériences vécues passées (on pourrait, comme je l'ai fait dans les chapitres I et II, séparer de cet oubli *sensu strictiori* l'oubli de noms propres et de mots en langue étrangère, dans lequel on peut voir quelque chose qui « échappe[a] », ainsi que l'oubli de projets, à propos duquel on parlerait d'« abstention[b] »). Les conditions fondamentales du processus normal se déroulant lors de l'oubli sont inconnues[1]. Il faut aussi se rappeler que tout

---

« pont verbal » (p. 105), lequel se trouve également dans *L'homme aux rats*, p. 238.

a. « *Entfallen* ».

b. « *Unterlassen* ». Autre traduction possible : « omission ».

1. [Ajouté en 1907] Sur le mécanisme de l'oubli proprement dit, je peux par ex. donner les indications suivantes : le matériel mnésique est soumis, d'une façon générale, à deux influences, celle de la condensation et celle de la déformation. La déformation est l'œuvre des tendances qui règnent dans la vie psychique et elle est avant tout dirigée contre les traces mnésiques restées efficientes sur le plan affectif, qui se comportent de manière plus résistante envers la condensation. Les traces devenues indifférentes tombent en proie au processus de condensation sans opposer de défense [*ohne Gegenwehr*] ; pourtant on peut observer à propos du matériel indifférent qu'au surplus, des tendances à la déformation qui sont restées insatisfaites là où elles voulaient se manifester s'en nourrissent à satiété. Comme ces processus de condensation et de déformation s'étendent sur de longues durées pendant lesquelles toutes les expériences vécues de fraîche date exercent une action sur le remaniement du contenu de la mémoire, l'opinion commune pense que c'est le temps qui rend les souvenirs incertains et imprécis. Il est très probablement hors de question de parler d'une

305 n'est pas oublié dans ce qu'on tient pour tel. Notre explication ne concerne ici que les cas dans lesquels l'oubli suscite en nous une impression d'étrangeté déconcertante, dans la mesure où il enfreint la règle selon laquelle ce qui n'est pas important se trouve oublié, mais que, par contre, ce qui l'est est conservé par la mémoire. L'analyse des exemples d'oubli qui nous semblent requérir une explication particulière livre à chaque fois comme mobile de l'oubli un sentiment de déplaisir qu'on éprouve à se remémorer une chose susceptible d'éveiller des sensations de gêne. Nous en venons à supposer que ce mobile aspire, d'une façon tout à fait générale, à se manifester dans la vie psychique, mais que d'autres forces, qui agissent en sens opposé, l'empêchent régulièrement, d'une manière ou d'une autre, de s'imposer. L'ampleur et la signification de ce déplaisir à se remémorer des impressions causant de la gêne paraissent mériter

---

fonction directe du temps lors du processus de l'oubli. L'essentiel de ces remarques a déjà été exposé dans une brève note du chap. VI du *Mot d'esprit*, p. 304. Concernant le processus lors duquel les souvenirs chargés d'affect se trouvent oubliés, on peut aussi se reporter à l'ouvrage de 1895 intitulé *Entwurf einer Psychologie* (III, 3).] — Lorsque l'on examine les traces mnésiques refoulées, on peut constater qu'elles n'ont pas subi de modifications pendant une durée extrêmement longue. L'inconscient, fondamentalement, n'est pas soumis au temps. Le caractère de la fixation psychique le plus important et le plus déconcertant par son étrangeté réside en ceci que toutes les impressions sont conservées, d'une part telles qu'elles ont été reçues, mais au surplus sous toutes les formes qu'elles ont adoptées lors de leurs développements ultérieurs, état de choses qu'aucune comparaison issue d'un autre domaine ne peut expliquer. Si l'on suit cette théorie, il serait donc possible de reconstituer le souvenir de chacun des états antérieurs du contenu de la mémoire, et ce, même si les éléments de celui-ci ont depuis longtemps échangé contre de plus récentes la totalité de leurs connexions originelles. [Nous avons ici, semble-t-il, la première mention explicite du caractère intemporel de l'inconscient. Freud établit une comparaison entre ce dernier et les ruines archéologiques de Rome (puis l'estime inutilisable) dans *Malaise dans la civilisation* (chap. I).]

qu'on les soumette à un examen psychologique des plus minutieux ; de même, la question de savoir quelles conditions particulières rendent possible dans les cas individuels l'oubli auquel, d'une façon générale, on aspire, cette question ne peut être détachée de ce contexte plus vaste.

Dans l'oubli de projets, c'est un autre facteur qui passe au premier plan ; le conflit dont on ne faisait que soupçonner l'existence lors du refoulement de l'élément dont la remémoration aurait suscité la gêne, ce conflit, donc, devient palpable, et, en analysant les exemples, on discerne régulièrement une volonté opposée[a] qui agit à l'encontre du projet sans le supprimer. Comme pour les actes manqués commentés précédemment, on discerne 306
ici aussi deux types de processus psychique ; la volonté opposée est dirigée, soit directement contre le projet (dans le cas d'intentions de quelque importance), soit elle est foncièrement étrangère au projet lui-même et établit sa connexion avec lui grâce à une association *extérieure* (dans le cas de projets presque indifférents).

C'est par ce même conflit que sont dominés les phénomènes du geste manqué. L'impulsion qui se manifeste par la perturbation causée à l'acte est fréquemment une impulsion opposée[b], mais, plus souvent encore, il s'agit d'une impulsion complètement étrangère, qui ne fait qu'utiliser l'occasion qui s'offre à elle pour se manifester, lors de l'accomplissement de l'acte, par la perturbation qu'elle lui cause. Les cas dans lesquels la perturbation résulte d'une contradiction interne sont plus signifiants que les autres et concernent aussi les opérations plus importantes.

a. *Gegenwille* : « contre-volonté ». Cf. p. 413, n. *c*.
b. *Gegenimpuls* : « contre-impulsion ». Cf. p. 413, n. *c*.

Le conflit intérieur passe ensuite de plus en plus au second plan dans le cas des actes fortuits ou symptomatiques. Ces manifestations motrices que la conscience tient en piètre estime ou omet totalement de voir servent ainsi à exprimer des motions inconscientes ou réprimées variées ; elles sont la plupart du temps la figuration symbolique de fantasmes ou de désirs.

Concernant la première question que nous avons posée, celle de l'origine des pensées et motions qui s'expriment dans les actes manqués, on peut dire que, dans toute une série de cas, il est facile de démontrer que les pensées perturbatrices ont pour origine des motions réprimées de la vie psychique. Il n'est pas rare que des sentiments et des impulsions relevant de l'égoïsme, de la jalousie, de l'hostilité, qui subissent la pression et le poids de l'éducation morale, se servent, chez les gens bien portants, du moyen fourni par les actes manqués pour manifester d'une façon ou d'une autre un pouvoir qui existe indéniablement, mais n'est pas reconnu par les instances psychiques supérieures. La démarche consistant à laisser s'accomplir[a] ces actes manqués et ces actes fortuits correspond pour une bonne part à une tolérance commode envers ce qui est immoral. Parmi ces motions réprimées, les divers courants sexuels jouent un rôle non négligeable. Le fait que ce soit eux, précisément, qui,
307 dans nos exemples, apparaissent aussi rarement dans les pensées mises à découvert par l'analyse est un hasard dû au matériel sélectionné. Comme j'ai surtout soumis à l'analyse des exemples tirés de ma propre vie psychique, mon choix a été d'emblée un choix partisan et il a visé à

a. *Gewährenlassen.* Terme également utilisé dans *Le mot d'esprit* (p. 358) pour désigner la technique consistant à « laisser faire » des modes de pensée courants dans l'inconscient.

exclure le sexuel. D'autres fois, c'est d'objections et de considérations tout à fait innocentes que semblent provenir les pensées perturbatrices.

Il nous faut maintenant répondre à la deuxième question, celle des conditions psychologiques nécessaires pour qu'une pensée, au lieu de s'exprimer sous sa forme complète et entière, soit obligée de se présenter sous une forme en quelque sorte parasitaire, comme version modifiée et perturbée d'une autre pensée. Si l'on se fonde sur les exemples d'acte manqué les plus frappants, on est tenté de chercher ces conditions dans une relation qui existerait entre la pensée en question et sa capacité à accéder à la conscience, c.-à-d. dans le caractère de « refoulé » plus ou moins franchement marqué qu'elle présenterait. Mais, lorsqu'on observe attentivement ce caractère en reprenant toute la série d'exemples, il s'estompe peu à peu, jusqu'à se résoudre en indices de plus en plus allusifs et vagues. La propension à passer par-dessus quelque chose qui, selon nous, prendrait beaucoup de temps – la considération selon laquelle la pensée en question n'aurait pas vraiment de rapport avec la chose dont on a l'intention de s'occuper – semblent jouer, en tant que mobiles de la répression d'une pensée qui, ensuite, en est réduite à s'exprimer en en perturbant une autre, le même rôle que la condamnation morale d'une émotion indocile[a] ou que l'éloignement par rapport à des trains de pensées totalement inconscients. Il est impossible d'acquérir de cette façon des lumières sur la nature générale du déterminisme dans les actes manqués et fortuits. Un seul fait signifiant peut être retenu de ces investigations ; plus la motivation de l'acte manqué est innocente[b], moins la pensée est choquante et,

a. *unbotmässige Gefühlsregung* : « motion de sentiment indocile ».

b. *harmlos.* Rappelons la distinction que fait Freud entre « mots

partant, moins elle est incapable d'accéder à la conscience, et plus il devient facile aussi de résoudre le phénomène quand on lui a accordé son attention ; les lapsus les plus
308 légers sont aussitôt remarqués et spontanément corrigés. Là où la motivation est due à des motions vraiment refoulées, alors il est nécessaire, pour trouver la solution, de faire une analyse minutieuse, qui peut elle-même par moments buter sur des difficultés ou échouer.

Il est donc certainement justifié de considérer le résultat de cette dernière investigation comme un élément indiquant que l'explication satisfaisante des conditions psychologiques déterminant les actes manqués et fortuits doit être obtenue par une autre voie et en abordant la question sous une autre face. Que le lecteur indulgent veuille bien, en conséquence, voir dans ces analyses la preuve de l'existence des zones de fracture[a] marquant les endroits où ce thème a été détaché, d'une façon assez artificielle, d'un contexte plus large.

G) Quelques mots au moins indiqueront dans quelle direction il faut aller pour arriver à ce contexte plus vaste. Le mécanisme des actes manqués et fortuits tel que nous avons appris à le connaître en appliquant la méthode analytique présente sur les plus essentiels de ses points une concordance avec le mécanisme de la formation du rêve, que j'ai exposé dans le chapitre de mon livre sur l'interprétation des rêves consacré au « travail du rêve ». Ici comme là, on trouve les condensations et les formations de compromis (contaminations) ; la situation

---

d'esprit innocents » et « mots d'esprit tendancieux » dans l'ouvrage qu'il a consacré à ce sujet.

a. *Bruchflächen.* À rapprocher de *Bruchstück* (« fragment »).

est la même, à savoir que des pensées inconscientes parviennent à s'exprimer par des moyens inhabituels, en passant par des associations extérieures et en prenant la forme modifiée d'autres pensées. Les inepties, absurdités et erreurs présentes dans le contenu du rêve, dont la conséquence est que le rêve n'est guère reconnu en tant que produit d'une activité psychique, prennent naissance de la même façon (en faisant, il est vrai, un usage plus libre des moyens existants) que les fautes que nous faisons communément dans notre vie quotidienne ; ici comme là, *l'apparence de fonction incorrecte se dissipe lorsqu'on met en évidence la singulière interférence de deux ou de plusieurs actes*[a] *correctement exécutés.* De cette coïncidence il faut tirer une conclusion importante : on ne peut légitimement faire découler de l'état de sommeil de
la vie psychique le mode de travail singulier dont nous 309
discernons la réalisation la plus frappante dans le contenu du rêve, puisque nous possédons avec les actes manqués des témoignages si abondants de son efficience pendant l'état de veille. Ce même état de choses nous interdit aussi de considérer la désagrégation profonde de l'activité psychique, les états morbides de cette fonction, comme la condition de ces processus psychiques qui nous apparaissent anormaux et pleins d'étrangeté[1].

Nous ne pouvons émettre de jugement exact sur le singulier travail psychique qui donne naissance à l'acte manqué comme aux images du rêve, qu'à partir du moment où nous avons appris que les symptômes psychonévrotiques, et spécialement les formations psychiques de l'hystérie et de la névrose obsessionnelle[b],

1. Cf., à ce sujet, *L'interprétation des rêves*, p. 516-517.

a. *Leistungen.* Nous avons traduit ce mot par « acte » plutôt que par « activité » à cause de la parenté avec celui de *Fehlleistung* (« acte manqué »).

b. *Zwangsneurose.*

répètent dans leur mécanisme tous les traits essentiels de ce mode de travail. Ce serait donc là le point de départ de la suite de nos investigations. Mais considérer les actes manqués, fortuits et symptomatiques à la lumière de cette dernière analogie présente encore pour nous un intérêt particulier. Si nous les mettons sur le même plan que les réalisations des psychonévroses, à savoir les symptômes névrotiques, nous donnons un sens et un fondement à deux affirmations qui font souvent retour, à savoir que la frontière entre la norme dans le domaine nerveux et l'anormalité est flottante, et que nous sommes tous un peu nerveux. Il est possible, *avant* même que soit acquise toute expérience médicale, de se construire divers types d'une telle nervosité seulement ébauchée — divers types de *formes frustes*[a] de névroses : à savoir les cas dans lesquels seulement peu de symptômes apparaissent ou bien dans lesquels ils surviennent rarement ou d'une façon qui n'est pas violente, donc où l'état d'atténuation de ceux-ci est déplacé[b] vers le nombre, l'intensité et l'étendue temporelle des phénomènes morbides ; mais peut-être ne devinerait-on pas alors quel est le type précis qui, étant le plus fréquent, semble assurer la transition entre la santé et la maladie. En effet, le type qui nous occupe ici, celui dont les manifestations morbides sont les actes manqués et les actes symptomatiques, se dis-
310 tingue en ceci que les symptômes sont déplacés[b] vers les réalisations psychiques les moins importantes, tandis que tout ce qui peut prétendre à une valeur psychique supérieure se produit sans être affecté par un trouble. La localisation contraire des symptômes, à savoir leur présence saillante lors des activités individuelles et sociales les plus

a. En français dans le texte.
b. *verlegen*. Ce verbe signifie aussi « situer ».

importantes, d'où résulte leur faculté de perturber l'absorption de nourriture et les relations sexuelles, le travail professionnel et la vie sociale, est le propre des cas graves de névrose et caractérise ceux-ci mieux que, par exemple, la diversité ou l'intensité des manifestations morbides.

Mais le caractère commun des cas les plus légers comme des plus graves, caractère que présentent aussi les actes manqués et les actes fortuits, réside dans la *possibilité* qu'ils offrent *de remonter à l'origine des phénomènes en question et d'y trouver du matériel psychique imparfaitement réprimé qui, mis à l'écart par l'action de refoulement de la conscience, n'a pourtant pas été privé de toute capacité à se manifester.*

NOTICE TERMINOLOGIQUE DU TRADUCTEUR

Ich habe mich versprochen (« J'ai fait un lapsus »), *Ich habe mich verlesen* (« J'ai lu de travers »), *Ich habe mich verschrieben* (« Je me suis trompé en écrivant »), *Ich habe mich vergriffen* (« J'ai fait le geste de travers, ma main a tapé à côté »), *Ich habe etwas vergessen* (« J'ai oublié quelque chose »), *Ich habe etwas verloren* (« J'ai perdu quelque chose »). Ces verbes commencent tous par le préfixe *ver-*. Ils désignent tous des actes manqués. Ils sont tous couramment employés dans la vie quotidienne.

Trouver dans notre langue des équivalents qui, à la fois, soient formés sur un même modèle (et donc clairement apparentés sur le plan linguistique et conceptuel) et puissent, dans chacun des cas, être immédiatement compris — et, si possible, réutilisés — par ce « large public » auquel Freud déclare s'adresser (p. 432, n. 1), telle était la première difficulté. À cela s'ajoutait la nécessité de choisir un terme montrant bien que l'acte manqué est un demi-succès et un demi-échec (cf. p. 40 et p. 280), donc de tenir la balance égale entre ces deux aspects.

Quelles sont, d'abord, les options que nous avons écartées ? La tournure « J'ai commis un raté de parole, de lecture, d'écriture, du geste, etc. » nous a semblé faire violence à la langue française et ne pas assez sous-entendre l'idée de demi-réussite. L'expression « méprise d'élocution » nous a paru, elle aussi, n'être pas loin du barbarisme et ne contenir qu'un seul des deux sens.

Nous avons, pour deux raisons, décidé de choisir le terme « lapsus », mais également et surtout d'étendre son emploi à d'autres domaines que celui de la parole. D'abord parce que le terrain était préparé par l'usage savant (à côté du *lapsus linguae*, on parle de *lapsus calami* — c'est d'ailleurs ainsi que Jankélévitch traduit *das Verschreiben*

— et, plus rarement, de « *lapsus memoriae* »). Ensuite parce que, dans la vie courante, la tournure traditionnelle « Ma langue a fourché » a cédé la place à « C'est un lapsus » ou « J'ai fait un lapsus » (l'auteur étant même régulièrement devancé par les témoins de la scène, qui mettent alors spontanément en avant l'aspect réussi de l'acte « manqué » en disant : « Lapsus révélateur ! »). Nous parlerons donc de « lapsus » (ou de « lapsus verbaux » lorsque sont énumérés tous les types de lapsus), de « lapsus de lecture » et de « lapsus d'écriture ».

Concernant la traduction du verbe *sich vergreifen*, il n'était pas possible de dire « faire un lapsus du geste », pas davantage « faire un raté du geste » (cf. les arguments avancés plus haut), « une méprise du geste » (expression à la fois précieuse et un peu redondante) ou « une méprise » (ce mot signifie « erreur, confusion »). Nous avons opté pour « faire un geste manqué », par référence non seulement au terme générique « [faire un] acte manqué » (*Fehlleistung*), mais aussi à l'expression « remémoration manquée » (*Fehlerinnern*). Signalons à ce propos que la racine *fehl-* est équivalente à la racine *falsch* (« faux, fautif ») — Freud parlant indifféremment de *Fehlerinnern* (« remémoration manquée ») et de *falsches Erinnern* (« remémoration fautive ») — et qu'elle a donné le substantif *Fehler* (« faute ») et le verbe *fehlen* (« manquer »). On trouvera donc en français deux champs sémantiques similaires, les mots du premier ayant en commun l'adjectif « manqué » (ex. : *Fehleffekt*, « effet manqué »), ceux du second étant formés sur la racine « faux/faut- » (ex. : *Druckfehler*, « faute typographique », ou encore l'expression citée en français « fausse reconnaissance » ; *gefälscht* : « faussé », mais *Verfälschung* : « altération », et non « falsification »). Quant à la racine *irr-*, elle est rendue par son équivalent français err- (*Irrtum* : « erreur » ; *irrtümlich* : « erroné » ; mais *das Irregehen* : « le fourvoiement »).

Restent *vergessen* et *verlieren*. Si, pour un Allemand, la parenté entre les verbes pronominaux étudiés précédemment (*sich ver-*) saute aux yeux (et aux oreilles), celle qui, selon Freud, les unit à ces deux verbes nous apparaît un peu forcée et, surtout, elle est bien difficile à rendre en français. « Oublier par méprise », « perdre par méprise » ? Outre son caractère redondant ou surtraduit, cette option sous-entend qu'on pourrait oublier ou perdre autrement que « par méprise ». Nous avons donc gardé la traduction habituelle (« oublier », « perdre ») (pour la même raison, *verlegen* est simplement traduit par « égarer » et *vertauschen* par « intervertir », le substantif correspondant, *Vertauschung*, étant rendu par « interversion », notamment dans le cas de l'interversion de noms, ou, le cas échéant, par « permutation » ou « substitution »).

Voici maintenant nos autres choix terminologiques :

aufmerksam machen. Tout en ayant également recours à la traduction classique « faire remarquer », nous avons utilisé prioritairement la tournure « attirer l'attention » en raison de l'importance des concepts d'attention et d'inattention (*Aufmerksamkeit ; Unaufmerksamkeit*) dans la problématique de l'acte manqué.

Befremden (das), befremdend wirken, befremdet sein. Ce verbe, que souvent l'on traduit simplement par « déconcerter », a pour racine l'adjectif *fremd* (« étranger »). Aussi avons-nous choisi d'en rendre les différentes formes (infinitif substantivé, participe présent, participe passé) par « déconcertante [impression d']étrangeté » (concept qu'il faut bien sûr distinguer de celui d'« inquiétante étrangeté ») et par « déconcerté par son étrangeté ». Quant à *fremdartig*, nous le rendons par l'expression « plein d'étrangeté ».

bemerken. Chaque fois que c'est possible, nous préférons au classique « remarquer » le verbe « s'apercevoir de ». Indépendamment de sa résonance plus « quotidienne », cette traduction nous est dictée par celle du participe passé ***unbemerkt*** (« inaperçu ») et surtout de l'expression ***unauffällig sein*** (« passer inaperçu »), qui sert à définir une des deux conditions de l'acte symptomatique.

Deckeinfall : « idée-écran qui vient ». Voir *Deckerinnerung* et *Einfall*.

Deckerinnerung : « souvenir-écran ». Une autre traduction possible (« souvenir-couverture »), si elle peut légitimement se fonder sur l'emploi que fait Freud du verbe ***decken*** (« recouvrir ») (notamment à la p. 315) et sur des expressions françaises telles que « sous couvert de » ou « mettre à couvert », nous semble peu compréhensible, légèrement incongrue et inexacte, parce que, plus qu'un processus, elle met en avant un objet, qui, par ailleurs, est très concret, pas vraiment présent dans le terme allemand et qui, surtout, présente l'inconvénient d'ajouter des connotations (bien-être, confort) absentes du concept freudien. Par ailleurs, le mot « couverture » est malheureusement infidèle à l'essentiel du concept (« s'interposer entre un regard et un objet pour cacher ce dernier »). À l'inverse, le « souvenir-écran » renvoie clairement à l'idée (à l'image) de « faire écran à », de « servir d'écran à » (par ex., d'« écran de fumée »), notamment depuis qu'existe l'expression « société-écran », qui est construite sur le même modèle.

Einfall : « idée qui vient ». Le fait que le verbe correspondant appartienne à la langue quotidienne (« *Jetzt fällt mir ein* » équivaut à « Tiens, j'y pense ») nous a incité, dans le cas de certains noms composés sur *Einfall*, à préférer « idée subite » à « idée incidente », terme savant et un peu ambigu (« incidemment » signifie « accessoirement »). Ex. : « idée subite de substitution » (*Ersatzeinfall*)

Ersatzeinfall : voir *Einfall*.

Fehleffekt, fehlen, Fehler, Fehlerinnern, Fehlleistung. Voir au début de la notice.

fremdartig : voir *Befremden*.

Gegenmotiv, etc. Le préfixe *Gegen-* a donné naissance à un très grand nombre de concepts freudiens. Notre choix (« mobile opposé » aussi souvent que possible, sinon « contre-mobile », etc.) s'est fondé, entre autres, sur la traduction de *Gegensätzlichkeit* (« relation d'opposition »), de *Gegensatzpaar* (« couple d'opposés ») et de *Gegensinn* (« sens opposé »). C'est seulement pour *Gegenwille* que l'option inverse, tout aussi défendable (« contre-volonté » ; cf. *Gegenübertragung*, « contre-transfert », *Gegenbesetzung*, « contre-investissement »), nous a semblé plus adaptée.

harmlos : innocent, (parfois) bénin.

Irregehen, Irrtum : voir au début de la notice.

peinlich : « causant de la gêne » ou « facteur de gêne » (et non pas « pénible », car le sentiment ainsi qualifié est un sentiment « social », qui présuppose le regard d'un témoin).

Phantasie : 1) fantasme (*phantasieren* : « fantasmer »).
2) imagination (lorsqu'il s'agit de la faculté).

Rede : discours.

rege werden : être activé, mis en mouvement (*Regung* : « motion »).

Scham : gêne, honte ; *sich schämen* : éprouver de la gêne, de la honte. Voir *peinlich*.

Selbstbeschädigung : auto-endommagement (*der Schaden* : le dommage, (parfois) le dégât ; *beschädigen* : endommager ; *schädigender Effekt* : effet dommageable). À distinguer d'un terme plus fort, *Selbstverstümmelung* (« automutilation »).

stören : perturber ; *störend* : perturbateur ; *Störung* : perturbation (quand il s'agit de l'action) ; trouble (quand il s'agit du résultat).

überdeutlich : d'une extrême netteté.

unauffällig sein : passer inaperçu. Voir *bemerken*.

Unlustmotiv : mobile relevant du déplaisir.

veranstalten : mettre en scène ; *eine Veranstaltung* : une mise en scène, un phénomène mis en scène.

Verfälschung : voir le début de la notice.

Vergesslichkeit : propension à l'oubli.

Verkürzung : raccourci, ellipse. Cf. notice terminologique du *Mot d'esprit*, p. 419.

[*sich*] *verraten* : [se] trahir, (parfois) [se] révéler ; *verräterisch* : traître, délateur, révélateur.

Versagen (das) : défaillance.

Vertauschen, Vertauschung : voir au début de la notice.

Vorsatz : projet, résolution.

wirksam : efficient, (parfois) efficace ; *Wirksamkeit* : efficience, (parfois) efficacité.

Wunsch : désir.

Zwang : compulsion ; *zwanghaft* : compulsionnel.

Denis Messier

INDEX DES CONCEPTS

Les numéros de page de cet index renvoient à la pagination de l'édition allemande figurant en marge de la présente traduction.

INDEX DES ACTES MANQUÉS

OUBLIS

1) oubli de noms propres :

2) oubli de mots et de suites de mots :

3) oubli d'impressions et de connaissances :

4) oubli de projets :

a) argent :

LAPSUS LINGUAE

LAPSUS DE LECTURE

LAPSUS D'ÉCRITURE, LAPSUS TYPOGRAPHIQUES
(FAUTES D'IMPRESSION)

GESTES MANQUÉS

ACTES SYMPTOMATIQUES

ERREURS (CONFUSIONS)

ACTES MANQUÉS COMBINÉS/RÉPÉTÉS

ŒUVRES DE SIGMUND FREUD

Traductions nouvelles

NOUVELLES CONFÉRENCES D'INTRODUCTION À LA PSYCHANALYSE.

SIGMUND FREUD PRÉSENTÉ PAR LUI-MÊME.

LA QUESTION DE L'ANALYSE PROFANE.

Préface de J.-B. Pontalis. En appendice : La Question en débat, par Michel Schneider.

L'INQUIÉTANTE ÉTRANGETÉ et autres essais.

L'HOMME MOÏSE ET LA RELIGION MONOTHÉISTE.

Préface de Marie Moscovici.

VUE D'ENSEMBLE DES NÉVROSES DE TRANSFERT.

Un essai métapsychologique. *Édition bilingue d'un manuscrit retrouvé. Commentaires d'Ilse Grubrich-Simitis et de Patrick Lacoste.*

LE DÉLIRE ET LES RÊVES DANS LA « GRADIVA » DE W. JENSEN.

Préface de J.-B. Pontalis.

TROIS ESSAIS SUR LA THÉORIE SEXUELLE.

Préface de Michel Gribinski.

UN SOUVENIR D'ENFANCE DE LÉONARD DE VINCI.

Préface de J.-B. Pontalis.

SUR LE RÊVE.

Préface de Didier Anzieu.

UN MOT D'ESPRIT ET SA RELATION À L'INCONSCIENT.

Préface de Jean-Claude Lavie.

SUR LA PSYCHANALYSE.

Préface de J.-B. Pontalis.

SUR L'HISTOIRE DU MOUVEMENT PSYCHANALYTIQUE.

Préface de J.-B. Pontalis.

TOTEM ET TABOU.

Préface de François Gantheret.

LA PSYCHOPATHOLOGIE DE LA VIE QUOTIDIENNE.

Préface de Laurence Kahn.

CONFÉRENCES D'INTRODUCTION À LA PSYCHANALYSE.

Préface de J.-B. Pontalis.

Ouvrage reproduit et imprimé
sur les presses de CPI Bussière
à Saint-Amand (Cher), le 30 juin 2011.
Dépôt légal : juin 2011.
1er dépôt légal dans la collection : janvier 2010.
Numéro d'imprimeur : 112090/1.
ISBN 978-2-07-040956-3./Imprimé en France.

236944